1916-1928 年的中国

赵焰 著

CHINA

人民东方出版传媒
東方出版社

目　录

1916—1928 年的中国

contents

楔　子

1916年6月袁世凯出人意料地死去，在中国的震动是全方位的。一个最显著的标志就是，那种属于旧时代，闪烁着重金属光芒般的威慑力和权威失去了。先是皇帝消失了，道统消失了，原先附诸偶像之上的神秘东西，如雾霭一样慢慢褪去；而现在，以权威的形式替代偶像和道统的袁世凯也消失了。仿佛一个意外结局，连袁世凯自己都没有回味过来，还没来得及伤心或者悔恨，就破碎不再，永远地离开了这个世界。

民国成立后，身为共和国大总统的袁世凯像一只山林中的老虎突然置身市井闹市一样困惑和悚然。袁世凯与时任内阁总理秘书的顾维钧有过这样一次谈话——袁世凯问留美博士顾维钧，中国怎样才能成为一个共和国？顾维钧的回答是，“共和”意味着“公众的国家或者民有的国家”。袁世凯困惑地摇了摇头，表示不太明白。袁世凯的担忧是，作为中国老百姓，他们能理解这些道理吗？袁世凯举例说，中国女仆打扫屋子时，会把垃圾倒在大街上，她所关心的，只是自己屋子的清洁，至于大街上脏不脏，她不管呢！顾维钧说，民众的无知可以通过教育、法律、制度等来推动发展。袁世凯说，那岂不要几个世纪？——后来的顾维钧由此认为，袁世凯并不懂得什么是共和国，也不知道共和国为什么优越，而且他根本没有实现共和或民主的愿望。

袁世凯的担忧和几个世纪的转变之说，如今看来并非毫无道理。事实上，辛亥革命带来了一个突如其来的共和国，那种匆忙之中仿效西方建立的宪政更像是空中楼阁，甚至连倡导者也没有系统而全盘地规划，就匆匆上阵了。很少有中国人听说过共和，甚至连总统这个名称也是第一次听到，也不知道这个称谓与国家的关系，更不要说承认他是帝国的最高统治者了。一切都是先天不足，辛亥革命来得如此突然，等到共和国建立，才发现根本没有机会对中国民众普及现代社会的公民教育。对于专制的警惕，对权力的制度性制约和平衡、程序公正的意义，这些现代民主社会最基本的常识，中国人依然陌生。英国驻华使馆武官柏来乐说："在中国遥远西部地方的居民，对于政府是帝制还是共和，可能感觉不到任何差别，因为这个问题在相当长的时间内还不会影响到构成中国人口绝大部分的农民、苦力、车夫等的生活。扰乱给盗匪以一个大机会，他们是危险的大根源。贪污的流弊渗透到中国人的生活中是如此之深，结果我怀疑它是否能在一个世纪以内铲除。"英国驻南京领事伟晋颂在致英国驻华公使朱尔典的信中写道："值得说明的是，此地的下层人士中，通常谈到孙文博士是新皇帝，他们不了解总统这个专门名词，认为它只不过是更高头衔的一个委婉的说法。"在溥仪的洋师傅庄士敦看来，袁世凯称帝的失败，与其说人们反对帝制、拥护共和，倒不如说人们反对的是袁世凯做皇帝。"中国多数国民口里虽然不反对共和，但脑子里实在装满了帝制时代的旧思想，欧美国家的文明制度，连影儿都没有……袁世凯要做皇帝，也不是妄想，他实在见得多数民意相信帝制，不相信共和。"在庄士敦眼中，"全国人民心理多倾向共和"的说法根本不曾得到过证实，大部分中国人根本不知道共和意味着什么，也不知道他们的生活和前途会随着共和制的建立发生什么样的变化，因此对共和制的优劣毫不关心。

辛亥革命之后，很多人都满怀希望地把中国看作是“另一个美国”，但从辛亥革命后北京政府的组成人员结构来看，这是一座建立在沙丘之上的“象牙之塔”。它很漂亮，像模像样，不过稍有判断力的人都知道它缺少相应的基础。辛亥革命没有触动到社会的基础，传统专制势力仍旧猖獗，民众依旧愚昧，“只有满人已经退席，和先前稍不同”，把持政权的依旧是前清时期的官吏和乡绅。让民众们感到不适应的是，“国”不属于“家”了，没有了皇帝，“国”只是交给了一个叫作“总统”的人管理。对于所谓国会的运作，行政权、司法权的分立制衡等西方话语，绝大多数中国人更是一头雾水。从某种程度上说，有关于美国政体的引进，实在是“迷信”的产物——引进这套体制的人，坚定地相信它会给中国带来光明的未来，故而以一种体验试验来加以改变。它是如此匆忙，也是如此决绝，少了诸多过渡和缓冲，以及相应的准备。严格说来，一套制度的引进，需要必要的准备、酝酿和试验过程，然后再以坚决的态度和足够的保证来扎实地推进。虽然这种共和的方式使得美国在短时间内一跃成为世界先进大国，但对于中国来说，也许可能是一个相当长的过程，并且伴随着无休无止的纠缠和动荡，绝不是“立竿见影”的那种。

新建立的“象牙之塔”中，坚定的理想主义者，与实用主义者混杂在一起；坚定的宪政信仰者，与传统的权谋者厮混在一起；坚定的爱国主义者，与各种各样乔装打扮的卖国贼纠缠在一起。这种庞杂的组成结构，使得北京政府的任何一个举措，都羼杂着很多复杂的因素，真假难辨，莫衷一是，也使社会推进的思想和步调不可能一致。按照出身背景和教育的不同，新成立的中华民国的组成人员大致可以分为三个年龄组：一是生于十九世纪六十年代的人，代表人物是袁世凯（生于

1859 年），他们当初接受的，是传统的科举正规教育，学的是儒家经典著作，树立的是“修齐治平”的人生理想。这一年龄组的人，大部分是自甲午战争和义和团运动之后，才勉强接受宪政思想，或者在 1911 年后宪政成为既成事实之后才予以接受。对于清帝下野，以及宪政的施行，他们在很大程度上持保留态度，对宪政谈不上理解深入，也谈不上坚定不移；他们信奉的，仍是传统的“王天下”以及中央集权政治。这些人大都富有政治经验，热衷于权谋和韬略，在社会上享有较高的声望。二是十九世纪七十年代出生的这一批人，在接受了相当多传统教育的同时，又普遍接受了新式教育：在其一生较晚时期才出现了新学。出生于 1873 年的梁启超是其中的代表人物。这一批人的骨架，可以说是传统的，但他们又拥有新式教育的某些血肉。七十年代出生的这一批人当中，许多人跟他们的前辈一样，希望政治平稳过渡，有明显保守主义的倾向。因为受到日本和西方的技术、政治、文化的影响，这部分人较善于掌握共和政体的政府形式，对于铁路经营、金融和对外关系具有领导能力。在新成立的民国政府中，这一年龄组的人占据绝对优势。三就是相对出生较晚的十九世纪八十年代的人，是这当中的新锐者。1905 年传统科举制度被废除时，这些人很快转移到新式教育之中，他们有着比较好的新学背景，尽管这样的新学看起来只是皮毛和一知半解。他们中的很多人，还有去日本和其他国家留学的背景。由于年轻气盛血气方刚，这些人当中有很多都是革命党，他们相信很快就能在废墟上建立起高楼大厦。他们倾向于抛弃中国的传统，照搬外国的思想和社会时尚。当然，以年龄为层次结构判断和归类，总有些武断或不准确。譬如孙中山，这个 1866 年出生、只是比袁世凯小七岁的革命家，无论从性格，还是从主张来看，甚至比小他二十岁的人更激进，更富冒险精神。

虽然北京政府号称是亚洲第一个共和国，它的制度表面上看是合乎宪法的，立法、司法、行政的权力由法律予以区分，决策也按规定程序制定，不过中央政府的组成，以及从政者的心理，仍带有很大中国旧政治的影子，富有现代政治理想和理念的人少之又少。包括袁世凯在内的很多人，很多时候习惯以旧的手段和方式，来推动制度的运转。很难想象没有去过西方、日本，甚至没有到过江南，只是一直龟缩在中原地区的袁世凯有着现代政治的理念和追求。孱弱的中华民国从一开始，就像暴风雨中的小树一样危在旦夕，它所面临的尴尬，不只在外部，更有内部的纠结：理性和公正缺乏，阴谋无孔不入；暴力虎视眈眈，派系无所不在。一大批个人追随者，越过法定制度的界限在运作；每一派系以一位特定的领袖人物为中心，由其吸收忠诚的追随者组成。派系领袖特别强调的是对自己的忠心不二。因此，庞杂无比的关系纠缠着政治军事和社会交往：亲戚关系、曾经的上下级关系、夫妻、师生以及同乡之类等，这样的条、线、块牵连，就像百年成精的蜘蛛一样，在洞穴里构筑着阴暗厚实的关系网，整个中国就是硕大无朋的盘丝洞。对于领导者来说，与所任用的人之间，只有确定了某种关系，才是最可信任的，至于能干与否，反倒不那么重要。可用之人本来就少，而有确定关系的，更是凤毛麟角了。

与政治高层的派系相对应的是，民间也有各种各样的势力蔓延滋长，上千种势力在划定范围，上万种思想在扯着大旗，古老而盘杂的帝国，各种各样的思想和疫情同时流行。冒牌预言家的燕麦正在田里疯长，生吞活剥的骗子横行于世，每一个人都以为真理在手，自以为掌握了金钥匙，能使古老帝国发生翻天覆地的变化。台北张玉法先生在专著《民国初年的政党》中阐述道，从 1912 年 2 月至 10 月仅在民政部立案的党会就有八十五个，未立案的更多。1912 年的主要党会团体有：民权监督党、全国联合进行会、民生促进会、平民党、进步党、政群社、中华共和宪政会、中华进步党、公民急进党、公民党、国民协会、大中党、国民公会、工商勇进党、统一国民党、工商共进社、议院政治促成会、中国佛教协进会、中华民国竞进会、中华民国联合会、统一党、中国社会党、社会党、自由党、统一共和党、中华共和促进会、共和建设讨论会、中华民党、民主党、中国同盟会、仁党、共和急进会、广东进步党、共和党、国民党等。这些如雨后春笋般涌现的政党和势力，从成立之时起，就没有学会协调和合作，而是指手画脚分庭抗礼，拉大旗抢山头。一开始只是由于细小不同所造成的分歧，会随着党派纷争越来越大，造成更大的分裂。合作越来越艰难，人们都以自己的意识和理解为中心，决不接受其他的想法和建议，哪怕相互间存在很大的相同点。当然，这也无可厚非，只是新生的共和国如此孱弱，就像新生婴儿，任何恫吓和蹂躏，都足以轻而易举地让她危在旦夕。

“乱世”真的来了。乱世的重要标志，是原先看似铁板一块的权威四分五裂，新的集团和新的势力应运而生。掌握着中国命脉的强权者，在“官智未开”情况下，虽然名曰踏上一条“康庄大道”，但他们当中有很多都是朝三暮四、心怀鬼胎，他们不是规矩地执行宪政，而是窥视时机尽可能寻求权力以及私利的更大化。他们奉承的，以及他们所做的，仍是数千年以来的阴谋政治。按照很多定势的说法，袁世凯死后的政治格局有几股势力：一是未被北洋军占领的南方四省广东、广西、云南、贵州的新势力，他们是坚定的反帝制者，随后，这个集团的势力逐步扩展到四川和湖南。二是以冯国璋为中心的长江中下游地区的联盟，对于冯国璋来说，既反对袁世凯称帝，也拒绝同南方革命党势力结合，这是其一贯立场。当然，最大的中心势力还是京城的北洋系。袁世凯去世之后，段祺瑞顺理成章成为北方军事势力的继承者和掌控者。不过以段祺瑞的知识体系、资历、个性和容人能力，显然还不足以像袁世凯那样服众，这使得最为庞大的北洋系处于分崩离析之势。与袁世凯相比，段祺瑞一直忠于共和体制，不过对于这种西方输入的体制和理论，同样缺少深刻的理解。与此同时，段祺瑞所缺少的，还有大时局变化下的运气。

乱世的另一种力量，是散落在民间的各种新生势力——企业家、商人、银行家、教育家、律师、工程师、记者、作家等，他们一直游离于刻板的体制之外，并且，随着社会的发展，陆续成立了有助于生存和发展的各种行业公会与社团，如商会、律师公会、银行公会。他们有的聚集于各级议会之中，有的散落在媒体，有的独立存在于社会。出于职业原因，他们与政府的关系是半合作半斗争。由于政府的故步自封，他们慢慢成为体制的敌人，利用体制，忍耐体制，批判体制，直至最后忍无可忍推翻体制。他们看似一盘散沙，却富有独立精神。他们的敌人，一直就是独裁体制和军事霸权。当然，他们之间同样也有争斗，这争斗贯穿整个国民政府时期。

五色斑斓，光怪陆离；礼溃乐崩，纲常不在；百废待举，疑虑如雾。这就是辛亥之后中国的现状。如果说乱世的不可抑制一定有个罪魁祸首的话，那么，缺乏信念的支撑，即是这个乱世不可推脱的罪魁。古老帝国的民众，面对这一切时，像大洪水前的人类一样，显得茫然无力。乱世之中，精神的大陆已被洪水淹没，只留下在无边的洪水中些许山峰像小岛一样露出水面。西方的各种思潮慢慢渗透到中国所有的孔穴，直达古老民族最脆弱的地方，它可能会成为一种药方，也可能导致病变的危险。虽然可能有一小部分人坚持宪政不动摇，但对于大多数参与中国政治的人来说，他们都是投机者和骑墙派，很少有坚定的信仰者和执行者。当然，这一切也很正常，你不能要求每一个参与者都整齐。在信念无法坚持的情况下，革命便会乘乱而起。

从 1912 年到 1928 年，怎么都算是一个波涛汹涌的时代。乱云飞渡之中既然上路，就得往前走吧——谁也无法算计得出，这个古老帝国蹒跚前行，到底需要付出多少鲜血与财富的代价，以及动乱与反复的时间。

第一章

从头再来

(1916—1917)

黎元洪就职
黎元洪其人
段祺瑞的心思
府院之争
五周年庆典

黎元洪就职

1916 年 6 月 7 日上午，两面五色旗在北京东厂胡同黎元洪宅第门口飘扬。虽然已是民国，五色旗作为中华民国的标志，其含意并不为人们广泛知晓。很多人看来，五色顺理成章应该是朝廷社稷坛中的颜色：南红、西白、北黑、东青、中黄——那是华夏土地的象征："普天之下，莫非王土。"很少人知道五色旗的五色别有深意：它不再表明帝王对国家的私人占有，而是代表五大民族汉、满、蒙、回、藏，成为"五族共和"之象征。

袁世凯就任中华民国临时大总统后，有人曾劝他下令将清皇室迁出紫禁城，移到热河或者奉天去。袁世凯担心此举对清廷压力过大，导致激烈矛盾冲突，拒绝此建议，只是将中华民国总统府的办公地址，选在了紫禁城旁边的中南海，并在临长安街的一侧开了个口，做了一个大门，取名为新华门。这样，进入中南海大总统府，就避开了紫禁城旁的西苑门，从新华门直接进入。黎元洪继任总统的仪式，因在袁世凯服丧期间，简朴低调，没有安排在中南海大总统府，而是选择了黎元洪东厂胡同的住宅。这一所大宅，是黎元洪 1915 年下半年以"大德堂"的名义，花了两万银两购置的私人家产。房屋面积很大，有数百间，几乎占去了东厂胡同大部分面积。

如果不是那一天胡同两端突然停有十数辆汽车马车，风平浪静的古旧胡同还真看不出什么迹象，一切跟以往一样。十点十分，简单的就职仪式正式开始：军乐声中，黎元洪身着军服，众星拱月般出现在黎府客厅内，左右两旁是段祺瑞及内阁阁员。黎元洪先向左右鞠躬示意，段祺瑞及各部长也鞠躬还礼，然后，黎发表就职宣言，表达维护共和国体和建设法治国家的愿望，宣誓说："自惟德薄，良用竞竞，惟有遵守法律，巩固共和，期造成法治之国。"

关于黎元洪的上台，有种说法是——袁世凯刚刚去世，一向对黎元洪敬而远之的总理段祺瑞，在总统府秘书长兼教育总长张国淦的陪同下去黎府告知。一路上段总理表情凝重，一言不发，张国淦如堕五里雾中，摸不清总理的意图。到了东厂胡同黎宅，张国淦抢先进入内院向黎报告："总理来了。"接着又仓皇地喘着气回报段祺瑞说："总统过去了。"在此之后，主人坐在长方形楠木桌子的主位上，段、张分坐两边。段祺瑞忽然起立，向黎元洪三鞠躬，黎亦欠身答礼。礼毕，二人仍归原座。段不开口，黎也不出声，张更不敢讲话了。段临走时向张交代说："副总统方面的事，请你招呼！"张这才抢着问："国务院方面的事呢？"段答："有我。"一面说一面上了汽车，车子就开动了。

这一段带有漫画意味的说法来自丁中江的《北洋军阀史话》。作为孙中山友人的后代，丁中江在《北洋军阀史话》中的诸多情节，带有某种立场。丁中江说之所以出现如此尴尬的见面情景，是因为段祺瑞发自内心看不起黎，毕竟他的资格比黎元洪老许多。如今袁世凯一死，却要奉黎元洪为老大。只是护国军以拥黎为旗帜，北洋一系内又各怀鬼胎，段祺瑞只好暂奉黎元洪为总统，也因此，出现了这一番见面时的不愉快。

丁中江所描述的这一次黎段见面，应该是6日的情景。后来，张国淦本人曾在《北洋述闻》一书中叙述道："6日上午五点，段祺瑞拉了我要我和他一齐到东厂胡同黎副总统府去，并叫差官给副总统府打了一个电话，即一同上车。在车里我问段：'袁总统死了，应当依照约法请副总统继位。’段并不清楚新旧约法的问题，只答复说：‘我们去就是请副总统出来担任。’到东厂胡同，黎的副官唐仲寅已经在大门等候招待，唐在往里走的路上问我来意，我说：‘段总理是来请副总统担任大总统的，你快先进去告诉副总统稍作准备。’我们走进黎的办公室（东花厅）见到黎元洪，段向黎鞠躬后，黎坐在一个长桌的西首，我和段坐在南北靠近两头，黎、段相对而视，都不说话。我当时想：黎应该问袁总统故去的情况，段应该说请副总统出来担任大总统等话。平时段是拙于言辞的，在有什么事情时，常常是先向我们商量到那里应该怎么说，或者旁人替他说，但现在在这样重大的问题上，我就不明白他为什么不说话了，而我在当时对这样重大的问题又不便替他说，这样足足坐了半个多钟头没说一句话。忽然段站了起来和黎握了手，然后向我说：‘潜若，你今天不要到国务院去，黎总统这里没有人，你就在这里帮忙吧！’说完后，他点了点头就走了。大总统就是用这样的方式请出来的。”

在此之后的黎元洪就任总统的布告，埋下了之后黎元洪下台的伏笔——张国淦在总统府替黎元洪拟继任总统的布告，第一句是“元洪于本月七日就大总统任”，“就任”两字，是根据民初制定的《中华民国临时约法》而写的。布告写就后，张国淦即亲送府学胡同由段祺瑞过目，段祺瑞也没有提出异议，即署名盖印然后登报，并电告全国。不过在国务院所拟的故大总统令却根据了袁世凯时代的新约法，其中详细说明：“依约法第二十九条‘大总统因故去职或不能视事时，副总统代行其职权’，本大总统遵照约法，宣告以副总统黎元洪代行中华民国大总统职权。”由于“就任”和“代行”两个字的不同，后来引起了极大的争议，这也为黎元洪后来的下台和任期问题留下了隐患。

实事求是地说，黎元洪成功继任总统并非由于段祺瑞的谦让，而是因为当时情形下政治的走势。黎元洪的上台，除了《中华民国约法》的规定，也是当时社会方方面面所能接受的最稳妥方式。张国淦后来在《北洋述闻》中引用了《日本外交文书》中对于这一事件的记载：六月六日上午十时半，日、英、法、俄、比、意六国公使于日使馆密议，研究袁世凯死后，对华应采取的措置（会议期间各国公使得到了袁世凯死的消息）。午后一时，六国公使见到段祺瑞，英使代表询问袁死后谁继任总统，段回答："根据约法第二十九条规定，当然应由黎副总统继任。"这一个《约法》指的是袁世凯时代的《中华民国约法》，也即"新约法"。英使代表六国对黎继任表示满意，并声明对黎将给予"道义上的支持"。六月七日日本外务省急电驻华公使日置益，令其速向黎元洪转达如下意见：希望他在今后对内对外方针上，"努力融合统一国内各党各派分子，对南方主张予以慎重考虑，以达成妥协，根除全国动乱之祸根，为实行国内和平而努力。但目前当务之急，首在不要重复袁世凯时代日中两国间的种种龃龉和矛盾……日本在其可能的范围内，将予以直接或间接的援助。"（见《日本外交文书》大正五年第二册，页131—132、136）这一段话，表明了包括日本在内的列强坚定的态度。可以看出，除了是遵循"新约法"外，国外势力的一致支持，也是黎元洪最终成为总统的必要条件。

值得注意的是段祺瑞在袁世凯死后的态度。不管内心真实想法如何，对于黎元洪的上台，段祺瑞一直表现出坚定的支持。张国淦在《北洋述闻》中同样谈到，据徐世昌后来跟他说：袁世凯死的时候，身边只有徐世昌、段祺瑞、王士珍、张镇芳、段芝贵、袁克定等一批北洋系老人。袁世凯死后，徐世昌与段祺瑞提出谁来担任总统的问题，徐世昌先表示，"最好是请黎总统出来，他的声望在对南北的统一等问题上，做总统比较合适"。不过徐世昌继而一想，这问题由负责的段总理表示意见才好，因此又向段说："这是我个人的意见，应该怎么办，还是看总理的意见。”这话说过后，段祺瑞停了约有两三分钟后说：“相国这样说，就这样办吧！”徐世昌因此认为：“决定这样大的事，他考虑两三分钟，也是应该的。”《申报》在《黎元洪就任纪》中也描述道，实际上袁世凯去世前一天晚上，段祺瑞就前往黎元洪住宅，请他“依据约法，出任重寄，维持大局”。段祺瑞明白，只有黎元洪，才是各派包括南方在内能够接受的人选。6日晨，袁世凯死后，段祺瑞又两次来到黎元洪府。这一行为本身，意味着对黎元洪继任大总统的认可。

段祺瑞坚定不移的态度，对势单力薄的黎元洪顺利接任总统起着积极作用。尽管《中华民国约法》对于副总统的继任有着明确规定，但那些手握重兵的军人并不习惯服从文字，在北洋军人不满的情绪下，随时存在颠覆的可能性。张国淦描述道：当天晚上，唐仲寅屡次进来和黎耳语，我觉得情绪有些不对，到九点钟黎告诉我说：“听说外面情形很不好，你给段总理打个电话问问。”我便去打电话，电话接通了，我要找段总理说话，接电话的人说：那里人挤满了，他没法到段的办公室去，这样几次都没能和段说话。最后黎说：“电话既然打不通，请你到段处去一趟吧！”我即坐车到府学胡同，看到段宅门外车辆一直排到胡同口到大街，后来的都在口外下车走进去。我一进门便看见到处都挤满了穿着军服、挂着军刀、戴着白鹅毛制帽的军人，他们都是反对黎元洪做大总统，要求段祺瑞拥戴徐世昌出来的。我拥挤到电话室后，刚才接我电话的人还在那里，他说：“实在挤不进去，您如果一定要去的话，从厕所那边绕过去或许可以。”我绕了过去，几度找人才把段请出来，段也是全副武装，样子很急，一见我就问：“你到这里来做什么？”我告诉他：“黎总统听到外边一些事情，让我来问问。”段说：“我既然请副总统出来，这就是我的事了，他不要管，如果他怕的话，就请他来管吧！”说完后就急忙回头进去了。当晚黎留我在那里和他在东花厅相对坐了一夜，隔二十分钟就给段宅打电话。后据接电话的人说，经段向这些军人解释，约到夜里三点钟左右，这些军人才逐渐散去。黎听了这话也才放心。

张国淦所叙述的差点兵变一事，应该是真实的。如果不是段祺瑞态度坚决地坚持《约法》，结果如何还真难说。段祺瑞表现出对新约法的尊重，似可看作对共和制的信心，也可看作他对于局势不明朗的谋略。当然，就段祺瑞和黎元洪的真实关系而言，北洋出身且刚愎自用的段祺瑞对黎元洪有些瞧不上。毕竟，黎元洪无论是资历还是个人能力，都不能让段祺瑞信服，也因此，段祺瑞在此后一系列事件中表现出对于黎元洪的不屑实属正常。段祺瑞从来就不是八面玲珑之人，他比黎元洪更真实更性情，也更直截了当。

黎元洪其人

有人曾以“三无”——无智、无能、无为来比喻黎元洪的一生，那是因为他们不了解真正的黎元洪。这个“好好先生”表面上平庸平和，其实骨子里也有着广阔的内心世界，有着很强大的坚持。中国社会一直不乏黎元洪这种人，忠厚和精明并存，糊涂与清醒共在。很难说这样的状态是一种平庸，还是一种智慧。

黎元洪之所以得到袁世凯在内很多人的首肯和认同，除了可以维持北洋系和义军之间的平衡外，重要的正是黎元洪的“德”——也就是他一以贯之温良恭俭让的性情。1911 年武昌首义时，四十七岁的黎元洪只是新军第二十一混成协协统，相当于旅长。黎元洪不是革命党人，也非首义的领导人，却出乎意料地成了湖北军政府首脑。一种广为流传的说法是，当时起义新军群龙无首，只好把黎元洪从床底下拽了出来，用枪逼着他当了义军领袖。这种说法有贬损意味，其实黎元洪首义后的当选是众望所归——他一直是汉军名将，深得张之洞欣赏和提携，在士兵中享有很高的威信。起义后黎元洪被推为都督，推手是当时的湖北咨议局局长汤化龙。汤化龙以形势一发千钧、时机不再，力劝黎元洪上任，并答应自任湖北民政总长同担艰苦，说服了黎元洪走向革命。在此之前，黎元洪还曾三次赴日本进行军事考察。有一种说法是，德、法军事观察家来汉考察张之洞的练兵情况，黎元洪曾以一口流利的英语与之交流，得到洋人们的交口称赞。英国记者埃德温·丁格尔曾在采访黎元洪后如此写道："黎元洪将军具有中国人特有的儒雅，用英语跟我谈话……他具有深邃的洞察力，这是一般军人所无法企及的。"这个说法来自 *China's Revolution*：*1911—1912*（伦敦，1912），中译为《中国革命记：1911—1912》。当时的黎元洪会说一口流利的英语吗？很难找到其他佐证。黎元洪的加入，确实使湖北军政府的革命性减弱，不过正是这种减弱，使得湖北军政府赢得了更多支持。正因由黎元洪、汤化龙这样的军政官僚出面号召，左中右各色人等都能对此找到可以接受的理由——保守如康有为、梁启超觉得黎元洪、汤化龙代表了中国一种稳健的政治力量；激进如正宗的革命党人谭人凤、居正也认为黎元洪或许正是他们所期待的政治领袖。

从此之后，黎元洪与革命和共和捆绑在一起了，虽然是"逼上梁山"，不过上了"梁山"的黎元洪也跟宋江一样，觉悟得很快，立场也越来越坚定。1911 年 10 月 13 日，黎元洪向湖北军政府中的革命党表示，从此之后，愿意与各位同生死共患难，不计成功利钝，不计艰难险阻。在给恩师萨镇冰的私信里，黎元洪这样阐述自己的观点："谁无肝胆？谁无热诚？谁非黄帝子孙？岂肯甘为满族作奴隶而残害同胞耶！洪有鉴于此，识事机之大有可为，乃誓师宣言，矢志恢复汉土，改革专制政体，建立中华共和民国。"这一封热血澎湃的信件，说明了黎元洪置之死地后的大义凛然。毕竟，以中华男儿的铁血热情，黎元洪当然想恢复汉族江山。在此之后，黎元洪表现不错，他带领义军力敌清军，一度打了个难解难分，只是后来将指挥权交给革命党派来的黄兴后，义军才开始节节败退。与此同时，黎元洪还表现出政治上的某种智慧，有一种说法是：在袁世凯的北方力量和孙中山的南方革命军举行和谈之际，黎元洪曾写了一封信，劝袁世凯抓紧时间称帝，对清朝取而代之。黎元洪强调的是，如果李鸿章在 1900 年纷乱之下抓紧机遇称帝，那么中国的走向就不一样了。南北和谈取得进展之后，黎元洪作为"第三方"势力，被推举去北京担任中华民国副总统。在毫无权力基础的情况下，黎元洪居然把副总统做得有模有样，真可谓"吕端大事不糊涂"。在此之后，黎元洪似乎成为一个坚定的共和主义者，甚至在袁世凯谋求改变共和政体的时候，采取的也是一种谨慎的不合作态度，不在原则问题上表态，尽管黎元洪与袁世凯有姻亲关系，他的女儿嫁给了袁世凯第九个儿子。以黎元洪的政治智慧和直觉，当然能嗅出袁世凯周围的危险。他明白的是，在危机四伏的情况下，任何轻举妄动，都是一种冒险。

袁世凯死后，黎元洪和段祺瑞最想谋求的，是与干戈相见的南方达成某种程度的和解，以缓和南北分裂的局面。就使北京政府和南方的对话成为可能而言，黎元洪无疑是一个很好的缓冲。唐绍仪对黎元洪的评价是："副总统并非很聪明的人，但品行端良，相信他能保卫共和。"相比较黎元洪的可接受，北洋出身的段祺瑞还处于南方的观察期。南方军政府向北京政府正式提出三大要求：一是恢复旧约法，二是召集国会，三是惩治袁世凯复辟帝制的祸首。条件虽然不多，件件咄咄逼人。开始，以段祺瑞为首的北洋系多数要人对南方提出的三点要求不肯接受。经黎元洪竭力说服之后，段祺瑞等人同意了南方的要求。6月29日，北京政府以大总统名义发表电令，恢复《中华民国临时约法》，废止袁世凯时代的《中华民国约法》，并定于8月前召集国会。不过黎元洪显然忽视了一个重要细节，即袁世凯时代的新约法是总统制，1912年的旧约法则倾向于内阁制。内阁制的恢复，有利于内阁总理段祺瑞在此之后的专权，也为后来的"府院之争"埋下了伏笔。北京政治恢复旧约法等一系列举动，可以看作是以最大让步换取南北的停战和统一。这个举动，对于黎元洪和段祺瑞来说，都是极不容易的。7月14日，北京政府下令惩办杨度、孙毓筠、梁士诒等帝制祸首。同一天，南方鉴于提出的要求已全面达到，通电宣布撤销南方军政府。南北双方实现了自袁世凯企图改变政体后的首次缓和。

这里，有必要较为详细地交代一下民国初年一直奉为圭臬的《临时约法》。这一个《临时约法》，是特定背景下的产物。从某种程度上说，民国初年产生的一系列冲突和变故，都是围绕着《临时约法》而产生的。

1911年辛亥革命后，孙中山回到国内，被十七省代表选为中华民国临时大总统。中华民国临时政府成立之时，曾就采用总统制还是内阁制，展开过激烈争论。孙中山根据中国资本主义发展起步较晚，资产阶级势单力薄，以及农民、文盲半文盲占总人口绝大多数的国情，主张实行总统制，提出"三年军治，六年约法，然后进入宪政"的民主过渡期。也就是说，在临时政府初期，要求总统的绝对权力和很大程度上的集权。不过随后形势急转直下，北方立宪派和南方革命派谈判成功，按照约定，中华民国临时大总统位置要交袁世凯。一直把天下当作己任的革命党人，当然信不过袁世凯这个旧式官僚，革命党人便想把"美式的共和体制”转变为“法式的共和体制”，从政体上对总统的权力加以限制和削弱。所谓法式共和体制，是一种“内阁制”，虽然内阁上面有总统，但内阁直接向议会负责，大总统政令须由内阁总理副署才有效，政治运转以内阁总理为枢纽。

1912年1月28日，中华民国最高立法机关参议院正式成立，公推福建议员林森为议长。参议会制定了各项法律规章数十种，最重要一项，是抓紧制订《中华民国临时约法》，以取代《临时政府组织大纲》。这一后来在中国近现代史上产生极大作用的《临时约法》，破天荒规定了一系列关于公民的权利，列举了“人民有保有财产及营业之自由”“人民有居住迁徙之自由”“人民有言论、著作、刊行及集会结社之自由”等十项“自由权”，极具进步意义。当然，《临时约法》最引人注目的是将临时政府最初的美式总统制模式，改为法式内阁制。《临时约法》共七章五十六条，中心内容就是限制总统权力，虽赋予临时总统总揽政务、公布法律、制定官制官规、任免文武官员等大权，但同时规定，内阁总理直接向国会负责，总统不得独立行使职权，须由国务总理及各部总长副署（签名），且咨送参议院审议批复才行。《临时约法》还对国会限制总统和内阁的权力进行了增大，在内阁制国家，总理由总统提名，国会通过，而内阁成员则由总理任命，本来无须经过国会，但《临时约法》下的中国内阁制，连总长的任命都要参议院同意，总理毫无自主权。

1912年3月11日，也就是袁世凯在北京就任中华民国临时大总统的第二天，孙中山在南京仍以大总统的身份，颁布了《中华民国临时约法》。袁世凯宣布就职之后，革命党人针对袁世凯制定的《临时约法》就生效了。《临时约法》限制了袁世凯的权力，不过由于限制太严，国民政府的运转出现了很大问题。这种国会至上、以内阁架空总统的政治模式，让习惯于大权独揽的袁世凯感到左右掣肘。在《临时约法》下，中国实际上已变成各省联邦，各省以完全自治的姿态出现，无意放弃已得到的特权，包括统率军队，截留税收，选任省级和省内地方官吏的权力等。当然，这种局面也是革命后的现状，因为各省都是以独立的形式脱离清政府的。各省在革命之后的自治，曾被认为最符合国家的利益。

《临时约法》的复杂背景，以及它的别有深意，使得民国之初的政治从一开始就不是一个同心同德共渡难关的架构，更具有离心离德釜底抽薪的因素。中华民国第一届国会成立之时，由于袁世凯对于现代议会政治重视不够，没有政党政治的操作经验，经过重组的国民党力量控制了国会，国民党籍议员共有三百八十多人，接近议员的半数；人数其次的是梁启超为首的进步党。袁世凯力量在国会中势单力薄，每逢重大决策不占优势。无论是 1912 年的《临时约法》，还是 1913 年的《天坛宪法草案》，都赋予国会极大权力，可以行使“倒阁权”，政府却没有“解散权”。在之后政府与国会的一系列冲突中，政府明显处于尴尬局面。处于下风的袁世凯意识到制度设计于己不利。于是，针对《临时约法》的干扰，袁世凯修改制定了一个《中华民国约法》，废弃了《临时约法》。再后来，袁世凯想恢复君主立宪制遭到国会反对，一气之下，解散了国会。这一举动，引起了国民党和其他一些党派的不满，也引发了事端。

上任伊始，黎元洪以一种和缓而有力的太极推手方式赢得了一片喝彩——相比袁世凯时代的强人政治，温良敦厚的黎元洪给这个社会带来的，是润滑而温馨的方式，也释放着很好的信号。继任者黎元洪和段祺瑞在执政前期，对共和表现出远远超过前任的坚定不移。在他们眼中，大洋彼岸的美国就是共和体制成功的榜样；至于日本，虽然名为君主立宪，但同样是以共和的方式成功的。只要中国确定一个完善的宪法，有一个相对合理的制度保证，依法办事，便会很快走上正途，从而强大起来。也因此，黎元洪和段祺瑞上任以后，在很多方面改变了袁世凯时期政策的似是而非，努力按照共和政治的方式循规蹈矩。黎元洪刚刚上任，就废止了袁氏颁布的限制公民权利的诸多法令，包括《报纸条例》，彻底开放报禁，允许袁世凯时期查禁的所有报纸复刊。黎元洪上台之后颁布的其他法案还有：裁撤陆海军大元帅统率办事处，其职权分别归还陆军部、海军部、参谋本部；释放政治犯；准备按照美国模式实行地方自治，组织了包括北大教授李大钊在内的很多专家制定相关法案等。与此同时，黎元洪还主动将袁世凯时代的总统府预算从一百九十多万元降至五十九万元。

黎元洪上台后的大刀阔斧，出乎很多人意料，众人没有想到，一向的“好好先生”竟然如此“外柔内刚”。黎元洪恢复了在袁世凯手上解散了的中华民国第一届国会，以总统令的形式任命段祺瑞为国务总理并委托其组阁，按照《临时约法》的要求恢复内阁制。在此之前，由于袁世凯撤销了责任内阁，以美国政体为榜样，段祺瑞也由曾经的内阁总理改任国务卿。为了争取国民党等反对派的支持，黎元洪按照民国初年《临时约法》的要求，进行内阁改组。特任唐绍仪为外交总长，许世英为内务总长，陈锦涛为财政总长，程璧光为海军总长，张耀曾为司法总长，孙洪伊为教育总长，张国淦为农商总长，汪大燮为交通总长，段祺瑞兼陆军总长（唐未到前由陈锦涛兼署，张耀曾未到前由张国淦兼署）。这个结构当中，外交、内务、财政、海军、教育五部皆为国民党议员。很明显，黎元洪想团结更多的人为己所用，加强与国民党合作，抚平各派系之间矛盾，削弱北洋系专权。对于梁启超和“研究系”，黎元洪同样采取怀柔政策，准备聘任梁启超担任总统府秘书长，并给梁启超签发每月两千元的高薪。梁启超的才干和威望无疑对黎元洪有很大吸引力。不过梁启超拒绝了，以梁启超的精明和睿智，当然知道《临时约法》下总统位置的尴尬。梁启超更愿意掌握实际权力，直接对社会形成推动。

在给弟子蔡锷的信中，梁启超预言黎元洪基础不稳、有位无权，政局前途隐忧多多。梁启超最终选择与实力派段祺瑞联手。

1916 年 8 月 1 日，被袁世凯解散的中华民国国会在北京众议院礼堂重新聚集，五百一十九位参、众议员济济一堂。当初鸟兽散，今日凤还巢，议员们个个喜上眉梢，神采飞扬。黎元洪、段祺瑞及一帮大员身穿燕尾服，头戴高顶礼帽，踌躇满志地出现在会场。黎元洪亲致祝词，希望议员们“一心一德，无党无偏，以法治为指归，立宪政之基础”，恳请议员们体谅这届政府的难处，相互配合，相互提携，莫要较真，努力造成法治国家。以黎元洪的政治见地，公开主张是“以法制国”，暗地里则习惯“以德治国”。或许是黎大总统表现出的诚意打动了议员们，接下来有关选举和内阁人员名单确定，虽然南方派和部分国民党人想架空段祺瑞，准备选举他当副总统，让唐绍仪当总理，不过因为黎元洪和大多数国会议员的坚持，选举还算比较顺利，段祺瑞的总理得票为四百零七票，不同意票只有七票；冯国璋当选为副总统；内阁的组织成员名单也获得了完全通过。这样的结果，算是黎、段“开门大吉”。参议员梁启超在随后对记者的谈话中热情洋溢地表明了自己对于新总统和新内阁的不吝赞扬，看得出来此时的梁启超对于共和仍旧怀着满腔热情：

> 夫此次国会之恢复，实以无量数人之血换来。国人曷为甘出此极重之代价？凡欲求产出善良之宪法，为国命民命永远保障耳！苟宪法终不能产出，则议员终何以谢天下？

开局如此良好，的确给社会以不少信心。很多人看来，宪法和宪政，还真的成为了“后袁世凯时代”的中心政治主题，似乎每一个参政者关心的都是宪法的确立以及如何按照宪政来运作。当然，对于宪法和宪政的具体内容和实施，身处不同立场的政客们各有主张：这一边，梁启超、汤化龙、林长民等进步党成员组成“宪法案研究会”；那一边，国民党人张继、丁世铎、孙洪伊等人成立“宪法商榷会”。梁启超们还是书生治国，要求各派有清明的立场，怀宪政的理想，维护中央权威，缩小国会权力。至于国民党议员，由于在国会中占大多数，想以地方自治来限制北洋控制的中央集权，为国民党求得生存和发展的空间。双方另一个争论点是关于国会解散权与省制问题：民国元年，已有人主张废除大行省，实行宋时的州府之制，以防省区坐大，政令不畅；有人主张仿行唐制，把行省合并为几个道，以消除地域观念；也有人主张缩小行政区域，削减地方实权，增强中央势力。在具体架构上，梁启超主张省长由中央任命；“商榷会”则主张省长民选，地方自治。除此之外，双方的分歧还包括国会设一院制还是两院制等。各方力量，从一开始就陷入纷争，谋划壮大自己，钳制对手，在国会中彰显自身力量。

也有一部分人对于黎元洪和民国，表现出迟疑和观望。在他们看来，虽然朝代变了，说话方式变了，不过盘踞高层的政客们内心没有变；并且，一个旧时代的“好人”做了总统，能带领这个古老国家趔趄向前吗？当年“强人”袁世凯都无法面对的外交困境、财政困难以及内乱迭出、边疆不稳，在这个“老好人”手中，真的能得到解决？在很多人看来，共和政体只是一个“非牛非马”的政治“舶来品”，实在不明所以，也不知道该如何操作。当然，对于久处灾难、麻木不仁的中国人来说，任何境况下的苦难都不算是突如其来的。

富有戏剧意味的是，与中华民国国会一墙之隔的，就是那个神武门内的紫禁城。与人来人往吵吵嚷嚷的国会相比，紫禁城显得肃穆而冷清。虽然民国正式废除了阴历，不过紫禁城内仍沿用原来的纪历方式，仍是宣统八年，仍是根据月亮的圆缺来确定日期和历法。在这里，起源于唐朝、被誉为世界上最古老的报纸的“宫门抄”仍在发行，每天简要地告知这一天紫禁城内发生的事，来了哪些人，内务府做了哪些事，包括皇帝发布的上谕、高级官吏升迁的名单、朝廷大臣的奏章等。偌大的宫殿内，每天都有身着满清官服的“官员”来来往往。那些年老或年轻的官员们，依旧头戴镶嵌着白鹤金雉的丝绸长官袍，坐着轿子穿行在红墙之中。高级宫廷官员身穿带有宽松袖子的貂皮罩袍，上面饰有一簇簇取自貂颈的白色软毛，以示得到过皇帝的恩宠；年轻的贵族和宫廷侍卫骑在马上，宽松的绣花典礼长袍遮住马鞍和马镫。太监们是紫禁城最常见的人，他们各自穿着与自己级别相应的服饰，没有胡须，声音轻飘而柔弱，每当有人走过，总习惯恭恭敬敬侍立一旁，准备服侍高官显贵们下轿下马，并引领他们去候觐室，弯腰为觐见者奉上一盏茶。而在养心殿的暖阁内，住着一个十岁的男孩，模样清秀，仪态文弱，他就是古老东方帝国的最后一位皇帝溥仪……这时候的小朝廷，像个习惯禁闭的宠物一样，早已失去了凶猛的侵略性，变得俯首帖耳百依百顺，稍有点风吹草动，便风声鹤唳不知所措。虽然紫禁城已摒弃了古老的时光沙漏，学会用西洋产的自鸣钟来计时，不过看起来，那些精致无比的自鸣钟仿佛已停摆，从不会发出沉重的钟鸣……紫禁城最深处的宫殿与墙外的国会虽然仅仅相差几百米，但在时间上，它们仿佛相隔上千年，不属于同一个时代。

段祺瑞的心思

虽然年轻时候留过洋，不过人们眼中的段祺瑞，从来不是一个有着翩翩风度的场面人物，他的随意和散漫，以及他呈现的朴实与不拘小节，更像是老家合肥乡村随处可见的农民。段祺瑞一点也不像当年的李鸿章和袁世凯，李鸿章倜傥儒雅风度翩翩自不用说，即使是袁世凯，虽然身材不高，不过仍以霸气和沉稳展现出强大气场。除此之外，李鸿章和袁世凯还有着很强的幽默感，有着轻松驾驭人与事的个人魅力。相比之下，段祺瑞的拘谨和执拗更像一个实心眼的老农，即使是年轻时，也是邋里邋遢、衣冠不整，即便西装、军装和礼服，穿在他身上也显得皱巴巴，全没有挺括的样子，至于领带，段祺瑞从不会摆弄，每次别人给他系好，不到一袋烟工夫，便会别扭地歪在一边。段祺瑞平时喜欢随意裹个便装，在家时经常穿一件长衫，头上顶着个没有纥缝的瓜皮帽。段祺瑞还有一个特点，从不和家里人一同进餐，单开伙食，对于饮食也不讲究，有个一荤两素就对付过去了。民国之初很多政要都有两个爱好：一是听京剧，很多人都将名演员谭鑫培、梅兰芳、杨小楼等人请到家中唱堂会；二是嗜好鸦片，或者独自，或者邀上好友躲在家中吸大烟，一边吸一边谈事。段祺瑞没有这些爱好，既不喜欢听京剧，对于鸦片也没有兴趣，更厌恶别人抽大烟。段祺瑞的爱好就是打牌下围棋，有时候也写诗作文。至于性格，段祺瑞似乎一直带有某种军人的坚硬和古板，不苟言笑、不怒自威，对待手下要求严格，爱较真。这样的性格，使得段祺瑞除了北洋系以及一帮熟人之外，很难交到新朋友，尤其是与知识界，总存有无形的距离。性格的因素，也是后来段祺瑞与知识界交恶的重要原因。

如果说黎元洪藏巧于内、露拙于外，那么，段祺瑞给人的印象，更像是个“权谋”之人，精干、执着、生硬。段祺瑞隶属“皖系”，这个派别可追溯到晚清以来最根深蒂固的派别——淮军。1861 年，合肥人李鸿章以安徽地方团练为基础组建了淮军，后来它慢慢发展成晚清最重要的军事力量。在此之后，李鸿章又以淮军为基础组织了北洋水师。袁世凯也与淮军有千丝万缕的联系——袁世凯小站练兵时，北洋军中的骨干很多就是淮军子弟。晚清民国初年流行一句话，“无淮不成军”，意为没有安徽人就构不成军队，这是以当时清军和北洋军的状况为例说的。话虽有几分夸张，却在一定程度上反映了那个时代安徽人在军队中的状况和影响力，就像明末清初“无徽不成镇”的谚语一样。只不过经商是自明中叶之后形成的传统，而从军，则是晚清之后的风气。

段祺瑞是名副其实的淮军后代。段祺瑞的祖父段佩虽然不如乡人刘铭传、张树声、周盛波等人声名显赫，但也曾官至淮军统领，官居一品。段祺瑞自小随祖父在军营长大，耳濡目染，使得段祺瑞天生有种笼络下属的本领，同时，具有草根经验，工作勤勉，才智出众，敢于担当，有主见，讲义气，有威信，不贪财，不贪色。在被李鸿章看中送到德国学习军事回国之后，段祺瑞成为北洋武备学堂的得力干将。袁世凯组织小站练兵，段祺瑞成为袁世凯最得力的助手和亲信之一。这等经历，使得段祺瑞在北洋军中享有较高威信，在江淮子弟中，也得到很强的认同。

当初，北洋的领袖当仁不让是袁世凯，段祺瑞等人在袁世凯面前，资历还是浅了不少。段祺瑞只能名列“北洋三杰”——跟王士珍、冯国璋平起平坐。具有相当资历或稍逊一点的，还有陆建章、段芝贵，以及不算是北洋系的张勋等。与王士珍、冯国璋相比，段祺瑞在北洋中的根基要深得多，性格也执拗得多——王士珍为人淡泊寡欲，自袁世凯后期起基本退出政坛；冯国璋虽有心机，也有抱负，但为人比较随和，权力欲稍弱。袁世凯担任大总统后，段祺瑞一直作为他最信任的人和助手，控制着北洋政府的政治大权，影响力遍及军队以及政府的内务、财政、交通以及国务院秘书厅、京汉铁路、官办企业等，袁世凯死后，北洋格局“群龙无首”，实权在握的段祺瑞顺理成章成为北洋系的实际接班人。

段祺瑞出任新内阁总理之后，首当其冲是以中央政府任命地方军政长官的方式，显示新一届内阁的权威，加强对各省的控制和管理。按照黎元洪和段祺瑞的执政思路，各地方第一步是军政分开，淡化军人对地方的影响力和控制力；待时机成熟时有意选择探索美国式“联省自治”。这样，有关地方各省行政长官的人选，变得尤为重要。当时，全国主要存在三股武装力量：一是北洋军系统，包括依附于北洋集团的张作霖、阎锡山等地方势力，这一部分武装力量拥有众多军队，占据了东北、华北、西北、华中、华东大部；二是进步党和西南实力派的武装力量，占据着云南、广西、贵州、四川四省，以及广东绝大部分地区和湖南部分地区；三是国民党的武装力量，占据着广东东部地区以及湘西、长沙一带。三股力量中，以北洋派实力最为雄厚，占绝对优势；其次，是西南实力派，拥有一定兵力；至于国民党及其军队，组织不严密，根基也不牢固。由北京政府进行新一轮任命的全国各省军政长官如下：张作霖为奉天督军兼署省长；孟恩远为吉林督军，郭宗熙为省长；张怀芝为山东督军，孙发绪为省长；赵倜为河南督军，田文烈为省长；阎锡山为山西督军，沈铭昌为省长；冯国璋为江苏督军，齐耀琳为省长；张勋为安徽督军，倪嗣冲为省长；李纯为江西督军，戚扬为省长；李厚基为福建督军，胡瑞林署省长；吕公望为浙江督军兼署省长；王占元为湖北督军，范守佑为省长；陈宧为湖南督军兼署省长；陈树藩为陕西督军兼署省长；蔡锷为四川督军兼署省长；陆荣廷为广东督军，朱庆澜为省长；陈炳焜为广西督军，罗佩金为省长；唐继尧为云南督军，任可澄为省长；刘显世为贵州督军，戴戡为省长；朱家宝为直隶省长兼署督军；毕桂芳为黑龙江省长兼署督军；张广建为甘肃省长兼署督军；杨增新为新疆省长兼署督军（陈宧未到任前陆荣廷暂署湖南督军，陆荣廷未到任前龙济光暂署广东督军）。

上述除陕西督军陈树藩是袁世凯死后由段祺瑞任命外，其余十三省任命的督军系原来本省的将军。由于基本维持现状，总体形势比较平稳。段祺瑞人事任命受到抵触最大的，是在国民党人控制的湖南地区，他对汤芗铭和陈宧的任命，因护国军的强烈抵制不得不流产。国民党人和部分湘军都欢迎刚从日本回国的黄兴出任湘督。黄兴不肯就职，推荐谭延闿或蔡锷出任。权衡之下，段祺瑞任命“老好人”谭延闿担任此职。多事的湖南在人事问题上的起伏，为后来的事端埋下了伏笔。

新成立的民国政府，在承接清廷偌大版图和权力的同时，不可避免地还承接了千疮百孔的社会，以及入不敷出的财政。此时孱弱的国家机器显然没有能力支配恩典赈济、荣誉和金钱，就对社会的控制而言，它所掌握的资源、手段以及诱惑也远远不济，这使得在此基础上的管理显得破碎而孱弱。从清朝中后期开始的财政入不敷出举债度日，虽一度好转，但到了民国时期仍是捉襟见肘，连最起码维系正常运作的能力都没有达到。她貌似那么强大，实际上如此脆弱，命悬一线。等到段祺瑞真正到了内阁总理位置上，面对千头万绪一地鸡毛，这才有了比别人更痛心疾首的感触：穷家难当，烂摊子难收拾。万千烦恼中，最根本的有两点：一是权威不足。如果说当年的袁世凯还尚有一些权威，足以威慑地方政府抗命，那么此时的中央政府更是有名无实，以其实力和手段，已很难让各地方政府听命了。二是手中没钱。袁世凯统治时期，各省税款还能交一部分至中央，袁世凯死后，各省基本不把中央当回事，几乎无人上缴税收给国家。支持中央财政的只有两个细小的来源：一是来自关余和盐余，也就是关税和盐税扣除庚子赔款后剩余的那一点钱；二是来自交通部的收入，即几条铁路，比如京汉铁路、京浦铁路和京张铁路的收入。除此之外，就是北京地区的一些零星税收。堂堂中华民国政府，仅靠这一点税收来维持庞大的运转，其极度窘迫可想而知。段祺瑞感觉到民国政府就是一个叫花子组成的丐帮，黎元洪是帮主，而自己，就是那个无所适从的大总管。

收入很少，支出很大，到处伸手要钱，要不到钱便不高兴，有权有势的，还会给段总理故意制造些麻烦。比如国会两院，八百多议员当年号称“八百罗汉”，薪酬标准是早已定下的——中华民国第一届国会成立后的第一个议案，就是众议员给自己定下薪酬标准，每人每年五千大洋，几近天价。上任伊始，自得实惠，这也算是民国特色了。议会决定下来的事，政府必须执行，否则各内阁成员难得安稳日子。到了段祺瑞内阁手上，其他的不说，光这些人的工资发放，就成问题，如果政府能足额发放工资，议员们还会帮段祺瑞说些好话，最起码有一部分人不会故意让他难堪。没想到段祺瑞当上内阁总理后，几次生硬地想削减议员们的工资标准。这一做法，引起了议员们的普遍不快，尤其是一些国民党议员。如此，就很难指望国会与段祺瑞内阁之间维持良好关系了。

本来政治权威就不够，加上没有钱，段祺瑞内阁主持政局的困难可想而知。怎么办？只能通过借外债来维持运转。这个时候，欧洲列强卷入第一次世界大战，一方面经济遭重创，另一方面陷入战争消耗，很难腾出钱财借给中国。至于美国，借款上一直挑剔颇多，政策上又偏向支持中国教育、卫生以及文化事业，虽然美国驻华公使芮恩施几次敦促美国国务卿兰辛加大对中国政府的贷款力度，不过美国国内对于大规模贷款给中国还是心怀芥蒂。在这种情况下，北京政府借钱的唯一渠道，就是居心叵测的日本了。虽然段祺瑞与日本关系一直不错，但靠什么去换得日本的贷款，也是一个问题，只能出租出卖矿藏开发权，出租地方等。一项资料显示，1920 年下半年，日本海外投资的百分之九十都集中在中国。在中国的外国投资总额中，日本约占一半左右，其中在中国的东北地区，日本占了百分之七十以上。段祺瑞包括皖系与日本不清不楚的关系，也是后来时局动荡的一个重要原因。

除了日本，段祺瑞所能倚仗的，还有各地方军人的支持。虽然自袁世凯时代起，北京政府已尝试军政分离，不过军政之间一直纠缠不清，难以切割。北洋老资格段祺瑞与各地方督军的交好，也是他自信满满的资本。每当段祺瑞跟黎元洪出现了政策和人事上的分歧，督军团会站在段祺瑞一边给总统府施压。对军人的意见，黎元洪不敢过多反对。这样，精明的段祺瑞自以为找到了对付黎元洪的“灵丹妙药”，频繁以督军团的施压来保证内阁的主导地位。不过段祺瑞的铁腕专权，以及他过于倚重军队的方式，招致了国会很多议员的反感，尤其是人数众多的国民党议员。这样的格局持续僵持，意味着针对段祺瑞所发动的攻陷战随时会到来。

府院之争

很多时候，民国元年匆匆制定的《中华民国临时约法》似乎富有某种象征意义，这个带有中华民国理想精神，却显得支离破碎、模棱两可的根本大法，一直被孙中山等国民党人以及有着类似革命情怀的人奉为圭臬，以铭怀的方式凝聚着某种动力。袁世凯去世之后，反袁势力包括孙中山、蔡锷、唐绍仪、梁启超等人纷纷呼吁黎元洪段祺瑞恢复《临时约法》，甚至把这当作是界定分明的合作条件。这种情况下，黎元洪大总统上任伊始所做的恢复《临时约法》的行动被看作是遵循民国精神，以及向袁世凯反对派示好。恢复《临时约法》，当然令一部分人拍手称快，不过自此之后的运作，似乎让黎元洪始料未及——府院之间不得不重演中华民国运转之初大总统袁世凯与内阁总理唐绍仪的矛盾。对于“府院之争”，现在诸多书籍格外强调黎段之间的冲突，强调他们的争权夺利和落井下石。实际上更多时候，双方摩擦起源于对宪政制度的不熟悉，起源于界定不明，以及磨合的生硬。新成立的共和国政客们良莠不齐，人们还不太习惯于党派政治的操作，不太习惯于理性的立场和思维模式，把党派政治等同于拉帮结派，结党营私，拉大旗作虎皮。

袁世凯死后那段时间，无论是黎元洪还是段祺瑞，起初格外小心谨慎，努力按照自己所理解的共和精神，以遵守民主体制的规矩来办事。对于段祺瑞的组阁安排，黎元洪照单全收，两人配合默契，相处也还算融洽。有时候黎元洪对于某些事情提出点自己的意见，段祺瑞也能作出调整，以示尊重。内阁初组之时，张国淦、汪大燮请辞不就，内阁成员改由许世英任交通总长、孙洪伊任内务总长、范源濂任教育总长、谷钟秀任农商总长；外长唐绍仪一直未能就任，也改由伍廷芳出任。这些，都是黎元洪与段祺瑞商量的结果。

“蜜月”很快过去，黎元洪和段祺瑞在出身、政治主张、性格等方面所表现的差异，以及在《中华民国临时约法》下显现出的疏漏和生硬，使得总统府与国务院之间的摩擦开始逐渐显现。黎元洪虽然一直算是个“老好人”，也非北洋出身，对于北洋系对自己的架空和颐指气使早已习惯，不过在继任中华民国总统之后，意气风发的黎元洪开始变得强硬。周围人的拥抬和唆使，更使得趋于强硬的大总统不断地与总理发生摩擦。以黎元洪的资格、实际能力，以及他依据《临时约法》所居的位置，几番回合下来，权力的天平明显地倾向于段祺瑞。这样的结果，黎元洪当然不能接受，在他看来，总统是一国之首，即使国体变成了法式体制，总统也应该是有实权的。黎段相争，国会就显得更为重要，黎元洪的方式是与国会联合对段祺瑞内阁形成掣肘。不过嘈杂的国会并不统一，党派政争极为激烈：原进步党一面高唱“不党主义”，一面组成两个团体，一为以汤化龙、刘崇佑为首的宪法讨论会，一为梁启超、林长民为首的宪法研究会，不久又合二为一，统称宪法研究会，简称“研究系”；国民党方面，有张继以领袖资格出组宪政商榷会。内中又分客庐系、丙辰俱乐部、韬园系三系，后又由三系演变成政学会、益友社、丙辰俱乐部、韬园系四派。不久丙辰俱乐部、韬园系又合并为民友社。研究系完全支持段内阁；商榷会的右翼因为谷钟秀、张耀曾为内阁阁员，也倾向于维持段内阁；民友社和益友社算是商榷会的左翼，主张倒段。

本来共和国的初衷是国会、总统、内阁三足鼎立的平衡，因为摩擦的激越，脆弱的平衡很快转化为拉帮结派的冲突，转化为非理性对抗。这当中，年轻气盛的徐树铮的强势，又使得府院之间、内阁和国会矛盾加剧。徐树铮一直是段祺瑞的左膀右臂，是段祺瑞一手提携上来的心腹。段祺瑞任陆军总长时期，徐树铮即为次长。长期以来，段祺瑞养成了让徐树铮帮助处理大小事务的习惯，对徐树铮很依赖，甚至因为徐跟袁世凯发生过冲突——段祺瑞任总理时，曾想让徐树铮任国务院秘书长，袁世凯生气地说："真正太不成话！军人总理，军人秘书长。这里是东洋刀，那里也是东洋刀！"给了徐树铮一个名义更高的官职，想把徐树铮从段祺瑞身边调开。谁知段祺瑞一点不给袁世凯面子："请大总统先把祺瑞撤了，那时你想怎么办就怎么办。"袁世凯无奈之下只好气哼哼地说："不像话！不像话！"后来，段祺瑞辞职，徐树铮也随之辞职。以黎元洪的初衷，当然不愿意徐树铮当国务院秘书长。黎元洪请总统府秘书长张国淦带话："请你告诉总理，一万件事我都依他，只有这一件办不到！"张国淦不敢带话，找徐世昌商量。徐世昌劝黎元洪说："我以为一万件事都可以不依从他，只有这一件事必须办到。不要怕他跋扈，芝泉（段字）已经够跋扈的了，多一个跋扈的，不见得更坏些。"黎元洪只好勉强同意徐树铮就职。

段祺瑞之所以坚定不移任用徐树铮，是因为格外看重徐树铮的才气和能力。徐树铮文武双全，除了深谙政治军事，将日常事务处理得井井有条外，还写得一手好文章、好诗词以及好书法。徐树铮还有着文艺天赋，拥有一副好嗓子，可以唱全本的昆曲，把旦角演得活色生香，对中国古代音律也有研究。不过徐树铮的致命弱点是心高气傲不择手段，这让他得罪了不少人。第一次世界大战爆发后，徐树铮是拥德派。日本对德国宣战之后，德军在青岛被日军围困，缺少武器弹药，徐树铮竟私下派人向青岛德国守军运去了整整一列车军火！由此可见徐的大胆。

三十六岁的徐树铮在当上国务院秘书长后，经常抑制不住自己对总统府的轻慢——有一个说法是：某次某省同日变动三个厅长，徐树铮拿着内阁总理任免书去总统府盖印副署，黎元洪问徐树铮任免的是哪些人，徐树铮不耐烦地回了一句："你只管盖印好了，管他任命什么人！"一时黎大总统竟怔怔无话可说。徐树铮还让人写了一份通知，派人送到新华门总统府传达室，强调现在是责任内阁制，总统的所有信件，包括私信，皆要送到国务院开拆。总统府起初照办，直到徐世昌一日来访，问及前几日所寄信件，黎元洪方才知晓此事，顿时大发雷霆。又有一次，徐树铮不顾国务院调解龙济光部与李烈钧部武装冲突的决议，擅自拟写命粤、闽、湘、赣四省讨伐李烈钧部的命令到总统府盖印，黎元洪觉得不妥，拒绝盖印。徐树铮见总统府不盖印，径直以国务院名义电令四省会剿李烈钧部，结果江西督军李纯复电"无兵可调"，申明只能担任防守赣、粤边境等。徐树铮的强硬做派，在内阁中也常引起冲突，国民党员、内务总长孙洪伊多次在内阁会上与徐树铮发生争吵并以辞职相抗。黎元洪得知后，特将孙洪伊召进总统府以示支持。这样，本来发生在徐树铮与孙洪伊之间的争执，又发展为内务部与国务院的冲突，甚至演变为府院冲突。段祺瑞当然是支持徐树铮的，内阁当即拟就"孙洪伊着即免职"命令，由段祺瑞签发后送总统府盖印。黎元洪见到文件震怒咆哮道："你们说的话算话，我说的便不是话么！"坚决不肯盖印。段祺瑞亲自来到总统府，请黎元洪盖印，黎仍拒绝。段愤然宣称，如再不肯免孙职，即请总统免我职。政局顿时混乱。最后，不得不由老资格的徐世昌等人出面调解，以孙洪伊和徐树铮分别离职结束纷争。

随即再次引发府院之争的，是新任司法总长张耀曾牵涉到的一起贩毒案：上海海关查获了一起贩卖毒品案，有人供出张耀曾与贩毒有关系。安徽督军张勋、省长倪嗣冲、奉天督军张作霖、吉林督军孟恩远、黑龙江督军毕桂芳、湖北督军王占元、山东督军张怀芝、福建督军李厚基等十余人电请罢斥司法总长张耀曾。有人认为这是北洋系借机打击西南派，向黎元洪反映段祺瑞公报私仇。与此同时，由黎元洪提名的外交总长唐绍仪，遭到了北洋系的强烈反对，张勋、倪嗣冲等三十四人（包括督军、省长、都统、师旅长）通电反对，有人甚至给唐绍仪安上了十二条罪名，声称唐绍仪如果来京将性命不保。唐绍仪无奈之下只好通电总统总理辞职，痛诋张勋、龙济光等干政。内阁人选的问题，又引发了“府院之争”。

1916 年 8 月初，原总统府秘书长张国淦辞职，议员丁世峄继任。丁世峄是有名的笔杆子，有文人个性。丁世峄按黎元洪的要求，力主提高总统权力和地位，限制国务院的权力。8 月下旬，丁世峄提出《府院办事手续草案》（以下简称《草案》），主要内容有两点：第一，总统得随时出席国务会议；第二，所有国务院议决事件及任免官吏命令须经该管部长官同意后，再呈大总统盖印，如总统有不同意见，得交回国务院再议。很明显，这个《草案》加强了总统府对于国务院的控制，对此，段祺瑞当然不同意。双方经过几轮谈判，议定了几条折中办法：第一，总统不出席国务会议，但国务会议议事日程先期呈阅；第二，国务会议议事记录随时呈阅；第三，紧急军政要件由国务员进府直接报告；第四，总统对于国务会议议决案件，如有认为不合者，得令总理及主管国务员说明理由，说明后如仍认为不合，得交回复议一次；第五，每日呈阅文件与呈请用印，由国务院秘书长亲送。这样，府院之间算是赢得了一段时间的平静。

《密勒氏评论报》当时的一篇相关社论常被忽略，这篇社论对于北京政府总统黎元洪、总理段祺瑞以及国会自身三足鼎立的政治斗争评论道：北京政府的国会与政府各部门之间的政争，基本上说来，同其他国家的类似政争没有什么区别，因为它总是伴随着民主政治制度而来。这种政争通常包括权力的争论、行使权力的程序、权力和特权等，即使在当今最发达的民主国家，这些问题都还没有办法加以解决。而在中国，由于政府尚未能够享有完全的主权，问题就显得更为复杂。再者，中国仅有一项《临时约法》起作用，而且有人还在争论它的合法性。因此，一些较为开化的中国官员，经常在遇到困难时，就去他们在北京的外国朋友处听高见，但是，他们所得到的劝告，往往掺杂着那些劝告者及其同僚们的一己私利。

《密勒氏评论报》的观点，很大程度上有着旁观者甚至过来者的清醒和理智。显然，将袁世凯去世之后社会所产生的矛盾归结于“府院之争”是不科学的，视社会风气的不良、领导人物的钩心斗角为北京政府政局波动的原因，以个人品行和人际关系为焦点作道德评判，毕竟是皮相之说。社会的运转和变化，除了人力之外，更有其深层次的因素，那才是关乎社会走势的决定因素。只不过很少有人注意到这样的观点。对于激烈的总统、总理与国会之间的争斗，更多的人愿意坐山观虎斗，围观起哄。这种幸灾乐祸的阿Q心理，图的不是解决问题，而是在看热闹中获得快感。

五周年庆典

虽是千头万绪，却也百废待举，黎段时期的民国给人传达的就是这样的信息。到了十月，最重要的一件事，就是庆祝中华民国成立五周年。此前，一则消息的公布颇让上下振奋，国民政府决定10月10日在北京南苑操场举行盛大阅兵仪式。这是中华民国自1912年成立之后，首次举行大规模阅兵仪式。黎元洪这样做，旨在展示新成立的中华民国的威武，提升全社会的士气，同时希望以一次成功的阅兵仪式巩固自己的政治地位。

进入十月之后，北京一直下着雨，淫雨夹着寒风，肆虐着北方的秋天。没想到国庆前一天，天气突然转好，乌云散去，旭日当空。这时候的北京，从袁世凯时代开始进行的城区改造已告一段落，主要干道得到了拓宽，按照标准铺设了马路；皇城的一部分改造辟作中央公园，成为市民生活的中心；国立北京博物馆开始对外开放，展示着历朝历代的文物和古玩，彰显中华帝国的古老文明。如此向公众开放的大型活动，是从未有过的。10 月 10 日这一天，从清晨六七点钟开始，就有北京市民早早地来到街道两旁，到了上午九点，更是万人空巷，人们纷纷涌上街头，想一睹大总统黎元洪的风采，也领略一下民国新军的风范。由于阅兵规模较大，有关方面特地制定了参观规则：其一，各参观员上午十点半到场。自十一点钟起，前往南苑之马车及小火车，一律暂止交通。其二，南苑火车准于 10 日上午八点九点，分两次由永定门外车站开赴南苑。凡持有入场券者，均可乘坐，不取车资。其三，各参观员无论乘火车乘车马，下车下马后，均应按一定的路线，步入操场彩门。所乘汽车马车马匹或人力车，均按规定驶入指定位置。

第二天，京城各大报刊以浓墨重彩的方式刊登了国庆节阅兵式的盛况——全身戎装的黎元洪和同样全身戎装的众官员们骑着马从演武厅前往检阅现场。身材魁梧的黎元洪，挎着军刀，骑一匹高头大马在前开路，一众文武干将随后骑行，威风凛凛精神抖擞。阅兵正式开始，打头的是陆军方阵，分骑兵和步军两个兵种，士兵们精神饱满，戴着白缨或紫缨的军帽，军服分蓝衣和黄衣两种，分别佩剑荷枪陆续前行，参加人数有五六千人。自袁世凯小站练兵后，中国陆军正式走上现代化的道路，不仅军装学习西式，武器采用西式，训练方式和部队编制也效法西式。陆军方阵过后，在京的高级官员如孙武、蓝天蔚、荫昌、江朝宗等，也在仪仗兵引导下，骑着高头大马鱼贯而过。

随即是大总统巡阅部队—— 一辆汽车开来，看台上一片骚动。当时汽车在中国还算少有，很多人都没有见过，特别是没有如此仔细观察过。敞篷的汽车上站立两人，一个是大总统黎元洪，另一个则是总理段祺瑞，两人并肩而立，且行且语，极为亲密，似乎很难与传闻中的“黎段交恶”相对应。大总统莅临后，军乐团奏军乐，全体官兵行礼，其中军官行撇刀礼，步兵行举枪礼，骑马行马上举刀礼。阅兵总指挥官陈光远上前大声报告阅兵部队数目。随后，在总指挥官的引导下，大总统黎元洪依次检阅了各方阵，各方阵的师长、旅长、团长在大总统到达之时报告并行礼随同检阅。其后，各参阅部队以营为单位，在大总统离队伍二十步时，行举枪口令，吹军号，以壮军威。

巡阅结束后，黎元洪和段祺瑞回到演武厅。操练开始，司号员用号音调度变换队形，表演各种军事操练。黎元洪、段祺瑞阅操看得尤其认真，不时点评一番。操练结束之后是航空表演，由航空学校校长亲率飞行员演习飞行，地点是南苑，在先农坛、正阳门上空绕阅数周。飞机划着白烟而去，经久不息的，是观众雷鸣般的掌声。

民国五周年的阅兵式获得了满堂彩，各大报章对此评价甚高，有一些还将阅兵与强国联系起来。一些国家的公使和武官也表达了溢美之词。除了阅兵，国民政府还以其他方式庆祝这一节日：北京的农事试验场（今北京动物园）、中央公园（今中山公园）、古物陈列所（今故宫博物院前朝部分），均对百姓免费开放一天。虽然现在看来，这样的举动实在算不了什么，不过在当时，还是引得了民众的雀跃。京城的很多报纸都在重要位置刊登这一消息。那几日，京城各主要街道人流如织，欢欣鼓舞，这是十数年来难得出现的热闹景象。

除了京城，其他地方也颇为热闹。在上海，淞沪护军使署的礼堂内，高悬着黎元洪大总统的大幅肖像，边上则分列海陆军旗，署院中到处张灯结彩，布置了松柏鲜花。龙华还举行了阅操，淞沪警厅骑巡队及保安队五十多人，加上文武军乐队等，在大街上进行了奏乐游行；一些社团组织自发组织了庆祝活动，上海救火联合会举办了水龙灯会，其所属各火会带着洋龙火龙及各色灯彩，在上海的街道上进行表演，龙灯所到之处，街道两边人山人海。上海学界举办了提灯会，参加者有寰球中国学生会、中国体操学校、圣约翰大学及青年会复旦公学之童子军近千人。表演项目有合唱国庆歌或校歌、演讲改良家庭或顽童感化、掷球竞赛、舞蹈、游戏等。在南京，因为省公署要举行外宾会，门前铺设就更为精致，满扎冬青，遍插鲜花，并用五色电灯缀成"共和万岁""国庆纪念"等字样。内设礼堂的陈设尤其华丽，上有五色彩棚，地上还铺上了昂贵的地毯，大厅也装有乍明乍暗的五色电灯。招待室设有西餐台，备有上等精致西式茶点、贵重西烟啤酒等。无数中国人开始体验到中华民国的节日。

黎段之初的民国就这样呈现出短暂的新气象：经济慢慢复苏，政府改革了盐铁专营制度，市场开放度加强；包括七条干线，总里程超过七千公里的全国铁路建设规划已制定完成，并在欧洲大战导致外国贷款缺位的情况下，完成了部分项目建设；连接各地的道路交通正在各省广泛修建；政府为扩大矿产开发制定出台了很多激励政策；用于国家改革事业发展的国债大量发行认购。政府的财政税收有了巨大的增长：1917年中国的海关税为三千八百一十七点七万海关两，比上一年增长了近一千一百万两，这是一个很大的数字了。农商部推出的茶叶贸易措施也已见成效，中国茶叶市场出现了大幅增长，单是对英国的出口，就增长百分之十五以上。社会出现了短暂平稳，舆论不再一味唱反调，一些关于国内经济巨大发展的消息不断出现在报纸上：在湖南，矿业大亨梁焕奎斥巨资购买法国专利，炼出的纯锑质量超过英国；在山东，“中国摩根”张振勋从南洋返回祖国，创建了张裕酒厂，并在巴拿马万国商品博览会上勇夺金牌；在上海，江南制造局为美国建成了四艘万吨巨轮；在汕头，一个当地中国富豪投资五万美元兴建第一座大规模美式百货商场，商品来自英国、日本、美国、德国、瑞士，以及香港等地区；在广州，由英美人士和中国人共同投资八万美元的中国铅笔公司开工生产，日产已由初期的一百万支，提高到两百万支，并能大量生产更多的不同颜色的仿制铅笔；在天津，中国第一家高尔夫球场在一大片坟场中建成，打完十八洞仅需支付五美元。以汽车来看，辛亥革命爆发时，北京仅有六辆汽车，到了 1917 年，北京汽车的保有量已达到四百辆，几乎每隔一天就有一辆新汽车上路。这些汽车，跟遍布北京街头那些新换上胶皮轮胎的黄包车一样，给人以轻松快捷之感。

令人欣喜的还有教育。黎段上台之后，政府在极其困难的情况下，采取诸多措施支持新式教育。1916 年秋天，黎元洪在与教育总长范源濂讨论北京大学校长人选问题，范源濂报告说：杭州汤尔和与余杭马叙伦建议，可将蔡元培请回来掌管北大。蔡元培是前清翰林，是老资格的光复会员，对于新政治和新教育，一直有自己的心得。黎元洪当即让范源濂电召正在德国游学的蔡元培回国就任北大校长。1917 年 1 月 4 日，蔡元培发布就职通告并到校就职。当天的北大，校工们排队在门口恭恭敬敬地向蔡元培行礼，蔡元培一反以前历任校长目中无人的态度，摘下头上的礼帽，郑重其事地向校工们鞠躬，让北大校工和学生大为惊讶。为了支持教育，黎元洪率先垂范，不惜压缩总统府预算，将自己薪水由袁世凯时代规定的每年一百九十一点五万元减为五十七点四六五万元，整整压缩了一半多。消息传出后，人们为之振奋，有新思想和新制度的民国就是不一样！这样的事，是历朝历代没有发生过的。民国有如此表率的总统，又有如此能干务实的总理，何愁万事不兴！

第 二 章

参战的风波

艰难的选择

督军们的算盘

徐州会议

张勋进京

艰难的选择

1917年北京的春节一派兴旺。在政府的倡导和推动下，包括中央公园在内的各公共场所都搭台举办了商品交易会。仿佛一夜之间，北京冒出了许多用竹竿和席子搭成的临时售货棚，出售古玩、照片、铜制器皿、木雕制品、金鱼、松花蛋、鸟笼等物品和装饰品；一些流动的杂技和马戏班子也来凑热闹，占据熙熙攘攘的大道旁就开始演出，大声嚷着“有钱的帮钱场，没钱的帮人场”。北京的艺术珍品展览入场费也比平常减半，各戏院都有专场演出，杨小楼、梅兰芳等人的演出票更是抢手……黎元洪担任总统的首个春节，因为各方面矛盾的缓和，的确让古老的帝都出现了短暂的祥和景象。

与北京街头的情景一样，黎元洪政府中也出现了某种好转的迹象。1月12日，黎元洪邀梁启超、汤化龙、梁善济、蓝公武、徐佛苏、王家襄、吴景濂、王正廷、孙洪伊、谷钟秀、张耀曾等会商，盼国会早日完成宪法。同一天，众议院通过恢复地方自治案。这些，都像是新一届政府以法制建设促进社会进步与好转的信号。不过随之而来美国驻华公使芮恩施对于黎元洪和段祺瑞的分别拜访，又使得刚刚缓和的政治格局陷入新一轮紧张之中。芮恩施向中国传达的是，美国不仅已跟德国断交，而且相信中立国家会赞同美国政府采取这个抗议一种不能容忍的做法的行动，这一行动将有利于世界和平。虽然芮恩施的说法很含蓄，不过他显然是希望中国政府能与美国政府采取一致行动。当然，美国跟德国断交，也意味着将很快向德国宣战并直接加入到第一次世界大战的协约国一方。

芮恩施去见黎元洪的时候，黎元洪正在总统府休息，他的脸上露出亲切期待的神情。当翻译郭泰祺翻译了芮恩施的告知之后，黎元洪很吃惊，他没有说什么，只是仔细地询问了芮恩施一些问题——当前的战况怎样？交战各方的力量对比如何？参战会有怎样的国力消耗？协约国在美国的援助下能赢得决定性的胜利吗？……黎元洪问得非常细致，看得出黎元洪对美国的怀疑以及自己的谨慎态度。最后黎元洪给芮恩施的说法是："这种对中国国内形势造成深远影响的国际行动，我们必须予以仔细考虑。"从黎总统处离开之后，芮恩施又驱车前往国务总理段祺瑞的寓所，向段祺瑞同样告知。与黎元洪态度不一样的是，段祺瑞没有对此事表示出忧虑，相反表现出浓郁的兴趣去探讨局势转变带来的影响。

美国参战，对中国影响巨大。2月9日，中国政府很快给芮恩施的来访以某种回应——北京政府就德国潜艇封锁公海一事，向德国政府提出抗议。这一事件，很快被众人看作一个讯号，总统府的美籍顾问福开森、英籍顾问莫理循和《远东时报》编辑唐纳德等，都相应表达了自己对中国政府参战的支持。一些民间人士也猜测中国参战的可能性——在此之前的袁世凯时代，就曾考虑过跻身协约国参加第一次世界大战。1914年8月第一次世界大战在欧洲打响，一边是由英、法、俄等组成的协约国，另一边是由德、意、奥、土等组成的同盟国。袁世凯当政时期，参战的双方，尤其是协约国，曾强烈邀请中华民国参战。出于亲英美的一贯立场，袁世凯考虑过对德宣战，以收回被德国占领的青岛和胶东半岛。不过日本强烈作梗，反对中国参战，加上中国政府内部意见不一致，第一次世界大战的局势也不是太明朗，此事便耽搁下来。

与此同时，驻日本大使章宗祥从东洋传来消息，在获知美国将参战的情况下，日本外相本野多次向其表示，希望中国与德国断交并参战。

日本首相寺内的亲信西原龟三特意赶到中国，承诺中国若参战，将答应借款等事宜。

美国和日本为什么希望中国参战？尤其是日本，为什么态度发生了一百八十度大转弯？其中原因，当然是从自身利益考虑，除了得到这个东方古老帝国道义上的支持之外，美国和日本更实际的用意在于，欧战这个时候已陷入胶着，协约国和同盟国双方筋疲力尽，转入了阵地战和消耗战，尤其需要大量劳动力来挖战壕、抬伤员、运送粮草辎重等。当地民工和劳力明显不够用。而中国，无疑能在这个关键时候，对协约国形成强大支援。如果人口众多的中国能参战，劳工输出将是源源不断的，肯定会对协约国确立优势产生重大影响。除此之外，日本的鼓动还有着另外的打算，意在以支持和鼓动中国参战为条件，与英法等国达成某种交换。

美国的加入以及日本的态度发生逆转，的确增加了中国参战的砝码。相比黎元洪的迟缓和犹豫，精明而果敢的段祺瑞显然从美国即将参战中感觉到了某种信息，觉得中国完全可以“渔翁得利”。在此期间，梁启超也积极向段祺瑞表达了加入协约国、参加第一次世界大战的建议。梁启超在大战的最初阶段，是看好同盟国的，不过当好友张君劢从欧洲归来，向他传递战局的走势后，梁启超开始改变主意，考虑如何审时度势，让中国从欧战中获得更大利益。美国加入协约国作战之后，梁启超明白同盟国大势已去，便向段祺瑞强烈建议中国参战。与梁启超持相同意见的当时还有财政总长陈锦涛博士、外交总长的代表伍朝枢、国民党的副议长王正廷、时任大理院长的王宠惠博士，以及享有革命声望的钮永建将军等。段祺瑞一开始犹豫不决，主要是他对形势发展不太肯定。段祺瑞曾经在德国留学，对德国军事力量，一直顶礼膜拜。开战之际，段祺瑞甚至以为，以德奥的力量，会轻易获胜。随着时局的变化，段祺瑞逐渐改变自己的看法。梁启超关于参战的建议，正中段祺瑞下怀。在段祺瑞看来，中国参战有诸多好处：一是可以使自己控制的政权摆脱国内政治斗争所受的掣肘；二是可以提高中国的国际地位；三是通过参战中国将得到协约国方面财政上的支持。当然，参战对于段祺瑞来说，还有个人的好处，就是能借参战之机壮大和加强自己控制的军事力量，以巩固自己的政治地位。如果说不参战是一种保守的行为的话，那么，参战更像是对时局采取一种主动出击的方式。

在与梁启超取得了参战的共识之后，段祺瑞信心满满地开始运作了，其中最重要的，就是以参战为条件，获取英、美、法、日财力上的支持。当然，对各种反对之声的安抚和交代也很重要。参战呼声很高，反对参战的声音同样也很响亮，其中以孙中山、唐绍仪、马君武最为强烈。孙中山等人认为对德开战的唯一结局是内乱突起、内战爆发，甚至有可能导致中国灭亡。

以段祺瑞的执政经验，他当然知道共和之初，就某种重要事情达成共识，那将是一个登天过程。不过执着的段祺瑞仍希望由自己来完成这个史无前例的行动。3 月初，段祺瑞和他的智囊团拿出了一个参战条件，即《加入协约国条件节略》，主要内容有：一、中国停付德、奥两国赔款，暂缓十年偿付协约国赔款；二、中国将进口关税增至百分之七点五，待厘金裁撤后，增至百分之十二点五；三、取消《辛丑条约》中关于不允许中国在天津驻军等条款。显然，段祺瑞已在打“参战牌”，为中国赢得利益。

内阁讨论之时，大部分阁员对于对德断交并不反对，只是对最重要的两方面表示了关心：一是协约国到底能提供多少经济援助；二是防止把中国的自然资源、军队、兵工厂或军舰置于外国控制之下。在与美国驻华公使芮恩施深层次沟通之后，芮恩施代表美国政府承诺：美国政府会采取措施拨出为了达到即刻需要的资金，并且采取步骤动用庚子赔款，目前至少可以把分期偿付的大部分赔款用于中国政府的目的。2月28日，以段祺瑞为首的全体阁员谒见总统，说明对德外交方针，由绝交而宣战，再行加入协约。黎元洪主张先征国会同意，认为绝交宣战尚非其时。3月1日，一艘法国邮船被德国潜艇击沉，船上所载五百多中国劳工全部葬身鱼腹，这一悲惨事件，为中国与德国绝交，提供了十分正当的理由。3月4日，段祺瑞内阁通过了与德断交的决策。当日，段祺瑞率阁员到达总统府，请黎元洪在对德断交咨文上盖印。也许觉得太突然，黎元洪拒不同意。黎元洪还是一方面担心贸然加入会被别国他人利用，产生负面效应甚至恶果；另一方面，还担心北洋军队以之为借口扩充军力，壮大自己的力量。双方发生了激烈争执，段祺瑞一气之下宣布辞职并去了天津。教育总长范源濂也提出辞职。

段祺瑞出走后，黎元洪本想借机改组内阁，约请徐世昌、王士珍以及正好来北京磋商外交问题的副总统冯国璋一起商议。黎元洪想请老资格的徐世昌和王士珍分别出任总理和陆军总长，以替代段祺瑞。徐世昌和王士珍坚决拒绝。冯国璋也表态段祺瑞目前无可替代，自请赴天津劝段祺瑞复职。协约国公使频访外交部，对段祺瑞辞职表示关注。北洋系各省又相继打来电报，对黎元洪施压。在此情况下，黎元洪只好作出让步，请冯国璋赴津劝段复职，并商订复职条件：一、内阁确定的外交方针，总统不得加以反对；二、内阁拟定的命令，总统不得拒绝盖印；三、内阁训示各驻外使节、督军、省长，总统不得干预。经冯国璋天津一番调解之后，段祺瑞于3月6日返回北京，马不停蹄进行对德断交事宜——3月8日，国务院电令章宗祥与日本秘商中国参战条件：缓付庚款十年，增加关税百分之五，解除《辛丑条约》与所属文书中对于天津附近中国不得驻兵及使馆区、京津铁路之规定。日本内阁表示同意。3

月 9 日，段祺瑞招待参众两院议员，说明对德绝交案。同时，段祺瑞密电各省及驻外公使，声称内阁对德外交方针，已获总统赞同，各省“切勿再生异议”。

3 月 10 日、11 日，众参两院分别通过了对德绝交案。3 月 14 日，国务院公布与德国绝交令。外交总长伍廷芳照会德使辛慈，与德政府断绝现有外交关系。财政部通告各省及各部税务处，停付德款，暂存中国银行（协约国要求存外国银行）。国务院招驻德公使颜惠庆回国。

中国加入协约国参加一战之事初战告捷，段祺瑞长吁一口气，不过，段祺瑞并没有放下心中压抑的大“石头”，他当然知道下一步的宣战之事还会更加艰难。

督军们的算盘

1917 年春天，就在中国各方势力为对德宣战纷争相左之时，列强们同样为中国的态度明争暗斗。美国由积极推进中国参战，转变为审慎的态度，对中国可能发生的内战前景，表现得异常关注。美国国务院照会中国，表明了对于内战危险的担忧，特别指出中国政治的稳定，比对德宣战更为重要。与美国的态度不一样，英国和法国却施加压力，要求中国对德宣战。至于德国，为阻止中国对德奥宣战，不惜采取各种秘密手段加以阻挠。6 月中旬，美国当局在北京逮捕了一位著名的传教士李佳白并把他驱逐到马尼拉，指控他为德国做宣传，阻挠中国对德宣战。李佳白在北京主持一份中文报纸，以此为阵地宣传中国对德宣战的不利因素。

虽然对德绝交通过，接下来的对德宣战却遭到了很大麻烦。国会在1916年8月复会后，表面上国民党派的议员仍占多数，实际上国民党已经涣散，形成了许多政治小团体，很难有统一主张。议员中有一些是南方国民党的卧底，还有些人则唯恐天下不乱，再加上一些利欲熏心的权贵之徒，个中复杂，一言难尽。虽然国会中梁启超等人强烈支持段祺瑞的主张，但很多人心思各异。时间一天天地过去了，中国参战一事一时也没有进展。心急如焚的段祺瑞唯恐错失了最佳时机，想借助于最有权势的督军们向总统府和国会施压。段祺瑞知道，各省督军反对参战的一个重要原因，是怕领兵远征欧洲。要使他们积极支持，必须解除其顾虑。段祺瑞决定召集各省督军来北京召开军事会议，向督军们解释参战的真正用心。

1917年4月中旬，即美国国会通过对德宣战几天后，段祺瑞电召各省督军来京开会。山西督军阎锡山、河南督军赵倜、山东督军张怀芝、江西督军李纯、湖北督军王占元、吉林督军孟恩远、直隶督军曹锟、福建督军李厚基、安徽省长倪嗣冲、察哈尔都统田中玉、绥远都统蒋雁行、晋北镇守使孔庚等各省代表共二十余人来到北京。此前，段祺瑞特派靳云鹏专程赴南京请冯国璋出席，冯国璋既不倾向宣战，也不愿与段冲突，称病推辞。各省督军们来京期间，最热闹的就是段祺瑞的府宅了。因为与段祺瑞有着师生或上下级旧关系，凡来京公办，很多督军会到段府拜访聊天。段祺瑞会一边跟张勋、倪嗣冲、张怀芝等人打麻将，一边商议着政治话题。有时候一开就是好几桌，彼此之间的输赢，也是很大的数目。以段祺瑞跟他们之间的水乳交融，当然知道这一帮督军们肚子里在想什么。这一次最先到北京的是安徽督军倪嗣冲，倪嗣冲是段祺瑞的亲家，也是安徽人，是那种具有愚蠢和精明双重性的“大炮”。一开始，“倪大炮”不知段祺瑞的态度，进京前曾在安徽报纸上发表言论，称对德宣战一定会亡国。到了天津后，看到梁启超主战言论，大骂梁启超是“亡国文妖”。等他知道段祺瑞的态度后，立即来了个一百八十度大转弯，变成一个坚决的主张派，大声疾呼：“对德宣战应无条件加入！并且越快越好！”

有关督军团这一次会议有一些“八卦”——由于各督军互不信任，每位督军身后都紧跟一个身强力壮的保镖，以防不测。4月26日，军事会议开幕，段祺瑞亲自主持首次会议，参谋总长王士珍、海军总长程璧光、训练总监张绍曾参加了会议。段祺瑞就中国参战计划向督军们做了说明，强调中国宣战并不需要出兵欧洲，只是摆出战争的姿态，从而在这场已能判断出结果的战争中取得好处，此所谓不战而屈人之兵。段祺瑞一番说明，让督军们颇为心动。会议还就内阁对德外交方针进行了表决，出席会议二十五人，赞成者十七人，依从多数者七人。段祺瑞的外交方针在各省中获得了压倒多数的支持。

督军团统一了思想，接下来就是段祺瑞带着一帮督军不断做工作了。一干人先是拜会了协约国各位公使。对于中国实力派人士的到来，各国公使殷勤有加。芮恩施特地为督军们举行了正式招待会，联络感情，对他们的行动加以勉励。5月1日，内阁召开会议，讨论对德宣战事宜，督军团倪嗣冲、张怀芝、孟恩远、李厚基等列席，参战计划获得通过。段祺瑞随即率领当日出席会议的阁员到总统府提请黎元洪核准。同一天，日本公使林权助登门拜访黎元洪，告诫中国参战须举国一致，如发生政变，日本亦同其利害。5月3日，倪嗣冲又率督军团一行，到总统府向黎元洪陈述。黎元洪思前想后，最终在对德宣战书上盖印。这样，段祺瑞只需要再过国会这关就告成功。与此同时，国民外交后援会在北京中央公园开演说大会，朱念祖、张嘉森、汤化龙、孙润宇、李厚基等均主对德国宣战。

这时候的段祺瑞，在与国会发生一系列摩擦之后，已对国会办事的动机和效率明显持不信任态度了。在他看来，国会中支持宣战的，只有汤化龙和梁启超研究系的一帮人马，其他的多是逐利之徒，很多人都是以手中的投票权来谋利，成事不足败事有余。5月8日，国务院邀请了国会各党派部分议员一百八十人，阐述了内阁有关参战的想法并回答各议员的质疑。梁启超慷慨陈词地做了“外交方针质言”，力主对德奥宣战。议员们的质疑主要集中在：其一，德国是不是肯定会败；其二，中国宣战能不能真正地获得利益；其三，中国的宣战是否存在秘密外交，是不是受到某些国家特别的指使；其四，中国是不是真正要出兵。对于这些质疑，段祺瑞一一做了解释，尤其是对于中国出兵的态度，段祺瑞强调了中国并不需出兵，宣战不会带来实际战争，国内也没有实行战时法令的必要。不过由于跟日本代表西原之间的借款谈判处于极度秘密状态，段祺瑞对于这一点的疑问也给予了否定。

5月10日起，国会门口突然出现了很多“自发”的主战派“请愿团”静坐示威，举着手中的小旗帜，支持国会批准对德宣战。很多议员都以为此举直接或间接受段祺瑞雇佣，因而对段祺瑞更加反感。各方力量同时采取不同方式给内阁和国会施压，国民党阁员谷钟秀、张耀曾、程壁光相继宣布辞职，同是国民党员的参议员代议长的王正廷，扮成学生模样悄悄溜出北京，先到上海隐匿在一位美国牧师家中，然后去了广东。王正廷等一批阁员的辞职，几乎让局面失控，段祺瑞承担的压力更大了。有议员提出对德宣战一案手续不完备，应不予讨论。这个动议以多数赞成票获得了通过，参战案遭到了搁置。众议院复议对德宣战案时，近三分之二议员赞成改组内阁，更是表明国会对内阁的不信任。这样的形势，将段祺瑞、梁启超以及内阁几乎推入了绝境。段祺瑞、梁启超也不示弱，与督军团商议后决定向总统施压要求解散国会，理由是国会专制，陷内阁于“颠危之地”。张勋也致电督军团支持解散国会，声称当“为诸公后盾”。

内阁与国会对峙之时，5 月 18 日，英文版的《京报》披露了中日秘密签订一亿元军事借款的消息，声称借款条件是聘用日本武官和管理人员主持中国军火工业，用日本武官训练中国参战军。同时谴责段祺瑞试图“将中国出卖给日本”。这一报道，是时任《京报》总编辑、后任国民党外交部长的陈友仁所为。消息的披露，引起轩然大波，段祺瑞所言中日间绝无秘密外交的陈述被彻底戳穿。段祺瑞一气之下下令逮捕陈友仁。陈友仁的被捕，又引起了新的浪潮。巨大压力下，警察局不得不将陈友仁释放。

黎元洪接到内阁和督军团要求解散国会的要求后，急招来芮恩施问计。芮恩施到总统府与黎元洪进行了长谈，再一次表达了美国政府对他的支持。黎元洪确认美国的态度后，开始显示他的强硬：21 日，黎元洪召见督军团成员孟恩远、王占元，严厉地训诫他们不要超越宪法办事，指出时局的症结在内阁，段祺瑞“理宜引退”；针对督军们解散国会的要求，黎元洪表示绝不可能，坚定地表态不怕死、不盖印、不违法。与此同时，黎元洪对军人干政的方式，表示了极大的愤怒和不满。

各省督军们没有想到黎元洪情急之下如此坚决，只好悻悻地离开了京城，应张勋邀请去徐州商议对策。5 月 23 日，黎元洪下达总统令，免去了段祺瑞国务总理兼陆军总长职，令外交总长伍廷芳暂行代理国务总理，张士钰代理陆军总长。同时电告各省免段职之原因，并声明请徐世昌出任总理，王士珍继任陆军总长。在得知被免职的消息后，段祺瑞非常气愤，通电全国，明确表示根据《中华民国临时约法》，总统无权撤销总理职务，拒不承认黎元洪的免职令；将来地方及国家因此发生影响，一概不能负责。发表声明后，段祺瑞离开北京去了天津。

依《中华民国临时约法》第五章第四十七条规定，包括总理在内的国务员的免职，需要参议院的弹劾后，由大总统下令。黎元洪对段祺瑞的直接免职，确有违宪嫌疑。段祺瑞离职后，黎元洪想请徐世昌和王士珍出任总理，遭到了对方的拒绝。情急之下，黎元洪向国会提议袁世凯时代的“嵩山四友”之一、曾任云贵总督的李经羲为内阁总理，得到了两院通过。李经羲系李鸿章侄子，跟北洋将领关系密切，并且，李经羲任云南总督时，张勋曾是他的下属。年逾七十的李经羲从南方赶来上任，在火车上听到各省宣布独立的消息，觉得这一汪“浑水”实在无法趟得进去。到了天津，李经羲下车后死活再也不愿意北上了。与此同时，长江巡阅使张勋给黎元洪打来电报，表明进京调停的愿望。身陷尴尬的黎元洪立即表示同意。张勋来京，更让局面变得无法控制。

府院冲突如此激烈，像一场大戏惊心动魄地上演。唯恐天下不乱的报刊，更是铆足劲火上浇油。至于在华的外国记者，联系到各列强在中国的明争暗斗，更愿意把黎总统看作“亲英美派”，把段总理看作“亲日派”，从而断定“府院之争”其实是中国政府亲英美派与亲日派的争斗。政局刮起的台风，将平民百姓也卷进来，各界人士沸沸扬扬地表达看法，划线站队，有的成为“拥黎派”，有的成为“拥段派”。两派竭力诋毁对方，甚至开始无中生有地造谣。争斗如火如荼，从最高层一直蔓延到最底层。争斗的无法控制，不仅让百姓们失去可以依赖的主心骨，更让社会多了对民国政体的埋怨，对于标榜与现代政治接轨的中华民国多了些不信任。也因此，铭怀皇权的社会思潮再度席卷，对习惯于“天子”专制控制的人们来说，专制制度最起码有着表面的稳定和谐，哪像这个民国，一天到晚吵吵闹闹，似乎从没有过安宁的日子。这一切，难道是因为没有皇帝的缘故？

徐州会议

黎元洪发布总统令免去段祺瑞国务总理一职时，从北京出走的各省督军们，正在徐州张勋的地盘上紧锣密鼓地开着会。徐州会议一直是各省督军的联盟会议。这个联盟，是在袁世凯逝世后，军人们为了应付纷乱的政局自主召开的联席会议。袁世凯死后，各地手握军权的督军们觉得时来运转，希望新总统黎元洪能调整政策，保证军人政治和经济地位的提升。1916年6月9日召开的第一次徐州会议就是在这样的背景下产生的，以对抗南方和国民党势力为号召，邀请吉、黑、奉、直、晋、皖、豫七省督军开会商议国是，由长江巡阅使张勋主持召开。会议通过十项重要决定：一、尊重清室优待条件；二、保全袁世凯家属生命财产及其身后荣誉；三、速行组织国会，施行完全宪政；四、电劝独立各省取消独立，否则武力对待；五、抵制暴烈分子参预政权；六、严整兵卫，保全地方；七、维持国家秩序，设有用兵之处，合筹军饷；八、电请政府罢除苛细杂捐；九、中央如有弊政，应合力电争；十、固结团体，遇事筹商，取同一态度。应该说，第一次徐州会议对于袁世凯死后局面的稳定，起了重要作用。不过军人们不甘寂寞的强硬之举，也给后来的武力干政开了先例。1916年9月的第二次会议，山东、奉天、吉林、黑龙江、河南、直隶、浙江、江苏、湖北、江西、绥远、察哈尔、热河十三省督军代表集会，由张勋、倪嗣冲领衔宣布成立"各省区联合会"，制定八条纲领，拥老资格的张勋为"盟主"，通电抨击国民党议员和政府阁员。三十四位督军、省长、都统以及师旅长联名通电反对外交总长唐绍仪赴任，要求将他逐出内阁。巨压之下，唐绍仪只得宣布辞职，痛斥张勋、龙济光等人干政。除了干涉人选之外，督军们还发出通电，要求“定孔教为国教”，为复辟争取支持。在领头的张勋看来，天降大任于斯人，即以己之力，将已经脱轨的火车拉到君主制上来。

督军团干涉国会、宪法、内阁，攻击国民党及其议员、阁员，引起社会各界的谴责，也引起南方实力派的不满。总统黎元洪对督军团的活动深感忧虑，曾几次派人到徐州敦劝张勋，张勋根本不买账。唐绍仪在遭到督军团的强烈反对请辞后，黎元洪感到事态严重，曾于 1916 年 9 月 29 日发布禁止军人干政的训令，对张勋等人提出严重警告。段祺瑞也致电参加徐州会议的各省督军以示批评，不过段祺瑞的建言相对委婉，认为他们虽然对于政局很有热情，但此种方式，不合程序。总的来说，督军们对黎元洪和段祺瑞表现出了不同态度，他们更愿意把段祺瑞当作自家人。

1917 年 5 月 21 日，就在黎元洪下达免除段祺瑞国务总理职务的前两天，张勋召集了十三个省的督军和大员们再一次在徐州召开会议，中心议题是军人们如何以更积极的态度干预中国政治的走向。徐树铮和曾毓隽作为段祺瑞方代表参加了会议。当黎元洪下令免去段祺瑞国务总理的消息传到徐州时，会场炸开了锅，倪嗣冲当即破口大骂，认为黎元洪是对北洋军人的挑战，呼吁立即起兵推翻现任总统。其他督军也表示了愤慨。张勋公开表明态度，把民国的混乱归结于共和政体的没有权威，提议恢复帝制，以确保中国的传统和权威。参加会议的徐树铮没有表示反对，只是婉转地表达段祺瑞虽不能公开支持复辟，但只要达到解散国会和驱逐黎元洪的目的，其他一切在所不计。这样的表态，被张勋看作段祺瑞对于复辟的默许。徐树铮的态度，后人有多重猜测，有人认为这是徐树铮的个人态度；也有人说这是段祺瑞的“欲擒故纵”，希望张勋做一些“过头事”——解散国会、复辟帝制，这样有“武力干涉”的理由，从而达到“再造共和”的目的。有种说法是，在张勋的提议下，参加会议的各方代表在一件黄缎子上签名，以示同意宣统皇帝复位。这一份文件，也成了张勋复辟失败后的“黄金甲”。传说张勋复辟失败后，段祺瑞曾派人用重金从保管签名的张勋副官手上，买走并销毁了“黄缎子”。自此之后，因为缺乏佐证，有关各省督军同意复辟的承诺，也被认为子虚乌有。历史的真实，往往会随着佐证的消失，变得真相不再。这也是无可奈何之事。

宴会上，这个豪爽的江西人摆了五桌豪华宴，以招待各路“诸侯”。宴会使用的瓷器极其名贵，都是景德镇官窑定制的博古式餐具，号称“洪宪官窑”或“洪宪瓷”，据说没有一件重样。24 日，张勋致电黎元洪，对黎元洪人事安排没有经过国务总理副署表示不满，斥责黎元洪罢免段祺瑞为非法。5 月 26 日，倪嗣冲在蚌埠率先宣布段祺瑞被免职非法、安徽省将脱离中央政府领导，通电声称：“群小揽权，扰乱政局。……政府几乎一空，宪法又系议院专制，自今日始，与中央脱离关系。”巨大压力下，黎元洪乱了方寸，写了一封信给倪嗣冲，对其进行安抚。这一行动被咄咄逼人的督军们视为软弱，觉得更应强硬——紧接着，奉督张作霖、鲁督张怀芝、闽督李厚基、豫督赵倜、浙督杨善德、陕督陈树藩、直督曹锟等，也相继宣布“独立”。徐州十三省区联合发出电报，请黎元洪立即退职。伴随着督军团的施压，在京研究系议员也对黎元洪罢免段祺瑞之事坚持抵制，汤化龙更是辞去了众议院院长，研究系议员纷纷辞职南下。

倪嗣冲等人宣布独立之后，在徐州一带控制了通向北京的铁路，切断了各省向北方运输的粮食和必需品。各省督军甚至探讨拥戴段祺瑞、徐世昌等人，在天津成立临时政府，谋求强行提取中国政府存在中国银行天津分行的存款。督军们对于中央的对抗，让黎元洪感到了恐慌。更让他感到不安的是，日本势力也开始插手，事态朝着不可控的方向演变。这可以说是“二次革命”后最大的变故。军人们对于政治的强行干预，也意味着袁世凯在位时格外强调的“军人不得干涉政治”一规土崩瓦解。

张勋进京

1917 年，张勋六十三岁，这个曾经参加过中法战争和中日战争，以作战骁勇闻名的“三代老臣”，其一举一动，一言一行，都带有旧式武夫和官僚的特征，颇有点樊哙、张飞、许褚和尉迟敬德的影子，以自己的直爽、忠诚、实力以及老资格在晚清乃至民国初年享有很高的威信。连当年的袁世凯，都对他礼让三分——进入民国之后，张勋和他的人马坚持不剪脑后的辫子，有人反映到袁世凯那里，袁世凯只好笑笑由他去。如果说晚清到民国的过渡，一开始在张勋眼中还是懵懵懂懂不知所以的话，那么，袁世凯死后乱象迭生，则让张勋忍无可忍。在张勋看来，新生的民国简直就是一个怪胎，它缺乏权威、没有责任、不谋正事，只知道吵架和争斗，整个社会的六神无主，就是这种不荤不素的共和制度造成的，“五年更一总统，则为一大乱；一年或数月更一总理，则为一小乱”，天下不乱才怪呢！共和五年的碌碌无为，让张勋坚信中国还是需要皇帝的，数千年的皇帝情结，岂能是说去掉就去掉的？皇帝是不可或缺的，也不是别人所能当的，还是得爱新觉罗氏担当。当年袁世凯称帝，张勋也明确反对，不是他反对帝制，而是他反对别人家称帝，他觉得天下能当皇帝的，只有爱新觉罗家族。虽然袁世凯帝制失败，但张勋仍有一个不灭的皇帝梦。

6月1日，黎元洪召长江巡阅使张勋进京共商国是。张勋回电黎元洪，认为国会是这一次政局混乱的罪魁祸首，自己进京之前，国会得先解散。6月7日，张勋率领五千先头部队从徐州北上，同时通电独立各省，盼一致进行，出发军队暂缓行动。火车到了天津站后，张勋让部队接着北上，自己带着几个随从在天津下了车。张勋在天津停留有两个目的：一是在天津等待黎元洪解散国会，否则，他就不充当调停人；二是进一步明确徐世昌、段祺瑞对于复辟的态度。在天津，张勋多次拜访了段祺瑞、徐世昌，详谈政局走势。张勋还是很在乎段祺瑞的，这不完全是因为段祺瑞是当时最有权力的人，还在于他的性格倔强无比，处事刚硬武断。只要段祺瑞不反对，复辟就成功了一半。当然，对于段祺瑞来说，他哪里不懂得张勋的心思呢！不过张勋只要不明确提出，或者不正式付诸实施，或者在后果没有直接呈现的情况下，段祺瑞也不好表达什么。从目前披露的情况看，张勋在天津与段祺瑞有三次对谈，每一次，张勋咨询恢复君主制的可能性，段祺瑞都不明确表示同意与否。对于张勋的调停，段祺瑞持积极态度。不过段祺瑞对于张勋也有着半开玩笑的示意，那就是：你若复辟，我一定打你。

在天津，张勋还与日本方面进行了接触，试探他们的态度。日本方面态度似乎很明确：张勋将军的调解是和平的最后希望；最好取消国会，它是碍事的，几乎使人不可能办事。自以为确认了日本方面和段祺瑞等一干人的态度，张勋决定采取行动了。张勋进一步明确地向黎元洪提出实行责任内阁、解散国会等调停条件。6月8日晚，黎元洪邀请国会重要议员到总统府开会，问议员可否自动辞职，国会自动解散，“否则我被迫，我必解散国会”。12 日，黎元洪免去了伍廷芳代总理一职；13 日，又让江朝宗副署，发布了解散国会令。解散国会同样是一波三折。按照民国法律，解散国会要由总统和总理会签，即总统签署命令，还得国务总理盖章签字，否则一律无效。黎元洪任命的内阁总理李经羲在天津不愿上任。张勋派人去找李经羲，李推托自己尚未就职，不算总理，不签这个字。张勋又让人找在京任代国务总理的伍廷芳，让他签字副署。大律师出身的伍廷芳同样不愿意。有人气急败坏地威胁：你怎么不识时务？伍廷芳看都没看，长胡子一抖，说：解散国会非法，我死也不盖印！我是基督徒，你杀了我，我正好上天堂！众人没有想到喜欢唯灵论、素食主义以及谋求长寿的伍廷芳竟然有这等风骨。有人提议：让黎元洪免去伍廷芳的代总理一职，由新代总理签字，这样既合法又给力。不过谁来干这个“签字总理”呢？陆军总长王士珍推托说：如果你们要我干这个签字总理，我马上就辞职！江朝宗却挺身而出：“我来给总统解这个围吧。”黎元洪顺水推舟签署了总统令，免去伍廷芳的代总理一职，由江朝宗接任，同时命伍廷芳立即交出总理大印。

有关江朝宗向伍廷芳讨印的情节是这样的：江朝宗在得到张勋的命令后，带一帮人马到伍廷芳府上讨大印。个性倔强的伍廷芳，大发雷霆，闭门不见。江朝宗吃了闭门羹后恼羞成怒，派人把军乐队调来，在伍宅门口一字排开，一二三把军号军鼓奏得震天响。伍廷芳在里面任其吵闹，坚持不理。江朝宗急了，又把马队调来，让骑兵围着伍宅不停地绕圈，一时间马蹄声声、灰尘蔽天、鸡犬不宁。快到天明时，江朝宗更是急火攻心，让人在门外堆积木柴，点起了一堆大火，让人朝府内大喊：再不开门交印就要纵火烧宅了！伍廷芳家人慌了手脚，一齐跑到伍廷芳面前劝慰：“这个江朝宗是个浑人，什么事都能干得出的，既然总统已让他代理总理了，横竖就把印给他算了！”精疲力竭的伍廷芳只好让家人打开门，把国务院大印扔了出去。江朝宗抱起大印，登车直奔总统府。此时天已大亮。黎元洪解散国会的命令已签署，文件放在办公桌上，只等新国务总理来盖印。江朝宗急急地赶到，大气未平就在上面签字盖印。签完之后，黎元洪例行公事跟江朝宗握手，以示感谢。随后黎元洪命秘书收起总理大印，声明内阁即将重组，印还得继续给李经羲留着。江朝宗只得苦笑。算起来江朝宗履行总理职务，从盖印到签署，总共只有一分钟。这个总理，只是一根烟的总理。

14 日，黎元洪在发布的政府公报当中表达了自己的委屈："自打免段令下后，各地不断发难，各路军队逼近北京，人心浮动，谣言四起，闻有组织临时政府和复辟之说。安徽张督军此次北来，力主调停大局，以解散国会为前提，如不满足其要求，他将不再负调停之职，各省军队将自由行动，亡国之祸，即在目前。元洪筹思再三，为保存共和政体，保护北京人民，保持南北统一大计，迫不得已，才有本日国会改选之令。"同一天，张勋通电全国："大总统已颁令解散国会，本人将复命进京，共谋国家大局。"偕新任国务总理李经羲进京，组织责任内阁，通电呼吁独立各省取消独立。与此同时，张勋暗中加紧复辟事宜，密邀各路热衷于复辟的积极分子急速进京。张勋还特意去了紫禁城养心殿向逊帝溥仪请安。十岁的溥仪心不在焉，按照"太保"陈宝琛的教导，询问了徐州一带军队的情形。后来，溥仪在自传中描述了自己对这个穿纱袍褂的黑红脸浓眉毛短脖汉子的失望——童心未泯的溥仪注意到张勋果然保留着一根辫子，便在心里盘算，这个矮胖子如果没有胡子，一定像极了御膳房的太监。在与溥仪进行了五六分钟的礼节性对话后，张勋告辞了。

在此之后，张勋拜访了日本驻华公使林权助并密谈四个小时，老谋深算的林权助看似对张勋默许支持，不过言辞却分寸感十足。张勋又遍访各国公使，想摸清楚各国公使团对于复辟的态度。各公使的回答同样模棱两可，那些久经沙场的政客们在事件未发生之前，当然不会轻易表态。不过张勋仍是一厢情愿将外交语言和礼貌理解为对自己的支持。随后举行的李经羲就任国务总理的短暂仪式就更像是一个走过场的游戏，由于汤化龙、张謇、汪大燮、赵尔巽、严修等拒绝入阁，只好特任江庸署司法总长、李盛铎署农商总长、龙建章署交通总长。这个时候，决意复辟的张勋已明显表示出对这个短暂内阁成员的不在意了。

6 月 28 日，“德高望重”的康有为从上海抵达北京，复辟的“文武首领”得以团聚。张勋将康有为迎到住所后，谦逊地询问康有为对于政治走向的看法。康有为告诉张勋，皇帝还得满人来做，不过得将“满清帝国”改为“中华帝国”，这样既尊重历史，又让汉族人可接受。应该说，康有为的建议有深思熟虑的成分，不过自大膨胀的张勋已无法理解康有为的良苦用心。

自此，张勋所做之事越发不可控，这个一直以三国“张翼德”自诩的鲁莽之人哪里懂得现代政治的操作理念和方法呢？他的一意孤行和独大妄为很快使自己暴露在光天化日之下，置身于别人的射程范围。30 日傍晚，张勋偕刘廷琛潜入皇宫，与溥仪的师傅陈宝琛举行“御前会议”，将复辟行动计划告知清宫。会后，张勋若无其事地前往江西会馆，王士珍、江朝宗、陈光远以及京师警察厅总监吴炳湘被“请”至会馆。张勋想开演的，是“杯酒释兵权”的老戏—— 一番觥筹交错之后，张勋面色严峻地宣布，此次入京实为复辟而来，现已定于明晨正式复辟。众人呆若木鸡，一时不知说什么好。张勋沉下脸来，厉声诘问王士珍和江朝宗等人的态度。王士珍问了一句：“各省及外交有否接洽？”张勋回答说：“外交确有把握，冯国璋、陆荣廷均表赞意，并有电来催。各省督军也一致拥护。”张勋又厉声说道：“我志在必行，你们同意，则立开城门，放我兵马进来，否则请各归布置，决一死战!”王士珍、江朝宗等面面相觑，不敢再说话。张勋命令吴长植等打开城门，放辫子军进入。接着，梅兰芳登台演出，张勋志得意满，一个劲在下面高声大叫。

仲夏的大戏就这样正式拉开了帷幕。现在回顾这一段历史，感觉到张勋竭力推动的这一场政治复辟，很多场景就像是古代戏剧话本的上演。的确，身为狂热戏剧票友的张勋的确带有很强的作戏成分，由他自编自导自演的这部情景剧，看似热热闹闹，其实生硬笨拙。政治的操作，岂能如戏台上那样简单明了？张勋以区区五千兵马孤军深入北京，实谓胆大包天。再看他的周围，只是王士珍、江朝宗、张镇芳、雷振春等前朝旧臣，一帮行伍出身，完全不懂得现代政治理念和方式，也不懂外部的千变万化。如果这帮人能做出惊天动地的大事，那真是太荒唐了。

第三章

仲夏的闹剧

复辟开始
南北夹击
向德宣战
南北对峙
潜在的激流
危险的黑森林
北方的大事件

复辟开始

1917年7月1日，阴历五月十三日，紫禁城的毓庆宫，陈宝琛、梁鼎芬和朱益藩三位帝师一齐出现在末代皇帝溥仪面前，面色十分严峻，年仅十一岁的皇帝一时不知所措，还是老师陈宝琛先开口："张勋又来了……"

"他又来请安了？"

"不是请安，是万事俱备，一切妥帖，来拥戴皇上复位听政，大清复辟啦！"

陈宝琛看见溥仪发怔，赶紧说："请皇上务必答应张勋，这是为民请命，天予人归。"

这时候张勋已穿上了纱袍马褂，戴上红顶花翎，率康有为、张镇芳等人乘车进宫。在养心殿，张勋先对溥仪行三跪九叩大礼，然后向溥仪奏请复辟。张勋中气如牛地说："隆裕太后不忍为了一姓的尊荣，让百姓遭殃，才下诏办了共和，谁知办得民不聊生……共和不合咱的国情，只有皇上复位，万民才能得救。"十来岁的溥仪哪知此事厉害，只能按照师傅陈宝琛的嘱咐，假意进行推托："我年龄太小，无才无德，当不了如此大任。"张勋又力谏道："皇上圣明，天下皆知，过去圣祖康熙也是冲龄践祚。"溥仪这才接过话："既然如此，我就勉为其难吧！"

张勋退出之后，有成批的人来给溥仪磕头请安。奏事处的太监拿来写好的一大堆"上谕"让溥仪签字。这样，第一天溥仪一连下了八道"上谕"：

一、封黎元洪为一等公；

二、授张勋、王士珍、陈宝琛、刘廷深、袁大化、张镇芳为内阁议政大臣，万绳拭为内阁阁丞；

三、改民国六年为宣统九年，易五色旗为龙旗；

四、恢复宣统三年的官制，授梁敦彦为外务部尚书、张镇芳为度支部尚书、王士珍为参谋部大臣、雷震春为陆军部尚书、朱家宝为民政部尚书；

五、授徐世昌、康有为为弼德院正副院长；

六、授张勋为政务总长兼议政大臣，直隶总督兼北洋大臣，留京办事，锡封张勋为忠勇亲王；

七、冯国璋为两江总督兼南洋大臣；

八、授陆荣廷为两广总督、曹锟为直隶巡抚、齐耀琳为江苏巡抚、倪嗣冲为安徽巡抚、张怀芝为山东巡抚、阎锡山为山西巡抚、赵倜为河南巡抚、李纯为江西巡抚、杨善德为浙江巡抚、谭延闿为湖南巡抚、陈炳焜为广东巡抚、谭浩明为广西巡抚、王占元为湖北巡抚、李厚基为福建巡抚、唐继尧为云南巡抚、刘显世为贵州巡抚、杨增新为新疆巡抚、张广建为甘肃巡抚、张作霖为奉天巡抚、孟恩远为吉林巡抚、许兰州署理黑龙江巡抚、刘存厚为四川巡抚、陈树藩为陕西巡抚、姜桂题为热河都统、王丕焕署理绥远都统、田中玉为察哈尔都统、王廷桢为江北提督、卢永祥为江南提督、张敬尧为长江水师提督。

这一天清晨，北京市民有一种突回梦魇的感觉，街面到处都站立着留着长长辫子的军人，像是时空里钻出来的僵尸一样。张勋的五千辫子军接管了京城的治安，对一些地点实行戒行。北京的警察挨门挨户通知：宣统爷复辟了，立即悬挂龙旗！遗老遗少们如打了回魂针一样诈尸还魂，急切地把丢在衣柜最底层的长袍马褂翻出；市面上滞销的旧式袍褂，也成了抢手货。一些买不到衣服的遗老情急之下，竟上戏班子出高价买来戏服；更有人跑到寿衣店，买了一些寿衣穿在身上，如死尸复生一样走出来。至于龙旗，因为一时找不到，有人用纸裁个三角旗，画一个小龙，涂成黄色挂出去；有的龙还画得耀武扬威，另一些龙，则画得就像死蛇一样。更有一些人，因为头发早已剃掉，便剪了女人的头发，盘在自己头上，在大街上昂首阔步……好好的京城顿时乌烟瘴气。

在紫禁城，已任内阁议政大臣、直隶总督兼北洋大臣的张勋通电全国，指斥民国初年的种种乱象，称“名为民国，而不知有民；称为国民，而不知有国。至今日民穷财尽，而国本亦不免动摇”；追其原因，则是因为“国体不良”，实乃共和所致。着实必须实行复辟，重新让清帝出山。对于张勋来说，他根本就不愿意区分君主专制与君主立宪，也不懂“满清帝国”与“中华帝国”有什么不同，通电含糊其事，把康有为提醒的“中华帝国”和“虚君立宪”之事忘得干干净净。以张勋做事的鲁莽和草率，他哪里能控制住局面呢？——后来有人分析张勋复辟失败的原因，指出其最大失误在于指使宣统授予一干人官衔之时，没有给声望极高的段祺瑞安排一个重要职务，从而将个性极强的段祺瑞推向了反复辟的阵营当中。

接下来的事情，就是王士珍和梁鼎芬一帮人按照张勋的要求对黎大总统进行劝退工作。这个时候，北京城里只剩下总统府依旧飘扬一面五色旗，总统府的外部布满了辫子军，黎元洪的一举一动，都在张勋部队的监视之下。黎元洪很为自己的“引狼入室”追悔莫及。面对上门劝说的王士珍和梁鼎芬，黎元洪大发雷霆，厉声斥责王士珍“毫无心肝，背叛民国”；又严厉告知梁鼎芬，“民国系国民共有之物，余受国民付托之重，退位一举，当以全国公民之意为从违，与个人毫无关系。君欲尽忠清室，当为清室计万全，复辟以后，余对于清室即不负治安责任”。黎元洪发出通电：“天未厌乱，实行复辟。闻清室之上谕有‘黎元洪奉还国政’之言，不胜惊骇。因思中华国体，由帝制而共和，根据五族人民之公意，元洪受国民之托付，当兹重任，当与民国相终始，此外他非所知。特此电闻，以免误解。”7 月 2 日，一宵未睡的黎元洪秘密签署了总统令：准免李经羲国务总理一职，特任段祺瑞为国务总理，勉其讨伐复辟；特任冯国璋代行大总统职务。张勋的驱逐令到来之后，黎元洪从后门出府，住进了法国医院，后又到了日本使馆。日本公使馆宣布按国际惯例对黎元洪实行保护。

张勋复辟如晴空霹雳一般在全国上下炸响，除了直隶省长朱家宝和吉林督军孟恩远公开响应外，其他省份都处于观望之中。安徽督军倪嗣冲先是表示了一下声援，令安庆、芜湖等地官衙悬挂龙旗，不过随即觉得风向不对，赶忙通电反对。最先站出来通电反对的，是副总统冯国璋，冯国璋历数张勋复辟八大罪状，对其行为进行了声讨。紧接着，湖南督军谭延闿、湖北督军王占元、浙江督军杨善德、直隶督军曹锟、前海军总长程璧光、淞沪护军卢永祥等人也站出来对复辟表示反对。

7 月 3 日，当年积极组织“筹安会”谋划袁世凯改变政体的杨度发布通电，坚决不赞成清廷“复辟”，在他看来，当年自己和袁世凯努力所做的只是“君主立宪”，推行的依然是宪政民主制；而张勋和康有为所为完全是倒退。杨度在电文中谴责道：

> 惟尝审慎思维，觉由共和改君主，势本等于逆流。
>
> ……公等于复辟之妆，不称“中华帝国”，而称“大清帝国”，其误一也；阳历断不可改，衣冠跪拜断不可复，乃贸然

行之，其误二也；设官遍地，以慰利禄之徒，而宪政如何进行？转以为后，其误三也；设官则惟知复古，用人则惟取守旧，腐朽秽滥，如陈列尸，其误四也。

凡所设施，皆前清末叶不敢为而乃行之于今日共和之后，与君主立宪精神完全相反。如此倒行逆施，徒祸国家，并祸清室，实为义不敢为。即为两公计，亦不宜一意孤行，贻误大局，不如及早收束，速自取消……

这一次张勋和康有为的做法让一直坚持“君主立宪最合中国国情”的杨度彻底绝望。杨度伤心的是，从此之后中国人再不会认真辨明“君主专制”与“君主立宪”之区别了。凡“君主”必成老鼠过街，人人喊打。杨度悲愤地写道：“神圣之君主立宪，经此牺牲，永无再见之日。度伤心绝望，更无救国之方，从此被发入山，不愿再闻世事……”

南北夹击

张勋在徐州召集十三省督军开会的时候，落寞的段祺瑞来到了天津。段祺瑞先是暂居天津意大利租界段芝贵家中，然后，租了一幢楼房，搬了进去，将家眷们也从北京接了过来。值得一提的是，整个北洋时代，那些身居高位的政客军人，都有种割舍不了的“天津情结”——这种情结，追溯前因，还是来自淮军创始人李鸿章。李鸿章虽身为直隶总督在保定办公，不过他还有另外一重身份，即“北洋事务大臣”，在大部分时间里，李鸿章都待在天津。袁世凯以天津小站练兵发家，北洋系更是把天津看作大本营——在外发了迹要到天津投资、置地产；退休下野便选择来天津做寓公。比较起京城政治中心的尔虞我诈，拥有一百万人的天津更像是一个安静的避风港，它有着北京没有的宁静、方便和舒适。这里秩序稳定、商业繁荣；有全新的戏院、卡巴乐（可跳舞唱歌的餐厅）、保龄球馆、饭店、舞厅、酒吧、台球室及地下赌场；在街头，白俄姑娘遍布，成为一道靓丽的风景。天津另一个优势就是跟洋人打交道方便，这里共有九个国家开有租界，遇到什么事情，可以借助洋人和租界以避风险。因此，天津自然而然地成为北京政坛政治人物进退自如的好去处。

不过段祺瑞很快就耐不住寂寞了——段祺瑞还是比不了袁世凯，袁世凯当年由于"脚疾"曾来到河南洹上村清心寡欲地住上了一阵，对外部政局不管不问；段祺瑞就不行，虽然离开京城，却一直对于朝中之事放不下，仍关注着北京的一举一动。段祺瑞那幢租下来的小洋楼很快成为"大人物俱乐部"：段芝贵、靳云鹏、傅良佐、徐树铮、曹汝霖、陆宗舆、王揖唐、倪嗣冲、徐世昌等，大部分都是"皖系"的人。这些皖人大都与段祺瑞有相同特点：能力突出，抱团入伙，不甘寂寞，胆大心细。以段祺瑞为例，表面上，随和大度，不拘小节，散漫无原则，但在骨子里，自尊，固执，有心机，尤其信任自己人。

在天津做寓公的段祺瑞是第一时间得到清廷复辟消息的。7月1日清晨，段芝贵的副官打电话到段府，告知北京发生的一切。很快，段祺瑞接到黎元洪发来的签署令。当天夜里，梁启超、汤化龙赶到段祺瑞住处。段祺瑞正在寓所跟一帮人打牌。梁启超激越地向段祺瑞表达自己反对复辟帝制的立场。在得知北京发生的真实情况后，段祺瑞立刻召集傅良佐、段芝贵等人开会，并且与日本方面进行了联系。有种说法是，段祺瑞通过日本三菱公司北京分公司借来了一百万日元，随后又弄到了盐余款五十万元；另一种说法认为这笔款项是梁启超以私人名义替段祺瑞从日本有关方面借到的。7 月 2 日，段祺瑞和梁启超赶到了京津之间的马厂，面见第八师师长李长泰，劝说其带兵讨逆。另一种说法是段祺瑞通过李长泰小妾，说服了这位精锐师的师长进行讨逆。这样的说法，似更具有中国戏剧特色。在得到李长泰的支持后，段祺瑞在马厂成立“讨逆军总司令部”，召开了誓师大会，调集到大批人马进攻北京。时为段祺瑞部下、参战军讲武团的陈文运记述了他在马厂的见闻：“我走进师长办公室，段祺瑞果然坐在那里，办公桌上放有地图、电稿，他大概正和左右的人分析情况，筹划进行的步骤，忙得不可开交。随他同来的，只有傅良佐一个人。第八师师长李长泰、参谋长王汝勤，都或坐或立随侍在段的左右。段祺瑞一看我来到，也顾不上向我寒暄，就说：你来了，好极了。赶紧回天津去，找杨敬林（即杨以德，直隶警察厅厅长），叫他把龙旗撤销，让朱家宝离开总督衙门（省长公署设在前清总督衙门），天津治安由他负责，我就给他直隶省长。如果他不同意，我的兵随后就到，那只好武力解决了。办的结果怎样，赶紧给我电话。”这一段的描述可见段祺瑞指挥情景。这个时候挺身而出，的确需要勇气和果敢。

7 月 3 日，冯国璋在江苏通电全国：“国璋在前清时代，本非主张革命之人，……国璋今日之不赞成复辟，亦犹前之不主张革命，……彼（指张勋）恃京师为营窟，挟幼帝以居奇，手握主权，口含天宪，名器由其假借，度支供其虚縻，化文明为野蛮，委法律于草莽，此而可忍，何以国为！”第二天，冯国璋在军署接见英国领事时说：“中国政体已走上了共和，不容许再有皇帝。我可以告诉你们，我跟段总理都是站在反对地位的。”同一天，段祺瑞正式通电出师讨伐张勋，令交通部通知徐州附近火车站，将所有空皮列车开走，让张勋部主力无法北上。为了防范张作霖部可能从东北南下，对东北各火车站同样下了秘密指令。以曹锟为西路司令，率领第三师由保定乘坐火车，到跑马场集合向北京进攻；以段芝贵为东路司令，率领第八师和冯玉祥的第十六混成旅，在廊坊集合，第八师在铁路以西，第十六混成旅在铁路以东，齐头并进。又使张怀芝率部在山东设防，阻截张勋兵马的强制北上；徐树铮则留守蚌埠进行牵制。

讨逆军的进展出人意料地顺利。7 月 5 日，西路军曹锟军队由旅长吴佩孚率领占领了卢沟桥。东路军段芝贵的部队也在这一天占领了黄村。同一天，冯国璋在南京召集了有湖北、江西、浙江三省督军代表参加的军事会议，商讨长江中游四省如何控制张勋辫子军盘踞的徐兖地区及北伐诸事。冯国璋心里非常清楚，凭张勋带到北京的五千人，很难抵挡讨逆军的进攻。当务之急是收回徐州，绝不能错失良机。

7 月 6 日，段祺瑞动用了南苑航空学校的两架飞机，由校长秦国镛亲自驾机，飞临辫子军阵地投弹，继而又在紫禁城投弹三枚：一枚落在隆宁门外，炸伤一名抬轿夫；一枚落在御花园荷花池里，炸死池里几条小鱼；第三枚落在西长街隆福门的瓦檐上，落下来没有炸，把聚在那里赌钱的几个太监吓得半死。这也是北洋军首次以飞机配合地面作战。同一天，冯国璋于南京就任代理大总统，公布讨逆计划：先派兵攻占徐州，断张勋后路，再进行北伐；调驻苏第二师编入北伐队，七十四旅和第五混成旅驻防浦口，以防辫子军南犯。

7 月 7 日，讨逆军东路西路各队前后夹攻，击溃了张勋的守军，从廊坊一直进发至丰台。辫子军退到北京城，张勋电参加徐州会议各督军飞速赞成复辟，以践前约，准备固守待援。各省督军已没人响应张勋。同一天，代理总统冯国璋发出总统令，免去张勋长江巡阅使兼安徽督军等职，特任倪嗣冲兼署安徽督军，齐耀琳兼代江苏督军，曹锟兼署直隶省长，免去朱家宝直隶省长的职务，命令各省军队各驻原防，不得借口号召进京。驻扎在京苑的李奎元师发起响应，与东西路军联合攻打辫子军。张勋的主力龟缩在天坛、天安门、景山一带进行抵抗。英、俄、法、日、美五国联合向张勋发出警告，不支持清廷复辟，要求保证黎元洪的人身安全。当天战争打得最激烈的时候，天空出现了奇怪的景象：煤一样漆黑的云层堆积在西边天空，乌云滚滚之上，突现火烧云。突然，夕阳光辉不见，天色昏黑，狂风大作，沙尘铺天盖地。紧接着雷电交加，大雨如注……这一场景，美国驻华公使芮恩施后来在书中有清晰的描述。

7月8日，张勋见大势已去，通电辞职，请徐世昌组内阁，召国会，议宪法，徐未到京以前，暂请王士珍执行。宣统准张勋开去内阁议政大臣，及直隶总督兼北洋大臣各缺。内阁政务由王士珍办理，会同徐世昌迅速通牒段祺瑞，商研一切交接善后事宜。同一天，康有为避入美使馆；孙中山离上海赴广东，陈炯明、朱执信、章炳麟同行。

7月9日，北京附近驻军第一、第十一、第十二、第十三师相继响应讨逆军，包围北京城。公使团劝告清室解除张勋军武装。第二十八师长冯德麟因为参与复辟，在天津被捕。雷震春、张镇芳在丰台被捕。驻扎在徐海地区的辫子军听说张勋被困北京，一片混乱，一些兵痞乘机哗变洗劫店铺。冯国璋命刘询率军沿津浦线北进，肃清沿线辫子军。冯国璋下令将留守徐州之张勋部队改归倪嗣冲节制，将原来的名称定武军改为安武军，由张文生统带。这样，冯国璋兵不血刃，收回张勋盘踞的徐海地区。

7月10日，段祺瑞电告清室，要求撤除帝号，优待条件继续有效。张勋占据北京南池子，通电斥徐世昌、冯国璋、段祺瑞及各督军背信卖友；同时电告段祺瑞，谓清室帝号不能取消，要求安排自己返回徐州，否则决死一战，并宣布复辟内幕。

7月12日，讨逆军分三路发动进攻，长驱直入北京城。从黎明到中午这一段时间，炮声隆隆，野战炮、机关枪和步枪响成一片，张勋的寓所被炮火击中，上百个从江西景德镇运来的精美瓷缸被击碎，数百条金鱼散落一地。上午十时，张勋的部下们扯起五色旗投降，投降的条件是缴械者每人发给路费八十元，剪掉辫子，回山东、河南、安徽的老家。张勋带着几个随从盘踞在自己的公馆附近，进行最后的抵抗。与张勋关系不错的京师警察署总监吴炳湘从荷兰使馆借了一辆汽车，派了一个人，带着两个荷兰人和一个德国人，插着荷兰国旗，驶进张勋公馆内，劝张勋上车去荷兰使馆避难。张勋死活不答应，几个人不由分说，将张勋架上了汽车。矮小敦实的张勋哪里经得起几个人的蛮力呢，只好被架上车一走了之。看起来严肃无比的政治事件，在那个仲夏之夜，最后以如此滑稽的方式收场。在此之后的有关报道和信息是，这一场闹剧中，旁观者比战斗方遭受了更大的损失：在这一场十数万人参加、动用飞机大炮的战斗中，双方死亡人数只有二十六人，重伤七十六人，其中半数以上还是平民。这样的结果，还真像是莎士比亚的一幕剧，一幕带有喜剧色彩的街头剧。也难怪此后有戏剧家以张勋复辟为题材，创作了一个半严肃半诙谐的剧本《复辟潮》。不过这部剧本从未公映，原因是社会各方面的压力，总有人不喜欢旧话重提。

尽管张勋复辟得到了平息，张勋的行为遭到了各方面的谴责，不过仍有很多人相信，这一事件背后有更深层次的背景——张勋筹划这一运动时，应该得到过诸多领袖人物，包括很多地方督军的明确保证，否则张勋不可能胆大妄为孤身入京操作如此大事。这当中的谬误，只在于张勋缺少政治智慧，做事过于急切和热烈——等到发现形势不利时，蓦然回首，只有自己孤单伶仃，所有人都弃之而去。后来，有历史学家在分析晚清和民初一系列事件后得出结论：每当一个人致力于，并有能力做某件事情时，总会被他所谓的朋友卑鄙地出卖。没有人愿意给予明确的承诺，也没有人有足够的勇气面对责任，在一切都充满不确定的时代里，每一个人都会首鼠两端，每个人都可能成为叛徒。

张勋的失败，还等同于帝制的失败——帝制终于如过街老鼠般丑陋了。张勋的失败，更有助于这个国家坚定地维护共和政体。

向德宣战

当段祺瑞扫荡了张勋的辫子军，再次将溥仪和一帮遗老遗少赶进紫禁城后，这个合肥人的威望达到了顶点，成了“再造共和”的大英雄。相形之下，那个黄陂人却因为犹豫不决和无原则，羞赧难当无地自容。这时候，一心想参战的段祺瑞自然不愿意黎元洪复位，他考虑以怎样的方式让黎元洪下台。好在黎元洪很快有了自己的态度，他先表明复职纯属流言，承认自己犯下了“五大罪”：不能疏通国会；尔后又解散国会；援引张勋；不能反抗复辟；托庇于外国医院等。尤其是解散国会，让黎元洪羞愧难当，自责“寡草随风，卒隳操持”，“岂有辞条之叶再返林柯，坠溷之花重登衽席。心肝俱在，面目何施！”坚决要求辞去大总统职务。祸不单行的还有，在此期间，黎元洪家中发生了一起离奇的命案：黎府的卫队排长突发疯癫，用刺刀连续刺死队长和两名士兵后冲出门外，被追上的卫兵击毙。血案发生后，黎元洪受到很大刺激，更没有心思要求复出了。

黎元洪坚决辞职，按照《临时约法》规定，应由副总统冯国璋继任总统。据说，在南京的冯国璋第一时间收到段祺瑞发来的电报，上面只有四个字“四哥快来”。冯国璋收到电报后又高兴又得意，拿着电报纸到处对人说：“你们看，芝泉这个粗！芝泉这个粗！”这个时候，尽管诸多力量呼吁段祺瑞就任总统，不过段祺瑞仍坚持依法办事；并且，看起来冯国璋和段祺瑞之间尚有着很不错的私人关系。

7月14日，段祺瑞由天津入京。次日，段祺瑞以代理总统冯国璋的名义任命汪大燮、刘冠雄为外交、海军总长。18日，又任命汤化龙为内务总长、梁启超为财政总长、林长民为司法总长、张国淦为农商总长、曹汝霖为交通总长。从人员构成来看，段祺瑞新内阁以研究系和交通系为班底，毕竟，研究系和交通系有很多执政精英。这样的方式，似乎与段祺瑞任人唯亲的方式不一样。看得出来，段祺瑞重新出山之后，也试图纠正和调整自己，努力给公众传达海纳百川的新形象。

1917年8月1日早晨，冯国璋抵达北京，受到首都各界的热烈欢迎。在美国驻华公使芮恩施眼中，一向低调的冯国璋“身材矮小，看起来很聪明，秃头，有一双敏锐的时常转动的眼睛，待人彬彬有礼，讲起话来语言精练，声调优美”。当天上午，冯国璋来到黎元洪东厂胡同的住所，看望黎元洪并劝说其复职，黎元洪坚持不就。半小时后，冯国璋告辞。8月6日，冯国璋通电全国，宣布就任代理大总统。任期为接着完成袁世凯当选大总统五年时间余下的一年。就职通电中，冯国璋先是盛赞段祺瑞及其僚属，又乐观地展望目前的形势：“从此府院一体，内外同心，意见果不涉分歧，大局可渐臻统一。”冯国璋深知，眼前最大问题仍是如何结束南方分裂以实现全国统一。同时，如何重建中南海（新华宫）和紫禁城之间的关系，也是目前的任务。冯国璋和段祺瑞没有借张勋复辟的机会废除“清室优待条件”，也没有采取任何措施惩罚张勋以及同谋者，甚至连他们的财产也没有剥夺。一段时间后，逃亡的张勋也得到了赦免。至于年幼的溥仪，就更谈不上对他有所追究了。在冯国璋和段祺瑞看来，虽然前清皇帝已退出历史舞台，但作为一种符号，也是值得尊重和正视的。

反正伊始，是否恢复被黎元洪解散的国会，再次成为焦点话题。民国成立才六年，国会已两度解散，现在的问题，不是该不该恢复，而是能不能恢复。梁启超认为，这次解散国会，是因为督军团给黎总统施压，现在恢复，等于否定了督军团的意见。况且旧国会已威信扫地，国民党议员又大部分南下，很难招齐人马，应另敲锣鼓另开张，召集新国会。这个主意，正中段祺瑞下怀，段祺瑞实在是被国会搞得无所适从，在他看来，少了这样一个成事不足败事有余的机构更好。不过无法回避的一个法律问题是：冯国璋的副总统是国会选出来的，如果要退回临时参议院时代，冯国璋的总统地位，就没有法律依据；总统不合法，内阁当然也不合法。如果只退国会，总统、内阁不退，法律依据何在？因为没有国会，本届内阁只是由总统直接任命总理，就法理而言，亦属非法。这样的结果，遭致南方的强烈不满和攻击，也成为孙文“护法”的理由。

除了外部矛盾之外，冯国璋也为内部的稳定煞费苦心。到北京的第三天，冯国璋拜访了老同学段祺瑞和王士珍，“三杰”齐聚一堂，促膝而坐，相谈甚欢。北洋时代，王士珍、冯国璋和段祺瑞被称为袁世凯的“龙虎豹”，不过三人性格有很大的不同：王士珍看起来超脱淡然，凡事不愿卷入是非；冯国璋看起来精明智慧，待人接物持重老到，善于处理复杂关系；而段祺瑞则耿介能干，颇能抱团夺权。有记载说，这一次三人会面，冯国璋紧握段祺瑞的手，开玩笑说：“以后咱们再也没有什么府院之争了。”随即，又对王士珍和段祺瑞说：“咱们三人从此要一条心，通力合作，在咱们三个人中间，无所谓总统、总理、参谋总长。”

后来有关书籍在阐述冯国璋与段祺瑞的关系之时，似乎格外强调了他们之间的“明争暗斗”，其实就冯国璋与段祺瑞而言，在两人共同就职的不长时间里，总体上合作还是比较好的，比如说参战的态度，对一些内阁以及地方人事的任免，以及对日本和英美的外交政策上，等等。双方彼此克制，以谨慎的态度进行合作实属不易。对于段祺瑞内阁，冯国璋表现得很尊重，对其决策一般不干涉。而段祺瑞对冯国璋这个总统也给足了面子，冯国璋就职后，段祺瑞从10月8日起，每天派一位官员向总统报告政情。与黎元洪时代相比，双方配合明显改进。这个时候的直系和皖系，由于冯国璋尚在，并没有产生明显裂变。当然，由于中国政治斗争的传统、总统府和内阁的分权不明，以及各派系的根深蒂固，冯国璋、段祺瑞之间产生的一些矛盾，或者对一些东西认识不一，也是正常的。

有一则见闻，某种程度上能说明冯国璋与段祺瑞的关系，这一则见闻，是曾任段祺瑞内阁秘书长的恽宝惠口述，由一位叫王毓超的老先生记录，收录在《北洋人士话沧桑》这本书当中，节选如下：

> 一天，细雨初晴。冯国璋(时任代总统）打电话到国务院，约段祺瑞（总理）到公府去，有事面谈。恽宝惠（曾任冯的公府秘书长，时任段内阁秘书长）告诉段时，段说：“好，咱们去，开开柜子，带点钱，大概冯老四又想赢我几个。”他认为冯约他打牌。当恽陪着段到了公府见到冯后，才知不是那么回事！段刚一坐下，冯就说：“现在外面都说你竟向日本借债，打内战搞武力统一，你要慎重啊。”段问：“谁说的？是谁在发

> 这种不利于国家的谬论?”冯说:“你别管是什么人说的啦，事情不是明摆着吗?”段说:“政府经济拮据，处处需要钱，入不敷出，不借债怎么办?打内战搞统一，谁愿意打内战?可是你不打他，他打你，就拿湖南的情形来说吧，是我们要打仗，还是他们要打我们?主持一个国家的人，没有不想统一的，难道说你当大总统，愿意东不听命，西不奉令，跟中央对抗吗?”冯说:“可是债借多了，将来怎么还呢?打仗又没有必胜的把握，枉使生灵涂炭，实在叫人痛心!我看还是都慎重点好。”段说:“慎重是对的，可是不能不干事呀。咱们对日本也就是利用一时，这些借款谁还打算还他呀，只要咱们国家强起来，那时候一瞪眼全拉倒。”

细细琢磨这一段话，至少可以看出三层意思：一是冯国璋跟段祺瑞的关系不错，双方开诚布公，几乎无话不说，也能为此产生争论；二是“段合肥”颇有“李合肥”的“痞子作风”，实用主义第一，诚信服从于实用(与日本的外交，基本是“段合肥”的实用外交，是不得已而为之)；三是以冯国璋和段祺瑞的初衷，似乎并不想打仗，但不打仗怎么办?几乎没有更好办法。这一个来自第三方的见闻，还真是涵盖了很多内容。

没有了黎元洪和国会的掣肘，对德国宣战水到渠成。1917 年 8 月 14 日，北京政府发布公告，正式向德国和奥匈帝国宣战，并宣布之前与德、奥签订的条约协议一律无效。民国政府特别强调，中国参战完全是自主决定的。中华民国代总统冯国璋签署了宣战文告，文告回顾了中国规劝德国调整潜艇政策的努力，并称，出于对国际法的尊重和保护中国公民自身和财产权目的，中国必须与德国断交，并被迫对德、奥宣战，因为德、奥两国一道实施了潜艇战政策，未进行任何修改。宣战文称，中国废除与同盟国之间签署的一切条约和协议。中国将遵守《海牙公约》和其他关于战争人权的国际条约。文告表示，中国宣战的目的是更快实现和平。冯国璋表示，“中国人民尚未从最近的政治动荡中恢复，而新的灾难又降临到人民头上，作为中华民国总统，我对人民未来的苦难深感同情。”同一天，美国驻华公使芮恩施照会北京外交部，声明赞助中国在国际上享得大国当有之地位与优待。

中国对德国的宣战，拖延了很长时间之后，终于尘埃落定。参战目的达到了，倔强而自负的段合肥很是扬眉吐气，继“再造共和”之后，自己又很可能成为“战胜国”的领袖——这样的功绩，又有谁可比肩？并且，让段祺瑞感到得意的，还有日本对中国参战所兑现的承诺。这就不仅是“一石二鸟”，简直是“一石多鸟”了。出人意料的是，宣战的反响并没有段祺瑞所想的那样激越。也许，对于这一块土地来说，已没有什么外交事务能引起人们的兴奋了；在很长时间里，外交不是割地就是赔款，或者是被迫开放通商口岸，中国与列强们的外交，已让人失望透顶。在此之后，荷兰驻华使馆接管了奥地利在华权益，并接收奥地利在华驻军。北京政府颁布公告，允许德、奥两国公民五日内离华，对德、奥在中国官方人士做了象征性圈禁。在北京，建立了德国战俘营，将一些德国官方人士关了进去，虽然限制自由，却是好吃好喝，异常优待；总税务司暂停了对德、奥两国赔款的支付。北京政府取消了德国在华治外法权，没收了德国在华资产，包括银行、企业和作为德侨社活动中心的一些不动产；德国总会被接收后，转交给中国银行使用；北京还拆毁了矗立在东单大街上的克林德牌坊，这个牌坊，是庚子年列强们为了惩戒清军杀死德国公使克林德而建。所有的行动都顺畅无比，未引起任何冲突和意外事件。

重新上任后的段祺瑞为自己的运筹帷幄得意之极。在新一轮组阁中，段祺瑞没有起用国民党的人，而是以交通系和研究系为主，引人注目的是，梁启超担任了新一轮内阁的财政总长。梁启超在就任财政总长之后，专门飞赴大洋彼岸，说服对中国停止贷款多年之久的美国对中国政府重新信任，希望美国能够加入银行团。段祺瑞对自己的执政思想进行了修正，在他看来，新的中央政府必须建立自己的权威，在对待南方反对派的问题上，不能手软，必须进行打击。坚持军队收归中央政府，那种属于各省督军、带有私家军队性质的局面，必须得到改变。段祺瑞上台之后采取了一系列强硬措施，比如向各省派遣省长，让各省裁军遣散自己的军队等。当然，所有行动的前提是钱，没有钱，地方对中央也不买账。这时候，能够给段祺瑞内阁以有力支持的，只有日本，不过日本显然希望有限的借款能在华获得更大利益。与此同时，段祺瑞费尽心机考虑着参战事宜。对于一战，中国能够做什么呢？在协约国看来，作为一个落后的农业大国，中国所能做的，就是源源不断地提供粮食和劳工。段祺瑞一方面积极组织参战军队，另一方面亲自参与对于日本兑现经费的谈判工作。在与协约国商议的宏大计划中，中国准备向一战提供数以百万计的劳工，以及五十万至一百万的军队。由于各协约国特别是日本的经费不能正常到位，中国的参战军启动计划一再推迟，一直到 1918 年年底欧战接近尾声时，段祺瑞的参战军才算正式组成，共有三个师：第一师驻北京北苑，师长曲同丰；第二师驻济南，师长马良；第三师驻北京南苑，师长陈文运。三个师完全由日本支持成立，因而带有强烈的日本色彩——编制是日式的，教官是日本派来的，武器装备是日本的，连拖炮用的马，都是日本进口的。虽然一战行将结束，不过北洋军队还是象征性地向俄国东部海参崴地区派遣了北洋陆军第九师第三十三团保护滞留在俄境的华侨，北洋海军也派遣了海容号巡洋舰在日本海附近进行了巡航。

截至一战结束，中国对协约国最大的贡献，就是前后一共向欧洲派出了近二十万劳工。这些劳工绝大部分加入了协约国的后勤工作，有的在军工厂帮助生产弹药，有的帮助种地，有的直接在前线挖战壕、运弹药、救伤员，甚至还有一小部分人参加了战斗。《纽约时报》曾报道说：“毫无疑问，这些华工对增强战争期间的法国生产力意义重大。他们非常勤劳，尽管没有欧洲人那样充沛的精力，但他们愿意长时间工作，而且对个人生活的要求很少。这些精心挑选的中国劳工比普通中国工人要更聪明。可以这样说，在技术要求较低的行业，如弹药制造厂里，三名华工基本上抵得过去两名欧洲工人。而在农业领域，他们甚至比欧洲人更强。”

南北对峙

1917 年张勋在京城重圆复辟梦，让蛰伏在上海的孙中山一跃而起。在此之前，孙中山发动二次革命失败，去日本成立了中华革命党。由于中华革命党带有相当程度的个人专属性，孙中山失去了很多国民党人的支持，比如黄兴、李烈钧、陈炯明等。袁世凯复辟，站出来打第一枪的，是蔡锷。支持蔡锷的，是梁启超的进步党。因此，在反对袁世凯“复辟”一事上，梁启超的风头远远压过了孙中山。黎元洪段祺瑞当政之后，孙中山悄无声息废除了中华革命党，重新当上国民党总理事长。不过这个时候，孙中山身边只剩下陈其美、蒋介石一干武夫，很多致力于宪政的国民党人已与孙中山分道扬镳。

7 月 1 日张勋拥清室复辟的消息传出后，3 日，孙中山便召集在沪国民党要人讨论拥护共和、出师讨逆的计划。孙中山此时所能依靠的，只是两广巡阅使陆荣廷、唐继尧一帮南方力量。陆荣廷是绿林出身，依靠岑春煊起家，对于岑春煊的“敌人”袁世凯和北洋系，天生就有敌意。据说，段祺瑞就任内阁总理之后，陆荣廷有一次来北京办事，段祺瑞设家宴款待。酒酣耳热之时，段祺瑞向众人介绍陆荣廷枪法百发百中。陆荣廷当即掏出手枪来，对着段祺瑞厅堂鱼缸里的金鱼就是一枪。虽然一枪命中，喝彩一片，不过金鱼缸也碎了，水淌得段府到处都是。段祺瑞事后很不高兴，认为陆荣廷野性未改，对自己不够尊重。7 月 4 日，孙中山公开致电已解散的国会参众两院议员，号召议员南下维护《临时约法》，维护中华民国的共和体制。7 月 6 日，孙中山偕章太炎、朱执信、廖仲恺、陈炯明等，乘军舰沿海岸线南下。

7 月 17 日，孙中山从上海到达广州时，张勋复辟的闹剧已被平定，不过孙中山仍坚持护法。同一天，段祺瑞新内阁组成：特任汤化龙为内务总长、梁启超为财政总长、林长民为司法总长、张国淦为农商总长、曹汝霖为交通总长、范源濂为教育总长。这一干人，大都是梁启超、汤化龙之“宪法研究会”的成员，也就是后来所说的“研究系”。研究系全面担当内阁大任，意味着段祺瑞与梁启超的全面携手。南方的唐继尧率先通电不承认段祺瑞之国务总理。孙中山以北京政府不恢复国会为由，发表演说，指出当今变乱，“实真共和与假共和之争”，认为“假共和之祸尤甚于真复辟”，只有打倒假共和，才能“得真共和之建设”，号召国会议员南下。

国会是否应该恢复，也即黎元洪解散国会是否合法问题，实际上是《临时约法》对此规定的空白所造成的。《临时约法》只规定了大总统任命国务员须得参议院的同意，对于参议院能否解散却未加说明。总统是否拥有解散议会权力的争论，不过是政府能否拥有解散议会权力的延伸。权力的不明确，在这一问题上充分暴露。也因此，北京政府和南方政权产生了难以调和的矛盾。7 月 18 日，先期到达广州的国会议员一百三十人召集国会非常会议。之所以称为“非常国会”，是因为议员人数离实际八百人相差甚多。同一天，孙中山电促岑春煊、伍廷芳、唐绍仪等来粤。7 月 20 日，日本内阁决定今后以段祺瑞为援助唯一对象，供给借款及兵器，拒绝支持南方。7 月 22 日，海军总司令程璧光及海军第一舰队司令林葆怿上演了石破天惊的一幕，宣布海军自主，提出拥护约法、恢复国会和惩办复辟祸首三大主张，率领十几艘军舰，与国民党人唐绍仪、汪兆铭、伍廷芳一道自吴淞赴广东。

在此之后，孙中山等人由“非常国会”组织成立了中华民国临时军政府。军政府没有采纳《临时约法》规定的内阁制，而是采用了中华革命党《革命方略》中提出的党、政、军权合一的大元帅制方案。非常国会选举孙中山为军政府大元帅，唐继尧和陆荣廷为元帅。9 月 10 日，孙中山在广州就任大元帅一职，宣布戡定内乱，恢复约法，奉迎元首黎元洪。广州非常国会通过了军政府各部总长：外交伍廷芳（9 月 25 日以前王正廷署理），内务孙洪伊（未就，由居正署理），财政唐绍仪（未就，9 月 22 日由廖仲恺代理，后由伍廷芳兼），陆军张开儒，海军程璧光，交通胡汉民（9 月 25 日以马君武代理），司法徐谦（翌日，由孙中山正式任命）。孙中山任命李烈钧为参谋总长、章炳麟为大元帅府秘书长、许崇智为参军长、林葆怿为海军总司令、方声涛为卫戍总司令、李福林为大元帅府亲军总司令。

军政府采取了大元帅制，树立孙中山在护法组织中的绝对权威，拥兵众多的军阀唐继尧和陆荣廷成了配角，引起了陆荣廷与唐继尧对军政府的不满。一段时间，唐继尧和陆荣廷坚持不肯就元帅职，孙洪伊、唐绍仪等人也不肯任职，孙中山于是任命了一批中华革命党的骨干和原同盟会或国民党的激进分子代理各项工作。经过一番斡旋，陆廷荣和唐继尧勉强就职。9 月 18 日，非常国会开会讨论孙中山的咨询，来自二十一个省的八十三名议员出席，结果五十三人赞成维持交战状态。9 月 26 日，南方军政府对德、奥宣战。

孙中山在南方另立政权，使得北方的代理大总统冯国璋异常恼怒，他一边指责孙中山召开“非法国会”，一边下令将广州军政府的成员一律缉拿严办。在得知日本明确的态度后，段祺瑞更是强硬表态要出师剿灭南方军队，决不宽恕。南方也不甘示弱，陆荣廷召开会议后提出四项主张：一是迎黎元洪复职，二是恢复国会，三是罢免段祺瑞，四是撤免湖南督军傅良佐。如果北京政府不肯答应，就将武力征伐。

南方提出撤免湖南督军傅良佐一事，也是有来由的——段祺瑞上任后，为了限制各省军人的权力，提出“军民分治”，将各省都督的权力分离，在各省分设省长和督军两职，省长管民政，督军专任一方安全，彼此分工合作，又有所牵制。因为湖南是南北势力的交界地区，北京政府特意将时任陆军次长的傅良佐派到湖南任督军，为武力统一南方落下一颗棋子，让文人出身的谭延闿专任省长。傅良佐也是湖南人，除了资历不浅外，跟段祺瑞私交很好，是段祺瑞的铁杆牌友。段祺瑞派傅良佐回老家署理督军一职，算是“湘人治湘”和“军民分治”的完美结合。没想到傅良佐入湘遭到了南方势力的极力反对，孙中山致电谭延闿，让其拒绝傅良佐入湘。受到撤换威胁的零陵镇守使刘建藩以及湘军第一师第二旅旅长林修梅也通电“自主”，宣布与段祺瑞政府脱离关系。

心高气傲的段祺瑞当然不能容忍这样的“独立”，当即命令部队声讨南方。冯国璋一开始还尽力避免战争，除了担心生灵涂炭负担增加之外，还担心段祺瑞借讨伐南方之际，扩大自己的势力。不过随着外部形势的毫无改观以及段祺瑞等主战派的施压，冯国璋最终同意向南方开战。征讨军队以第八师师长王汝贤为湖南军总司令，第二十师师长范国璋为副司令，下分三路：第八、第二十二师从正面进攻衡山；从安徽调来的安武军为左翼进攻攸县；湘军第二师第四旅朱泽黄部为右翼进攻宝庆。甫一交火，弱小的湘军不是北洋军的对手，节节向边境撤退。陆荣廷立即派出了大队人马增援湖南。桂军的加入使战局发生了变化，原来作壁上观的湘军各部，也与桂军联起手来。北洋军虽有两个师的兵力，再加上曹锟部一个旅，阎锡山部一个旅，以及张勋旧部安武军的二十个营，不过这些北军相对战斗力较弱，加上想保存实力，一时间竟在战斗中处于下风。南方护法军趁势向北推进，很快收复长沙。

战局如此不顺，段祺瑞没有想到。段祺瑞没有想到的还有——战争期间，不仅属于直系的长江三督王占元、李纯、陈光远联名通电主张撤兵停战，要求撤回傅良佐改组内阁；连当事人傅良佐也通电和平，丢下长沙擅自北逃。各方通电在全国引起的激烈呼应，也让段祺瑞非常尴尬。除了湖南失利之外，段祺瑞在四川的行动也遭遇惨败——吴光新接到中央政府任长江上游总司令兼四川查办使后，率两个混成旅入川，没想到湖南战场的失利，让川军涨了士气，川军第五师熊克武部乘吴光新不备，将到达重庆的北洋军包围缴械。吴光新混乱之中乘船逃走。这样，段祺瑞以改组湖南、四川为目的的统一行动宣告失败。

除了湖南、四川、湖北行动失败，那一时期，伴随“武力统一”遇阻的同时，社会上各种事件频繁出现，也给段祺瑞内阁增添了巨大压力：杭州与济南火药库发生爆炸；安徽五河县城遭土匪占领；汉冶萍煤矿大火；北京模范监狱反狱；安徽当涂张勋旧部定武军哗变；福州大火焚烧两千余家……社会如此颠簸动乱，让人无法把握，段祺瑞眼见自己的努力一件件落空，想想那些各霸一方军人之间的明争暗斗，对待中央阳奉阴违；那些表面堂而皇之的政客落井下石唯恐天下不乱；加上向美国借款失败、日本借款又不能按时到位，以及陈锦涛受贿被判刑等事宜，情急之下，段祺瑞干脆采取了“以退为进”的方式，于 1917 年 11 月 15 日向代大总统冯国璋提出辞呈。16 日，段祺瑞在给北洋系将领的一份密电中道出了自己辞职的理由：自 5 月罢职以后，自己就已厌绝人事，闭门谢客；等到反对复辟以后再次组阁，已是“大违初衷”；对于用兵西南，段祺瑞声称初衷是“发挥我北洋同胞之实力，统一国家，奠宁宇内”，而湖南前线的突变是“奸人煽惑”。段祺瑞还以北洋领袖的口吻阐述了自己的主张，认为“今日中国，盗贼盈途，环顾国内，惟有我北方军人实力，可以护法护国”，特别强调北方军人要加强团结，以对付南方的挑战，“近日南方党徒亦知我北方军人根底深固，乃别出阴谋，始以北方攻北方，继以南方攻北方，终至亡国灭种而后快”。自己之所以辞职，是“为国家计，当先为北方实力计，舍祺瑞辞职以外，别无可以保全之法”。他希望以自己的辞职来达到“北方实力，得以巩固，艰难时局，得以挽回”的目的。

这一件心犹不甘的“辞职信”送达到冯国璋手中后，很快得到冯国璋的同意，不过力劝段祺瑞保留陆军总长职务，专心于“参战督办”，负责中国参加协约国一次大战事务。冯国璋通电北方各省，痛责此时“停战议和”动机不纯，声明将亲自督战。冯国璋以汪大燮暂行兼代国务总理，财政总长梁启超给假，令次长李思浩暂代部务。同时请自己另一个“老战友”王士珍出来救火。这样，段祺瑞第二次内阁才三个多月就宣布解散。12 月 1 日，冯国璋公布了新内阁成员名单：国务总理兼陆军总长王士珍、内务总长钱能训、外交总长陆徵祥、财政总长王克敏、农商总长田文烈、司法总长江庸、教育总长傅增湘、交通总长曹汝霖、海军总长刘冠雄。这一个班底，很多都是段祺瑞甚至是袁世凯时代的老面孔。新旧交汇时期，从一个体制转到另一个体制，粉墨登台频率如此之高，现在看来，一切正常不过。

值得一提的是，从当年 12 月 1 日起开始，由于北京政府宣布参加第一次世界大战，列强允许中国的庚子赔款无利息延付五年。这样，北京政府每年将少支付两千四百万元赔款，使得负重过多的北京政府稍稍得到喘息。说到底，对于孱弱的北京政府来说，比社会压力更重的，其实还是财政负担。当然，缓解只是暂时的，巨大的财政负担，社会转型中各种矛盾的凸显，各省对于中央政府的不合作，以及他们之间的明争暗斗，使得北京政府依旧步履蹒跚、跌跌撞撞地行进在一条不知终点的道路上。

潜在的激流

张勋复辟之时，一个年轻的书生乘轮船跨越太平洋从美国回到了阔别七年之久的祖国。后来，胡适在《我的歧路》一文中描述自己归国的感受：“1917 年 7 月我回国时，船到横滨，便听见张勋复辟的消息；到了上海，看了出版界的孤陋，教育界的沉寂，我方才打定二十年不谈政治的决心，想在思想文艺上替中国政治建筑一个革新的基础。”在此之前，二十六岁的胡适无法拒绝母亲让他归国成亲的决定，不得不回归故土。联想到自己的使命，胡适把荷马史诗《伊利亚特》第十八章中的一句话抄录在自己的日记中，原文是“You shall know the difference now that we are back again”，翻译成中文就是“如今我们回来，你们请看分晓罢”(胡适后来改译为“如今我们回来了，你们请看，要换个样子了”)。看得出来，在国内已小有名气的胡适对于自己归国的前景不仅壮怀激越，也有较为清晰的想法。

胡适去美国时，还是宣统年号，待他回国时，已到处飘荡着中华民国五色旗。让心怀憧憬的洋“博士”失望的是，除了改旗易帜之外，并没有看到其他新气象。尤其是在思想文化领域，依旧死气沉沉。在《归国杂感》中，胡适写道，他去上海大舞台看戏，演员还是赵如泉、沈韵秋、万盏灯、何家声、何金寿这些人，“没有一个不是两年前的旧古董”！胡适十三岁初到上海读书的时候，这些人就占据着舞台，现在，他们仍是聚光灯下的明星。胡适对朋友说，这大舞台就是中国的缩影，招牌是新的，房子是新的，座位和布景都是新的，但唱的还是老戏，做戏的还是那几张老脸。

去书店的经历让胡适更加沮丧，抽出一篇《墨学微》，还是梁启超十四年前的旧作，不曾改一个字；最流行的一部小说是《新华春梦记》。再去看英文书，“大概都是些十七、十八世纪的书，内中有几本十九世纪的书，也都是与现在欧美的新思潮毫无关系的书”。有名气的外文教师连萧伯纳的名字都没听说过，更不要提契诃夫和安德烈耶夫了。胡适更加感慨：“我看了这个怪现状，真可以放声大哭。如今中国人，肚子饿了，还有些施粥的厂把粥给他们吃。只是那些脑子饿的人可真没有东西吃了。难道可以把《九尾龟》《十尾龟》来充饥吗?”

回国之前，胡适的老朋友陈独秀向校长蔡元培力荐胡适为教授，甚至愿意把北大“文科学长”的位置让出来。求贤若渴的蔡元培一口答应。对胡适而言，进大学教书是再好不过的选择。在此之前，胡适在美国与教授亚丹的谈话就说：“国无海军，不足耻也；国无陆军，不足耻也！国无大学，无公共藏书楼，无博物院，无美术馆，乃可耻耳。”不过清末翰林出身的蔡元培看中的并不完全是胡适肚子里的洋墨水，还有他扎实的国学基础。胡适晚年回忆道，蔡元培决定聘请他，是因为看到了他在美国写的考据文章《诗三百篇言字解》。这是一篇研究《诗经》中所有“言”字意思的论文。

在北京大学教授、美国康奈尔大学毕业生胡适的眼中，中国仍旧是这样一个“中世纪”的国家。不仅是人们的意识、传统，制度设计，包括正在发生的一切，无不带有中世纪的影子。也因此，年轻的胡适感到时代和历史赋予自己特殊使命，就是以“国人导师”作为目标，并且为之奋斗。从中世纪走出，一直走进最发达资本主义国家的胡适，虽然年轻而儒雅，却仿佛带有某种时光老人的睿智，这使得他看待中国现状和前景，总有某种回望的感觉。中国的问题，是一个教育的问题而不是革命的问题。这看法与当年逃离仙台的鲁迅十分相似。鲁迅要改造的是国民性，而胡适的口气更大，他要做“国人导师”。回国前，胡适豪情万丈地填了一首《沁园春》，以词明志：“且准备搴旗做健儿。要前空千古，下开百世，收他臭腐，还我神奇。”

胡适正式应聘为北京大学教授，是在1917年9月10日，离他二十六周岁生日还差三个月零一周。当年北大的校庆和胡适生日碰巧同一天，都是12月17日。其时北大地址还在景山东街，即马神庙的“四公主府”。第一院沙滩的红楼尚在建造中，第三院的译学馆是大学预科，文理本科全在这“四公主府”里。当时正门尚未落成，要是从西头的便门进出。进门往北是讲堂；往东的平房是教员休息室，每人一间，人们叫它“卯字号”。胡适拿着二百六十银元的一类月薪，住在南池子缎库后身8号，那是北大的单身宿舍。

蔡元培主政时的北京大学，正是人才荟萃的时代。陈独秀、李大钊、钱玄同、高一涵、周作人、刘半农、陶孟和等陆续到来。不过，二十六岁的留洋博士胡适仍是最年轻的教授。胡适第一次亮相并非在课堂上，而是在这一年的开学典礼上。胡适操着一口绩溪话，做了题为《大学与中国高等学问之关系》的演讲，中心意思是希望用现代大学的理念来改造中国的大学，尤其是北京大学。胡适的首次亮相博得了满堂彩，这个年轻教授以他儒雅的气质、渊博的知识、缜密的逻辑征服了差不多年纪的学生。教完一年的课，胡适《中国哲学史大纲》（上）的讲义也编印出来了，以他的博士论文为基础，增改扩充而成。1919年2月，这本书由上海商务印书馆出版，校长蔡元培亲自为书作序，提出四大思想价值：证明的方法、扼要的手段、平等的眼光、系统的研究。其中最重要的，是"平等的眼光"，即摒除正统与非正统的观念，不以儒非墨，也不"独尊儒术"，而是诸子平等，"老子以后的诸子，各有各的长处，各有各的短处，都还他一个本来面目"。很快，胡适就以归国学者身份、在北大的地位，以及他在《新青年》上理性而清晰的文章，成为新思潮的领袖。后来，余英时不无感慨地写道："胡适以一个二十六七岁的青年，回国不到两年便一跃而成为新学术、新思想的领导人物，这样'暴得大名'的例子在中国近代史上，除了梁启超外，再也找不到第二个了。"余英时还认为："五四运动前夕，中国学术思想界寻求新突破的酝酿已到了一触即发的境地，但是由于方向未定，所以表面上显得十分沉寂。胡适恰好在这个'关键性时刻'打开了一个重大的思想缺口，使许多人心中激荡已久的问题和情绪得以宣泄而出。当时所谓的'新思潮'便是这样形成的。"

如果说中华民国成立之初，除了一些新式知识分子，还对西方政体以及民主宪政抱有信心之外，那么，经过了1917年乱花迷人眼般的变故之后，大部分中国人对于政局的发展，以及中国的走向，已转为半信半疑态度；甚至有一些，如鲁迅笔下的阿Q一样，持有的是那种无是无非的“混沌”态度。政局的纷乱和争斗，“好戏”的层出不穷，让那些看惯了死板宫廷剧的观众们感到无所适从，也在慢慢摧毁中国人的意志和信心。普通民众在司空见惯中，越来越麻木不仁玩世不恭，也越来越沉沦。而作为社会精英的知识分子，则变得越来越失望，越来越失去耐心。他们失去了精神支柱，也找不到宪政的意义所在。

相比袁世凯时期，北京政府在经过黎元洪时代之后，更缺少权威的力量。虽然那时候北京政府的政治基础是北洋系，不过北洋系已分崩离析，皖系和直系粉墨登场。此一划分主要基于冯国璋是直隶人，他手下的得力干将曹锟和吴佩孚也是直隶人，所以此派称为直系。段祺瑞、徐树铮等一帮人都是安徽人，所以称为皖系。不过所谓的皖系、直系以及后来的奉系，其实都是对于政治势力的简单划线，其实派系哪里有那么简单呢？像陆建章，虽然是安徽人，但跟冯国璋关系更好。

派系争相涌现，一方面是参政的需要，另一方面，因为身处乱世，各个阶层的人都有不确定和不安全感，有着加入团队的愿望。除北洋派之外，其他派系主要由一些学人和报人组成，比如说梁启超的研究系，以及国民党议会成员组织的政学系等。他们通常是由政治主张和学说主张相同而形成的，不够紧密，也不够团结，主要是通过国会的表决，来影响政局。

这时候的中国学术思想界，由于众多事件的发生，看起来变得沉默而清静，不过并非“时无英雄”。严复、康有为、章太炎、辜鸿铭、梁启超等几尊大神还都健在。年纪最大的严复六十三岁，年龄最小的梁启超只有四十五岁。虽处于思想者的黄金时期，不过就思想影响力而言，众多大家显然已“未老先衰”，影响力在显著下降，追随的子弟也作鸟兽散。缤纷的思想浪潮，使得他们的主张不像先前那样惹人敬畏。在这些人当中，似乎只有在一系列政治斗争中出尽风头的梁启超依旧踌躇满志。在这一时期写就的文章中，梁启超高蹈地提到了中国各方面势力的团结问题，他认为，中国的政治各方势力，如果只局限于自己派别的利益，只站在自己的立场上进行争斗，那么，中国的政治必将进入一条死胡同。中国的各政党与各派别必须严肃而认真地反省自己，怎么站在民族和国家的利益上，而不是局限于自己的利益进行无休无止的争斗，力求抛开党见，专心立宪。梁启超在致同党的一封信中明确指出“吾党今虽取冷静态度，亦不能长此终古”，提出要组织“无形政党”，以政治理想超越政党的私利。梁启超对待政治的态度，带有很强的“书生气”，表达了他对于宪政制度及其操作的理想。在当时情况下，一边是想加强中央集权的北洋系，一边是想夺权或分权的革命党和各种地方势力，夹在中间的梁启超所能做的，只能是苦口婆心地劝告双方顾全大局，多为国家的前途着想。

不过这个时候，已有人对于梁启超多变的思想立场提出质疑，其中以“西化”开风气者严复最为尖锐。在严复看来，梁启超捉摸不定的思想和行动，明显是哗众取宠、食洋不化。梁启超拉起旗帜与蔡锷反对袁世凯称帝，与其说是为了共和理想，不如说是为了再次争风头，争权利，“揭开窗户说亮话，人人争权利耳!”在严复看来，袁世凯帝制自为固不可取，但当其被迫取消帝制之后，聪明的政治家应当以此为契机，为中国的未来发展重新规划，而不应矫枉过正，或乘机争权夺利。反对袁世凯帝制复辟无疑是正义之举，但更重要的是，后来者应当汲取袁世凯的教训，尽快恢复秩序，重建和平。否则，乱始乱终，实祸天下，主观意识与客观效果实际背离，正义之举并不一定都获得良好的结果。

严复对于梁启超的批评，带有某种强有力的深刻性，可以看作是前辈的不认同。对于梁启超这样的“中生代”，不认同的还有他的“后辈”。在很多年轻知识分子看来，此时的梁启超，已明显带有沉沉暮气。后来，胡适在《无穷的恩惠》一文中，这样评价梁启超：“梁先生的文章，明白晓畅之中，带着浓挚的热情，使读的人不能不跟着他走，不能不跟着他想。有时候，我们跟他走到一点上，还想往前走，他却打住了，或是换了方向走了。这个时候，我们不免感觉一点失望。”

对于梁启超一生中的立场和思想，很多人都有类似的看法。有人曾经用“一生三变”来形容梁启超的思想和立场：先保皇，后革命，再立宪。实际上何止“三变”呢？有人曾统计过，梁启超一生中政治形象前后凡“十变”，重大政治转变计三次，总是不断地更新自己，也不断地否定自己，他的否定之否定，让人眼花缭乱，根本无法跟得上他的新思想。也因此，很少有人真正地明白梁启超为何一会儿倡导维新，主张虚君共和；一会儿又主张共和，反对皇权；一会儿又主张立宪，反对革命；一会儿又主张加强中央集权；一会儿又主张联省自治、制定省宪、召开国民大会来限制军阀的权力……对习惯概念化或者划线思维的中国人来说，梁启超就像飘浮在空中的纸人一样，让人无法把握和领略。梁启超的一生，给人的感觉是，无论他在哪个阶段的努力，都归结于零，然后，一切又从零开始。这一点，仿佛西西弗斯的命运，吃力地把负重的思想推向了最高，很快又滑向了原点。当然，贯穿于梁启超一生的，有一个最基本的信念，那就是改革——中国要改革，祖宗之法必须改，中华的崛起，必须建立在学习西方的基础上，也必须建立在经济发展的基础上。至于改革的方式，梁启超在各个时期，有着不同的考虑，他试图探索一种最切合当时形势的方式——如此，才是梁启超多变的根本。

如果说胡适对于社会走向的认识更具清晰性的话，那么，个性刚直的陈独秀对于旧制度的攻击更具杀伤力。1915 年 9 月陈独秀在上海创办《青年杂志》，一年后，改名为《新青年》。依托于《新青年》，陈独秀对中国社会现状以及中国传统文化进行了攻击，对辛亥革命之后的中国走向同样进行了攻击。陈独秀的一个基本思想是，共和制度之所以不能真正地巩固，中国的状况依然那样黑暗，根本原因在于缺少一场对旧思想、旧文化、旧礼教的彻底批判，大多数国民的头脑仍被专制和愚昧牢牢地束缚着，缺乏民主和科学的觉悟。由社会的现状，引发了对传统文化的批判，也引发了对“国民性”的批判。社会是由人组织的，对于“国民性”必须进行根本的改造，这才是最终的出路。对于这个问题，陈独秀在 1916 年 2 月发表的《吾人最后之觉悟》中写道：

三年以来，吾人于共和国体之下，备受专制政治之痛苦。自经此次之实验，国中贤者，宝爱共和之心，因以勃发，厌弃专制之心，因以明确。吾人拜赐于执政，可谓没齿不忘者矣。然自今以往，共和国体，果能巩固无虞乎？立宪政治，果能施行无阻乎？以予观之，此等政治根本解决问题，犹待吾人最后之觉悟。

什么是“最后之觉悟”？陈独秀把它分为“政治的觉悟”和“伦理的觉悟”两个层次，认为后者才是根本的。为此，《新青年》喊出的口号是“民主”和“科学”，民主的对立面是专制，科学的对立面是愚昧和迷信。对于一直夜行于专制和愚昧迷信中的中国人来说，只有民主和科学深入人心，中国人才算是取得了真正的觉悟。

陈独秀看出了中国的问题所在，也看到了问题的长期性。只不过那时候的中国，像梁启超、胡适、陈独秀这样的人，如黑夜之星一样寂寥。无论是官智还是民智，整体上都处于混沌的状态，几乎没有什么灯火，来指示人们暗夜潜行。这时候的中国政治制度，却极其先进，是革命后简单粗暴的“舶来品”。后来有人形象地比喻说，跟当时中国社会相比，中国的政治制度更像是一个孱弱无比的身躯，顶着一个硕大无朋的脑袋。谁都知道帮助是重要的，耐心是重要的，宽容是重要的，目标是重要的，妥协也是重要的。不过似乎谁都难得耐心和容忍，他们非白即黑，非牛即马，稍有一点纷争便大打出手。夜茫茫，路漫漫，这个有着大脑袋和瘦弱躯干的侏儒摸黑潜行，每迈出一步，都让人战战兢兢，招来一方指责；虽然前方有人引路，不过随之而来的干扰，很快让他失去重心，倾覆在地。

危险的黑森林

国内形势乱云飞渡，至于国外，就更让人无法看清了——十九世纪末二十世纪初的世界格局，就像是一个漫无边际的黑森林，充满着弱肉强食和恐吓欺骗。

由中世纪向现代社会的转型中，困惑和迷茫的，不仅仅是华夏，还有远在一片汪洋之中的日本。困惑是因为断裂，在巨大的变革和震动之中，有血缘的断裂，有家庭、伦理的断裂，也有国土和文化的断裂。清末民初东亚的地缘经济—政治—文化格局，在经济上是明确的，政治上是朦胧的，文化上是过渡的。在经济上，近代航运交通与贸易移民已经在东亚水域建立起一个海洋中心的跨国经济圈，以中国海为内湖，以环中国海大商港为卫星城市，从上海、广州、香港、长崎、横滨、东京、马尼拉到巴达维亚、新加城、槟城、曼谷、堤岸，以华商和移民的贸易交通网络连接起来，形成东亚水域这一历史空间。已经形成的中国商贸势力与正在形成的日本政治势力，成为这一区域最为活跃的组织因素。

从东亚地区文化结构上来看，传统的儒家文化曾是这广阔区域的主导文化价值，全盛时期是明朝以及清朝初年。始终贯穿这个地带的，有传统的华夷秩序与朝贡体系基础，不过随着清朝入主中原，中国的儒家文化宗主地位已开始动摇。鸦片战争失败之后，西方势力全面渗入这个领域，中国儒家道统慢慢崩溃，文化格局出现了断裂和整合的趋势。与此同时，随着明治维新的成功，以及《马关条约》的签订，日本崛起，超越华夏文明的内陆中心论，指向一种可能形成的、新的海洋中心的政治格局。这一政治格局已经不可能复辟华夷秩序与朝贡体系，而西方现代民族国家的霸权扩张秩序，又一时难以建立，于是便有日本"大东亚共荣圈"思想的确立。"大亚细亚主义"既有中日同种同文相互提携的"王道"思想，又有日本民族主义扩张主义的"霸道"思想，也就是说，日本对于中国以及亚洲的战略思想，变得更加明确，侵略的野心已昭然若揭。

日本这一慢慢发展的现状潜伏着某种政治危机和文化危机。明治维新虽然使日本在短时间内崛起，经济和科技上取得巨大进步，不过在政治制度设计上却有着严重缺陷，比如有宪法难有宪政；军队不属于内阁，只效忠于天皇，有着极强的专属性；元老干政，国家的大政方针，归属天皇御前会议等。这样的权力架构和文化传统，极易导致军国主义，从而发动侵略战争。

日本也是中国改革和革命的温床。甲午战争的失败，使得很多中国人不得不抬起头来，正视这个被忽视的对手。很多家境稍富庶的家庭，选择了将自己的孩子送到海外去求学，相邻不远进步飞速的日本，自然成了首选之地。日本成了当时中国青年的主要留学地，也成了中国变革的温床。连慈禧太后亲手圈定的状元刘春霖，也跑去日本，成为东京政法大学的学生，回国后，又成为立宪运动的中坚力量。日本一直潜伏着各种各样的中国人，他们有不同的主张，不同的行为方式。这些救国方式，经过了一段时间新陈代谢之后，最终聚合为两种：一是民主立宪，二是君主立宪。以梁启超、杨度为代表的持君主立宪论者认为：改革、立宪是成本最小的政治变革，也是切实可行的强国之路，尤其是在经历了一系列政治动荡之后，这个国家已经禁不起大折腾，如果像革命派所说的那样，以暴力为手段，不顾条件实行民主立宪，只能使矛盾尖锐的政治分歧公开，不仅不能使民众团结在君主与国家之下，反会导致国家分崩离析，政民两乱。梁启超给革命开出的公式是：革命、动乱、专制；给立宪开出的公式是：开明专制、君主立宪、民主立宪。而以孙中山、黄兴为代表的持民主立宪论者认为，不推翻这个独裁政治，任何政治改革都是纸上谈兵。

虽然日本一直有亡中国之心，不过，对于中国的政策，有一个不断调整、演变和推进的过程。这样调整推进，是随着世界，尤其是东亚一带政治和军事格局变化所作出的相应变动，是一个总体方针下的动态政策。日本对中国总体战略是，不希望中国统一，不希望中国有一个“强人政治”和“强权政府”。一个四分五裂、秩序混乱的中国，对于心怀叵测的邻居而言更合乎利益。因为这一点，日本对于袁世凯一直没有好感，袁世凯对于日本敌视而强硬的态度有目共睹，袁世凯在朝鲜时，还曾让日本吃了很大的亏。曹汝霖在回忆录中曾经记载，日本公使日置益曾经跟他说：革命以后，由孙中山当总统，没什么说的，因为孙没有当过清朝的大官，一直主张革命；但袁世凯受清恩，又是总理大臣，自己做总统，总不免有“篡夺之嫌”。比起孙中山，日本人更不乐意中国落在一个强人手中。不过辛亥革命后形势纷乱，袁世凯在英美的支持下当上了大总统。日本人当然不满意，一心窥探时机对袁世凯下手。1914

年世界大战爆发，英法美奥等欧美列强忙于战事，无暇东顾，列强失去了在华的均势。这种情况下，日本决心加快对中国的渗透，通过了一系列分化措施，利用中国的反对力量制造混乱，继而乱中求利，逼袁世凯下台，以蚕食中国。当袁世凯错误地判断形势，以为实行帝制重建合法性再树权威能使得中华稳定发展，居心叵测的日本扮演了“欲擒故纵”的角色——先是暗示帝制可为，又突然抵制袁世凯的帝制行为，支持中国反对派革命党和宗社党等。这样，中国的形势一下子坠入动荡之中。

袁世凯死后，日本“倒袁”目的达到，便把工作重心转向组成一个稳定的亲日政府目标上。日本方面的判断是：黎元洪是根据《临时约法》继任的，南方反袁各省应不会反对，黎元洪的上任，可促使南北统一；新一届内阁以段祺瑞的北洋派为主导，吸收进步党、国民党及南方各派势力，可以组成一个亲日政府。所以，日本外务省在袁世凯死后第二天，即 6 月 7 日，急令驻华公使日置益向黎元洪转达如下意见：“今后相信黎氏必将首先努力协调统一国内政见分歧者，对南方的主张加以慎重考虑，相互协办，为根除全国动乱之祸根，实现国内和平而尽力。当前之急务，首先任命一个不至于重复执行袁世凯时代造成日中两国关系乖离之政策的新政府。黎氏亲自任命的新政府，若真正诚意努力于恢复国内秩序，并确立日中友好，帝国政府将尽可能予以直接或间接的援助。对帝国政府，尽可信赖，无论何事，均可提出商谈。”与此同时，日置益又通知日本驻南京、广东、云南、上海等地领事，将上述方针分别转达给冯国璋、岑春煊、唐继尧、唐绍仪、张继等人，要他们支持黎元洪，与黎元洪和衷共济解决当前局势。在此之后，日本改变外交路线，由对中国的强硬，变成高唱日中亲善，朝野上下均表现出友好。这当中的原因，是日本经历了大隈时代的强硬之后，觉得以中国之地域广大，社会之复杂程度，一时间难以吞并而做的调整，目的是分化中国各方面势力，扶植中国亲日力量，使得中国社会疏离美英，然后利用机会，制造混乱，从而达到不断蚕食中国的目的。日本后来支持溥仪成立“满洲国”，也是基于这样的考虑。

日本对中国恶狼一般的觊觎，也是为了防止虎视眈眈的俄国。威尔·杜兰在《世界文明史》中分析俄罗斯的历史文化后表述：“俄罗斯文明显示出一种奇妙的混合特性，既有违抗不得的纪律，又充满着冷酷无情的压迫，虔诚中夹带着暴力，祈祷神祇而又亵渎它们，充满着音乐但却也非常粗俗，忠诚又残忍，一副奴隶似的卑微却又时而表现出不屈不挠的英雄。这一民族无从发展出和平的美德，因为面对漫长的冬天和待不到黎明的冬夜，他们必须要战斗，而这是一场苦斗，他们要战胜横扫冰封大地的凛冽极风。他们从未闻及文艺复兴或宗教改革，因此，除了在人为刻意装饰的首都之外，全俄人民仍然被禁锢在中世纪的一切束缚中。他们唯一能用以自慰的是，种族的骄傲和信仰的保证。但这并不是根植于土地的民族主义，而是一种狂热的信心，他们坚信，当西方沉沦于科学、财富、异端学说和信仰的失落时，‘神圣的俄罗斯’有朝一日会统治世界，解救世界。”这一段话，旨在说明这个北方大国自古以来具有的侵略性。1917年十月革命，俄罗斯苏维埃政权成立。在击退了欧洲敌对势力的联合干预之后，苏俄在经济和军事上一跃成为世界新势力，世界格局又出现了重大改变。出于全球战略考虑，苏俄开始恢复和加快对远东的势力渗透。日本感到新兴苏维埃国家咄咄逼人的攻势，感觉到了苏俄在中国争夺势力的加强。在经历了十多年前那一场在中国东北进行的大战后，日本一直提防俄国东山再起进行报复。也因此，夹在俄国和日本之间的中国显得尤为重要，中国不仅是日本和俄国争斗的地盘，更是他们彼此争夺的潜在战场。可以想象的是，日本和苏俄就像两只虎视眈眈的斗兽，对于孱弱的中国，先是比拼间接控制，谋求调整政策；然后寻找代理人，培植势力，推进针对性的暗战；到了一定程度，必将一跃而起，直接出面大打出手。

北方的大事件

段祺瑞辞去总理职务专任参战督办的日子里，在北方的俄国，爆发了后来被证明是决定世界走向的大事件，那就是1917年11月7日（俄历10月25日）爆发的十月革命。十月革命后的第三天，《民国日报》以《突如其来之俄国大政变》为题，引用西方通讯社的消息，迅速报道了十月革命的消息。不过，远在万里之遥的中国，对这一事件的历史意义，并没有加以探究。很快，新成立的苏维埃政权宣布退出协约国组织，同时退出第一次世界大战。消息传到中国后，总统冯国璋更关注的，是俄国政权更替退出第一次世界大战带来的影响。段祺瑞知道冯国璋的心思，信誓旦旦地对冯国璋表示："俄国虽然撤兵回家革命，不过参加协约国的已经有十九个国家，德势已孤，寡不敌众，结果必败。我决不推卸责任，总统不要怕，参战督办令一下，我决不推让，立刻走马上任。"

中国人对俄国十月革命报以欢欣，已经是几个月以后的事情了。最早受到鼓舞的，是中国的一批无政府主义者。鉴于俄国无政府主义代表人物克鲁泡特金与布尔什维克合作，以及苏维埃政府高度重视工农利益的特点，中国的无政府主义者率先发表了赞同俄国十月革命的言论。在此之后，急切渴望摆脱困境的孙中山从俄国革命嗅出一些气息，中华革命党人主办的《民国日报》开始改变对苏俄的态度，称俄国为“民主友邦”，称布尔什维克为“新派”。1918 年 7 月，赋闲在家的孙中山试探着向同样孤军奋战的俄国伸出了手，孙中山致电列宁：“中国革命党对贵国革命党所进行的艰苦斗争，表示十分钦佩，并愿中俄两党团结共同斗争。”布尔什维克高层应该看到过这封信，不过列宁并没有给孙中山回信，新成立的苏维埃共和国正处于西方势力的包围中，无暇顾及中国南方的革命势力。待到北方大国真正腾出手来关注南方的中国，已是两年以后的事情了。与孙中山等持同一态度的，还有《晨钟报》等，《晨钟报》可能是从苏俄的变化中发现了什么，公开认为列宁政府施政方针“合乎民心”。一贯崇尚英美政治，厌恶“极端社会主义者”的《太平洋》杂志，也预言俄国革命“影响世界思潮增进人类福利者，则极无涯量”，宣称社会主义“方今如火如荼，有一日千里之势，欲摧夭而遏折之，势固有所不能”，非细心研究不可了。慢慢地，爆发了十月革命的北方大国，像诞生了一枚太阳一样变得炙手可热起来。

列宁领导的俄国十月社会主义革命为什么在中国引起强烈反响？原因在于它正好给了苦苦寻觅出路的中国知识分子一个全新答案。此前有关于社会主义的一些见地，在许多人看来只是纯粹的学说观点，是人们理想化的一厢情愿。“社会主义”，在很多人看来，只不过是一个空幻的概念和名头而已。连《新青年》在答读者问时都曾这样表达过：“社会主义，理想甚高，学派亦甚复杂。惟是说之兴，中国似可缓于欧洲，因产业未兴，兼并未行也。”现在，十月革命一下子让社会主义变得真实，变得触手可及。来自邻国的榜样，给苦闷和探索中的中国先进知识分子带来了信心，让他们心中燃烧起了无穷渴望。最初，许多人还是从旧民族民主的观点去理解它，只是把它看作平民的胜利、自由平等的胜利、人道主义的胜利，不过随着认识的逐渐深化，人们发现了这场变革完全不同：它似乎不同于历史上任何一次革命，它是全新的、以劳工阶级为主体、富有理想和理论的革命。并且，这种新的政体结构在历经种种饥馑、内战、外国干涉的严重磨难后，竟然站住了脚跟，慢慢呈现出欣欣向荣的景象，工人和农民竟破天荒第一次成为国家的主人！……随着消息的不断传入，一向沉重的中国人眼前一亮，他们看到了突然闪现的新天地，看到了一个古老社会涅槃般的重生。对于身陷西方政治迷局，一直苦苦纠缠争斗的中国来说，俄国模式的速成，无疑具有极强的吸引力。

与此同时，第一次世界大战的爆发，加剧了人们对于西方世界的怀疑。从 1914 年到 1918 年，战争延续了四年，给欧洲民众带来了浩劫，同时，这场空前残酷的人类灾难，把西方国家固有的社会矛盾以更加尖锐的形式清楚暴露出来。劫后的欧洲满目疮痍，到处是灾难和混乱，一时看不到复苏的光明。世界范围内出现如此重大的变局，使原先醉心于学习西方的中国人感到莫大震惊和失望。很多中国人都在想，既然西方都已如此，难道我们还要步人后尘，沿着这条旧路再走一遍吗？为什么不能改弦易辙，采纳世界上更新的学说，创立一个更加美好而合理的社会呢？

经过一段时间的观察和思考，中国知识分子对于苏俄的成功终于有了理论上的认识。时任北京大学图书馆主任的李大钊在 1918 年 10 月发表了《庶民的胜利》《布尔什维主义的胜利》，这是中国人接受十月革命道路的最早反应。平时一直温和淳朴的李大钊一反常态地激情四溢，他讴歌道：俄国革命是庶民的胜利，也是代表着庶民的布尔什维克的胜利："由今以后，到处所见的，都是布尔什维克战胜的旗。到处所闻的，都是布尔什维克的凯歌的声。人道的警钟响了！自由的曙光现了！试看将来的环境，必是赤旗的世界！"

中国的激进知识分子感觉到了希望，也看到了曙光。这希望给他们以鼓舞，给他们以力量。数千年以来一直匍匐求生的中国最底层，在聆听到惊蛰般的春雷之后，终于在二十世纪来临之后，决意抱团杀出一条血路来。

第四章

安福系的胜利

（1918）

继续南征

1918 年本来有一个很好的开局，由于中国对德宣战，协约各国承诺将庚子赔款暂缓五年，这使得中国政府的财政压力得到很大缓解。时任财政总长的梁启超建议将缓付的赔款拨为币制经费，再加上币制借款，作为发行公债之抵当，发行国内公债，以增强政府的融资能力。不过此时北京政府面对南方分裂的局面，一心想对南方用兵，军费支出成倍增加。梁启超有关币制改革的设想还没启动就成了水中之月。

北方形势平稳，南方开局却不利好——1 月 2 日，新任广东督军莫荣新由于跟孙中山意见不合，捣毁了孙中山成立的招兵机构。孙中山气急之下，命豫章舰长吴志馨、同安舰长温树德用军舰炮击广州督军署以示还击。两名舰长起初不敢答应，孙中山亲自发炮，又督促炮手连发五十八炮。孙中山还准备策动海军及粤军滇军展开驱逐莫荣新行动，计划没有得到海军司令程璧光的同意。在各方调停下，孙中山与莫荣新的矛盾冲突暂时缓和。1 月 15 日，西南护法各省联合会议在广州成立，以拥护约法、保障国会、征讨祸首、戡定内乱为口号，以巩固统一之根基、促进宪法之成立为宗旨，成立了护法各省最高政务执行机关，以此对抗孙中山军政府。2 月 26 日，海军司令程璧光从海珠岛海军司令部出来，在长堤码头突遭枪手袭击，身中数弹倒毙在街头。

在北方，冯国璋加强了对南方的征讨力度，自责对南部的战事不力，将广西督军谭浩明、江西督军陈光远、前湖南督军傅良佐等免职，任命直隶督军曹锟为攻湘军总司令；以张敬尧为副总司令兼第二路司令，率第七师由湖北通城向湖南平江进攻，指向长沙；任山东督军张怀芝为第三路军司令，率第五师由江西萍乡向湖南醴陵进攻，对长沙进行包围；任吴佩孚为第一路司令，率第三师先击溃“闹独立”的石星川、黎天长部，再出湖北襄樊，经荆州、监利向湖南岳阳进攻，与第七师和第五师会师长沙。此外，另调安武军李旅、奉军湘东支队、毅军赵旅和冯玉祥率领的第十六混成旅，分别尾随前进。各路北洋军约十万人分别向湘鄂、湘赣边界进军。南征很快就取得了节节胜利——先头部队吴佩孚部，先是攻克湖南岳阳，后又攻克长沙。张敬尧部也攻克了平江。

前方捷报频传，主战派们兴奋至极，随后发出通电，要求段祺瑞重新出任内阁总理，更好地完成“武力统一”。日本等国也表态支持段祺瑞。王士珍以身体有病为由，辞去了内阁总理职务。冯国璋让徐世昌力劝段祺瑞重新归位。1918年3月底，挽回面子的段祺瑞重新任内阁总理。

南方军队在战场上节节失利，直接导致了孙中山的辞职——南方广西督军陆荣廷以及老资格的岑春煊等人对于孙中山不满，1918年5月20日，“非常国会”的议员们在议长吴景濂以及西南各首领的倡议下，将广州护法军政府的“大元帅”制改成“七总裁制”，七个总裁分别是唐绍仪、唐继尧、陆荣廷、孙中山、林葆怿、岑春煊、伍廷芳，以岑春煊为主席。孙中山在“七总裁”的选举票数中，仅名列第四。当天，孙中山痛斥“南与北如一丘之貉”，愤而辞职，与吴景濂分道扬镳。随后，落落寡合的孙中山离开广州回到上海，在法租界大马路码头登岸后，与迎接他的汪精卫等人一同乘车住进了莫里爱路29号孙氏公馆。这一所房子，据说当年是由四位加拿大华侨集资买给孙中山的。从1918年6月直到1920年11月的这一段时间，孙中山在上海韬光养晦，过着隐居的生活，完成了自己一生中最重要的思想遗产《建国方略》（包括《孙文学说》《实业计划》和《民权初步》）。在该书中，孙中山提出了中国制度建设分为三步走的设想，即通过“军政”“训政”“宪政”三个时期，逐步建立民主宪政制度。第一步是军政，通过暴力革命从军阀手中取得政权；第二步是训政，施行约法，建设地方自治，以促进民权发达；最后开始第三步，也就是宪政，以推进中国的最终改变。

孙中山离开广州去上海的当天，进攻势头正猛的北军先锋吴佩孚停下了步伐，电告上司曹锟武力解决非易，请速谋结束。曹锟将吴佩孚的意见转给冯国璋和段祺瑞。此后，吴佩孚擅自与南方军队达成停战，每天与占领区的军政首领及士绅一起喝酒吟诗，将战事搁置一旁。后来有人判断，段祺瑞对于湖南的人事任免让得到首功的吴佩孚感到了失落：在此之前，段祺瑞任命张敬尧担任湖南督军。吴佩孚后来流传开来的《满江红·登蓬莱阁》词，就是在那段日子里写就的：

> 北望满洲，渤海中，风浪大作。想当年，吉江辽沈，人民安乐。长白山前设藩篱，黑龙江畔列城郭，到而今，倭寇任纵横，风云恶！
>
> 甲午役，土地削；甲辰役，主权弱。叹江山如故，夷族错落。何日奉命提锐旅，一战恢复旧山河，却归来，永作蓬山游，念弥陀。

从词中看，士大夫气十足的吴佩孚抒发了强烈的爱国情怀，就其心思和情怀来说，还真有点岳飞和戚继光的影子，尤其对日本充满仇恨。这也难怪，出生于山东蓬莱的吴佩孚，自小就目睹日本鬼子在山东境内的横行霸道。吴佩孚二十岁那年冬天，突然有一艘日本军舰出现在海面上，冲着蓬莱阁就开了一炮。后来，人们知道大清国与小日本在海上打起来了。据说日本战舰离开后，吴佩孚跑到蓬莱阁去查看，只见阁上最大牌匾“海不扬波”恰好被鬼子穿甲弹穿过，“不”字没了，成了一个弹洞。这一件事对吴佩孚刺激很大。也因此，吴佩孚一直对日本耿耿于怀，成为一个坚定的“反日派”。

前方吴佩孚按兵不动，不肯南征。段祺瑞这才意识到自己对张敬尧任命的不妥，倔强的段祺瑞当然不愿意轻易改变决定，于是给吴佩孚安排一个“孚威将军”的头衔，让徐树铮亲赴衡阳安抚，督促吴佩孚进军。徐树铮接到任务后，一面以陆军次长兼奉军副总司令的身份，调来奉军三个师开赴湘东，一面赶到衡阳，对吴佩孚好言相慰。孰料徐树铮这两招全都落空：湘东军队被奉军总司令张作霖调了回去；吴佩孚虽表面听从，却一直按兵不动。不仅如此，吴佩孚还拼命扩军，利用段祺瑞给他的犒赏，将人马一下子扩到三万人。

1918年8月7日，让段祺瑞始料未及的是，吴佩孚突然发表致老直系核心人物、江苏督军李纯的公开电报，呼吁和平，指责武力统一是自己人打自己人，要求李纯再次约请江西的陈光远和湖北的王占元两位督军，来一次长江三督呼吁和平。长江三督一开始没有反应，吴佩孚并不气馁，一个公开电报接一个公开电报，全是呼吁和谈，痛斥分裂和腐败，公开表示自己将不做督军，不住租界，不结交外国人，不举外债，以廉洁、正直、爱国、不慕权势“四大自律”来要求自己。

时年四十四岁的吴佩孚志存高远，这个瘦小纤细、长脸高额、有着一嘴短短红胡子的秀才自投笔从戎那天起，就怀揣着“修身、齐家、治国、平天下”的传统理想。虽然从资历上来说，吴佩孚属于北洋第二代，但他并不满足于偏安某地做个军阀，他的目标是一飞冲天，通过非常手段为自己赢得更大的政治基础。吴佩孚针对民众对北京当局长期裹足不前、耽于内战的不满，决意挺身而出，为自己杀开一条血路。这一招看似很险，却异常有效。吴佩孚不听号令，是反对内战、宣称爱国，并没有做什么过激之事，段祺瑞对此也无可奈何。吴佩孚的高调主和，很快为自己在全国范围内赢得一片掌声，尤其是知识界和学生界，对这个年轻爱国将领的行动一片叫好。那时候的政治格局本来就不是既定的，军阀们尽管飞扬跋扈，却很看重民意。很多人本来就对段祺瑞等过分倚重外国势力的北洋老面孔不满，现在突然出现一个洋溢着爱国情怀，年轻有锐气，且有着很好的传统精神和个人品质的常胜将军，当然群情振奋。

在这种情况下，段祺瑞也没办法强力推进军队的南下，只好听任吴佩孚的行动。就这样，打了两年的南北战争不了了之。

安福系的胜利

到了 1918 年夏天，一件重要事情迫在眉睫，冯国璋代理大总统从 1917 年 8 月算起，时间将满，必须重新选举，以确定新大总统。这是继袁世凯顺利当选大总统后的最大一次选举。五年多过去了，活跃于政坛的人，激情和理想不再，优秀分子慢慢退出，滞留在最高权力机构的，是越来越多的蝇营狗苟之徒。那些没有理想的政客们，相比于当初的先行者，对于民主政治少了很多敬畏，不断地调戏政体的底线。

北方的形势已由对南方的战争，逐渐转移到新一届大总统选举上了。这一次大选，也是百年近现代史上，第一次带有普选性质的国会议员选举。早在 1917 年 11 月 10 日，临时参议院就在北京召开会议，布置开年大选的有关事宜，决定这一次选举的相关步骤和方式。按照规定，选举分两阶段进行，第一阶段选出各省选举人，由选举人开会选出国会议员。尽管有西南五省的反对，各省督军在1917年10月底均选派参议员到京，并在11月10日开会成立了临时参议院。曾经担任过袁世凯秘书，也是段祺瑞老乡的合肥人王揖唐被选为正议长，前清高官那彦图被选为副议长。1918年2月，政府陆续公布经过修改的《国会组织法》和两院《议员选举法》，其中重要的修改有：将原先参众两院议员八百余人压缩到五百余人，理由是提高办事效率，降低财政支出。经修改，原参议院的议员名额由二百七十四人减为一百六十八人，众议院的则由五百九十六人减为四百零八人，相当于每一百万国民出一个代表。参议员不再由各省议会选出，改为组织地方选举会选举产生，以避免各省督军从中干涉舞弊。选举前夕，为了维护国家稳定和团结，实现政治和解，为国会选举和总统大选营造良好气氛，政府宣布特赦帝制祸首梁士诒、朱启钤等人。1918年3月6日，政府公布两院议员第二届选举日期令，规定1918年6月10日为众议员选举日，6月20日为参议员选举日。

五年前由于袁世凯对于现代政治毫不熟悉，有意淡化总统的党派色彩，对选举掉以轻心，使得国民党在第一届国会中占据了大多数，北洋系在执政中遭遇很大麻烦。这一次，段祺瑞显然吸收了袁世凯的教训，谋求安排更多自己人当选，改变往日国会与政府作对的局面，从而尽可能地体现自己的意志。段祺瑞安排了精明能干的徐树铮进行组织，专门成立了“安福俱乐部”布置选举工作。安福俱乐部又称“安福会”，本因办公地点设在北京安福胡同而得名，不过时人大都以为这是段祺瑞的皖系（即安徽）和曹汝霖等福建人的联手。除了在北京设立总部之外，安福俱乐部还在一些省份设立了分支机构，在江苏，安福俱乐部据点设在南京雅园，掌控地方选举情况。其他政党和派系也有相应的选举组织，比如由中华革命党议员骨干组成的“丙辰俱乐部”，国民党稳健派为主体的“客庐系”，进步党分化出来的孙洪伊、丁世峄、温世霖所组织的“韬园系”，以及其他力量组成的“宪法商榷会”“宪法研究同志会”等。

徐树铮的确是一个精明能干之人，在他的组织和协调下，安福会除了得到来自各地方督军、各社团、企业、个人的捐款外，似乎还有一大笔来历不明的经费。有人猜测支撑安福会声势浩大选举的，甚至包括挪用的部分西原借款。有了充足的经费保证，安福会除了安排自己人进行竞选外，还笼络了相当多的来自进步党和国民党的知名人士，包括第一届国会的议员。张勋复辟时，国会遭到解散，原先国会最大派别国民党议员四分五裂，一些人南下广东，更多的人散落在民间。因为谋求连任，这些第一届国会议员也需要支持，他们与安福会的合作，也算双惠互赢。

选举过程中，安福系最大的竞争对手，一是知识分子占多数的研究系，即原来梁启超组织的进步党；二是企业和金融人士组成的交通系。研究系中，知识分子成员居多，对于政治理论和宪政精神的理解也最清晰，在社会上享有很好的声望和影响力。除了梁启超，张君劢也是专门研究宪政的专家，曾留学日本、德国，学习政治经济与哲学，是研究西方宪法的权威。1946 年，他主持起草《中华民国宪法》，对现代中国作出重要的贡献。对于这一次国会议员选举，研究系雄心勃勃，多方活动，筹钱、拉人，联系各方势力，想借此机会超越国民党成为国会第一大党。此次新国会的体制及选举办法，就是梁启超等人一手设计的。至于交通系，其主要成分是民族企业家，基础是自晚清起洋务和实业的主力军、曾经控制北洋政府经济命脉的邮传部，如今掌握着中国的金融命脉，包括交通银行、中国银行以及金城银行、盐业银行、大陆银行和北洋保商银行等。领头人物是梁士诒，成员有曾任铁路局长的叶恭绰等。

交通系尽管财力雄厚，却缺乏强烈的政治抱负，运作形式不像一个政党，更具务实性和随机性。

相比较袁世凯时代的第一届国会选举，这一次选举在社会上造成的影响是空前的，更多的人是以一种看热闹的方式和心态来观看这场举国大戏的上演。由于对规则的不熟悉，态度的不严肃认真，对于夹杂的私利、交换、欺骗以及偷梁换柱落井下石缺乏控制，其间的混乱和荒唐可想而知。第一阶段众议院议员选举，用英国驻南京领事翟比南的话说，“是一次腐败与吵闹的闹剧”。翟比南写道：“选票的行情与每日市场涨落情况，逐步登载在当地的报纸上，是一件可买卖的商品，像大米、豆饼或者其他商品一样。”选举监督人截留大批本该发给选民的选票，填上捏造的姓名投入票箱，或者雇些“乞丐、小商贩、算命先生、乡下人等市井小民”前往投票。或者，办理选举的人将一大堆选票卖给候选人，由其如法炮制。那些没有能力买选票的人，有的竟雇佣无赖恶棍去抢选票。总之，围绕选票所进行的争夺就像是一场无法得到有效保护的商业大战，一些人从中获益，一些人从中牟利，一些人从中示好，一些人从中使坏，一些人觉得荒唐和无奈，当然，也有一些人输得体无完肤。

初级阶段选举背后的故事，只要凭着想象就可以断定出大部分情景。在不足以保证百分百公正的情景下，选举的结果自然也会招致很多非议。有人根据徐树铮当时的电稿研究，选举期间跟徐树铮密电往来的各地实力派北洋军人，至少有十六人。在一些省份，徐树铮甚至将拟当选的名单发给各省督军，让他们照单接受。当然，违规者并不只是徐树铮和安福系。有着商人投机心理的交通系，眼看大势已去，无意与安福系争锋，很快倒向安福系。这样，倒霉的就剩下研究系了。最终全国投票的结果是安福系大胜，合计四百七十二席国会议员中，安福系控制了三百三十六席；其余的一百三十六席中，交通系控制了五十至八十席，研究系控制了约二十席，其他席位由无党派人占有。在此之后，新一届国会选举出参众两院正副议长：梁士诒、朱启钤为参议院正副议长；王揖唐、刘恩格为众议院正副议长。

选举结果一边倒，最愤愤不平的，就是研究系的领袖梁启超了。本来以梁启超的社会影响力和能力，以及他对于议会政治的理解，研究系应该得到更多席位。不过因为研究系知识人士较多，组织松散，相互之间缺乏足够的团结，也不如安福系那样有充分资金支持，因而酿成此果。雪上加霜的是，研究系另一领袖人物，四十五岁的汤化龙在温哥华遇刺身亡——汤化龙是受北京政府委托，在北美考察政治制度的运行情况，被国民党员王昌刺杀。国民党斥责汤化龙为“袁之走狗，段之帮凶”。王昌在遗书中写道，“我不忍坐视国亡，实行铁血主义”。后来的结果显示，王昌背后的策划者是国民党海外部长陈树人——陈树人以五千元雇用了王昌行凶。汤化龙灵柩运回北京后，梁启超悲伤地拟就一副挽联，“一卧沧江惊岁晚，几回青锁点朝班”，表达出对国民党激进派的强烈愤慨，也感叹岁月的流逝与无常。这时候的梁启超，对政界已明显表示倦意了。

新国会的产生，让段祺瑞踌躇满志。不过这一次选举，也埋下了众人怨恨段祺瑞的种子。相比袁世凯，段祺瑞一直饱受诟病的是他的用人，这个合肥人似乎一直喜欢任人唯亲，在此之前他任用的段芝贵、王揖唐、徐树铮、龚心湛、吴炳湘等曾引起过很大争议，包括后来担任临时执政时任用的内阁总理贾德耀，这些人不是他的亲信就是他的同乡；至于陆军总长吴光新，更是他的妻舅。如果说之前的段祺瑞还没有充分表现出武断和专权的话，那么，这一次段祺瑞借助安福会对于国会的控制，更让其专权得以大暴露。对段祺瑞和皖系怨恨最大的，是梁启超、林长民所在的研究系。在他们看来，先前研究系与安福系一直有良好的合作，成立临时参议院、修改法律、重选议员、召集新国会，全都是研究系一力促成，没想到在这一次选举中，安福系如此无情逼人至绝境。让梁启超感到不满的还有，自己身为财政总长，却对政府秘密对日军械借款的事毫不知情。不过一点也不奇怪，如此独断专行，正是段祺瑞的一贯风格。合作一年后，梁启超算是看清了段祺瑞的面目。这个时候，梁启超已决意跟皖系决裂。

谁当大总统

冯国璋在北京的日子，过得并不愉快。虽然位居权力中心，但一举一动，都成为焦点。尤其是那些无所约束别有用心受制于各方势力的报章，对于领导人的任何举止，都心存监视，随意贬损，揶揄刻薄。上任伊始，冯国璋住进了中南海。代总统看到湖水中满是游来游去的肥鱼，便问随从：这些鱼能捞着吃吗？回答是：中南海都归大总统你管，鱼当然可以随意安排。冯国璋便让人经常从湖里捞一些做菜肴，因鱼太多，手下人也拿一些上街卖。没想到这样一件小事传出去后，报章争相报道，意指冯代总统爱财心切，连中南海湖里的鱼也不放过。冯国璋看到报章如此做文章，只好苦笑，也没申辩。

国会议员名单刚公布，冯国璋就明白，自己若想正式当选大总统，难度非常大。从名单来看，皖系占了半壁江山。自己若想当总统，就得与段祺瑞进行政治交易。这时候方方面面的消息，似乎是三朝元老徐世昌竞争大总统的呼声最高。徐世昌资格颇深，威信极高，不仅受段祺瑞和皖系尊重，也受到包括前清等方面势力的拥戴。冯国璋瞻前思后，发表通电，袒露自己的告退决心："今距就职代理之日，已逾一年，而求所谓统一平和，乃如梦幻泡影之杳无把握，推原其故，则国璋一人，实尸其咎……所冀国会议员，各本良心上之主张，公举一德望兼备，足以复统一而造平和者，以副《约法》精神之所在，则国本以固，隐患以消……"

虽然表明不愿当总统，不过对于新国会，在接受《晨钟报》记者采访时，冯国璋仍表示了自己的支持立场："余已决不愿下届总统之当选，且余乃承认新国会而不承认旧国会者。……至新国会之举总统，如为东海（徐世昌），我竭力赞成，万一而及于余，亦惟有不就而请副总统代理。余已在河间购置住屋，退职以后，不住在京，亦不在天津，将归河间故乡，耕种自活。"从这段话可以看出冯国璋去意已决，即使是当选总统，也要让副总统代理，这样决绝的态度，又有谁能挽留呢？冯国璋宣布退出，让段祺瑞压力倍增，社会上纷纷传言这一届国会是"安福国会"，是段祺瑞为当总统所做的铺垫。在这种情况下，段祺瑞不得不考虑自己的处境：自己若竞选大总统，应有相当可能。不过，若竞选，也存在不利因素：武力统一中国主张的争议，与日本潜在不干不净的联系为人诟病；加上为人处世处处强势，得罪了不少人。除此之外，西南各省对于新国会持不承认态度，斥之为"非法国会"；北方政界的交通系，以及研究系，因为国会选举上的失败，对段祺瑞怀恨在心；冯国璋的退出，也引起直系曹锟及长江三督的私下不满。反对力量如此巨大，难以预料的因素太多。段祺瑞左思右想之下，为显示公允和无私，也宣布退出大总统的竞争。

局势如此微妙，最有竞争力的冯国璋和段祺瑞都选择退出，那么，谁来继任这个大总统呢？局面纷乱的情况下，"家有一老，如有一宝"，这一"老"，便是为各方面所接受的徐世昌。徐世昌作为北洋元老，比袁世凯还年长四岁，德高望重，智能超群，推崇“文治天下”，似乎是不错的人选，也为冯国璋和段祺瑞所接受。不过徐世昌一直游离于核心政治圈之外，对于功名和权力不算热衷，尤其对段祺瑞刚愎自用独断专权心有忌惮。因此，徐世昌迟迟不愿表态，迟疑着是否同意参选。倍感压力的段祺瑞于是干脆发表通电，不仅不愿意竞选总统，干脆连内阁总理一职也放弃了：“……惜祺瑞襄赞无方，未能早纾国难，上负总统知人之哲……元首改任之时，即政局重新之会，祺瑞自应及时引退，遂我初服。”

有了段祺瑞的公开保证，有了各方的统一协调，徐世昌这才放心大胆出山。1918年9月4日，第二届国会在象坊桥众议院举行总统选举会，一大早起，宣武门和绒线胡同一带，军警林立戒备森严，沿街的居民商铺都悬挂着五色旗。众议院的大门口，树立一个硕大的彩架，上面嵌有黄色的“总统选举会”五个大字。上午十点，参议院院长梁士诒宣布开会，众议院院长王揖唐任大会主席。出席选举的共有议员四百三十六人，其中参议院出席者一百三十一人，众议员出席者三百零五人，超过《大总统选举法》规定的三分之二以上法定人数。选举结果当场公布：徐世昌以四百二十五票的绝对多数当选为中华民国大总统。这也是民国第二任、第四位大总统（前三人为袁世凯、黎元洪和冯国璋）。徐世昌在得知自己当选的消息后，第二天发表一篇揖让文章，“以示谦德”，表示想辞去总统之位。这一行为，像是历代官场惯例的重演。以徐世昌的真实心理，对于总统职位，的确是犹豫不决。张作霖、倪嗣冲等各省要员纷纷表态，致电恭贺徐世昌当选大总统，其中以张作霖的态度最为积极。居于紫禁城的溥仪和遗老遗少们，也敦劝徐世昌不要辞职。以他们的考虑，老资格的徐世昌对于前清皇室，还是有相当感情的，如果徐世昌主政，至少遗老遗少们会感到踏实很多。

徐世昌的当选，同样招致了一些反对之声，其中以在湖南的吴佩孚和西南系军阀最甚。吴佩孚反对的理由是国会议员选举不合理，应由全民选举。西南势力则从“法统”角度出发，只承认冯国璋的代理大总统地位，不承认新成立的国会，也不承认新国会选举出的大总统。对于西南势力的态度，前任代理大总统冯国璋致电广州军政府岑春煊、陆荣廷等人，为徐世昌疏通，请他们以大局为重，赞成徐世昌为第二任大总统。不过冯国璋的通电和建议，遭到了西南势力的拒绝。

大总统定夺之后，开始副总统选举。安福系一直盘算把副总统留给曹锟，以换取直军对南方的进军。段祺瑞亲自致书参议院议长梁士诒、众议院议长王揖唐，力荐主选曹锟为副总统。不过徐世昌一心想推进南方和谈，考虑将副总统的位置留给南方；研究系和旧交通系对于提名曹锟担任副总统不感冒，出于对安福系占大多数的不满，均采取了不出席的方式以示抵制。10 月 6 日是副总统选举日，四十多名议员组团到万牲园游玩，选举国议员不到法定人数只得推迟。没想到在推迟后的 10 月 8 日选举日，又有一些议员不知所踪，议长王揖唐无奈宣布副总统选举延会，实际上是无限期延期。

10 月 10 日上午九点整，新旧总统交接仪式在大总统府居仁堂举行。这一座西洋建筑，是 1902 年慈禧下令在她曾经的寝宫中海仪鸾殿旧址上，参照俄国使馆的模样建造的。1904 年竣工之时，取名为海晏堂。民国后，这里成为袁世凯办公会客的场所，更名为居仁堂。没有媒体和外国公使受邀出席，对外解释是总统府内部空间不足，实际上居仁堂可容纳上千人。政府不邀请外国人参加仪式的真正原因，是吃不准外国公使团对新总统的态度。仪式上，面对高悬的五色国旗，卸任的代总统冯国璋跟新当选的大总统徐世昌一起三鞠躬致礼。十时整，徐世昌在居仁堂宣读就职宣言：“惟是事变纷纭，趋于极轨，我国民之所企望者，亦冀能解决时局，促进治平耳。而昌之所虑，不在弭乱之近功，而在经邦之本计。不仅囿于国家自身之计划，而必具有将来世界之眼光。敢以至诚极恳之意，为我国民正告之。”在就职宣言中，徐世昌声明，眼前最要紧之事，“佥曰南北统一，求统一之方法，固宜尊重和平”。内政之外，还当求自立于世界之道，国家权力之发展、国际地位之保持，亦为国家存亡之关键。新总统上任当天，发布了第一号总统令，免去了段祺瑞国务总理职务，由钱能训代理。段祺瑞专门发表一个退职通电，声明此后专任参战督办，以贯彻参战宗旨，对于国内战争无权过问。旧内阁的辞职和新内阁的组成，很快获得新国会的通过。值得一提的是，这一届内阁是民国早期少数几届经国会正式批准的内阁之一。

在徐世昌看来，一个各方面稳定的中国，是谋求和平与发展的前提，而他的手段，就是就职宣言中所提出的“偃武修文”四个字。“修文”，就是以文化来凝聚中国人心，将之作为社会前进的目标和方向。徐世昌上任之后的一系列举动，多带有传统文化的中庸色彩。国会宣布将孔子的诞生日作为全国性节日。除此之外的举动还有，将总统府从中南海搬迁出来，下令赦免张勋无罪，后来还委任张勋为林务督办；大力倡导尊孔读经，决定举行郊天祀礼。徐世昌还积极支持皇室王公毓朗当上民国议员，让载涛这位原清廷禁卫军训练大臣出任民国将军……徐世昌对于清朝的尊重和补偿，有一定个人情感的因素，在他看来，虽然清朝已退出历史舞台，不过在一些遗老遗少内心中，清廷也还是有一定号召力的。徐世昌的初衷，是想努力缓解当时社会存在的众多矛盾，包括前朝对于民国的潜在敌意，以及民国对于前清的不屑等。

至于“偃武”，就是促使社会各方面武装力量“停战”。徐世昌 10 日就任，15 日签署和平令，一月后在北京召开各省督军会议，奉督张作霖、直督曹锟、皖督倪嗣冲、鲁督张怀芝、吉督孟恩远、豫督赵倜、鄂督王占元、赣督陈光远、晋督阎锡山等九省督军应邀到京；绥远都统蔡成勋、淞沪护军使卢永祥，黑龙江、湖南、甘肃、陕西、江苏、四川等各省代表以及参战督办段祺瑞等参加了会议。曹锟因没有当上副总统，郁闷羞愧不想参加，徐世昌一再电请，告知一定等他驾临才开会。如此给足颜面，曹锟只好于14日开会前到达。会议连开两日，各路军阀积极表示服从大局，赞成南北和平，原则上削减军队，整理财政等。与此同时，参议院院长梁士诒召集徐树铮、王揖唐、王郅隆、曾毓隽、吴炳湘等一干人开会，提议将副总统之缺位留给南方代表，以争取南北统一。10月25日，徐世昌下令前线部队停战休兵。一时间，全国上下竟有清新畅达之和平气氛，战争之阴霾似乎即将一扫而尽。

徐世昌担任大总统后一系列冷静平稳的政策，显示了他为人们所预料的保守派风格：先是竭力维持各方面稳定，维持方方面面势力的良好关系，以稳健的方式寻求沟通和探讨，然后逐一去解决问题。不过这种政治谋略释放出的信号是不准确的，在很多人看来，徐世昌似乎对清廷有特别好感；甚至有人说徐世昌是为溥仪重新出山做准备。一个足以佐证的现象是——徐世昌当大总统期间，北京街头的长袍马褂要比平日多得多。

如果说一开始对于执政还抱有乐观态度的话，那么很快徐世昌就意识到，作为一个手中无权也无钱的总统，在军人和官僚之间周旋，是如何无能为力。徐世昌资历深厚，世事洞明人情练达，绝对堪称官场“老狐狸”，不过即使这样，一个手无寸铁的花甲老人，在纷纭的乱世以及粗鲁的强权面前，终究是难以占得便宜的。

我们也是战胜国

徐世昌就职大总统的同时，段祺瑞辞去了总理职务，专心于“参战督办”新职务，全力组织参战军以参加第一次世界大战。让段祺瑞欣慰的是，到了1918年初秋，中国“参战军”在经过一段时间的筹备和训练后，已基本成形——参战军共辖三个师，第一师驻扎北京北苑，师长曲同丰；第二师驻扎山东济南，师长马良；第三师驻扎北京南苑，师长陈文运。并且，三个参战师的装备和训练均属世界一流——使用的武器和装备全部购自日本，参战军教导团的教官和助教均聘请日本军官和士官担任。10月，参战军军士教导团在北京举行隆重的开学典礼，参战督办段祺瑞、参战督练靳云鹏亲自到场，到场的还有内阁全体阁员，以及训练处的领导人日本顾问板西利八郎等。开幕式上，段祺瑞以一口合肥话进行了简短实在却激情四溢的讲演，先是强调中国参战的必要性，继而要求各位军人努力训练，有朝一日上战场为中华民国争取荣光。训话中，段祺瑞志得意满地指着身边穿陆军上将礼服的靳云鹏对学员们说：“你们看靳督练，就是我当年小站练兵时的一个炮兵，如今他都当到了陆军总长。你们要服从命令，遵守纪律，好好练本领，将来是一定不可限量的。”面对段祺瑞的当众表扬，靳云鹏谦逊地在一旁颔首微笑。接下来是靳云鹏的致辞，这位段督办的弟子一开始就将师傅抬得老高：“我是当年小站练兵时段督办手下的一个小炮兵，今日的地位，全是受段督办的一手栽培提拔而得来的。今日你们做了督办的学生，将来的前途真是不可限量的。”北京政府内部的某种关系，从这样的陈述中，可见一斑。

中国参战军还没来得及开赴战场做样子，接近1918年年底时，一个天大的好消息传来——在欧洲，《贡比涅森林停战协议》签订，德国投降，协约国战胜了同盟国，第一次世界大战结束了。

听到这个消息后，一直承受着参战巨大压力的段祺瑞简直有些狂喜了，可以说，他几乎将自己的政治生命押在了参战上，现在，他终于赌赢了，压力可以释放，努力也算没白费，并且，对于国民，对于国会，对于他的政治对手，都算有一个比较好的交代。在段祺瑞看来，虽然宣战稍晚了一些，表面工作做得尚不够，但中国能跻身战胜国的行列，也不失为近百年最大的喜事，而这个喜事，完全是由他的韬略得到的。真是运筹帷幄之中，决胜千里之外。古老的中国需要这场胜利，年轻的民国更需要这场胜利。段祺瑞有如沐春风之感，他亲自给内阁成员和一些老朋友打电话，告诉他们这一千载难逢的喜讯。

接下来的日子里，北京政府开始像模像样组织一些庆祝仪式了——不用组织，民间一些团体和个人已自发开始庆祝了。北京城浓浓的冬意里，有人开始张灯结彩，鞭炮声也响个不停。11月13日，中华门前搭起了彩牌楼，午门、太和门前悬挂起巨幅的五色旗，上午，国务总理段祺瑞、外交总长陆徵祥、司法总长朱深、参议院长梁士诒以及当时的日本公使林权助、法国公使包朴、比利时公使莫耶等人前往西什库教堂，与那里的北京区主教林懋德一起，共同举行庆祝活动。青年学生、童子军、基督教青年会等组织了游行庆祝，高举着“公理战胜”“当仁不让”等标牌，在长安街和东单一带游行。原建在东单牌楼北面、西总布胡同西口的《辛丑条约》中纪念被杀德国公使克林德的石坊也被拆除。

从11月14日起，教育部特令北京各学校放假庆祝。当天下午，北京学界举行游街大会，教育总长特意安排在天安门附近搭建一座高台，以供检阅与演讲之用。自1912年的最后一天起，天安门正式对外开放，从此之后，天安门与它所正对的天安门广场，就成了北京人最爱来的地方，与中国最初萌芽的自由和民主联系在一起，也每每跟中国最关键的事件联系在一起。由于这一次纪念一战胜利的游街效果尤其好，北大校长蔡元培兴奋之余，向教育部提出申请，请求延课两天，并希望在这两天借用天安门的那个临时高台，以供北大教授们公开演讲。那些天，蔡先生每天都去演讲一次，其他文理科学长教授也陆续登台，在冷风中向大众讲演，几至喉咙嘶哑。在题为《黑暗与光明的消长》的演说中，蔡元培说："现在世界大战争的结果，协约国占了胜利，定要把国际间一切不平等的黑暗主义都消灭了，用光明主义来代他。"他还说："生物进化，恃互助不恃强权。此次大战，德国是强权论代表。协约国互相协商，抵抗德国，是互助论的代表。德国失败了，协约国胜利了，此后人人都信仰互助论，排斥强权论了。""世界的大势，已到这个程度，我们不能逃在这个世界之外，自然随大势而趋了。我希望国内持强权论的，崇拜武断主义的，好弄阴谋、执着偏见、想用一派势力统治全国的，都快快抛弃了这种黑暗主义，向光明面去呵！"

11月28日，北京政府在紫禁城太和殿前广场举行盛大阅兵仪式，纪念一战胜利。太和门、太和殿、中和殿、保和殿四周彩旗飘飘，除了中华民国的五色旗外，还有各战胜国的国旗。一大早率先入场的是战胜国驻华军队的方阵，分列御路两侧。中国军人代表和中外记者则在太和殿门稍候。接着，战胜国公使团簇拥着徐世昌、段祺瑞，由新任的陆军总长靳云鹏带领，穿过太和门，进入到太和殿广场，两边列队指挥官行撇刀礼，军乐队奏乐，一行人登上丹陛，来到太和殿前。阅兵式后，中央公园举行了演讲大会，大会由众议院议长王揖唐主持，总统府秘书长吴笈孙代表总统徐世昌演说，总理钱能训、参战督办段祺瑞等人也到场发表演讲。此次大会，人数上万，每至演讲高潮，听讲者欢呼连连，气氛之热烈，前所未有。

考虑到民众兴奋激越之情，徐世昌又决定在30日举行全城市民提灯游行大会。教育部积极响应，特发公文号召京城大学生集体参加30日提灯大会。当天参加庆典游行的学校有六十多所，学生达万人之众。当大总统徐世昌的马车昂首驶入天安门时，围观的市民和学生欢声雷动，盛况空前。

虽然深究起来有些勉强，不过一直不善于深思的中国人还是沉浸在战胜国的喜悦中，以为一战的胜利是一个光辉起点，受尽屈辱的古老中国将由此走向新生。这样的情绪，可以看作是一次感情释放。虽然释放得有些羞涩，有些尴尬，不过毕竟是油然于心的愿望。紧接着，美国总统威尔逊在大洋彼岸宣布“十四点和平纲领”，明确主张公开外交，反对秘密外交，主张取消关税壁垒，削减和全面限制军备，绝对公平地调整一切殖民地，建立国际联合组织，以保证国家不论大小均享有政治独立和领土完整。美国总统这一主张，赢得了包括中国在内的落后弱小国家的一片称誉。

不久，北京政府收到了参加巴黎和会的邀请。消息传开，又是一片欢腾。人们都知道善后会议意味着重新划分世界格局，即使是最不济的国家，也能从中分得一些利益。老成持重的徐世昌很高兴，任期之内，能为国家做点事总是令人欣慰的。徐世昌考虑用两个会议的召开，促成中国在国际国内两方面赢得质变：一个是巴黎和会，力求中国享受实实在在的战胜国果实；另一个，就是即将启动的南北会议，徐世昌考虑的是，双方尽可能达成共识，避免内战爆发，争取获得国家统一。

徐世昌和段祺瑞沉浸于控制不住的喜悦之时，反倒是老资格的外交专家陆徵祥显得相对清醒。这个中华民国成立之后的第三任内阁总理，现任内阁外交总长，以他几起几落的政治经验，以及多年与列强打交道的心得，隐隐感觉到这一次巴黎和会并不是一次分蛋糕的盛宴。三年前，陆徵祥还在为“二十一条”与日本人苦苦争斗时，就曾预言：“将来战事完毕，必有大会，以历史观之，当日柏林会议、维也纳会议，凡间接关系之国均可加入。此次战事牵动全欧，或亦令间接关系国加入，亦未可知。”当时中国尚未对德宣战，这番话被日本驻华公使日置益以“非交战之国不能与会”讥为天方夜谭。然而，两年后，中国对德参战，成了一战的直接关系国，具备了参加和会的资格。陆徵祥却高兴不起来，因为他知道“战胜国”的分量。举国越是欢腾，期望值越大，陆徵祥感到压力越大。外交舞台从没有所谓的公理，有的只是强权和利益。陆徵祥知道，当梦想就要变成现实的时候，所面对的现实往往会更残酷。

代表团出征

1918年12月1日，天色已暝，平日冷冷清清的北京正阳门火车站灯火通明热闹非凡，北京政府为中国赴巴黎和会代表团送行的仪式在这里举行。尽管寒风凛凛，前来送行的人还是有很多。除了外交部全体官员和部分内阁成员外，还来了不少社会各界名流，甚至连英、法、美、日、比等国驻华公使也都顶着寒风前来。行前，徐世昌召集会议，初步议定了在巴黎和会上提出的各项要求：撤销领事裁判权；归还租借地；归还租界；关税自由。其中包括，把德国在1898年利用不平等条约强占的山东青岛权益（包括租界地及路矿权、铁路警察权等附属权利）归还中国。段祺瑞也参加了会议，并表现出难得的清醒，他认为中国参加一战时间过迟，这一次巴黎和会不宜提出过多要求，只要能收回德奥租界，取消德奥在中国的权益，撤销庚子条约驻兵以及修订海关税则，就很不错了。至于青岛问题，段祺瑞显得比较乐观，认为日本此前一再声明要交还中国，应该没有什么问题。在车站，人们兴奋谈论着巴黎和会的话题，不时发出阵阵欢笑。他们怀有满腔热情，指望在这个战后会议上挽回很多在此之前失去的东西，包括领土、赔款和荣誉，恨不得将过去近百年丢失的全都挽回来。

送行者翘首以盼，忙碌的记者们更是期待从外交总长陆徵祥口中挖出点独家消息来。实际上在此之前，参加代表团的各位成员已特意组织召开了记者招待会，谨慎地表示希望在巴黎有丰厚的收获，不过那些记者们一直不太满足。然而，列车就要启程，还不见代表们的身影。一直到八点二十分，也就是列车启动前十五分钟，陆徵祥一行才匆匆抵达车站。简短地进行完送行仪式后，几个代表立即在武装人员的簇拥下上了车。八点三十五分，列车缓缓启动驶向奉天（今沈阳），代表们将在奉天搭乘飞机先飞向日本。火车渐渐远去，飘曳的浓烟给送行者们画了一个大大的问号——人们想不通的是，陆徵祥和一干代表为何要舍近求远，不是搭乘轮船经印度洋、地中海直抵法国，而是绕道日本穿越太平洋，再从美国横渡大西洋到达目的地。

后来的资料表明，陆徵祥一行先到日本，目的是先跟日本就某些问题达成默契。无论北京政府还是陆徵祥都很清楚，决定和谈成败的关键不在中国而在日本。尤其是有关领土问题，要尽量在巴黎和会上避免与日本发生冲突，毕竟此时青岛已落入日本手中。并且，让陆徵祥保持沉默的重要原因是，中日两国已在 1918 年秘密签署山东问题换文。这当中很多条款，不仅不能让国内民众知晓，更不能让欧美列强知道。

出乎意料的是，作为代表团团长的陆徵祥刚离开北京就病倒了，沿途劳累和受凉诱发了陆徵祥坐骨神经痛，让他无法走路甚至无法站立，行动极不方便。陆徵祥电告北京政府要求取消与日本天皇及外交大臣的会面。北京政府担心日本不高兴，要求陆徵祥尽量赶赴日本，完成使命。在这种情况下，陆徵祥不得不勉强支撑前往东京，分别与日本外相内田康哉及媾和委员牧野会谈，不过谢绝了日方的招待和天皇的接见。陆徵祥拜会内田康哉时，专门谈及青岛问题。内田表示："俟与德国交涉清楚后，按照原议交还中国，请勿听德人或他方之撩拨，致生异议。"言下之意，由日本先与德国交涉，然后按照中日两国协议，将山东特权转交给中国。在这些会谈中，陆徵祥并没有就山东问题是否提交巴黎和会与日本达成共识，或者进行换文，这也为后来中日双方在和会上的纷争埋下伏笔。日本人以为他们得到承诺，中国会在和会上与他们合作；而后来陆徵祥只承认存在 1918 年中日秘密协议，并没有接受它的有效性。令人感到意外的是，陆徵祥逗留东京期间，中国代表团一只装有重要文件，包括中日秘密协议全文的箱子被盗。后来，中国代表团在巴黎和会上失败，这一被盗事件更引起轩然大波，陆徵祥也因此背上沉重包袱。

西行的一切，从一开始就充满不顺畅，这让老资格的绅士陆徵祥有种预感，此去巴黎绝非坦途，它可能还会发生一些大事件，让人无法面对，也无法把握。

启动南北和谈

中国代表团远去巴黎参加和会的同时，徐世昌着力进行的另一项工作，就是启动南北和谈。《纽约时报》1919 年 4 月 20 日的一篇报道这样说："中国国内局势因上海和平会议的恢复获得改善，许多引起争议的问题都非正式地进行了讨论。据估计，各方除有关北京安福议会相关问题外，可能达成谅解。为尽快达成一致，和谈代表们提议会址选择在原德国俱乐部，以避免会外极端分子为阻碍双方达成妥协而进行的捣乱。北京政府提出的解决方案包括削减南北双方军队数量，将现在超过一百二十五万人的军队削减到四十个师，并且今后将进一步削减，以减轻国家沉重的财政负担。目前，每年的军费开支已占到国家税收的五分之四……"

1918 年年底启动的南北和谈，肩负着国际国内的双重压力和希望。总统选举刚刚结束，美国政府就委托中国驻美公使顾维钧向徐世昌转达美国希望能迅速解决中国国内时局问题的愿望。1918 年 10 月 10 日徐世昌就任总统，美国总统威尔逊发出贺电，电贺徐世昌就任，同时规劝中国停止内争，实现统一。驻华外国使团在祝贺徐世昌当选的颂辞中，也呼吁希望中国和平统一。美国还向其他国家呼吁，在中国实行统一之前，不允许各国向中国各势力借款，以此表示不支持中国内战。在京协约国各公使几次开会，就启动中国南方和谈进行敦促。中国驻英公使施肇基、驻法公使胡惟德还就参加战后议和会议提出警告："我国国内如不统一，将不得列席欧战议和之会。"1918 年 11 月初，顾维钧又接连电告北京政府："美国国务卿转述美总统愿以实力助华息争，免失国际地位。"这样的态度，可以看作是国际社会对中国南方统一的施压。

这个时候的日本政局也发生了很大变化，原先支持段祺瑞皖系的寺内内阁下台，原敬受命组阁，针对中国国内一片反日声音，原敬不得不调整外交政策，放弃之前积极援助北方的态度和立场，强调对于中国南北两派决不偏倚。在欧美列强的压力下，原敬内阁和大藏省重新研究了对华借款方针，决定对北京政府暂停借款，凡借款有碍于中国之统一，应即停止。日本外交的这一转变，使得它同英、美、法等国政策趋于一致，在对华问题上有了共同语言。西方列强东返，以及日本外交策略的转变，是1919年年初南北议和的外部条件。

南北和谈就是在如此背景下启动的，以徐世昌的初衷，当然希望在任期之内完成内外两大手笔：对内，争取南方和谈取得进展，中国得以统一；对外，通过巴黎和会的外交，为中国争得相当的主权和地位。1918年10月25日，徐世昌总统下达和平令，宣布停火，尊重和平。美国驻广州领事随即向军政府通报，劝告双方速息内争，自谋统一。11月22日，广州军政府也下令停火。南方的响应，给了徐世昌以信心。在徐世昌看来，南方领袖岑春煊和唐绍仪与自己有相同背景，都属前清官僚；与唐绍仪，自己还有更为悠久的关系。在此之后，双方开始谋求和谈，遣使通函磋商细节。北方为了表示诚意，同意南方代表王正廷加入中国代表团参加巴黎和会。不过由于双方想法相差太大，很多事情磋商上各执一词，整个过程进展缓慢，比如说开会地点，北方主张在南京开会，南方唐绍仪称不能在军阀的包围下开会，坚决不答应来南京，主张将会场放在上海租界内。更有人提议会场设在镇江金山寺或军舰上。为迁就南方意见，北方最终同意在上海德国租界内举行会谈。这样，双方终于坐在了一起——1919年2月20日上午，会议于上海旧德国总会开幕，南北代表皆出席，会议北方总代表为朱启钤，南方总代表为唐绍仪。

从 2 月底起，双方共进行了八次会议，议题有参战军和参战借款问题、陕西问题、中日军事协约问题、湖南问题、北京政府发行公债问题等。国会问题成为双方此次会议的一个焦点，南方主张恢复旧国会，北方坚持新国会。徐世昌总统是新国会选举出来的，取消了新国会，等于否认总统的合法性，北方自然无论如何不会恢复旧国会。而南方既然打着护法旗号，只能坚持恢复旧国会，这是他们唯一的合法性资源，舍此别无退路。由于双方各执己见，八次会议基本没取得什么进展。值得一提的是，这次南北和谈会议双方皆无固定经费，由总代表、分代表临时筹措：北方由王克敏从中国银行和交通银行两行设法垫付了会场经费及代表们每人每月三百元的车马费，然后由财政部派员驻会经手支付报销；至于南方，由于财力微弱就更可怜了，经费由唐绍仪委托卢信公向金星人寿保险公司挪用，南方军政府在此之后也不过问此事，这笔钱最后竟落得让唐绍仪个人负担。一直到十多年后，唐绍仪才还清此债务。而债权的一方金星保险公司竟因此亏损倒闭！

虽然《纽约时报》对于美国主导下的南北和谈表现颇为乐观，不过谈判的进展远非如各界所愿。北京政府作出一定让步，同意南方军政府有权摊分关余，比例是百分之十三点七。在艰难地取得了某些一致后，到了 1919 年 5 月初，巴黎和会消息传到，五四运动爆发。5 月 13 日，南方总代表唐绍仪又提出八条：

> 一、不承认巴黎和会关于山东问题之条件；
>
> 二、取消中日间一切密约，宣告无效，并处罚缔约之关系人；
>
> 三、取消参战军、国防军及其类似之军队；

四、各省军民首长不洽民情者，一律更换；

五、不承认1917年6月13日之“解散国会令”；

六、由和平会议选出全国声望显著之人物，组“政务会议”，以监督履行和会决议各案；

七、和会已议定或审查未决各案，分别整理决定之；

八、执行以上七项，则承认徐世昌为“临时大总统”，至国会正式选举之日止。

南方提出这些条件，北方总代表朱启钤当然反对。唐绍仪当即退席，和会破裂。南北代表各向自己的政府提出辞职。

南北和谈的破裂，最感到失望的就是徐世昌了。本来，六十四岁的徐世昌以“高龄”出山，希望以“偃武”和“统一”的实现，不负自己的任期。让徐世昌深深失望的是，这两项措施刚刚启动，就几乎宣告结束——“偃武”得不到各地方力量支持，派出的官员遭到各地方势力的抵制，混战的局面不仅未能缓和，更有愈来愈糟的趋势；至于力争“统一”的南北和谈，现在又得到如此结果。

不过徐世昌绝没有放弃——6月24日，徐世昌特任段祺瑞为西北筹边使兼西北边防总司令，所有参战军、国防军都改称为边防军。7月24日，又改参战事务处为边防事务处，特任段祺瑞为边防督办。8月12日，北京政府又任命王揖唐为北方和谈总代表，试图再次启动南北和谈。因为南方军政府拒绝承认，南北和谈彻底破碎。

全方位的变化

现在，可以把巴黎和会与南北和谈之事稍稍搁置，在这个历史的关节点上，关注一下那个时代暗流涌动的文化思潮——民国初年的中国，虽然有着“亚洲第一个民主共和国”的称号，不过在整体上，却显示出一种巨大的被动姿态。表现为古老帝国在寻求改变时，并不是全身心的、全面的，而是局部的和个别力量的。从某种程度上，中国的改变仍然受制于西方和日本，被动地卷入全球化浪潮，卷入体制和文化的巨大改变。在饥馑、疫病与战争之中，在逃亡与分裂的现实之中，在旧有的纲常崩溃礼义不再的混乱下，共和国从天而降。就文化思潮而言，当时理性的思维方式，必须在迷信、不容忍与恐惧的丛林之中，为自己生长所需要的空气和土壤而战。这一个过程，不是某种单纯的建设，而是新思潮、新事物、新制度的引进，以及整个社会磨合、吸收、消化、改造和呈现的过程。从文化上说，民主与法制降落于这片土地上时，迎接它的，是巫术、骨相术、风水堪舆说、命理说、鬼神说、轮回说、长生不老说、采阴补阳说、动植物的玄秘力量以及男人着辫子女人裹小脚等。这些神异现象和传统，都是非理性精神，西风东渐，不仅改变了中国的面貌，改变了中国的政体，也改变了社会的一切。它不仅体现在政治与文化上，还体现在人们日常的生活习性和最普遍的审美上。《纽约时报》发现了这种最基本最表面的变化，它曾这样描写道：“服饰的变化是中国最显著的变化。你知道，中国人长久以来的服饰风格和我们有着多大的差别，你完全不能想象一个华人没有穿戴中国服饰是什么样子。但是现在，一切都改变了。崇尚外国成为一种风潮，身着西式服装成为了一个人时尚的标志。每一个中国人都在抛弃传统服饰。如果这种崇尚西方的倾向继续发展下去，对于全球服装市场的影响将是令人惊讶的。”

《纽约时报》还写道：“上海是远东的纽约。当你漫步南京路这个上海的第五大道时，或是走在福州路这个中国最华丽炫目的城市街道时，你会发现，新款鞋和旧款鞋并排摆放在鞋店里，显得十分古怪。橱窗里，先是一排柔软光滑的旧款女鞋，小而尖，呈船形，是专为旧式裹足女人穿的；另一排是设计优雅、形状自然的低跟便鞋，专为天足妇女制作。……在上海，这已经变得十分普遍。比如，理发店门口悬挂的广告上写着，他们可以修剪‘美式发型’。中国的这种变化，不仅体现在男士们身上，女士们的改变程度也不相上下。再过几年，我相信，美丽的中国女人将穿戴得和我们的女士们完全一样。当她们穿上西洋长筒靴时，情况就大变了。即使是极具冲击力的高跟鞋，她们行走起来也轻松灵活，快步如飞。”当时一项统计数字表明，中国正在成为美国服饰销售量最大的国家，越来越多的西服领带在源源不断地运往中国，从厦门、广州等通商口岸开始，逐步向内陆地区延伸，直到最遥远的边境地区。越来越多的中国人抛弃他们的长衫，也抛弃他们用丝绸和棉布做的鞋换上皮鞋。服饰是另一场潜在的革命，从与生活最接近的服饰上，可以发现社会发展的趋势。

除了服饰，小到生活习惯，大到城市面貌、城市市民的生活和谋生方式，都有很大的改变。长期以来，中国一直保持着农业社会的生活习惯，日出而作，日落而息。进入民国之后，政府提倡新的生活习惯，教育民众讲究卫生，对于孩童的赤身裸体，有关部门也开始进行干涉。北京很多建筑得到了维修，道路也进行了拓宽和清理。为了降尘，政府派遣专人每天为街道洒水。内务部曾专门发布法令，规定十八岁以下，五十岁以上者，不得做人力车夫。……为避免车夫中暑热死，警察厅发布告责成所辖各段警察劝阻车夫快跑，鼓励商人捐钱在路边设施茶处让车夫能够喝到茶水。弱势群体能否得到各方面的宽容与关照，是判断一个社会文明程度的重要标准。这些，都算是一点一滴的改变，也是一点一滴的提高。

后来的历史，曾经把1916年后澎湃激涌的文化思潮命名为“新文化运动”，这样的命名，似乎更强调这股思潮的人为推动作用而不是它的历史趋势。实际在总体上，社会的改变更像是自发的必然的变化，远远胜过人为的推行。虽然这当中有人为推动的力量。这场涌动的文化和社会思潮，以及某种程度上对于行为的规范，在很大程度上，是由宽松开放的空气造成的。起初，神学和新思想一起涌入，无政府主义和马克思主义相行不悖。中华民国成立之后那段时间，中国每年售出四百万册《圣经》，这个数字接近十九世纪初全球范围的流通数量。惊人的数字后面，寓意着一种外来思想和文化的进入和影响。与此同时，雨后春笋般涌现的，是带有新思想的报刊，对社会思潮的涌动起到了推波助澜的作用。

因为传播的发达，社会巨大转型的动荡，民国之初，社会意识形态的纷繁复杂，是中国历史上绝无仅有的，古今中外的思想都在这里交汇，这当中有复古派，有自由派，有君主立宪赞成者，有专制派，有改良派，有共和派，有革命派，有无政府主义者，有达尔文主义者，有实验主义者，有民粹主义者，有浪漫派，有颓废派，有虚无主义者，有恐怖主义者，有孔孟之道……各种各样的思想交织、争战、纠缠，使得无数中国人坠入巨大的蛛网之中，难以自拔。

辛亥革命结束了帝制，但没有改变国家衰弱、民生凋敝的状况。中国文化的保守性依旧如故，没有丧失它自高自大、自满自足、居高临下、傲视四夷的特性。年轻的胡适就任北京大学教授后，在人们争议的目光中，大胆用新的视角和标准重讲中国哲学思想史。在胡适看来，只有“上帝”的权威动摇了，理性之光才有空间，个人才能独立。对于中国来说，“上帝”就是孔子，只要对孔子进行充分质疑，孔子的权威动摇了，文化保守性也就松动了，中国人才能从腐朽僵化的思维方式中解脱出来，才能谈得上实事求是，才能谈得上创造性思维。胡适认为，最终一战就是要把孔家店的招牌摘下，砸碎了烧掉。不把孔家店砸个稀巴烂，新的思想无法生根，新的西方学理就引不进来，“再造文明”终究是句空话。

虽然“白话文”算不上是胡适的独创，但胡适以“白话文”为突破口，可以说撼动了整个社会基础，造成了人们思维方式甚至是生活方式的改变。在胡适看来，语言是思维方式的载体，语言的形式不打破，思想内容的更新便无从谈起。胡适归国前所写的《文学改良刍议》，提出八条主张：“须言之有物，不摹仿古人，须讲求文法，不作无病呻吟，务去滥调套语，不用典，不讲对仗，不避俗字俗语。”这实际是在以常识来看待语言和文字的功能。而在中国数千年语言和文字的演变中，丢弃了太多常识，渗入了更多复杂成分。在《尝试集》序中，胡适写道：“我们认定文学革命须有先后的程序，先要做到文学体裁的大解放，方才可以用来做新思想新精神的运输品。”在《谈新诗》中，胡适更是将这种“体裁解放”上升到了更高的层面——形式上的束缚，使精神不能自由发展，使良好的内容不能充分表现，若想有一种新内容和新精神，不能不先打破那些束缚精神的枷锁和镣铐。与胡适具有相同看法的还有鲁迅，鲁迅对于白话文的表达更为极端，他在《二十四孝图》中说：“只要对白话来加以谋害者，都应该灭亡。”由文言文与白话文的不同，众人还延伸出很多对于中国文化现象的批判：鲁迅强调文言文语法的不精密，说明中国人思维不严密；周作人指出古汉语的晦涩，养成了国民笼统的心理；钱玄同、刘半农则从汉语的非拼音化倾向探讨出中国文化的特点……从1918年起，《新青年》改用白话文发表文章，把书面语言和口语统一起来。接着出版的《每周评论》《新潮》《晨报副刊》等都采用了白话文。新式标点符号，也由《新青年》的提倡而得到推广。以白话文代替文言文，从当时的情况看，不仅有助于人们的思想从旧框框的束缚下解放出来，有助于使文字的表达适应时代的需要，还能把文化从少数人占有下解放出来，能够为更多的平民所理解和接受。思想永远是走在前列的，不过难能可贵的，是随后制度的改变和提倡。值得一提的是，当时的北京政府很快就响应了蓬勃发展的民意，1920年，北京政府教育部通令全国，小学一、二年级国文一律改为白话文体，并从1922年开始，在小学全部试行白话文教学。使用了几千年的文言文，在三年多时间内，就被白话文取代了。这样的胜利，与其说是胡适、陈独秀们的胜利，还不如说是历史大势所趋，是社会开放带来的进步所致。

通过第一篇白话小说《狂人日记》，周树人变成了鲁迅。这一部白话小说不仅具有里程碑意义，还有振聋发聩的挑战与否定意义：

> 我翻开历史一查，这历史没有年代，歪歪斜斜的每叶上都写着"仁义道德"几个字。我横竖睡不着，仔细看了半夜，才从字缝里看出字来，满本都写着两个字是"吃人"!

可以说，白话文运动就是中国人精神解放的第一步，是破除掉的第一层"精神的枷锁和镣铐"。整个新文化运动的法宝，正在于白话文作为工具的变革，撬动了中国文化从旧的范式向新的范式转变。新文化运动，不仅仅是语言和文字变得通俗化等形式上的变化，更重要的，一种对于社会的批判精神也渗入到思维方式当中，成为警醒人们的主旋律。

思想的闸门被打开，人们获得了空前的解放，开始重新审视中国的历史与文化，审视传统的伦理与道德，并且以一种欣赏的眼光审视世界，这也许是新文化运动背景下最根本的变化。这种社会思潮总体呈现欣欣向荣，所产生的道德和精神影响，足以与经济、政治的结果对峙。当然，在新文化运动推进过程中，也弥漫着一种浮躁、溃散、不讲原则、不负责任的气氛，这也是社会变化的性质和人们急功近利的心理所决定的。在启蒙与救亡中，人们一意救亡，结果忘了启蒙是救亡的最好办法。当然，这必定是以一种长远的眼光来打量。除此之外，社会呈现的否定原有价值观，必定会引起乱局和动荡，也会引来很多人的忧虑、怀疑和迷茫。在浮躁和迷乱中，传统文化优雅收敛沉着笃实的精神不见了。新文化标榜科学与民主，看起来志气高昂，却不免空幻败坏。科学不论及人生的信仰与价值、道德与伦理的意义，招致人心愚妄，狂躁不安。时人肤浅地讨论着科学，从科学到泛科学主义，似乎科学可以救国救人救一切。这种对于科学的迷信态度，同样值得警惕。西方人讲科学，却依旧信奉基督教伦理；国人讲科学，却没有稳固的根基，一走就全走偏了。科学或许可以救世救国，却不可以救人救心……社会永远是复杂的，即使是在最欣欣向荣的时候，也会呈现出某种极端的忧郁来。

美国哈佛大学教授费正清在《伟大的中国革命》一书中，对于民国北京政府的评价是：这两百名左右佩戴勋章的将军和他们那些步履蹒跚的部队，在 1916 年至 1928 年军阀混战年头代表了什么东西啊？第一，现代武器的优越性，造成了一个人口过剩的国家的黩武主义。在这个国家中武备的扩展超越了公众意识形态的发展。第二，老的绅士、商人、官吏统治阶级没有能力在一个全国范围的新的政治组织基础上团结起来。第三，正当民族主义似乎取得胜利的时候，民族进取心却处于低潮。的确是这样，民国北京政府在政治上的坎坷，比较起它在文化上的建树，差距是如此之大。这也意味着，文化的繁荣，实际上是开放的产物，无论社会局面如何黑暗，如果处在一种开放的状态，那么随之而来最显著的信号，必定是文化上的进步和繁荣。对历史来说，重大事件的发生，相伴文化的改变，在很大程度上，就像血肉和骨头，不可分离。

第五章

多事的春天

（1919）

五四爆发

1919年5月4日中午，总统徐世昌在中南海总统府为刚刚回国的驻日公使章宗祥接风洗尘，作陪的有国务总理钱能训、币制局总裁陆宗舆、交通总长曹汝霖等。酒宴上觥筹交错，欢声笑语。突然，电话响起，警察厅总监吴炳湘向大总统报告游行示威的学生正向通往使馆区的道路上前进，慌乱地请示如何处理。徐世昌沉吟了一下，明确指示说："不要动武，要文明对待。"

这一天是个晴朗的星期日，天气凉爽多风。后来，冰心在《回忆五四》一文中，用散文化的语言描述道，"那天窗外刮着大风，槐花的浓香熏得头痛"。另一位作家王统照的描述更仔细：大道两旁的槐柳，被一阵阵和风吹过摇曳动荡，红墙里飘散出来各种花卉的芬芳，如在人稀风小的时候，也还可以闻到。五四运动十五年后，钱玄同曾对孙伏园说："你穿着夏布大褂，戴着蒙古式毛绒帽子，我记得清清楚楚的。"在王统照的回忆中，当天学生"穿长袍的占大多数，也有穿短黑制服的"。第二天的北京《晨报》记录了那个上午的情景："天安门，见有大队学生，个个手持白旗，颁布传单，群众环集如堵，天安门至中华门沿路，几为学生团体占满……""记者到时，学生不过六七百人。少顷，各大队学生，纷纷由东西各方云集而来。……"上午十时左右，北大学生在马神庙二院大讲堂前集合，约一千人（几乎占了全校学生的一半）准备列队前往天安门广场，教育部官员和蔡元培在校门口拦住学生，劝他们不要上街游行，神色凝重地说：示威游行并不能扭转时局，北大因提倡学术自由，颇为守旧人物和政府所厌恶，被视为鼓吹异端邪说的洪水猛兽，现在同学们再出校游行，如果闹出事来，予人以口实，北大受到的摧残就更大了。学生张国焘挤到前面说："示威游行势在必行，校长事先本不知道，现在不必再管，请校长回办公室去罢。"几处学生一拥而上，将瘦小的蔡元培半请半推地拥走。于是，队伍像开闸的洪水一样，一泻而出了。

早早到达天安门的其他学校学生，像先前很多次集会和游行一样，向过往的人流演讲、宣传、发布传单，又有大量群众不断地向天安门前集聚。一位法政专门学校的学生代表向记者透露了当天的安排："等大家到齐，我们便要游街示众，叫我们国民也都知道有这种事体。游街后再到东交民巷英美法意各国使馆提出说帖，表示我们的意思。"

当天，得知消息的教育部代表及负责治安的步军统领李长泰也来到天安门红墙边，劝说学生回校。学生代表"向李统领婉言曰：我们今天到公使馆，不过是表现我们的爱国的意思，一切的行动定要谨慎，老前辈可以放心的"。司空见惯学生运动的李统领并没有表示强烈反对，"李统领亦无言，旋取下眼镜，细读传单，半晌后对群众曰：那么，任凭汝们走么。可是，千万必要谨慎，别弄起国际交涉来了。言毕，嘱咐警吏数语，即乘车而去"。三千多名学生高喊"还我青岛""废除二十一条""惩办卖国贼""誓死不承认合约"等口号，打着几面巨大的五色国旗，浩浩荡荡向东交民巷外国使馆区行去。

到达使馆区的学生，确实如事先计划的，向美、英、法、意各国公使递交说帖，"请求贵公使转达此意与本国政府，于和平会议予吾中国以同情之援助"。由于是星期日，各国公使并不办公，说帖没被接收。游行队伍想申请通过使馆区，到一街之外的日本使馆门前示威，未得到允许。游行学生被堵在狭窄的东交民巷西口。

到了中午时分，“三千学生同暴于烈日之下，虽无厌倦之容，难免忿恨之态”。此时队伍中不知谁泄愤般地喊了一句“到赵家楼去示威”，顿时所有人情绪为之一振。曾为北京学联代表的熊梦飞在《忆亡友匡互生》一文中，这样写到那时的情形：“前驱者大呼‘直奔曹宅！’群情愤慨，和之，声震屋瓦……”

事件发生后，一个叫作罗家伦的瘦小的学生悄然退场，潜回到北大的宿舍里睡觉。若干年后罗家伦给出的理由是“实在疲倦极了”。前一天夜里，罗家伦亲笔写下了慷慨激昂的《北京学界全体宣言》。五四当天深夜，获悉有三十二名学生被收监后，在北大西斋的学生宿舍里，罗家伦激情澎湃地为《每周评论》写稿，呼吁当局释放被捕学生，文章的名字叫《“五四运动”的精神》。这也是历史上第一次出现“五四运动”概念。1931 年，罗家伦在回顾这一场事件的前因后果时，曾经口述过一篇文章，由马星野整理，一直到 1978 年才在台湾正式发表，这篇题为《蔡元培时代的北京大学与五四运动》的文章，对于五四事件的过程，有着亲历者的见闻：

> 以上是这个事件的原因，至于这件事体具体的酿成，都完全由于中国在巴黎和会的失败。在 4 月里，日本要求中国撤换两个专使的消息纷纷传来，北大学生开了一个会，并且捐了几百块钱打电报，一方面打电报给巴黎和会中国代表，要求他们坚持，一方面通电全国，反对因为外国压迫而撤换本国专使的事。这两个电报打出以后，所捐的电报费还存三百元左右，于是用四个干事的姓名，共同负责，存在学生银行里面。到 5 月 1、2 日的时候，外交消息，一天恶似一天，傅孟真、许德珩、周炳琳、周长宪和我等几个人，商量要在北京取一种积极

反抗的举动。但是我们当时一方面想对于国事有所主张，一方面对于北大又要保存，所以当时我们有一种非正式的成议，要在5月7日国耻纪念日，由北大学生在天安门外率领一班群众暴动，因为这样一来，北大的责任可以减轻。5月3日那一天，清华大学举行纪念典礼，许多北大的人，都到清华去参观，那天我也去了。直到晚上八九点钟才回来，不料3日那一天，邵飘萍到北大来报告说是山东问题已经失败，在校的一班同学，于是在北河沿法科第三院召集临时会议，最初由邵飘萍报告，以后由许德珩等一班人慷慨激昂的演说，还有一个刘仁静，当时还不过十八岁，带了一把小刀，要在大会场上自杀。还有一位，要断指写血书的，于是当场主持的几个人，不能维持我们以前决定的五七发难的成议，当场议决在第二天（即5月4日）联合各学校发动，并且当场在北大学生中推出二十个委员负责召集，我也是其中一个，由他们到各学校联络进行。我们九点钟由清华回来，看见他们会也要开完了，什么决议都已经定好了，当时我们还在埋怨许德珩，说是我们说好在5月7日发动，而现在改了期，不是要把北大断送了吗？可是埋怨尽管埋怨，大家的决议还是大家决议，是不能更改的。于是他们叫我连带签了字，把前存学生银行的三百元拿出来买竹布，费了一夜工夫请北大的书法研究会及画法研究会的同学来帮忙，做了三千多面旗子，除了北大学生个个有旗子外，其余还可以送给旁的学校。所以当时大家疑心五四运动以为有金钱作背景，不然为什么以北大穷学生临时有这许多钱去做旗子呢？其实这个钱是打电报省下来的。各代表当夜分途至各学校接洽，约定了在第二天下午一点钟在天安门会齐。当夜十一点钟的时候，各代表在北大开了一个预备会议，当场举出了三个总代表，一个是我，一个是江绍原，一个是张廷济，并且当时推我写了一个五四运动宣言，由狄君武送到北京大学印刷所去印了五万份，第二天的早上，我们还预备了一个英文的备忘录，送给各国使馆。到下午一点钟，大家便齐集在天安门了。我们三个所谓总代表，因为预备各种文件，一直到一点十分才到天安门，当时步军统领李长泰、警察总监吴炳湘，都已经先我们而到，对大家讲了一番话，劝大家解散。当时众怒难犯，哪一个肯听？于是大家从天安门出发，一直走到东交民巷口，便被警察挡住了。只有我和江绍原两个人进去到使馆界内去找美国公使。那一天，芮恩施到西山去了，由他的参赞出来见我们，他对于我们很表示同情，说了一番很漂亮的话，并且说，由他去和使馆界的警察交涉，让他放我们通过，我们从美国公使馆出来以后，又到了别的几个使馆，告诉他，我们示威的意思。回转身来到美使馆去问美参赞，同使馆界警察交涉允许我们通过的结果怎样。他说，使馆界的警察是答应可以的，但是刚才警察总监有电话来，说是不可以让学生们通过，所以我们不能这样办。这个消息一传出来，大家更是愤怒，当我们报告交涉经过的时候，大家便要求我们硬挤进去，后来想硬撞不成事体，反而给别的国家以不好的印象，于是大家便高呼口号“我们去除国贼吧！”于是掉转大旗向曹汝霖家前进（曹家在赵家楼）。曹汝霖的房子，是一座很大的满洲王府式的平房，我们到他家门前，大门已经关了，门口站着一大队荷枪实弹的警察，大家到门口了便大骂国贼，最初拿旗子向屋顶丢去，后来打破了一个短墙的窗子，大家便爬进去。首先进去的人，据我眼睛所看见的，乃是北大的蔡镇瀛，一个预理科的学生，和高等工业学校一个姓水的。大家看他们进去了，于是接上爬进去的几十个人，把大门打开，而曹宅的院子里还站着许多警察，因为学生向他们极力宣传，所以他们已没有什么抵抗。适巧那一天曹汝霖同章宗祥、陆宗舆和一个日本资本家在那里商议事情，他们以为有着警察保护是不要紧的，我们打进去的时候，曹汝霖便换了警察的衣服混在警察堆里，从后墙跳出去。陆宗舆怎样逃走，我们却不知道，听说他也来喊口号，喊打倒卖国贼，混在群众里面逃走的，是否确实，却不知道了。章宗祥比较老实，他和那个日本人一道躲在一个小房间里，群众跑进去的时候，日本人还掩护着他，于是大家知道他是一个要人。群众便把他们围起来了。不久一个北大的校工进来，他说自己是认识章宗祥的，并且说这就是章宗祥，于是大家便动手打起来，打了一顿，忽然有人说“打错了”。大家便一哄而散，于是这个日本人和曹家的佣人，便把章宗祥抬出去，停在一间杂货店里面，这个日本人也去了，于是群众中忽然有人叫“刚才并没有打错”，大家便去找章宗祥，在他后门杂货店中找着了。当时这个日本人还掩护着他，群众们便用杂货店中鸡蛋来丢这个日本人，重新把章宗祥拖进曹宅来，拆散了一张铁床，拿铁床的棍子来打，所以当时章宗祥确是遍体鳞伤，大家以为他已经死过去了。曹家的装饰品、古玩……简直是打得干干净净，他的姨太太和他女儿的房子里许多香水，都一捶一捶的打碎在地上，当时香气四溢，不可响迩。我还亲眼看见江绍原拿了一床红绸的被子，拖在地上，撕了一块红绸拿在手里，乱晃几下，说是“胜利了！胜利了！”至于放火的举动，乃是高等师范的学生开始的，我看见有两个学生，自身上掏出许多自来火来，如果他们事前没有这个意思，为什么要在身上带来这许多自来火呢？结果，曹宅烧起来了，徐世昌便下了紧急命令，叫军警捉人。那时候，傅孟真把他一本日记簿，上面写着许多代表名字的，往火里一丢，马上烧掉了。我们还是从前门出来的，当时街上救火队和水夫，已经拥挤不堪，很难通行。在曹宅里面还没有出来的，还有几十个人，于是便当场被捕。我从赵家楼出来以后，便向北大东斋（即第一宿舍）去，当时自己实在疲倦极了，从五点钟睡到六点钟，六点钟以后，重新振作精神开始活动。当时派定了多少代表，向各学校联络，预备在第二天，全北京的高等以上学校，自大清早起，一律罢课。那天晚上适派我到各报馆去解释这件事体，等到十几家重要报馆都跑完以后，时候已经是半夜三点多钟了，所以那一晚便没有睡。第二天早上，果然全北京专门以上的学校，一律罢课，并且各校代表齐集北大一院第三十六课堂开会。学生联合会的组织，也就是那个时候形成的。当时各学校的中心，自然是北京大学，至于北大主持这个运动的躯干，要算是新潮社及国民杂志社里面的人。在五四那天，曾经开了一个会，大家本来要推傅斯年做临时主席，忽然有一个浙江籍的学生姓陶的，打了傅斯年一拳，这一拳就把傅斯年打得不干，自此以后，五四运动和傅斯年便不发生关系了。因为他是一个以感情用事的人，一拳被打万念俱灰了。我当时因为在各处接洽的事太多，所以不愿意做会场上固定的事，经大家一想再想，最后推出段锡朋来，由他做北大学生会的代表，结果就是北京学生联合会的主席。段锡朋在五四以前，北大学生，很少有知道他的。他总是穿一件蓝竹布大衫，扇一把大折扇，开口就是我们庐陵欧阳公的文章气节，所以大家都当他有几分迂气，哪知道被选举出来以后，他处理事务非常灵敏，运用群众，大有特长，于是段锡朋的名气陡然间闻于全北京。这一次，蔡孑民先生确是有一种特别的表现，就是五四事情出来以后，他不和前次一样的辞职，反而联合各大学的校长，负责的要求北京政府释放被捕的学生。到了5月6日那一天，他们接洽好了，听说吴炳湘竭力奔走，要求各校校长于5月7日命令全体学生复课，以此为条件，可以赦放在捕的学生。徐世昌也有这样主张，因为他们知道如果长久的罢课下去，一定是要出事的。而且5月7日是国耻日，更容易出事。我们全体罢课的决议，乃是5月5日通过的，5月6日的晚上十点多钟，蔡孑民及汤尔和（医专校长）以及其他专门以上学校的校长，到北大的校长室里面，把我们找去，说是现在同吴炳湘已经有这样一种了解，只要明天全体复课，他明天就立刻可以放人。当时去见这几位校长的，有我及方豪（俶新）等四五个人，他们都说："昨天才决议罢课，明天便要复课，乃是办不到的，我们也负不起这个责任。"我说："现在如果尽让同学们关在里面，也不成事，况且我们这一次有放火及殴伤等重大情节，当时章宗祥还没有离危险境界，有两天没有大小便，医生说他命在旦夕了。适巧政府又捉去我们几个人，用这几个人去抵命，也是没有办法的事。"因此我便问他们几位校长说："若是我们明天复课，他们不放人，怎样办？"他们说："我们可以用生命人格为担保，而且吴炳湘也曾发誓过'如果复课而不放学生，我吴炳湘便是你们终身的儿子'。"于是我以为既然如此，我们明天复课好了。但是我这句话说出来，许多人便反对，以为我们答应下来乃是越权，许多同去的人，也是反对我意见的。我说："现在为减少被捕同学之危险，这件事非如此办不可，我们只有从权办理了。"于是当夜我们分成五队，去通知全体同学，明天复课，除每个宿舍派一队外，其他两队，是负责通知宿舍附近公寓里面的同学的。大家出发时候，已经是十二点钟，同学们完全睡着了，一个一个房间敲起门来，把睡熟的人叫醒了，告诉他们这件事，他们还不相信，还要费许多心血去解释，解释不明白的时候，还要受大家的责骂。半夜醒转过来的人，相对讲话，口中臭气是最令人受不了的。这可以说是我在那一晚上特别记得深刻的一种感觉。幸而能得大多数同学之了解，谢谢大家对于我们还有最低限度的信任，所以第二天北京各大学亦先后复课了，到了十点钟，全部被捕同学从警察所送回学校来，大家都列队在门口迎接，当时那种痛哭流涕的情形，真是有家人父子于乱离巨劫以后相遇时之同样感觉。当时章宗祥的病还没有离危险期，时时有死耗之传闻。刚巧北大有一位同学叫郭钦光，在这个时间死了，他本来是有肺病的，在五四那一天，大约因为跑得太用力了，吐血加重，不久便死了。当时大家怕章宗祥和我们打官司，所以定下一个策略（这个策略之最初主动者便是狄君武），硬说郭钦光乃是在五四那一天被曹家佣人打死的。于是郭钦光遂成为五四运动中唯一烈士，受各处追悼会之无数鲜花美酒之吊祭，和挽章哀辞的追悼。在上海还有一位女士，当众痛哭郭烈士。郭君那一天因为走路过多，身体过劳而使肺病加重乃是确实的，这是我们应该同情他。但是把他造成五四的烈士，全国亦以烈士待之，多少未免有点滑稽。等到被捕的全放出来了，章宗祥也被打了，曹汝霖的房子也被烧了，照常理说，这件事情可以告一个段落。但是当时有两种情形，是决不能使这件事告一个段落的，一件是山东问题还没有了结，而且一天比一天的失败下去；一件便是蔡孑民先生于5月7日学生出狱以后，便当夜出京，没有一个人知道的跑了。跑的时候，他留下一封信，就是那最出名的“杀君马者道旁儿，民亦劳止，汔可小休”(这封信的头两句话如此)。这封信出来，许多人很费推测，于是大家去询问国文教授，请他们去查这个典故的来源。因为这些国文教授见大家纷纷请教，当时也得意了一下。蔡先生去了以后，北京大学自然是第一个恐慌，为维持北京大学，北大学生不得不继续闹下去，而且不能不联合旁的学校学生一同的闹下去，于是五四运动又重新紧张起来了……

徐世昌宴请结束之后，章宗祥没有回家，而是随曹汝霖去了曹府。这也是章宗祥在赵家楼挨打的原因。赵家楼离外交部很近，东起北总布胡同，西至宝珠子胡同，南邻小羊宜宾胡同，据说是明代隆庆朝文渊阁大学生赵贞吉的故居，所以称为“赵家楼”。学生闯进赵家楼痛打章宗祥时，在场有一个章宗祥的朋友，也是一个日本人，因为死命保护章宗祥，挨了不少拳脚。这个日本人叫中江丑吉，是日本著名哲学家中江兆民的儿子，当时是日本一家媒体驻京记者。值得一提的是，中江丑吉并不是一些人所说的“帝国主义分子”，而是一个亲华进步人士，一向反对日本侵略，酷爱中国文化，研读过《资本论》，倾向于马克思主义，跟日本马克思主义理论家片山潜关系不错，属于日本的左翼。

现在阅读诸多五四运动资料，会发现很多情况并不像教科书撰写的那样简明扼要一目了然，它的起因、过程、动机和结果都很复杂。有一种说法认定梁启超是五四运动的第一推动力，而林长民出力最多。时为中国赴巴黎代表团非正式顾问的梁启超，将北京政府准备在和会协议上签字的信息透露给国内，同时致电国民外交协会的汪大燮、林长民，要求他们向政府和国民发出警告，对和谈代表施压，从而导致五四运动的爆发。国民外交协会是一个非官方组织，1919年2月16日成立，以熊希龄、汪大燮、梁启超、林长民、范源濂、蔡元培、王宠惠、严修、张謇、庄蕴宽等十人为理事，会员百余人，全是社会知名人士，宗旨是呼应和监督官方的外交委员会。梁启超在4月30日电文中称："汪、林两总长转外交协会：对德国事，闻将以青岛直接交还，因日使力争，结果英、法为所动，吾若认此，不啻加绳自缚，请警告政府及国民严责全权，万勿署名，以示决心。"在此之前，梁启超于1918年11月辞去了北京政府财政总长职务，携同军事家蒋百里、政治学家张君劢、外交家刘崇杰、科学家丁文江，以及负责后勤的杨鼎甫等赴欧考察，并且以观察员的身份，为参加巴黎和会的中国代表团提供咨询顾问和援助。在接到梁启超的电报后，林长民于次日写成《外交警报敬告国人》一文，于晚间送到研究系的《晨报》报馆，由总编辑陈博生接收，刊载于5月2日的《晨报》。同日，《晨报》还刊登了国民外交协会发给巴黎和会英法美诸国代表和中国专使的电稿，将签字上升到民族与国家的高度，"和平条约中若承认此种要求，诸公请勿签字。否则丧失国权之责，全负诸公之身，而诸公当受无数之谴责矣……诸公为国家计，并为己身计，幸勿轻视吾等屡发之警告也"。正是梁启超、林长民、汪大燮等人的行动，点燃了社会不满的引线，从而引发了大规模的学生运动以及随之而来的全国抗议活动。当然，对于五四运动的起因，还有其他一些看法，有说法为当时美国驻华使馆一直背后支持着学生运动，借此向北京政府施压；也有看法认为是学生秘密社团所组织，其中一些是无政府主义组织，有意在 4 月下旬搞示威活动，并于五四前夕召开秘密会议，决定严惩曹汝霖、章宗祥等亲日派，并做了携带小罐燃料与火柴烧毁赵家楼曹宅的计划。有人叙述道，当时与无政府组织有联系的一个同盟会的老会员，为了使学生能够辨认出章宗祥，曾把事先收藏好的章宗祥照片转给团体成员看，以便在殴打时找准目标。对于五四运动中隐藏的复杂因素，当时作为北大学生重要领袖之一的傅斯年根本不知晓。在此之前的学生示威行动也相当有序，只是在到了赵家楼时，局面变得不可控，进而变成殴打章宗祥、火烧赵家楼的暴力事件。学生和群众运动的不可控，是傅斯年退出风头正劲的学生运动，以及后来不直接参与政治的主要原因。

好在五四运动最后被捕的学生，都得到了较为宽大的处理。6 月 4 日，京师地方检察厅侦查终结，将许德珩等三十二名学生以骚扰罪、放火罪、伤害罪向地方审判庭提请预审。1925 年 1 月 31 日，京师地方审判庭刑事第一庭对此案进行了审理，作出了裁决："本案被告人许德珩等三十二人被诉犯刑律第一百六十五条第三款之骚扰罪，及第三百一十六条第三项之伤害罪，犯罪时期均在本年一月一日临时执政大赦令以前。除依照该项赦令及刑诉条例第二百七十五条、第二百四十九条第一款、第二百四十八条第三款应不起诉外，所应研究者即该被告等是否构成放火罪是也。查是日学生赴曹宅时，初因大门紧闭在外衅骂，迨砸毁后窗实行搭肩跨入。其时军警在场弹压。该宅西北隅火祸大起，虽警察等有目睹学生用火柴燃烧窗户之举，及曹宅仆人张显亭、燕筱亭供有学生用报纸、汽油将围屏点着，始行起火等语，究竟何人放火，该被告等三十二人有无放火行为，及起火当时该被告等是否在场，传讯当时在场弹压之保安队长李昌言、队兵关材厚等十余人及曹宅仆人张显亭、燕筱亭二人，均称不认识。则该被告等是否确系放火正犯，已属无从证明。况查被告等三十二人或在曹宅门外拿获；或在曹宅后门外拿获；或在曹宅附近各胡同拿获，并无一人在曹宅门内被捕者。质讯该被告等又均供称伊等是日均因人多拥挤未进曹宅等语。察该情形尚非狡饰之辞。综上论断，许德珩等被诉放火一罪，证据均嫌不足。依刑诉条例第二百七十五条、第二百四十九条第二款应不起诉。”

许德珩等学生被捕案以“不起诉”告终，显然是巨大的社会压力起到了决定作用。对于激进的学生运动，北京政府在经过激烈争论之后，还是选择了和平和宽大的方式。

五四运动给踌躇满志的北京政府以极大的压力。为了消解民众愤怒，缓和社会压力，徐世昌总统下令罢免了曹汝霖、陆宗舆、章宗祥等人的职务，明确示意中国代表团不得在和约上签字。对于徐世昌的决定，倔强的段祺瑞表示不满，认为曹汝霖等“为他冒大不韪，借成日债，这种举动，真所谓过河拆桥，以后还有何人肯跟他出力？他对我作难竟累及你们，良心何在，岂有此理。”谁也不理会段祺瑞的情绪，人们仍对北京政府的亲日政策以及在巴黎和会上表现出的软弱表示了极大的愤怒和不信任。众多知识分子也开始了对北京政府的疏离和不合作。在那个多事的春天里，因为五四运动，一切都呈现出转折和波动，这个东方古国的走向，也变得越来越不可控制。

巴黎和会上的失落

现在，必须回过头来，把目光聚集到在此之前的巴黎。在大洋彼岸那个著名“浪漫之都”所发生的一切，才是引爆东方帝国的导火索——1919 年 1 月 12 日，经过四十多天的长途跋涉，陆徵祥一行终于抵达巴黎。此时，距和会开幕只有六天时间。在巴黎，刚结束的大战迹象无所不在：到处都是缴获的大炮、德军炸弹所到之处成堆的瓦砾和用木板遮挡的窗户。林荫大道两旁成排的板栗树不时现出空缺；圣母院大教堂彩色的琉璃也因安全起见被存放起来，取而代之的是黄色的玻璃；煤炭、牛奶和面包严重匮乏。至于巴黎人，男人们情绪低沉、神情悲哀，女人们却一如既往地忧郁而优雅。对于召开中的巴黎和会，当时西方舆论评价说，这时候的巴黎，是世界的首都，参加和会的和谈者都是举足轻重的国际要人。他们天天会晤，谈判时辩论不休、争吵不断，但最终总能言归于好，因为吵架和争论本身，就是他们的工作。他们互做交易、制定条约、创建新国家和组织，甚至一起吃饭，一起去剧院看戏。因为和会从1月开到6月，半年中巴黎一跃成为世界的政府、上诉法庭和国会，同时也是人们的恐惧和希望所在。

中国代表团到达之时，来自世界各地的调停人员已基本到齐。陆徵祥等人来不及欣赏巴黎的风情，第一时间得到的消息是：中国将有两个代表名额，但抵达巴黎以前得到的通知是三个。陆徵祥无法理解的是，即便按英法等国的理解，中国也不应该只有两个席位。主导巴黎和会的英、法、美、日、意等国根据各国对战争的贡献，将协约国集团划分成三类。第一类是“享有整体利益的交战国”，即美英法意日五个主要协约国，每国五席；第二类是“享有局部利益的交战国”，指的是在战争中提供过有效助益的国家，每国三席；第三类是协约国阵营中对德绝交的国家，每国两席。按照这种原则，向欧洲提供了二十万劳工的中国应该列入第二类国家，拥有三个席位。三席变两席，是因为日本人做了手脚。后来传出的消息是，英法美等国原本将中国列入了第二类国家，不过，日本积极游说其他大国，诡称：“中国目下南北纷争未息，若定为三名，殊难分配，反起争端。不如使两方各出一名，则势力平均，自无争点云云。”这一建议得到了反感中国的法国总理克列孟梭的支持。在五大国茶话会上，克列孟梭以东道主的身份提出此项建议，其他四国表示同意，中国的代表名额也就从三席变成了两席。陆徵祥虽然为争取名额做了巨大努力，终究没有得到一个满意的答复。

中国内部的不和，很快又在巴黎的代表团中有越演越烈的倾向——和会开幕前，陆徵祥向大会秘书处提交了中国代表名单，第一位是代表团团长陆徵祥，第二位是广州军政府的王正廷，第三位是驻美公使顾维钧，第四位是驻英公使施肇基，第五位是新任驻比利时公使魏宸组。陆徵祥之所以将王正廷列为第二位，一方面是欣赏毕业于耶鲁大学的王正廷的才干，另一方面也是为了对外显示中国的统一。不过，陆徵祥的安排遭到了北京政府的反对，北京政府以大总统徐世昌的名义发布命令，将代表顺序调整为陆徵祥、顾维钧、王正廷、施肇基、魏宸组。

1919 年 2 月 20 日，对调整顺序不满的施肇基首先向陆徵祥发难，逼他拿出总统更改排名的密电，指责他出尔反尔。陆徵祥不得不拿出电报方才了事。顾维钧见势不妙，以健康不佳借机离开。王正廷则火上浇油，指责顾维钧“幕后操纵，想名列第二”。第二天，北京政府为平息这场风波，致电代表团承认上次更改系临时决定，最终仍以陆徵祥报送大会的次序为准，排名问题才得以解决。但此时代表团内部已经分裂为两派，一派同情陆徵祥，一派支持王正廷、施肇基。两派矛盾继续升级。

顾维钧在其回忆录中记录下 3 月初一次会议上极富戏剧性的情景：

“通常长桌上首给会议主席陆总长留有一个座位。可这次我看那儿放着两把椅子……施斌先生（新任代表团秘书长，系由王正廷安排进来），讲赵麟荪（王正廷的私人秘书）告诉他，王正廷代表南方，如同陆总长代表北方一样，既然地位相当，就应像联合主席那样并排就座。”而更有趣的是，“大家步入会议室时，陆总长对这样的座位安排皱了皱眉头，但是他在紧靠着我的左侧椅子上平静地坐下。而王正廷却神态庄严地走进门来，坐在右侧椅子上……王正廷博士竟无所顾忌地宣布开会，并且要求听取汇报。会议进行中，王正廷得寸进尺地把肘部向左侧挤去，每挤一次，陆总长便不得不挪让一次，直至最后离开桌子，坐到我这一边来了”。书生气十足的陆徵祥情急之下，干脆离团出走不知去向，让代表团内部又是一场骚动。

陆徵祥去了瑞士，以生病为由向北京政府提出辞职。获知事情真相后，北京政府电令代表团，授予陆徵祥决定任何问题之权力，其他代表概不能以个人名义对外擅自发表言论。然而王正廷并不甘罢休，竟然杜撰一则顾维钧即将与曹汝霖女儿结婚的假消息发往广州，旋即见诸各大报端，又在国内掀起轩然大波。实际上顾维钧此时爱上的，是一位住在巴黎的印度尼西亚女子黄蕙兰。

巴黎和会是一个松松垮垮、马拉松似的会议，松散得让参会者以为自己在旅游和观光，而不是来解决问题的。中国代表很快发现，有关会议的决定其实都是“挂羊头卖狗肉”，虽然参加会议有二十七个国家、一千多位代表，实际大部分国家代表很难坐下来进行商议，一切相关规定都是美、英、法、意四国首脑组成的“四人会”在极秘密的情况下讨论作出，其他各国外长只能在旁听屋子里听候咨询。1月27日，巴黎和会最高会议讨论山东问题，中国代表顾维钧、王正廷出席会议，日本代表牧野仲显要求无条件继承德国在山东的权利。牧野打出的牌让中国代表失色：原来早在1917年2月，英、法、意三国已经和日本签订密约，保证在战后支持日本获得德国战前在山东及各岛屿的领土权。这使得一直对中国表示同情的美国，也变得哑口无言。顾维钧起而反对，指出此问题须先由中国陈述理由，再行讨论。1 月 28 日，顾维钧关于山东问题的陈词，一度使山东归还出现了一线曙光。这位美国哥伦比亚大学的高才生，用一口流利的英语，从山东的历史讲起，他阐述说，山东是中华文明的摇篮，孔子和孟子的故乡，是中国人的圣地，山东落入外国统治，就像在"中国人的心脏插了一把尖刀"。同时引经据典，引证国际法名家的见解，说明尽管在战争期间，德国在山东的特权为日本所得，中日之间为此签订了相关密约，内容是 1918 年 9 月，中国政府曾以山东权益为条件，与日本签订两千万日元的秘密借款合同，规定日本有权在山东筑路，有权驻军青岛、济南，但由于中国的参战，情形发生了根本改变，中日之间的密约，出于众所周知的理由，中方是被迫无奈，从法理上讲，战败的德国显然无权将山东权益转交给他国，因此，和会理应当让中国直接收回山东的权益。

比较起顾维钧英气勃发侃侃而谈，日本代表牧野男爵的发言更像是呆板的陈述，牧野一方面辩解日本对中国没有领土野心，一方面又坚持不肯归还强占中国山东的权益。本来就不占理，又加上英语不流利，几乎没有什么人愿意听他陈述。双方发言之后，各国代表纷纷上前跟顾维钧握手，牧野则被冷落在一旁。顾维钧后来回忆，在他发言之后，"威尔逊总统走过来向我表示祝贺。随后，劳合·乔治、贝尔福、蓝辛也都跑过来向我祝贺。威尔逊总统和劳合·乔治都说，这一发言是对中国观点的卓越论述"。

3 月 8 日，中国代表团向大会提出《德、奥和约中应列条件说帖》，这是近代中国首次以战胜国的身份，对战败国提出要求。说帖强调："中国政府之意愿，大要在使从前用威吓手段或用实在武力，而向中国获得之领土与权利产业，仍归还中国，并除去其政治、经济、自由发展之各种限制。”具体条件分九款：1.废止战前各约章，收回胶澳租借地及山东路矿权，并声明：为推行工商业机会均等主义，拟将青岛及鲁省他处开放；2.缔结平等商约，绝除最惠国条款；3.脱离《辛丑条约》；4.在中国境内之官产无条件让渡；5.赔偿中国与人民之损失；6.中国政府保留权利得照大会将来议决办法提出赔偿战费之要求；7.偿还俘虏费；8.归还辛丑年掠去之中国钦天监仪器及他项美术物品；9.批准禁烟公约。

显而易见的是，巴黎和会不是公平的辩论会，来参会的，都是为战利品撕扯的豺狼。尽管欧洲列强跟日本有矛盾，不过鉴于日本此时的实力和影响，谁会因为中国的主权问题去开罪日本呢？日本的要求得到了英、法的支持，美国虽同情中国，又不敢不尊重列强的意见。尽管会前相对超脱的美国总统威尔逊发表了很多有关正义和公平的言语，调高了包括中国在内的很多国家的期望值，但在实际操作中，即使作为大会主席的威尔逊，无论是在美国国内，还是在巴黎和会上，都不得不为某些事情作出妥协，有时候甚至陷入孤立无援的可怜境地。威尔逊率先倡导的国际联盟得不到自己国会的认可，在和会上他又不能不自食其言地牺牲弱小国家的利益，以换取列强之间的团结。当日本强硬地坚持占有德国在山东的各项权益，并以退出和会相威胁时，威尔逊想出的唯一解救办法就是暂时实行五国共管，之后再谋求交还给中国。然而，即使如此妥协，也难行得通。

4月22日，美、英、法三国首脑约见中国代表团，由威尔逊向中国代表团表达会议决定方案，基本同意中国提交的说帖，只是德国在山东的有关权益转交给日本：“日本将获得胶州租借地和中德条约所规定的全部权利，然后再由日本把租界地归还中国，但归还之后仍享有全部经济权利，包括胶济铁路在内。”威尔逊解释说：“现在提出的这个解决方案，最高会议希望能被中国接受，它也许不能令中国满意，但在目前情况下，这已是所能寻求的最佳方案了。”中国代表团竭力争辩，要求由德国直接向中国归还夺去的权利。争辩毫无效果，会议依然把方案列入巴黎和会的对德和约。

结果如此糟糕，中国代表力争之后，也只得徒叹奈何。中国谈判代表顾维钧表态只有得到政府的直接命令，才会在和约上签字。“我希望他们不要让我签字，这对我来说无异于死刑。”

5 月 1 日，中国谈判首席代表陆徵祥电告北京政府和会的进程，他在给外交部的密电中提出三种解决办法：其一，全体代表离会回国；其二，不签字；其三，签字，但注明中国对山东问题条款不予承认。陆徵祥同时附上自己的意见，他认为，第一、第二种都不现实，只能采取第三种。也就是说，陆徵祥主张有条件签字。不过让陆徵祥和北京政府都没有想到的是，在他拍发电报跟北京政府商讨最后方式之时，同在巴黎的梁启超已经在几小时前将情况发给国内，从而一发不可控地引发了一场声势浩大的学生运动。

很难判断梁启超行为的全部动机到底是什么。梁启超的初衷，是想通过向政府和国民发出警告，要求他们向和谈代表施压，令其千万不要在和约上签字，爱国之心油然可见。不过梁启超在北京政府没有形成最后决策之前，将消息提前公布，似乎有超越程序之嫌。因此，梁启超的行动，被一些人认为是对于北京政府疏远和抛弃他的某种报复。

5 月 2 日的《晨报》顷刻售罄。原先一直激昂澎湃，并且指望从巴黎和会分得一杯羹的中国人，好像被从头到脚浇上了一大盆冷水，一个个变得激愤起来。众议院在王揖唐主持下召开会议，决定向内阁施压。国民外交协会也作出几项决定：5 月 7 日为国耻纪念日，在中央公园召开国民大会，如巴黎和会不能同意中国的主张，即请政府撤回专使。雪片似的电报发往巴黎中国代表团，警告代表团不得在巴黎和会公报上签字。国民外交协会在电报中干脆警告陆徵祥："公果敢签者，请公不必生还！"

中国在巴黎代表团遭受到了巨大压力，即使是驻地外也经常有留学生示威。弱国外交的两难境地，这些代表算是真正体会到了。虽然战后巴黎在表面上一如既往地宁静平和，不过这些来自东方古国的代表们却如暴风雨前的蚂蚁一样，彻底乱了方寸，慌张无助，无所适从。

杜威来到中国

五四运动爆发前几天，也就是1919年4月30日，有一件事情对于中国知识界来说，尤为重要，当代最著名的美国大哲学家约翰·杜威应中国五所学术机构的联合邀请，由日本乘船抵达上海，开始了对中国的访问和讲学活动。踏上中国之后，上海的一切，让杜威感到很新鲜：鳞次栉比的西式小楼让人想起纽约长岛；街道两旁种满了欣欣向荣的植物；白色的玉兰花尽情绽放；南京路的晚上灯火闪烁，行人熙熙攘攘；黄浦江上，破旧的小渔船与远洋巨轮交错而过；大马路上，人力车夫们拉着洋车在小轿车中穿梭。除了比较多的黄色面孔以及相对杂乱之外，这个东方城市，跟美国的海滨城市并没有太多不同。至于北京，这里没有西方大都市里街道上那种拥挤和匆忙，所有人不论步行或者车，都表现得庄重沉稳，不慌不忙，仿佛自己相当了不起。大街上一簇簇的人，有的步行，有的骑马，有的乘着黄包车，中间混杂着驴车、骆驼队等，仿佛被赶往市场售卖或屠宰的成群牲畜。当然，也有着为数并不少的汽车，所有一切会使人产生一种印象，就是他们能够完美地控制行动和闪避。至于这座城市的表面，它体现出的力量和永恒，它破败中显示出的庄严、神秘，以及城墙的大小和规模，给杜威留下深刻印象。五四运动爆发那两天，杜威由陶行知等陪同，在南京江苏教育会会场，先后作了两场名为“平民主义的教育”的演讲，千余青年冒雨赶到现场聆听。两天之后，杜威知晓中国爆发了声势浩大的学生运动，又目睹中国宏大的学生运动在各大城市风起云涌，这位温文尔雅的西方知识分子十分震惊，由此感慨说：“这是一个奇怪的国家。……从某些方面说来，他们比我们有更多的民主……当舆论像这样真正表达出来时，它却有着显著的影响。”在中国讲学期间，杜威对于中国学生和社会运动表示了极大的关注，他希望通过眼前的事件，更进一步了解中国，了解中国人，了解中国文化。当中国学生希望他能在中国多待一些日子时，杜威表示出很乐意，他向哥伦比亚大学请假一年，后又续假一年。这样，杜威就有了两年零两个月之久与这个古老国家近距离接触的机会。

作为美国最知名的思想家，杜威在中国受到了热烈欢迎，这也反映了转型期的中国知识界对于新思想的饥渴，在很多中国知识人看来，西方新思想就像阿里巴巴的咒语一样有效。在中国的两年多时间里，杜威的足迹遍布奉天（今辽宁）、直隶（今河北）、山西、山东、江苏、浙江、江西、福建、广东、湖北、湖南等十一个省和北京、上海两市，还应聘在北京大学担任客座教授一年。在学生胡适、陶行知、蒋梦麟的安排下，杜威马不停蹄地在教育部礼堂、清华大学、北京高等师范学校等地作了十六次社会与政治哲学讲演，十六次教育哲学讲演，十五次伦理学讲演，八次思维类型讲演，三次关于詹姆士、柏格森和罗素的讲演。在湖南演讲期间，有一个叫毛泽东的青年人认真倾听了杜威的讲座，不时写下笔记。后来，这个青年成为对中国现代影响最大的人。

不过杜威的讲演却让很多狂热的听众失望。这个被蔡元培誉为“美国孔子”的哲学家尽管光环明亮，但他实在不算一个优秀的演讲家，甚至不算一个很有魅力的知识人。杜威的演讲结结巴巴、拖拖沓沓，穿着也松松垮垮、邋里邋遢，毫无大学者风范。不过因为他的号召力，也因为其“科学权威代替传统权威”的主张，所到之处仍引起轰动。杜威每一次讲演，都整理成文字发表在《晨报》《新潮》等报刊上，之后还汇编成书，由北京晨报社出版，每版印数都达一万册，离华前再版了十次，算是一个惊人的数字。杜威是典型美国思想的代表，不看重权威，讲究实际的认知和效度。在这些讲演中，杜威不厌其烦告诉中国人，现代西方文明的精髓在于精神文化，中国人若想从西方得到启示，就得从这一点着眼，改造自己的民族精神。杜威还毫不客气地指出了传统中国文化的痼疾所在，为中国人表现出来对国家问题的冷漠而震惊。在上海他问及一个中国人对日本占领“满洲”的看法，后者神色自若地答道：“哦，那是满洲人的事儿。”在北京，杜威看到一个行人被马车撞翻在街道上，受伤很重，但行人却不予理睬，最后还是一群外国人把伤者送到医院。这两件事让杜威觉得，中国人的冷漠属于一个民族的心理习惯。

对于中国的现状以及青年的任务，杜威虽然十分注意讲话的分寸和礼节，但也一以贯之表现了自己理性和客观的态度：“学生以学为目的，在于能以聪慧的爱国精神输入于政治。所研究追求的，都必须是为了增进国家秩序的稳定。务必做一分事，对国家就有一分利益。决不可感情用事，需有目的、有方法、有决心，志之所在，往而必达。否则五分钟的热血，固然能痛快一时，但如火药爆发，转瞬即灭，又如水汽蒸发，立即消散。但若加以智慧，则火药可以制成枪弹，水汽可以转动机械。其利益是无限的。更进一步讲，我们学界中的人，可以发扬自己的智慧，将社会各方面组成得像机械那样，一轮一钉互相组合，就能发挥极大的作用，如果拆散开来，齿轮螺钉，互不相关，那就成了废物。所以必须有正当团体，互相帮助，才可达到最好的目的。”对于学生的爱国热情，杜威也持肯定态度，但重点在于爱国热情的转化，杜威说：“大学学生为国家尽力，不顾利害，勃然发动，组织极大的团体，要采取强有力的行动。旅华外人见此举动，深表同情。这是共和国国民所应有的举动。因为共和国家的兴亡，责任全在国民。所以世界上无论共和专制，建设各种事业，全赖人民自己去办。这对于共和国尤为重要。……但欲有此共和的精神，必须有完善的教育，始可养成此真正共和的精神。”杜威的中心意思，还是劝慰学生要注意情感和理性的转化，风物长宜放眼量，对于历史进程，急躁不得。杜威说：“五四运动以来，我想学生比前应当更热心求学。他们因外交问题，激动爱国心，所以有新动机、新兴趣，对于学问自然更亲切有味了。爱国的动机又大，欲救同胞之心又切，对于进德修业自然欲罢不能了。总而言之，理智和情感不是相反，而是相成。情绪能帮助理智，鼓动理智，不至流于空虚或知行不一；理智能启导情绪，坚固情绪，不至流于盲目妄动或虎头蛇尾。……说到爱国，也要情智互用才好。救国救民，谈何容易，方法万千，各需专门知识，能够单依感情做事吗？要是单有感情而无知识，想讲卫生而不知怎样防止疾疫，想做买卖而不懂怎样经营店务，还有成功的希望吗？所以感情必须受理智的启导。若说感情在理智之先，未尝不对，因为感情是行为的原动力，但是一到实行，知识就更重要了。……所以使感情坚定，要有知识，问题看清楚了，然后能始终如一。”

杜威还强调，学习外国经验，要根据本国的国情和需要。杜威说：“吾人试观中国的教育，实根源于日本，是直接模仿日本的教育，间接模仿德国的教育，而不懂得要确定一国教育的宗旨和制度，必须根据国家的情况，考察国民的需要，而精心定之。决不可不根据国情，不考察需要，而胡乱地仿效他国，这是没有不失败的。这一点是中国一般教育应该注意的。”他进一步说：“一国的教育决不可胡乱摹仿别国。为什么呢？因为一切摹仿都只能学到别国的表面种种形式编制，决不能得到内部的特殊精神。况且现在各国都在逐渐改良教育，等到你们完全摹仿成功时，他们早已暗中把旧制度逐渐变换过了。你们还是落后赶不上。所以我希望中国的教育家一方面实地研究本国本地的社会需要，一方面用西洋的教育学说作为二种参考材料，如此做去，方才可以造成一种中国现代的新教育。”

作为旁观者的杜威，在中国期间，还见到了民国一系列事件的参与者和操纵者孙中山。1919年5月12日，在上海的孙中山亲赴沧州别墅，前去拜访杜威博士，并共进晚餐。颇有共同语言的两位东西方名人有了一次鲜为人知的会晤，并就哲学话题“知行合一”展开探讨。孙中山格外看重他与杜威的这一次见面，在《孙文学说》一书中，孙中山提到了与杜威会面一事。他说：“当此书第一版付梓之夕，适杜威博士至沪，予特以此质证之。博士曰：‘吾欧美之人，只知知之为难耳，未闻行之为难也。’”孙中山复述当初的谈话之意主要是以杜威的话作佐证，来证明自己所倡导的“知难行易”的正确性。杜威博士同样看重他与孙中山的谈话，第二天，杜威在给女儿的信中也讲述了当时的情景：“昨晚我与前总统孙逸仙共进晚餐，席间我发现，他是个哲学家。他新近有本著作即将出版，他认为，中国的弱点在于人们长久以来受制于古训‘知易行难’。他们总是不愿采取行动……所以孙先生希望通过他的书，引导中国人形成‘知难行易’的观点。”从此信的描述中可以发现，杜威对孙中山的“知难行易”说，有着浓厚的兴趣。杜威很快就发现，“知”与“行”对于中国来说，不仅是一个哲学问题，更是一个异常复杂的实践问题。

在中国的两年经历，使得杜威对于这个东方古国多了一份深刻的认识，除了对中国的历史和现状有所了解之外，杜威还意识到美国和中国在认识方式上的差距，对于中国的事态保持着某种迟疑和期待。或许，在他看来，中国人更喜欢的，是跟他们有着同样君主专制的俄国人的方式，这也使得他后来对中国走向找到最根本的理由。在杜威看来，中国最好的策略，是给这个国家时间，要有耐心，让中国人慢慢解决自己的问题，让中国文明一步步转化。

与杜威来中国时爆发五四运动一样，同样具有巧合意义的，是杜威离开中国的日子——1921年7月11日，在中国盘桓了两年之久的杜威从上海乘轮船离开中国。恰巧在那些日子里，在上海，秘密诞生了中国共产党。从此，这个国家变得越来越激越，与杜威及其倡导的一切渐行渐远。这个东方古国，在最初选择以美国为师之后，开始慢慢挣脱美国的影响，与另一个熟悉而陌生的北方大国越来越近。

那个春天的人与事

波澜壮阔的1919年春天，作为教育部官员的鲁迅忙碌着两件事情：第一是在已客居七年的北京寻找一处大宅子；第二就是举家迁进京城。绍兴的祖宅已经出卖，必须在1920年春节前交出老宅。因此，鲁迅整个上半年都在四处奔波，寻觅适合的房子。

就在鲁迅奔波找房之际，五四学生运动爆发了。鲁迅并没有留意这场学生运动，以他的身份和性格，对于如此群众运动，已习惯以一种旁观的姿态来对待。当天的日记中，鲁迅轻描淡写："昙。星期休息。徐吉轩为父设奠，上午赴吊并赙三元。下午孙福源君来。刘半农来，交与书籍二册，是丸善寄来者。"所谓"昙"，即乌云密布的意思，这一天，为搬家而心不在焉的鲁迅对学生运动只字未提。而据史料记载，当日为新文化运动冲锋陷阵的刘半农"坐守北大指挥部"，组织社会支持。生死存亡的紧要关口，刘半农如何抽空到鲁迅家中"交与书籍"，是一个谜。"五四"当晚，鲁迅的学生孙伏园跑来大讲了一通火烧赵家楼的情景。鲁迅听后没有激动的表示，一向不喜欢集体活动，不喜欢游行示威的鲁迅，最担心的是这些学生成为政客争夺利益的牺牲品。

鲁迅的弟弟周作人，此时也是北大教授，五四那天，周作人正陪妻小在日本探亲。如果在北京的话，周作人也许会参加。相比于鲁迅，儒雅的周作人有时候倒显得激情澎湃，在很多时候，似乎比鲁迅更热衷场面上的事。5月18日，周作人赶回北京，约陈百年、刘半农、王星拱，四人同去慰问、探视被捕学生，结果遭拒绝，只好在门前站着看了一会儿，便返身回了家。

1919年4月30日，也就是五四运动爆发前不到一周，湖南青年毛泽东离开了北大图书馆职员的位置，返回了长沙。在此之前的1918年8月，毛泽东偕同萧子升、张昆弟、李维汉、罗章龙等二十四名青年，扛着被褥书卷，来到新文化的中心北大。毛泽东应不知道数天之后会爆发那样声势浩大的运动，否则他肯定不会离开北京。

这个时候新文化运动的领袖之一陈独秀人已不在北大，因为陈独秀私生活引起的争议，蔡元培此前无奈以决定北大不再设文科学长的方式逼陈独秀离开。自尊心极强的陈独秀跟北京大学的关系从此破裂。这件事对陈独秀的打击，可以在汤尔和的日记中寻到一些蛛丝马迹——两人在路上相遇，汤尔和看到他"面色灰败，自北而南，以怒目视"。选择离开后，陈独秀那段时间闭门不出，埋头于箭杆胡同的家中奋笔疾书。五四运动当天，陈独秀没有去学生运动现场，当天出版的《每周评论》第二十期上发表了陈独秀文章——《两个和会都无用》：“巴黎的和会，各国都重在本国的权利，什么公理，什么永久和平，什么威尔逊总统十四条宣言，都成了一文不值的空话……我看这两个分赃会议，与世界永久和平人类真正幸福，隔得不止十万八千里，非全世界的人民都站起来直接解决不可。”看得出来，陈独秀依旧愤世嫉俗，恨不得立即将眼前的世界砸成齑粉。6月8日，陈独秀发表一篇随感：“世界文明发源地有二：一是科学研究室，一是监狱。我们青年要立志出了研究室就入监狱，出了监狱就入研究室，这才是人生最高尚优美的生活。从这两处发生的文明，才是真文明，才是有生命有价值的文明。”6月9日，陈独秀与李大钊共同起草了一份《北京市民宣言》，由胡适亲自译成英文，印刷成中英文的传单，主要内容是对政府提出抗议，要求取消对日外交密约，免除徐树铮、曹汝霖、陆宗舆、章宗祥、段芝贵、王怀庆等人官职，要求市民有集会、言论的绝对自由权。6月11日，陈独秀相约胡适、高一涵等人在北城城南新世界一个游乐场吃茶聊天，正说着话，陈独秀突然从上衣口袋里取出传单向其他桌子散发。胡适吃了一惊。最终，陈独秀被军警拘捕。也许，陈独秀是想弥补他没有参加五四的遗憾吧，五四运动让陈独秀、李大钊们找到了传统价值的立足点——民族主义和爱国主义。这是团结和动员民众的最有效武器，也是他们转向社会革命最充分的理由。

1917年进入北大担任哲学讲师的梁漱溟，更像是一个五四运动的局外人。这个看起来文质彬彬儒雅理性的年轻人，在三四十年代的一次聚会上，曾经因为有关美国话题的争论，差点对左派文人郭沫若挥拳相向，由此可见出梁漱溟的特立独行。对于五四运动，梁漱溟的主张是：

学生火烧赵家楼、痛打章宗祥的做法，不管动机是否正确，行为本身无可置疑地触犯了法律。对于被捕的学生，梁漱溟不主张保释，他的提议是交给法庭审理，由检察机关提起公诉，审判厅审理判罪，学生遵判服罪。梁漱溟认为，如果不这样做的话，中国的损失会更大。“我们没有法律、司法的意念，这是我们民族的弊病。”章宗祥等人即使真的是卖国贼，在法庭审理之前也不能剥夺他们的权利和自由，更不能对他们施暴。梁漱溟进一步提道：中国要永远走上安定的道路，必须要遵守法律，不能用任何理由超越法律之上，只有这样，公民的基本权利才能得到保证。

也有对学生深深失望的——在清华大学学习的梁实秋当时也卷入五四洪流成为游行者之一。后来梁实秋谈到五四，常提到的一个词汇就是“群众心理”。梁实秋回忆，当同学们聚集在前门外珠市口演讲的时候，学生与民众阻碍了交通。有汽车为了通行，就按起了喇叭，喇叭声引起了群众愤怒，于是大家一起动手，顿时就捣毁了一部汽车。梁实秋反思道：“我当时感觉到大家只是一股愤怒不知向谁发泄，恨政府无能，恨官吏卖国，这股恨只能在街上如醉如狂地发泄了。在这股洪流中没有人能保持冷静，此之谓群众心理。”

梁实秋还提到了同一宿舍的一位室友——章宗祥的儿子。五四运动爆发后，章宗祥的儿子离开了学校，不过留在清华的床铺还是被同学砸烂，衣箱私人物品被四处乱扔。梁实秋感叹道：“我深深感觉‘群众心理’是可怕的，组织的力量如果滥用也是可怕的。我们在短短期间内驱逐的三位校长，其中一位根本未曾到校，他的名字是罗忠诒，不知道什么人传出了消息说他吸食鸦片烟，于是喧嚷开来，舆论哗然，吓得他未敢到任。”

五四那天，胡适这个新文化运动的领袖，人都不在北京。4 月底时，胡适就去了上海，迎接自己在美国时的导师杜威先生访华。杜威访华期间，胡适常伴左右充当翻译。五四大游行那天，胡适正在蒋梦麟上海的家中，晚上还喝了酒，压根不知道北京的情况。第二天一早，胡适从来访的张东荪、俞仲华口中知道北京发生了五四大游行，不过这时候他尚不知学生运动总指挥就是他的得意弟子傅斯年。5 月 7 日，胡适收到陈独秀北京来信，介绍五四运动的详细经过。同一天，上海市民响应国民外交协会号召，在公共体育场召开国民大会。这时候上海气温已很高了，挤在熙熙攘攘的人群中，胡适大汗淋漓。胡适在日记中写道："我要听听上海一班演说家，故挤到前台，身上已是汗流遍体。我脱下马褂听完演说，跟着大队去游街，从西门一直走到大东门，走得我一身衣服从里衣湿透到夹袍子。"

从胡适的相关言行中，可看出明显的矛盾：一方面，胡适对于学生运动持同情态度，对于现状的确不满，也有施加压力的冲动；另一方面，胡适对这场运动诸多非理性因素以及局面的不可控表现出不支持。以胡适一贯的主张，希望学生专心读书，从改造落后的国民性入手，至于政治救亡，应该由政府去管，并且，学生的爱国热情很容易被复杂的因素利用。胡适是公开的"复课派"，他对学生说："单用罢课作武器是最不经济的方法，是下下策。屡用不已，是学生运动破产的表现。罢课于敌人无损，于自己却有大损失。"在他的影响下，傅斯年、罗家伦、段锡朋等初期学生领袖纷纷退出运动中心，对五四运动表示反省。傅斯年更是联合胡、罗等人，要求将北京大学迁到上海去，并讨论"不要哪些人去"，被主持校务的沈尹默等人斥为"拆伙的打算"。

1920 年五四运动一周年的时候，胡适和蒋梦麟联名发表文章——《我们对于学生的希望》，文章说，五四运动之前，他们只是想通过杜威的访问，在思想上提倡科学精神，在教育上输入新鲜理论，"不料时势的变化大出我们的意料”，爆发了震惊中外的五四运动。对于这个运动，胡适进行了深入反思，肯定了它所具有的五大成效：一是加强了学生主动负责的精神；二是激发了学生对国家命运的关注；三是丰富了学生团体生活的经验；四是培养了学生作文演说能力；五是提高了学生追求知识的欲望。指出：“这都是旧日的课堂生活所不能产生的”效应。与此同时，胡适也认为以罢课为武器进行斗争，对敌人毫无损害，对学生却有三大危害：第一，在学生运动中，有些人自己不敢出面，却躲在人群中呐喊，从而助长了依赖群众的懦夫心理；第二，罢课时间一长，有些人就会养成逃课的习惯；第三，经过这场运动，有些人可能养成盲目从众的行为模式。

同情、失望、无奈、可惜、批判……算是胡适对于这一场早熟又早夭运动的心情。直到晚年，对于这场运动，胡适仍在深刻反思。唐德刚在《胡适口述自传》当中记载，胡适晚年对五四运动有这样的评价：“这项学生自发的爱国主义运动的成功，中国的政党因此颇受启发，他们觉察到观念可以变为武器；学生运动可以形成一种政治力量……我告你这件事，就是从新文化运动的观点来看——我们那时可能是由于一番愚忱想把这一运动，维持成一个纯粹的文化运动和文学改良运动——但是它终于不幸地被政治阻挠中断了。”

现在回首五四运动爆发的社会背景，不可忽略的一个事实是：五四在很大程度上是针对日本的，是中国对日本拼命扩张蚕食中国的普遍民怨反映。自甲午战争之后，尤其是第一次世界大战爆发后，日本不断渗透中国各领域，加强了对中国政治、经济、军事等命脉领域的控制。当时日本对于中国的影响，早已超过西方列强，占据主导作用。以日本对华贸易总值为例，1914年为一点六亿元，占中国对外贸易总值的百分之十九点二五，1919年增至四点四七亿元，占中国对外贸易总值的百分之三十九点六，跃居外国对华贸易的首位。对于“敌国”越来越强的依赖，引起了中国社会的普遍不满。从五四运动来看，无论是民怨爆发所针对的段祺瑞政府，还是攻击的人物曹汝霖、陆宗舆、章宗祥等，都有着很深的日本背景，曹、陆、章都是日本早稻田大学的毕业生，也是社会公认的“亲日派人士”。之后蔓延于全国的抵制日货活动，更是将日本作为标靶进行打击。与此同时，不仅中国，整个远东地区，凡是日本势力到达之处，都发生了反抗运动，其中以 1919 年 3 月朝鲜爆发的几十万人起义斗争影响最为巨大。这也意味着日本对于中国乃至整个远东地区的野心，引起了人们的警惕，也引起了人们的强烈不满。在这种情况下，当外交失败的消息从巴黎和会传来之后，也难怪中国人的激愤情绪会到达顶点。

在那个激越的夏天，无数青年被卷入了巨大的社会和历史漩涡而不得自拔。历史因此开始了新的走向，不以人的意志为转移，也不以道的是非为转移。尽管数十年后，五四的亲历者和参与者或成为新中国的领导人，或躲避于东南部的小岛，或流浪海外心系国土，不过对这一段历史，那些曾经的参与者一直刻骨铭心，他们忘不了这个日子，也忘不了以这个日子为契机，给更多人带来的巨大变化。

外部的另一场战争

五四运动就像一场没有预测到的大地震，对社会的影响是全方位的，不可避免地导致了很多方面的龟裂。五四运动的爆发，当然为北京政府的反对派所支持，最先表态支持这一场运动的，是西南方面势力——广州非常国会参、众两院议长林森、吴景濂率全体议员通电谴责北京政府，痛斥卖国贼曹汝霖、章宗祥、陆宗舆的“罪行”。广东军政府同时致电徐世昌，要求释放被捕学生。西南方面对五四运动的支持，当然抱有自身的政治目的，就是借助群众运动打击北京政府。不过由于西南力量十分松散，政府、国会、督军、政客等各自为政，互不相谋，对于五四运动大都自行通电发表意见，议论十分庞杂，难以形成统一意见，也没有以五四运动的爆发见机行事形成积极态势。从总体上看，西南方面对五四运动的支持，基本上以自身政治利益为基础，这使得各政治力量支持运动的局限性较大——当五四烈焰燃烧到他们自己的辖区时，军阀的本质就原形毕露，选择了对群众运动的镇压。

五四运动中比较微妙的是直系力量。学生运动的爆发以及社会动荡无疑为直系提供了一次打击政敌、捞取政治资本的好时机。直系那时候的主体是曹锟以及“长江三督”李纯、王占元、陈光远。“长江三督”在五四运动中的表现是复杂的——六三运动爆发后，李纯的幕僚白坚武力劝李纯“应时而起”，借助学生运动的波澜，促成直系崛起。不过李纯一直犹豫，对于这场学生运动背后隐藏的巨大能量捉摸不定。7月底，全国学联的代表许德珩等到南京要求李纯接见，李纯称病不出将学联代表拒之门外。“长江三督”对于形势踌躇不决的时候，却有一个直系将领站了出来，以一种“大逆不道”的姿态振臂呼应，坚决站在学生一边，他就是被称为“玉帅”的吴佩孚。

如果五四运动引起的社会变化会带来一些赢家的话，那么，从短时间看，最大的获益者应是吴佩孚。正是乘着五四运动的爆发，吴佩孚成为振臂一呼的当代英雄。很难判断究竟吴佩孚的真实的想法是什么，也很难判断吴佩孚行动后面的背景与力量，不过可以断定的是，这个蛰伏在湖南衡阳的山东人具有虎视京城的野心，心中充溢着杀回中原的愿望。五四运动爆发后，吴佩孚嗅到了浓烈的爱国主义气息，就像弥漫的火药一样，呛人而激越，如果以风导之，将会燃起熊熊大火。对于中华民国兴起的“爱国主义”，当时《纽约时报》的一篇文章认为，古老的中国尽管是一个统一民族，但汉语中并没有“爱国主义”一词，在长达数千年的君主专制体制下，“国”与“家”是不可分割的，“国”便是“家”，“家”便是“国”，它们是一体两面，都是属于国君和帝王的。“爱国”，便是爱帝王们的“家”。也因此，中国历史上一直没有爱国主义这一理念，存在人们内心的，只有“忠君”思想。辛亥革命之后实现了共和，没有了“君”，很多人因为无法正确处理“国”与“家”的关系而无所适从。五四运动促进了爱国热情的肆意和汪洋，爱国主义的正式确立，使得民众的热情终于得到释放，人们对于这一片土地的依恋和执着，才算有了一个落脚点。“国”与“家”在这里最大程度地得到统一。五四运动的爆发，使得一向以民族英雄为奋斗目标的吴佩孚恰如其分地找到了一个与社会的共鸣点。血脉偾张的同时，秀才出身的吴佩孚当然不忘点燃别人的血性。吴佩孚出手选择的时间，基本上是在南北议和破裂之后；出手的方式，是在湖南不断地发出一个又一个“义正词严”的电报，以示对学生运动和社会的支持。

1919 年 6 月 9 日，在三罢斗争的高潮中，驻防湖南衡阳的第三师师长吴佩孚向徐世昌拍发一份电报，公开站到学生一边，表示支持。吴佩孚的通电为：

> 大好河山，任人宰割，稍有人心，谁无义愤？彼莘莘学子，激于爱国热忱而奔走呼号，前仆后继，以草击钟，以卵投石。……其心可悯，其志可嘉，其情更可有原！

吴佩孚表达了自己支持学生运动的立场，要求政府释放学生，收回青岛。吴佩孚还含蓄地批评了徐世昌5月25日签发的逮捕令，指出大狱之兴定招大乱。引人注目的是，吴佩孚发给大总统的电报，并不是一份内部通电，电稿同步刊登在京、津、沪的《申报》《晨钟报》等各大报章上，一时间引得天下侧目。乱世之中，竟有如此特立独行的军人，坚定不移地站在学生一边，让人惊叹和感动，也生发出无穷力量。数日后的6月15日，吴佩孚又致电南方将领，建议驻湖南南北将领联名通电反对北京政府签约，此即轰动一时的“删电”（“删”为15日的代称）。

> 顷接京电，惊悉青岛主持签字噩耗，五衷摧裂，誓难承认！……某等眷怀祖国，义愤填胸，痛禹甸之沉沦，悯华胄之奴隶。圣贤桑梓，染成异族腥膻；齐鲁封疆，遍来淫娃木屐。虽虺蛇已惧吞象之野心，而南北尚知同仇敌忾。与其一日纵敌，不若铤而走险；与其强制签字，贻羞万国，勿宁悉索敝赋，背城借一。军人卫国，责无旁贷，共作后盾，愿效前驱！

接下来的日子里，蛰居在衡阳的吴佩孚像一个愤怒的传统知识分子一样，与一帮幕僚把酒吟诵一篇又一篇檄文，字如子弹，句如匕首，痛快淋漓地指向北方。吴佩孚陶醉于社会的激越和赞美，内心有种莫名兴奋的膨胀感。有时候“杀得兴起”，吴佩孚不仅致电徐世昌，还致电正在上海进行南北谈判的北方谈判首席代表朱启钤、王揖唐，致电南方谈判首席代表唐绍仪，致电总理靳云鹏、代理总理龚心湛，致电安福系国会，痛斥他们甘当傀儡的卖国行径。当李纯在南京将全国学联代表许德珩拒之门外后，吴佩孚特意在衡州会见了湖南学生联合会会长喜璜，“盛称此次全国学生之举动”，表示愿作“学生保障”。吴佩孚这一举动，又赢得了全国上下暴风雨般的喝彩。

常胜将军吴佩孚激昂高调的爱国姿态，在全国刮起了一股旋风，一时间，人们追捧着这个特立独行的爱国将领，视这个并不年轻的吴将军为“民族救星”，就像传说中的岳飞和戚继光一样。很少人意识到“军人干政”可能带来的负效应，只是按照传统的习惯和价值观，视军人支持给予社会勇气和力量。那段时间，吴佩孚每天都收到来自全国各地的声援信，里面还夹杂着一些新式女学生散发着香水和体温的求婚信。不过一直崇拜关羽的吴佩孚坚持不为所动。舆论和社会的支持，是后来吴佩孚轻而易举击溃皖系赢得胜利的关键。吴佩孚在五四运动中的“义举”，为他赢得了民心，也奠定了他此后“不战而屈人之兵”的基础。

不仅吴佩孚，所有北京政府的敌人，都从这一场学生运动中看到了契机。五四运动爆发不久，一部分学生来到上海，见到景仰的孙中山。孙中山对学生们说：“你们搞学生运动，慢吞吞，没用的。应该再大胆一些！不要怕这怕那的，要有牺牲的精神，要有突击的行动，要设法激起一股群众的怒潮。我已经帮你们请好律师了，是一个很出名的法国律师。你们放胆地干去吧。”

吴佩孚在南方对中央政府声讨引来的赞誉，触动了北方奉系张作霖的神经。这个绿林出身的奉天督军也开始振臂呼应，加入对北京政府的声讨行列。“老江湖”张作霖之所以支持吴佩孚，除了感同身受的爱国主义激情以及不愿落吴佩孚下风外，另一个重要原因就是想借此对皖系专权发动反击。在此之前，皖系重要人物徐树铮私自调遣奉系部队开赴湖南前线，且以奉军副总司令的名义，在天津不经任何审判枪杀了老资格的北洋将领陆建章——陆建章是袁世凯时期的军政执法处长，杀人如麻心狠手辣，跟段祺瑞一直不和，徐树铮给出的理由是陆建章在山东联络军事势力，企图组织政变。陆建章的被杀，让张作霖十分愤怒。张作霖认为此举无疑是对奉军的挑战，让奉军蒙上不白之冤。陆建章被杀后，张作霖解除了徐树铮奉军副总司令职务，又将调往湖南前线的军队撤回关内。

诸多军阀公开支持学生和民众，让京城的政客们感到了巨大压力，情急之下有些乱了方寸。1919 年 6 月 11 日，总统徐世昌以巴黎和会失利、南北和谈又失利为由，向国会提出引咎辞职。第二天，在内政、外交等问题上焦头烂额的钱能训内阁，也全体请辞。国会接到徐世昌的咨文后，以责任内阁制之下大总统无引咎辞职规定为理由，请大总统照常任职。6 月 13 日，徐世昌准钱能训辞职，特任财政总长龚心湛代总理。9 月，龚心湛在巨大的压力下又递交辞呈。总统徐世昌提名周树模为总理继任人选，遭到国会反对，无奈之下，又改提靳云鹏接替总理职务。靳云鹏虽是段祺瑞门下大弟子，但为人通情达理，不像徐树铮锋芒毕露，应既能为安福系议员接受，也为非安福系会员接受；并且，靳云鹏与张作霖还是儿女亲家，跟曹锟换过帖，可以缓冲一下皖系与直系、奉系之间越来越激烈的矛盾——果然，靳云鹏获得国会通过。内阁复成，徐世昌一直悬着的心落了下去。都说治大国若烹小鲜，不过此时的大总统徐世昌一点也没有这样的感觉，他只是觉得，政治更像一桩买卖，或者说，它一如既往地像买卖。只不过徐世昌一直没有弄清，到底买方是谁，卖方是谁；老板是谁，伙计又是谁。他甚至觉得，自己一不小心就会被出卖。

很快，北京政府又陷入了新一轮变故，中华民国国会权力过大的状态进一步彰显，新一任内阁由于受到国会钳制太多，加上段祺瑞和徐树铮的强力干预，同为皖系、刚上台不久的内阁总理靳云鹏提出辞职。靳云鹏的辞职，进一步引发了各省代表对段祺瑞专权的不满，越发激越地反对段祺瑞，反对“安福系”国会，唯恐天下不乱，虎视眈眈地想趁乱谋取利益……乱世之中，这些地方诸侯们想利用一切机会分一杯羹，他们的方式和手段，与数千年以来诸侯争霸钩心斗角别无二致。这时候已很难看出，这是名为共和的中华民国，还是封建专制的旧中国了。

巴黎和会的影响

现在，让我们把目光重新拉回到巴黎——同样是 1919 年的 5 月 4 日，星期天，在做了最终修改后，由美国总统威尔逊、英国首相劳合·乔治、法国总理克列孟梭和意大利首相奥兰多组成的四人会议发出付印《德国条约》的命令。这意味着巴黎和会的最终结果在四人核心团通过。两天后，巴黎和会召开少有的全席会议，对条款进行投票。由于事先没有准备译本，代表们不得不倾听法国外长用法语朗读冗长的摘要，许多英语国家代表不由自主地打起盹。除了中国人反对将德国在中国的殖民地移交给日本外，似乎每一个国家的代表都在抱怨——葡萄牙人埋怨没有得到任何补偿；意大利代表则对在他们缺席的情况下确立条款有异议；连美国总统威尔逊也在日记中抱怨道："将要交给德国鬼子的条款我们自己事先竟然还未看过，真是史无前例。"让所有人惊讶的是，英国元帅马歇尔·福熙要求发言，最后请求把莱茵河作为德法分界线。克列孟梭蛮横地质问他为什么如此激动。"可笑吗？"福熙回答说，"这是出于我的良知。"福熙对《纽约时报》的记者说："下一次，记住，德国会万无一失。他们将突围进入法国北部，并夺取英吉利海峡上的港口作为反英格兰的基地。"马歇尔·福熙的判断在二十年后真的应验了——

1940年5月，德国占领了法国全境。

巴黎和会终于在持续了一年之久的吵闹和喧嚣中结束了。巴黎和会引发了中国的五四运动，五四运动又决定了中国此后走向；可以说，巴黎和会对于中国的影响是巨大的。虽然北京政府因为参战获得了利益，不过因为爆发了五四运动，北京政府失去的远比得到的多得多。与此同时，日本以强硬和无耻从巴黎和会上得到了很多，不过它同样承担国内的压力——日本代表团回国后，受到了国内民众的抗议，原因是没有在《凡尔赛和约》中实现种族平等条款。日本代表团团长西园寺在对天皇的正式报告中道歉："很遗憾，我们没能实现全部梦想。"西园寺强调日本在战后获得了比战前高很多的地位，这也是他引以自傲的。不过日本在巴黎和会上暴露的狼子野心，也使它付出巨大的潜在代价——中国的爱国运动迅速发展，严重阻碍了日本对于中国的蚕食计划。与此同时，日本人的称霸野心引起了美国、英国、法国等发达资本主义国家的警惕：英国人开始认真考虑盎格鲁与日本海军联盟的未来；西方人坚信日本是"黄色的普鲁士"；1921年，沃伦·哈丁当选美国总统后，美国政府更加反日……这些，都可以说是日本在巴黎和会猖獗一时的副产品。

由于五四运动的爆发，北京政府没有在《凡尔赛和约》上签字，《德国条约》上没有有关中国的内容。从法理上说，中国和德国仍处于交战状态，无法得到战胜国应该享有的其他利益。一直到当年9月，中国与德国单方面签订了《中德和约》，宣布中德结束战争状态。

外交失败，使得参加巴黎和会中国代表团的各位成员灰头土脸，也使他们此后命运各异：首席谈判代表陆徵祥对外交失去了兴趣，很快辞去外交部长一职，担任中国驻瑞士公使，躲进山清水秀的小国远离国内纷争。1926年，与陆徵祥生活了二十七年的比利时妻子去世，陆徵祥忧伤之下辞去了中国驻瑞士公使一职，遁入比利时圣安德诺修道院成为一名修道士。在此之后，这位曾任中华民国八任外长、一任内阁总理的修道士一直过着晨钟暮鼓的日子，一方面潜心学习拉丁文，一方面努力研究西方哲学。陆徵祥似乎比很多同时代人都活得长，一直到1949年才去世，葬于比利时布鲁日。死前，陆徵祥被罗马教皇亲自任命为比利时圣伯多禄修道院名誉院长。另一位首席谈判代表，年轻的中国外交官顾维钧凭借在巴黎和会的强硬立场获得了荣誉和出色表现，此后，数次担任北京政府的外交部长、总理以及驻英国、美国、法国大使，后来又成为国联的中国代表并出席联合国成立大会。顾维钧还担任了海牙国际法庭的法官。1977年，哥伦比亚大学举行一系列活动庆祝他的九十大寿。顾维钧个人生活也同样精彩：先是娶了唐绍仪的女儿，因为与唐绍仪政见不同，这段婚姻很快破裂。在此之后，顾维钧又与美丽的印度尼西亚女子黄蕙兰结婚又离婚。至于原因，黄蕙兰曾经在回忆录中伤感地写道："他把全部身心献给了祖国，因此他不把我当个体看待也就不足为怪了。他是一个可敬的人，正是中国需要的那种，但不适合做我的丈夫。"顾维钧于1985年去世，终年九十八岁。

对1919年全国范围内如火如荼的五四运动，最感到不可理喻的，就是"共和英雄"段祺瑞了。1918年年底，一战协约国胜利，在11月28日举行的紫禁城阅兵仪式中，段祺瑞以中国军队总司令的身份，率队接受了大总统和各国使节的检阅。当时的庆祝会上，有人甚至喊出"段祺瑞万岁"口号。可是志得意满的段祺瑞还没有从云端上缓过神来，就已经被重重地摔在地上。那些看起来热血沸腾的人民为什么翻手为云覆手为雨。耿介的段祺瑞怎么也无法接受。6月10日，曹汝霖被总统徐世昌罢免，段祺瑞非常生气，孤身来到曹汝霖在团城的临时住宅，一面安慰曹汝霖，一面大骂老狐狸徐世昌不敢承担责任，说曹汝霖等人"为他冒大不韪，借成日债"，"这种举动，真所谓过河拆桥，以后还有何人肯跟他出力？……他对我作难竟累及你们，良心何在，岂有此理”。后来，段祺瑞还写了一首诗赠给曹汝霖，视曹汝霖为英雄豪杰：

不佞持正义，十稔朝政里。
立意张四维，一往直如矢。

在段祺瑞看来，五四运动更像是一场别有用心的阴谋，或者就是一场莫名其妙不可控的行动。这个行动明显针对自己，然后，推倒一系列“多米诺骨牌”，深层次影响浸透社会各个阶层。什么“中国就要亡”？至少，1919 年的中国，要比 1915 年日本提出“二十一条”时好得多吧？那个时候的中国才要亡呢！偏偏来了一个五四运动！从某种意义上来说，这场自发的群众运动，的确打乱了北京政府的步骤。一个值得注意的倾向是，中国社会由对段祺瑞皖系的支持和首肯，转向了不信任和怀疑，并且对支持段祺瑞及皖系的日本表现出了憎恶。社会情绪的急转直下，让段祺瑞和皖系措手不及，却给皖系对立面以极大的信心。

收复外蒙古

1919 年的中国时局动荡，学生游行、工人罢工、农民造反让北京政府颜面丢尽。同样在这一年，一直备受争议的徐树铮却大出风头，甚至为北京政府高层挽回不少声誉。这一事件，就是中华民国北京政府收回外蒙古。外蒙古的收复，给迷茫和烦躁中的国家以一剂强心针，让上上下下变得激越，一些报章甚至出现了长短不一的颂诗，称赞徐树铮为中华民国的班昭。

“直到 1911 年，外蒙古仍然是中国的属地并且是心甘情愿地做中国的臣民。在满族征服中国的过程中，得到了蒙古首领们的宝贵支持……当中国成一个共和国时，他们便认为自己的义务不存在了。……于是，外蒙古在 1912 年正式宣布了它的独立。这就给俄国提供了机会，沙皇俄国在其存在的最后几年中，曾极大地加强了对外蒙的控制。”一位外国记者这样阐述外蒙古的状况。1912 年 11 月 3 日，沙俄政府宣布承认外蒙古独立，并在库伦（今乌兰巴托）与外蒙古签订条约和协议，将外蒙古置于沙皇俄国保护之下，宣称废止中国的宗主权，禁止中国军队驻扎外蒙古。中俄双方此后又签署条约，俄罗斯承认外蒙古是中国领土的一部分，中国对外蒙古拥有宗主权。中国承认外蒙古自治。中国驻科布多、乌里雅苏台和库伦的佐理专员负责在外蒙古行使司法管辖权。1913 年 10 月，沙俄向外蒙古提供两百万卢布战争贷款。

外蒙古再度向北京政府抛出回归的橄榄枝，是因为俄国熊熊燃起的革命火焰。美联社 1919 年 10 月 24 日刊发消息称：北京政府驻库伦办事大员陈毅自外蒙古首都库伦向北京发报，称收到了蒙古各盟、旗王公们的请愿书，认为外蒙古在某些人阴谋煽动下宣布自治后，饱受俄国欺辱。现在非常羡慕内蒙古仍能从中央政府那里获得种种优待。外蒙古王公们还向中国政府表示，希望取消自治，愿意重回中国怀抱，受到中央政府保护，还希望北京政府能够接手外蒙古库伦政府对俄国人欠下的债务，并支付王公和喇嘛们的年薪俸禄。在这种情况下，北京政府驻库伦都护使陈毅与外蒙古王公经过艰苦的谈判，达成了《改善蒙古未来地位六十三条》。陈毅建议北京政府接受这项请愿，强调“如果政府犹豫不决，将永失良机”。据悉，北京政府已向陈毅发电，指示他接受这一请愿，并表示同意向王公们每年拨付八十万银元的年金。

不过陈毅跟外蒙古王公的这一项协议很快遭到外蒙古议会的否决。接到陈毅电讯后，北京政府意识到必须加速解决蒙古问题，立即电令驻守西北的徐树铮率领中国边防军第一师，计步兵二旅、骑兵一团，挥师向库伦进发。由于中国军队兵强马壮，一路上蒙古哨卡基本不敢抵抗。唯一遭到阻拦的是蒙古原俄国顾问领导的白俄军队，不过他们根本无法阻挡中国军队的前进。此时俄国内乱重重，来不及对此事作出反应，只能坐视中国军队占领外蒙古各要点。11 月，徐树铮带领部队开进库伦，外蒙古王公俯首称臣。

局势初定的情况下，徐树铮果断地把外蒙古伪政权“内阁总理”巴德玛多尔济“请”到司令部，同时对蒙古活佛哲布尊丹巴加以软禁。1919 年 11 月 17 日，外蒙古正式上书“中华民国”大总统徐世昌，呈请取消自治，废除中俄“蒙”一切条约、协定，蒙古全境重归祖国，被沙俄占领的唐努乌梁海地区也自然回归。外蒙古的回归，意味着中国版图在辛亥革命后达到最大。在此之后，中央政府予外蒙古以一系列支持，徐树铮派军队分别驻扎在外蒙古的买卖城（今恰克图）、乌里雅苏台、科布多、唐努乌梁海等地，完成了对外蒙古的统一，并在外蒙古开始实施采矿、引种蔬菜、修建公路、开办银行、创刊日报、加强中华文化教育等一系列有益于当地的事业。值得一提的是，天津大白菜就是这个时候引进至外蒙古，并逐渐成为当地最普及的一种蔬菜。外蒙古的回归，让北京政府赢得了国内舆论的赞扬。志得意满的徐树铮也在库伦赋词一首《念奴娇 · 笳》，表达了自己收复疆土的豪情：

砉然长啸，带边气，孤奏荒茫无拍。
坐起徘徊，声过处，愁数南冠晨夕。

夜月吹寒，疏风破晓，断梦休重觅。
雄鸡遥动，此时天下将白。

遥想中夜哀歌，唾壶敲缺，剩怨填胸臆。
空外流音，才睡浓，胡遽呜呜惊逼。
商妇琵琶，阳陶觱篥，万感真横集。
雕戈推枕，问君今日何日？

收复外蒙古只是北京政府推行系列外交政策的一项重要内容。这一年，美国还将由本国士兵负责驻守的北京正阳门城楼交给了北京政府。正阳门位于北京内城南端的中轴线，在京城九门中最为高大壮丽。《辛丑条约》之后，正阳门楼一直由驻京美军管理。正阳门的移交，意味着《辛丑条约》带来的屈辱一点一滴得到改变。一项在此之后对于北京政府相关政策的研究结果表明，北京政府各项进步之中，以外交成就最令人瞩目，其中最为突出的，就是一以贯之对鸦片战争后不平等条约的努力修正。尤其是欧战结束后，中国以战胜国的名义，全力推进与数十个国家修改曾经的不平等条约，这当中既包括一战战败国德国和奥匈帝国，包括很多协约国国家，也包括无约国及新成立的诸国。北京政府修约的主要武器是通商利益，其次是明令无约国人在华不能再由其他列强保护，不签约就不许通使设领。如此方式迫使很多国家与北京政府签约，陆续修改不平等条约。北京政府之修约方针经民初之萌芽，到1919年已明确形成并全面展开。

伴随外交上的不懈努力，以及收复外蒙古的成功，1919年左右的中国经济形势，也跃入了一个稳定的发展时期。自民国成立之后，中国经济的发展势头迅猛，从1911年到1927年，十六年中，步入一个“黄金年代”，这也是清道光以来百年中国唯一的“黄金年代”。这当中，有第一次世界大战爆发的原因，也与晚清新政及袁世凯时期打下的基础有关。袁世凯担任总统之后，延续了清末新政的很多做法。制定了一系列法律法规并付诸实施。制定了银行和证券交易法规，各种证券和期货交易开始在各地涌现，银行也进入了新的发展时期；银行本位制得以实施，由中央政府统一铸造银元即“袁大头”，使得币制统一有了好的开端，现代化的金融体系初现端倪。袁世凯去世后，继任者萧规曹随，经济发展持续，中国众多民间资本力量埋头于发展，积累着财富和经验，客观上起到了“实业救国”的效果。尽管国内专家对于这一时期的经济增长有不同统计口径，但相关数据显示，从1912年到1920年，中国的工业增长率达到百分之十三点四，为历史最高。而据美国经济史学者托马斯·罗斯基（Thomas G. Rawski）的计算显示，1912年至1927年中国的工业平均增长率高达百分之十五，位于世界各国的领先地位。一些工业标志性企业得以出现——1913年，广州协同和机器厂造出中国第一台柴油机，烧球式四十马力柴油机；1918年，上海王岳记机器厂造出中国第一台万能铣床；1919年，福州船政局造出中国第一架水上飞机，甲型一号水上飞机；1920年中国从棉纱净进口国变为净出口国；1923年开办的亚浦尔电器行，1924年开办的亚美无线电公司，开始生产中周变压器、电容器、舌簧喇叭、耳机等无线电元件。1918年江南造船所获得美国四艘海军运输舰建造订货，规格均为载重量一万吨、排水量一万四千七百五十吨。到1921年，四舰先后造成下水，开赴美国交付，直至二战时仍在美欧航线上使用。无锡荣氏兄弟的崛起更具有代表性——从1912年到1917年，荣氏兄弟一口气开出了九家工厂，日出面粉四点二万袋，成为全国闻名的“面粉大王”。一战期间，荣家面粉还趁参战各国生活用品紧俏的机遇，远销到欧洲和南洋各国。荣家的棉纱业同样也获得了大发展：1915年，荣宗敬在上海郊外的周家桥开建申新纱厂，在开工后的三年里，棉纱产量从三千五百八十四件增加到九千八百一十一件，棉布产量从两点九万匹增加到十二点八万匹；赢利更是惊人，从开办当年的二点零六万元增加到二十二点二万元，三年增长十余倍……后来，中国社会史专家唐力行在《商人与中国近世社会》一书中认为，中国民族工业的基础，就是在这一时期基本奠定的。

与经济高速发展同步辉映的，是自1912年民国建立之后各方面的成就：对于教育的重视，使得年度大学及专科毕业生的数量，由民国元年的四百九十人，在1916年增至一千四百七十人，到民国十五年时，更是达到了两千三百人。小学在校生，由民国元年的二百八十万，增至1927年的六百六十万，更可以看作中国教育基础性的提高。

当然，就总体结构和布局来说，民国初年的经济发展相对集中于沿海，以及人口众多开放程度高的大城市，全国范围地域之间的不均衡有随着经济发展越来越严重的趋势。一些内陆和偏僻省份，由动荡、天灾以及全方位落后引发的尖锐社会矛盾不容乐观。1919年6月23日上海《字林西报》上刊载了一篇文章，可视为一篇典型报道，它涉及的是西部省份甘肃的形势：

> 苛捐杂税以及官吏的贪赃枉法，让人民渴望恢复清朝的统治。民众认为，尽管清朝的统治很坏，但民国要比它坏上十倍。我们不只在这个偏远的角落听到了对清朝的怀念之辞，在其他省份，我们了解到，也仍然存着希望清朝得以重建的情绪。

对前清如此怀念的社会情绪并非一句妄言，而是当时社会发展极不平衡的缩影。

余波未了

1919年夏天，魁梧胖大的傅斯年从北大毕业了，他没有急切去找工作，而是回到了山东聊城老家，闭门反思。在此之前的5月9日，也就是五四运动爆发后的第五天，北大校长蔡元培剃去长须，悄然离京。当天的《晨报》发表有蔡元培的致词："我倦矣！'杀君马者道旁儿。''民亦劳止，汔可小休。'我欲小休矣！北京大学校长之职，已正式辞去；其他有关系之各学校、各集会，自五月九日起，一切脱离关系。特此声明，惟知我者谅之。"惊诧之下，人们纷纷猜测蔡元培的真实意图，有人考据出"杀君马者道旁儿"这句话出自东汉泰山太守应劭所著之《风俗通义》，意思是一匹好马在周边人不停地喝彩激励之下，越跑越快无法控制，最终累死在路边；至于"民亦劳止，汔可小休"，则取自《毛诗·大雅·民劳》。以之判断，蔡元培是想表达自己就是那匹马，虽然赢得无数掌声，不过已身心疲惫即将致命。似乎就是这样，身陷其中的蔡元培不堪重负，在不可左右的社会洪流中，他已看到了存在于事件背后的复杂性，看清了自己对事态的无法左右。一个人，在面对巨大的社会洪流时，就像一片落叶一样无助，注定被卷入巨大的漩涡之中。

蔡元培先是去了天津，尔后又去了上海，最后，像一片叶子一样悄然落在烟雨朦胧的西湖边。蔡元培回到了老家浙江，是想以西湖的宁静和安谧，聊以自慰疲惫纷乱的心灵。那段时间，蔡元培全身心地温习德文法文，试图翻译一部《西洋美术史》或若干美学名著。政治太复杂了，社会也太复杂了，此刻的蔡元培想的是远离纷争，远离北大，以躲避无法控制的喧嚣。

北大依旧硝烟弥漫，在取得了阶段性胜利之后，诸多学生的使命感和膨胀感越来越强。蔡元培离京后，学生们认为校长系被逼离京，哄然又起学潮。5 月 11 日，焦头烂额的教育部长傅增湘，也步蔡元培后尘，留下辞呈，一走了之。5 月 19 日，北京各校罢课请愿，力促政府迎还蔡元培，惩办亲日官员曹、陆、章等人。全国各地学生迅即响应，事情再次闹大。北大学生领袖之一的张国焘带队组成“南下代表团”，亲赴杭州劝请蔡校长回校主持校政。与此同时，来自其他方面的代表也纷纷来到杭州，力图劝蔡元培东山再起。6 月 15 日，蔡元培发表声明，坚决不肯再任北大校长，称校长一职须承仰上级官僚鼻息，自己从 1916 年 12 月 26 日接到任命至今，已忍煎受熬两年半，决不愿再尝此种滋味。蔡元培在宣言中还表示，“我绝对不能再作不自由的校长”，对邀请其返校者答以“谨谢不敏”。在另一些场合，蔡元培多次表达了自己的观点，称自己从来无意鼓励学生闹学潮，学生示威游行，包括反对接受《凡尔赛和约》及有关山东问题的条款，乃是出于爱国热情，实在无可厚非。当然，蔡元培同样敏锐地意识到学生运动的失控和负效应，那些单纯的学生尝到了权力的滋味，为胜利而陶醉，自我约束力则越来越松懈，这同样也是应该警惕的。蔡元培的担心不是没有道理，“五四”胜利之后，很多学生过分扩张自己的要求，要求拥有决定聘请或解聘教员的权力，一旦所求不遂，辄搬出罢课闹事相要挟；教员如束以纪律或考试上要求严格一点，即马上遭罢课反对，罢课成为学生手中威胁校方与教师的法宝。学生运动的动机和背景变得越来越复杂，一系列极其过分的要求也随即提出，如要求学校发放春假津贴以补贴旅行费用，学生活动的经费也要学校补贴，免费发给讲义等。学生们动辄就以罢课要挟，罢课已成常态，开始变质：“罢课曾经是赢得伟大胜利的手段，到后来成了惹人厌的荒唐行为。”继任蔡元培担任北大校长的蒋梦麟描述道：“他们沉醉于权力，自私到极点。有人一提到‘校规’，他们就会瞪起眼睛，撅起嘴巴，咬牙切齿，随时预备揍人。”当“街头政治”成为流行，热情越来越多替代理性时，民主的方式、法治的框架，都已经被抛到脑后。此间中国的政局，越来越多地带有“街头政治”的因素。

街头政治的流行，无政府主义的扩张，也使得众多知识分子对于学生运动和街头革命的变形扭曲做了沉痛的反思。五四运动结束后，鲁迅在给许广平的一封信上说：“最初的革命是排满，容易做到的，其次的改革是要国民改革自己的坏根性，于是就不肯了。所以此后最要紧的是改革国民性，否则，无论是专制，是共和，是什么什么，招牌虽换，货色照旧，全不行的。”这实在是鲁迅深谙国民性的沉痛之言、警世之言和醒世之言。

美籍华人历史学家周策纵在其名著《五四运动史》中，对于中国何以在二十世纪初出现“五四”这种大规模学生运动有过论述。他指出，二十世纪的前数十年，中国城市扩展的速度是惊人的。1919年时，北京人口是六十万,四年后增到一百一十万。而自1907年始，中国大约有一千万人接受过或者正在接受新式教育，“他们与现代西方文明的种种接触，和与传统统治思想意识及统治阶级逐渐背道而驰，使他们能够带领其他不安的群众，向‘救中国’这个目标进军”。

说这些受过新式教育的知识分子们要“带领”群众“救中国”，这并不是“五四”一代学生们太自负，因为中国传统文化中一直有书生救国的情结。周策纵提到，在汉朝和宋朝都发生过学生干政的运动，数万人上书要求罢免一些官员，甚至还有罢课。周策纵认为，这是因为那时中国没有真正的立法机构或者代议制度，“少数受过教育的人要设法表达自己也许是无法避免的事”。换句话说，官办学校的教师学生往往在危机时刻担当起公意代言人的角色，在五四运动中，学生们就是承袭着这种负有政治使命的传统观念。

而与旧时学堂不同的是，受新式教育的学生们更年轻，人数也更多，搞起运动来规模更大。周策纵还指出五四运动能够发生的一些具体条件：与西方学生不同，他们在拥挤的宿舍里习惯了集体生活，无论是读书或是娱乐，都是成群结队的。群众行动的方式如示威、罢工和联合抵制外货，若不是由归国留学生介绍来的，就是由中国历史和西方出版物里学来的。

摒弃所有的争论，五四运动成为中国现代史里程碑的意义当然是确定的，它让中国历史真正地步入了革命时代。除此之外，它还具有很多转折点的意义——从近代转入现代，是最官方的一个转折说法，而最现实的一个转折，就是加速了北洋内部的裂变，使得北京政府本来纷纭的矛盾变得尖锐化、公开化，继而变为互相指责、互相倾轧的不可控局面。这种公开化的分裂，极大程度地制约了北京政府在内政外交上的种种决策，也制约了政局的平稳发展，其中最明显的，是加速了皖系和直系的分裂，导致了政局的动荡不安。五四运动直接地引发直皖战争，导致了亲日的段祺瑞势力的没落；也以此为分界点，让北京政府对于局面的控制变得崩溃，中国政治格局也随之出现了巨大变化。当然，如果说五四运动有最大潜在影响的话，那么，它促成了知识分子队伍的分裂：自五四运动之后，新式知识分子的阵营，已呈四分五裂状，一部分趋于保守，一部分趋于改良，而革命者，已成为这个社会不可阻挡的主力军。

临终的告别

1919年9月13日晚，就任美国驻华公使达六年之久的芮恩施辞去了职务启程回国，北京政府代理国务总理靳云鹏等一千多人前往车站送行。虽然国家公使启程从没有派仪仗队的惯例，不过这一次到车站欢送的却有一个三十八人组成的仪仗队，由英国公使馆卫队、美国公使馆卫队以及北京警察和宪兵组成。在车站，这支临时仪仗队演奏了激昂的军乐以示欢送。中国各地报刊对芮恩施担任美国公使期间的作为给予很高评价，提到他除致力于增进中美两国团结外，还对促进两国工商业和教育事业的合作等表示关心并为此作出了努力。

大学教授出身的芮恩施，多少带有一些知识分子气质，当他1913年带着伍德罗·威尔逊总统的嘱托来到北京时，袁世凯曾派荫昌将军驾着古老的皇家四轮大马车载着他驶向中南海的官邸，这样的做派给芮恩施留下了深刻印象。在芮恩施看来，虽然中国已进入共和，但这种一味讲究外表喜欢炫耀的习气，仍旧是承袭前清。首任民国大总统袁世凯只是一个内心没有改变的旧官僚，“他不了解在一个共和国中执政的意义是什么，虽然他受过训练，见多识广，但是他没有高深的文化修养，没有到过西方，也不懂得外语。因此，他对于中国这时正在开始模仿的西方的各种制度只可能有一个淡薄的、模糊的观念。他对于共和政体的原则没有真正的认识和了解，对国会的职能和真实用处，尤其是国会内的反对派的职能和用处，也同样没有真正的认识和了解”。一开始，芮恩施并不习惯跟专横独裁的中国统治者打交道，不过一段时间之后，这个聪明的美国人很快熟悉了中国古今夹杂的办事和处世方式。在中国期间，芮恩施甚至为中国人专门写了一本带有普及性的《平民政治的基本原理》，交罗家伦翻译成中文。这本书把欧美的政治和中国的需要用通俗易懂的语言表达出来，比如国家是如何成立的，宪法的性质是什么，国家的各种机关是如何组织和运行的，中国实行平民政治应该从什么地方入手，等等。

离开北京之前，9月6日，国民外交协会等六团体来为芮恩施饯行，芮恩施作了长篇讲话，后由胡适译成中文发表。芮恩施说："今年中国发生了一种国民舆论的大警觉，即以这事本身而论，已是一大进步。""这一次有许多少年学生很出力做事，帮助舆论的发展。他们的爱国心使人对于中国的前途很可乐观。""这一次中国民意的大觉悟，总括看来，可以使我们断定中国将来的重要国事必须要先得国民的意见，必须要合于国民的需要。……一个政府若没有国民的公意与帮助作一个基础，决不能做一个强有力的政府。"看得出来，虽然对于中国的长远进步存有希望，不过对于中国目前的政府和形势，芮恩施还是怀有深深的失望。

从希望到失望，这不仅仅是一些外国人对于中国的感觉，也是很多中国人的心境。在此之前的1918年11月7日，曾任清廷民政部员外郎的梁济告诉儿女要到积水潭购置的两间旧屋小住，家人同意了。自从赋闲在家之后，梁济经常带笔墨纸砚去那个新买的屋子里，家里人也习惯了，也许年纪大了喜欢点清静吧，也好独自写写文章。临行前，梁济突然吞吞吐吐问儿子梁漱溟："这个世界会好吗？"书生气十足的梁漱溟漫不经心地回答说："我相信世界是一天一天往好里去的。"梁济长叹了一口气："能好就好啊！"说完便离开了家。实际上从民国取代清廷的那一天起，梁济就考虑以死殉清了。中国旧式的士大夫，一直有屈子的情怀，总想将自己的生命通过某种特定意义的捆绑，以达到某种永恒。进入民国之后，乱象丛生，一切都与以前不一样，这使得梁济的死意更坚定了。那几日，在萧萧的落叶之中，伴着微明的灯火，梁济写下了长达数千言的《敬告世人书》和一系列信件。在《敬告世人书》中，梁济清楚地告知："梁济之死，系殉清而死也……殉清……非以清朝为本位，而以幼年所学为本位。吾国数千年，先圣之诗礼纲常，吾家先祖先父先母之遗传与教训，幼年所闻，以对于世道有责任为主义。此主义深印于吾脑中，即以此主义为本位，故不容不殉。"

其实梁济绝非严格意义上的"保守主义者"，当主张全变、速变、暴变的"激进派"出现时，那些主张渐变、缓变的人物自然而然变成了"保守派"。1898 年，梁济仅是一位内阁中书，却积极赞成维新运动，曾草拟了千余言的奏章，主张传播新知识变法图强。成稿还未呈上，政变业已发生。不过梁济依然将维新的主张化为了自己的行动，那一年离清朝废除科举还有七年时间，梁济已不让五岁的次子梁漱溟背"四书"了，代之以《地球韵言》。梁漱溟八岁时，梁济更是将他送到"中西小学堂"学习英文，成了北京第一所新式小学首批入学的学生之一。在梁济的熏陶下，次子梁漱溟少年起便关心国家大事，不重书本学问而有志于事功，爱读梁启超《新民丛刊》《德育鉴》《国风报》等书报。这些都与梁济年轻时的志趣所为极为相似。

清帝逊位后，为覆亡前朝自尽的想法即盘踞梁济心中，不过对于新民国的幻想，又让他推迟了死期。在梁济看来，没有比道德精神的重振与复兴更重要的事情了，清朝退出也可能是一个契机，若乘此机会彻底澄清，必将"使吾国人心奋发，跻跃于上等强国"。不过新成立的中华民国很快让梁济失望异常，更令人痛心的，是随之而来的道德沦丧秩序崩溃。在此之后，内心已然枯槁的梁济反复思量殉清的意义，在他看来，历史上二十四朝覆灭都有殉道者，唯独清室逊位，举世漠然，未见一个有心人。这样的有心人，是否该他来承担？如果由他来承担，别人是否能够理解？……等到梁济将自己的想法全面付诸纸上说尽之时，已是 1918 年 11 月，这时他总共写出六七本杂记，距清亡已近七年。

9 日晚，梁济留给朋友、儿女的遗书都已写完，因为净湖主人彭翼仲已将宅院重门紧闭，梁济出不了大门，只好坐等天明。10 日寅刻，一夜未睡的梁济，呵出一口热气，将砚台中凝结的墨汁融解开，又草草写了几行临死再告世人的话，然后以“巨川末笔”四字作了终结。天一亮，梁济便出门，只身走到积水潭边，站立良久，纵身跳了下去，在《敬告世人书》中，梁济一开头就写道：“吾今竭诚致敬以告世人曰，梁济之死，系殉清而死也。”此时距他的六十岁生日还有三天。

梁济是带着对逝去清廷的缅怀以及对新生民国的失望而去的。实际上对新成立民国失望的，又何止一个梁济呢？只不过，更多的人是在越来越多的失望中苟且罢了。梁济的死，与其说是殉清，还不如说是一个传统知识分子，对自己的国土产生的越来越强烈的陌生感。在他们眼中，这个曾经生活的土地，变得越来越奇怪，充满着荒诞，也充满着陌生。既然这个世界已不再属于自己，他们宁愿选择决然离开。

1919 年 11 月 14 日，另一前清大儒梁鼎芬在北京病逝。有资料说，自张勋复辟失败后，梁鼎芬一直穷困潦倒。死前的一年间，卧病在床的他有时连一口像样的饭都吃不上。这位清朝光绪年间的进士，最高做到布政使一级的中国士大夫，一直不肯与生存了八年的民国握手言和。值得一提的是，梁鼎芬对西学也颇有研究，可他始终认为西方那一套不能救中国，中国只能自救，只有大清才能救自己。临终前，梁鼎芬遗言谓不可刻其诗集：“今年烧了许多，有烧不尽者，见了再烧，勿留一字在世上。我心凄凉，文字不能传出也。”后人推测，梁鼎芬自以为无能为力挽回时局，故希望后人将他遗忘。作为前清遗民，梁鼎芬固执地以为民国只是改朝换代换汤不换药的一个王朝而已。

诸如梁济、梁鼎芬这样“螳臂当车”的悲剧角色，在民国初年还有不少。这样的情景，也是民国之初人心浮动的见证。动荡的中国政局，以及中国由此陷入的困境，使得虽然经历了袁世凯和张勋两次帝制的失败，但仍有很多中国人对于传统的帝制寄予很大希望。当前进找不到出路时，人们自然习惯于回忆过去，依稀留恋那一抹星辰般遥远的光芒。1919年9月9日，天津的《华北每日邮电报》上发表一篇社论，题为《另一场复辟是不是就在眼前》，文中充满着别有用心的挑动：

> 共和政府的经历一直是惨痛的。今天我们看到，南北都在剑拔弩张，这种情形只能让人得出这样的结论：在中国，人们经过共和政体的尝试后，发现其固有的缺点，在中国的土地上实行共和制，尚缺乏某些条件。这个国家的中坚分子——富人阶层和士绅，已经厌恶种种相互残杀的战争，我们深信，他们一定会衷心拥护任何形式的政府，只要它能确保十八个省份的太平就行。
>
> 不要忘记，保皇派的阵容非常强大，他们对共和政体从来不满，但由于某种原因，近几年来，他们一直保持着缄默。显然，他们的行动也得到各大军阀的同情，他们中有些知名人士奔走于军阀集会的场所，也有所斩获。
>
> 那些暗地赞同和希望逊帝重登大宝的人认为，共和主义正在破坏这个国家，因而必然会采取措施——甚至是断然措施——恢复旧日的欣欣向荣、歌舞升平的景象。
>
> 但复辟帝制决不会是一帆风顺，必然遭到多方反对。而

且，还会在外交上受到相当大的阻力，反对的公使馆也所在多有。可是只要政变成功，这种反对之声就必须消失，因为我们知道：成者为王败者为寇。

同样不属于这个时代的，还有另外一些人——1919 年 4 月，曾任清廷顾问的李提摩太死于伦敦。这位传教士出身的英国人，曾通过译介西学，出版报刊、图书影响了许多官员和大批知识分子，对中国维新运动有很大影响。同样在 4 月，京张铁路的设计者詹天佑逝世。当年詹天佑是受直隶总督袁世凯的委任，主持这中国第一条铁路的修建。詹天佑和袁世凯都可以说是中国前进的推动者，他们不以口号和主义的方式，而是以一点一滴积累和实施来进行改变。李提摩太去世一年后，也就是 1920 年 5 月，曾在很长时间里一直担任中国政府顾问的莫里循被诊断出“恶性胰腺炎或胆囊阻塞”。这位在中国生活二十多年、新闻记者出身的英国人在妻子珍妮的陪伴下来到伦敦住院，很快，莫里循发现自己的病情恶化速度超过了所有人的预料，生命就如一丝燃竭的灯芯一样即将熄灭。莫里循在自己的日记当中写道：“我一直珍藏着的一个希望就是回到中国。我不愿意死，但如果回天无力，我要死在中国，死在多年来对我关怀备至的中国人中。”莫里循想到自己在北京曾经的寓所，在那里，莫里循引以自豪的是收集了自古以来两万本用欧洲各国文字出版的论述中国的书籍。可惜在离开中国时，贱卖给一个日本收藏家。在最后的日子里，莫里循告诉家人，他想回到中国，死在中国。按照莫里循的吩咐，家人给他订下了 6 月 18 日的船票，准备先从英国前往加拿大，再从温哥华乘船去中国。可没等到出发的那一天，莫里循就于 5 月 30 日离开了人世。

莫里循带着对中国的一腔热爱和怨尤离开了人世。因为太不方便，家人只好把他葬在英国。莫里循在西德茅斯的墓地，既没有墓碑也没有十字架，只有一圈中式的汉白玉栏杆，上面刻着英文：北京的莫里循。

莫里循热爱中国，也热爱北京。他与所有跟中国有缘的外国人一样明白：自己的所有荣光和自豪，实际上都是这个混乱而美好的国家给予的。

第六章

向左转

（1920—1921）

混乱与困惑

戏剧性的直皖战争

纸上的论战

罗素来华

乱象丛生的时光

呼唤革命时代

混乱与困惑

1919年的五四运动的确是一个历史转折点，它带来的变化是全方位的——如果说五四运动之前，中国知识界新锐分子对于欧美思想文化怀有景仰和遵从的话，那么，五四运动之后，他们开始转向不信任，并且有意识地抵制西方了。在此之前，有关欧美的政治制度、经济方式、思想文化以及所有的一切，几乎都被看作是先进的，值得效仿和借鉴的。辛亥革命之后建立的共和制度，实际上就是对欧美宪政的模仿，直接拿来的，就是美国式的模板。虽然很少有人对宪政和共和有较深入的理解，不过他们仍笃信这种政治方式，在他们看来，美国在世界上的迅速崛起，主要是因为有着一个极先进的制度。可以佐证的还有日本，在很多中国人看来，日本之所以在短时间内迅猛崛起，同样是因为他们拿来了西方的制度。绝大多数中国人相信制度是灵丹妙药，只要改弦更张，中国就能很快改变落后面貌，屹立于世界先进国家之林。

与中国处于相同境况的，还有整个世界——第一次世界大战给世界带来的变化同样是全方位的——从政治与文化思潮来看，如果说第一次世界大战前，民主和宪政的思潮还占据着人类精神追求和社会变革主流的话，那么，第一次世界大战后，崛起的北方大国苏俄在短时间内树起的榜样，已形成对这种思潮的挑战。即使是资产阶级民主共和始作俑者的法国和美国，都对制度显示出很多不自信来。美国一些原先认为社会主义只不过是中间道路、是“喝不醉的淡啤酒”的知识分子现在也开始倾向于苏俄的社会主义试验，开始不自觉地向左转了。

美国富有名望的思想家和哲学家多斯帕索斯、舍伍德·安德森、厄斯金·考德威尔、马尔科姆·考利、林肯·斯特芬斯、格兰维尔·希克斯、克利夫顿·法迪曼、厄普顿·辛克莱、埃德蒙·威尔逊等人更是竭力推崇共产主义。威尔逊极力主张“从共产党人手中把共产主义接过来”，又说：“俄国是世界上道德的顶峰，那里是一片光明，永存不灭。”威廉·艾伦·怀特把苏俄称为“世界上最令人感兴趣的地方”。每月读书俱乐部选上《新俄罗斯简介》介绍给读者，书中把美国的混乱透顶和俄国的秩序井然做了对比。威尔·罗杰斯说：“那些瞧不上眼的俄国佬……他们的办法真了不起啊……国内人人有工作，想一想这多好。”埃尔默·戴维斯说，为利润而生产的制度已经失灵了。甚至斯科特·菲茨杰拉德都在阅读马克思的著作，并且写道：“为了要革命，也许参加共产党是必要的。”

欧美杰出知识分子都如此不自信，更可以想象中国的情景了。苏俄所发生的一切，动摇着中国人对于突如其来并且一直“夹生”的宪政制度的坚守。越来越多的中国人失望于大洋彼岸引进的代议制度，在他们看来，这种政治制度的扯皮与低效让人失去信心和耐心，而跟中国在历史和文化传统上有着更多相似的俄国所诞生的政治制度才是最先进的，也是最适合于中国的。当然，就中国进步知识分子而言，五四运动之前所谈论的社会主义，多半还不是那种以阶级斗争为内容、以社会革命为手段的革命的社会主义。当然，长期苦于专制和武力之害，渴望和平与平等的中国知识分子，对于暴力、专政等，有一种本能的反感，对于俄国社会主义最难接受的，就是暴力革命和无产阶级专政。这样的社会心态，决定了多数中国进步知识分子对苏俄模式的社会主义抱有很大程度的戒备和警惕。受欧美资产阶级宣传舆论的影响，人们相信这种社会主义不仅残酷，而且过于专制。不过，中国面临的现实处境，很快让很多中国知识分子改变了看法——巴黎和会上美国的态度，被更多中国人看作是对中国的背叛。在此之前，美国提出的“自由平等”“民族自决”口号一直受到中国知识界欢迎；美国在光绪年间主动退还庚子赔款两千九百万美元用于中国教育事业，被很多中国人看作神话。在对中国的态度上，美国提出并始终主张维护中国独立和领土完整，也使它赢得了超乎寻常的亲和力。很多中国人因而对陌生的美国产生好感，甚至把美国想象成童话中的救世主。辛亥革命后，中国全盘拿来美国的政治制度，也是基于对“美国神话”的笃信。然而，巴黎和会上美国的态度，使得多年来堆积起来的公平正义的美好形象一夜之间像沙器一般坍塌，美国就像一个被扯破了画皮的骗子一样，赤裸裸地展示在人们面前。以前吹捧过威尔逊是“世界第一好人”的陈独秀，这时候也奋笔疾书，痛斥“威大炮”背信弃义。陈独秀态度的转变，代表着中国知识分子甚至是普通民众的态度。年轻的毛泽东也说：“绝对的自由主义，无政府主义，以及德谟克拉西主义，依我现在的看法，都只认为于理论上说得好听，事实上是做不到的。”（毛泽东：《致蔡和森等》）否定美国的同时，中国知识分子寻找着新的偶像，而俄国革命以及俄国的做法，恰到好处地填补了这个空白。穷途末路之中，不由得人们不相信背水一战的革命了。

现在，该谈一谈那个北方大国对于中国的影响了。如果说近代中国命运多舛，备受欧美列强以及日本欺压的话，那么，中国现代史的走向，更是受到两个国家的钳制，那就是日本和俄国。对于北方大国俄国来说，对于将领土延伸到温热的亚热带，一直有着野兽般的渴望。这不完全是气候的考虑，还有心理上的因素。当俄国重心慢慢向东扩展的同时，它的注意力也向着东南扩展，如熊罴一样虎视眈眈窥视南方温热的土地。1901 年，当清朝屈辱地与联军们签订了《辛丑条约》之后，各国陆续将自己的军队撤出，只有俄国按兵不动，盘算在此基础上变本加厉，他们甚至一直逼迫到清政府首席谈判代表、北洋大臣李鸿章的病榻上。

1917 年 11 月 7 日，阿芙乐尔号巡洋舰的炮声让全世界从睡梦中惊醒，布尔什维克轻松地取得了革命的胜利，轻松取得了古老帝国的政权。通过十月革命上台的年轻的布尔什维克，没有丝毫执政经验，一方面得面对陌生的国家机器，另一方面还必须应付西方列强对于新生苏维埃的干涉。至少在 1920 年以前，新生的苏俄对于南方的中国，尚没有精力考虑战略上的布置与对策。直到所谓的十四国武力干涉失败，以及国内叛乱平息后，不再直接受制于西方围困的苏俄开始腾出手来，计划在世界范围之内寻找革命的火药桶，也寻找自己的帮手。苏俄先是把目光投向了欧洲，在一些国家策划暴力革命，试图建立社会主义，以联合对抗虎视眈眈的资产阶级。不过 1919 年下半年到 1920 年，欧洲革命高潮低落下去，德国十一月革命失败，匈牙利、巴伐利亚和斯洛伐克三个苏维埃共和国先后被镇压，世界革命的火焰并没有像列宁等苏俄领导人所期望的遍地燃烧，而是不断遭到扑灭。在这种情况下，苏俄及时纠正革命初期就在西欧很快实现社会主义革命的想法，把眼光投向了资产阶级力量相对孱弱的东方，急于在此掀起一场民族解放运动。这样，正处于转型动荡之中的东方大国中国自然而然地成为了他们眼中的主战场。

可以说，苏俄对于中国的形势和格局是慢慢熟悉的，一开始，它对北京政府是陌生的，对于中国各政治力量，中国南北存在的两个政府——保守派、前朝旧臣组成的北京共和政府以及激进派、前朝旧臣组成的广州军政府，究竟采取何种立场也不清晰。在他们看来，北京政府虽然得到一些大国的承认，但其政治方针却不十分明确。应该视北京政府为帝国主义的帮凶，还是将其视为国际舞台上依旧处于不平等地位的一个政府，因而是俄国潜在的盟友呢？俄国必须明确自己的立场，然后才能制定相应的外交政策。苏维埃俄国希望中国承认它，并与其建立正式外交关系。对于新成立的苏维埃共和国，北京政府同样有一个观望和等待的态度。来自西方成员国的巨大压力，使得北京政府一开始没有与俄国签订外交关系，而是希望借助苏俄迫切建交的心理，谋取外交和领土上的利益，以挽回部分早期失去的领土和利益。因此，北京政府对于已经垮台的沙皇政权在中国的外交人员，仍进行承认和帮助，一直到 1924 年，北京政府才承认了苏俄。北京政府对于苏俄的态度和行为，以及它背后的西方势力和理念，当然使得新生的苏维埃政权对于北京政府抱有浓重的敌意。

1919 年 3 月，共产国际组织在莫斯科成立，意味着苏俄希望将革命推向世界，莫斯科成为世界革命的指挥中心。1920 年 8 月召开的共产国际第二次代表大会通过的《共产国际章程》指出："共产国际的目标是：运用一切手段，甚至拿起武器，开展推翻国际资产阶级的斗争。"从性质上看，"共产国际表面上被认为是独立的集体的国际共产党人组织，而实际上在思想上、政治上、组织上和财政上都处在俄共（布）中央政治局的严密控制之下。共产国际的所有重大政治举措和干部任命都得经俄共（布）中央政治局的讨论批准"。让列宁矢志不渝的世界革命目标，就是要在落后国家中实现无产阶级专政和苏维埃制度，最终建立苏维埃共和国联盟。这也是列宁针对"威尔逊主义"提出的国际新秩序。在此基础上，共产国际制定了东方战略，考虑有二：第一，出于在西方国家开展社会主义革命希望的破灭的考虑；第二，出于远东边界安全受到严重威胁的考虑，主要使日本从它所占领的领土撤走，消除撤退到满洲和外蒙古的白卫军的进犯威胁。

孱弱的中国夹杂在日本和俄国两个强国之间，就像夹杂在熊与狼之中的一头牛。双方虎视眈眈，一心想吃掉食物，同时也警惕对方的动态，力图占据先机。1919年7月，就在中国巴黎和会外交失败，饱受屈辱和悲愤之时，苏俄政府对华宣言，放弃旧俄在华侵略之权利及庚子赔款，并希望恢复正式邦交。这是苏俄第一次对华宣言，由代理外长加拉罕署名，称第一次“加拉罕宣言”。北方大国这一举动，让中国人激动万分，仿佛黑暗中发现了一些光亮，看到了真正的公平和正义。《钱江评论》上有一篇青年学生的文章是这样赞颂着俄国：“俄国人民啊！我们当速联合全世界的被掠夺者，为全世界为全人类而战，为正义人道而战，为自由平等互助而战，日本英法美和其他诸国的资本家政阀军阀，都是我们的大敌，我们当芟除之。”在此之后的1920年9月27日，苏俄发表第二次对华宣言，声明八事：废除帝俄条约，交还各种权利，恢复商务，取缔旧党，取消在华领事裁判权，放弃庚子赔款，交还中东铁路，互派外交官。因为此声明仍由加拉罕署名，所以称为第二次“加拉罕宣言”。苏俄的这一次宣言，再次引起中国社会群情激荡。后来的事实表明，苏俄对北京政府的示好，显然别有深意。在当时情况下，那些名义上准备归还给中国的领土，大都操纵在俄国旧党谢米诺夫和日本人之手，苏俄对华宣言的真实意图，除了示好，同时也激起北京政府采取联苏反日和反白匪的行动。到了1922年下半年，由于已基本收回这些领土，苏俄申明的口气也相应发生了变化。11月6日，苏俄在华全权代表向北京外交部申明，加拉罕两次宣言并非放弃苏俄在华之合法利益，该宣言亦非永久有效，除非中国不再漠视俄国利益，俄国或将不得不考虑其所给予之许诺。

苏俄两次“加拉罕宣言”表明的态度，经报纸公布之后，引得了全中国知识界的好感。尽管仍有一些知识分子坚决反对布尔什维克革命的社会主义的理论和方法，也不同意在中国照搬俄国的做法，不过整个舆论界在对待苏俄的问题上，已迅速“由盲目的反对态度，而渐趋惊奇的疑信态度”了。已经有人公开欢呼起俄国革命来了，主张在中国也应该实行那“有人类以来第一次轰轰烈烈的大革命”，去“革政府的命”，“革阶级的命”，革种种落后风俗、制度和不道德的心理和行为的命。大批进步学生和青年学生，迅速地掀起了一个规模空前的社会主义思想传播的热潮，力图从各种不同的社会主义主张中，找到一种适合中国的，足以救国救民的理想出路。而随着社会主义思想传播的日益广泛和深入，人们的救国主张也日趋分化，中国的知识分子以及广大民众不由自主地“左转”，各地俄罗斯研究会、社会主义研究会、马克思学说研究会纷纷涌现。

越来越多的中国人坚定地自以为找到了另一条可行之路，不是回归传统，也不是模仿西方，而是走俄国革命的新道路。俄国革命似乎为中国提供了一个范例，那就是传统的农业专制社会怎样通过一次大胆行动一跃向前的突变。很多中国人乐观地以为，这是一种速成法，也是一种点金术。革命就像涅槃，只有先行毁灭，才能得到新生。对西方社会幻想的破灭，1911 年之后对于西方宪政民主不愉快的体验以及俄国道路的警示，都使得越来越多的人相信只有俄国式的共产主义，才能成为迅速解决中国问题的办法。在中国陷入困惑和迷茫的同时，新成立的苏俄伸出强有力的手，迫切表示愿意帮助中国完成飞越传统社会的愿望。《泰晤士报》的一篇新闻就说，来自北方的苏俄已经暗示中国民众，苏俄红军已做好准备，愿将中国从帝国主义和资本主义的奴役中解放出来。

戏剧性的直皖战争

五四运动使得北京政府的权威进一步削弱，平民和学生动辄以游行示威干政。本就岌岌可危的中央权威，五四后对于各地方的掌控，对于时局的把握，更显力不从心。就北京政府内部而言，执政理念和思想行为上，已出现明显不一致：大总统徐世昌倾向于沿用晚清旧制，重新恢复地方自治。在他看来，地方自治是实现法制的基础，是国家长治久安的前提，也是符合中国国情的。中国偌大的疆土，各省份发展极不平衡，很难用统一的政策来驱使，应该给地方以极大自主权。章太炎、梁启超、张继等一干人比徐世昌走得更远，在他们看来，世界大国有着普遍“联邦制”的特点，对于像中国这样的大国，如果不实行“联邦制”，不仅效率低下，而且很容易形成中央集权。既然南北政府都无力统一全国，与其连年征战，不如各省先行自治，把自己的事情办好了，等适当时机，再实行“联邦制”，如此便可以不通过武力最终实现全国统一。此外，各省领导人的形成也是一个问题，如果完全由中央任命，那么，很可能形成对地方的不负责任，必须由各省自行选出。对于徐世昌、梁启超、章太炎等人的看法，段祺瑞以及新国会坚决不赞同。段祺瑞还是主张加强中央集权，集所有大权于中央。在段祺瑞看来，联省自治很容易走向分裂之路，各省若置新成立的中华民国于不顾，中央既无权威又无经济来源，必定会导致崩溃。

中央意见不一致，而各省就更不相同了。南方以湖南、四川、广东等地为先导，已公开探索“联省自治”的方式，他们发表主张说：如果各省能自己摆脱军阀混乱的局面，去寻求自身的稳定和发展，整个国家将会强盛起来。在这些省份看来，美利坚合众国、加拿大、澳大利亚、瑞士联邦以及 1815 年的日耳曼联邦，都是很好的例子。既然北京中央政府如此腐败无能，又何必固执于这个中央政府呢？湖南甚至在短时间内颁布实施了自己的宪法，湖南省公民依省宪直选产生了第一届省议会，并且选出了自己的省长。在上海，“中华民国八个团体国是会议国宪草拟委员会”草拟了“中华民国宪法草案甲种”和“中华民国宪法草案乙种”，这两种草案都体现了联邦制精神，成为联省宪法的雏形。客观地说，各省各派别对政治思路的不统一，加剧了中央权威的分崩离析。

1919 年 12 月 28 日冯国璋的离世加速了局面的分化。冯国璋的临终遗言为：“和平统一，身未及见，死有遗憾。”看得出来，冯国璋至死仍不能释怀的，依然是国家的和平统一。不过让冯国璋没有想到的是，他的死加剧了北京政府各派别的分裂——如果说直系和皖系在此之前还碍于冯国璋和段祺瑞的旧情不好公开撕破脸皮的话，那么，冯国璋之死，直接导致了平衡的倾覆。冯国璋死后，一向喜欢铁腕专权的段祺瑞和徐树铮，对于大树既倒的直系，表现出压迫和吞并之心。直系继起的首领曹锟和吴佩孚，没有了冯国璋这一层约束之后，也希望以树敌来凝聚力量，变本加厉进行扩张。1919 年年底，直隶督军曹锟串联“长江三督”李纯、王占元、陈光远以及河南督军赵倜组成一个五省督军同盟，意在对抗段祺瑞的皖系。不久，奉天张作霖又率吉林督军鲍贵卿、黑龙江督军孙烈臣加入，发展成为八省督军的反皖同盟。张作霖之所以要加入，是因为皖系徐树铮已成为西北筹边使兼“边防军”总司令，授以节制内蒙、新疆、陕西、甘肃所有军队和官吏的全权，成为名副其实的“西北王”。这个“西北筹边使”比张作霖的“东三省巡阅使”势力范围更大，权力也更大；在西北和东北交际的内蒙古等地区，两人屡起冲突，张作霖明显感受到来自徐树铮的威胁。

矛盾变得越来越复杂。段祺瑞没有想到的是，原本算是自己亲信的新任总理靳云鹏上台后，坚持在直、皖、奉三系之间采取不偏不倚的立场，对安福系也保持一定的距离；同时力主推进南方议和，实现和平统一。靳云鹏这一立场，引起了安福系和段祺瑞的强烈不满，在内阁人选以及相关政策制定上，靳云鹏的意见不断遭到新国会的否决。新国会的不断否决，又引起了靳云鹏的强烈反弹。此后，国会和内阁冲突不断，靳云鹏内阁的工作受到严重干扰。加上吴佩孚在南方的矛头直对皖系，靳云鹏夹在这当中，甚是尴尬，数次请辞。靳云鹏的处境，激起了很多政界人士对于段祺瑞和安福系暗中控制政局的不满。徐世昌想因势利导，联系各方力量谋求削弱段祺瑞的势力。在此背景下，由曹锟和吴佩孚挑头发起的直系与皖系的对抗，可以说既有徐世昌暗中怂恿或默许的成分，也有其他政治势力坐山观虎斗唯恐天下不乱的因素。政治的复杂性，在很多时候，真不如文字表述那样直截了当，它暗藏的因素太多，以至于表达上总显得苍白无力难以言说。

1920年3月，因五四期间电报战赢得崇高威望的吴佩孚宣布带兵北上。撤防之前，吴佩孚与南方军政府岑春煊达成协议，军政府提供吴佩孚部队毫洋三十万元，吴佩孚军让出湖南地盘让湘军接手。这个时候，原驻守湖南常德的冯玉祥旅已退出湖南，张怀芝部也由江西方面撤走，安武军李旅、毅军赵旅和奉军湘东支队都各自退归。因此，吴佩孚军队一北上，湖南遂为湘军所占，张敬尧也被迫率吴新田、张敬汤等残部退向湖北。

5月25日，吴佩孚率所部第三师及王承斌、阎相文、萧耀南三混成旅自衡州北上。一路上，北上部队高唱着吴佩孚撰写的《满江红·登蓬莱阁》：

北望满洲，渤海中，风浪大作。想当年，吉江辽沈，人民安乐。长白山前设藩篱，黑龙江畔列城郭。到而今，倭寇任纵横，风云恶。

甲午役，土地削；甲辰役，主权弱。叹江山如故，夷族错落。何日奉命提锐旅，一战恢复旧山河；却归来，永作蓬山游，念弥陀。

5月31日，吴佩孚率领大队人马抵达汉口，成千上万的武汉民众在河岸上守候着这支传说中的部队。武汉学生争先恐后向吴佩孚献花敬礼，称誉吴佩孚为“革命将军”。各地报纸都将吴佩孚北上的行动刊登在显著位置，英美报纸更用溢美之词称赞吴佩孚是中国大英雄。在汉口，吴佩孚得到鄂督王占元资助的军费六十万元后，作为军饷分发三军，队伍士气更加振奋。踌躇满志之下，吴佩孚作诗《回防途次》，以明撤兵之志：

行行重行行，日归复日归；江南草木长，众鸟亦飞飞。
忆昔复戎机，长途雨雪霏，整旅来湘浦，万里振天威。
孰意辇毂下，奸巷乱京畿，虺蛇思吞象，投鞭欲断淝。
我今定期归，天下一戎衣……

从诗中看出，吴佩孚矛头直指徐树铮与段祺瑞，决心和志向一目了然。

6月5日，吴佩孚离开汉口继续北上。6月8日，吴佩孚自汉口到郑州。6月13日，吴佩孚自郑州通电，反对安福系包办上海和会，主张开国民大会解决时局。吴佩孚将部队布置在郑州、许昌、驻马店、新乡等地，做好随时攻击北京的准备。

7月1日，曹锟、吴佩孚等直系将领发表“直军将士告边防军将士书”，提出了几项要求：一是徐树铮必须退职，这是典型“清君侧”，将徐树铮逼下台，等于去掉段的左膀右臂；二是段祺瑞亲自建立的边防军必须由陆军部统辖；三是安福俱乐部必须解散。

7月3日，曹锟、张作霖、李纯联名通电声讨徐树铮，宣布其六大罪。

7月4日，总统徐世昌借力打力作出决定：一是任徐树铮为威远将军；二是开去徐树铮西北筹边使，由李垣暂行代理；三是西北边防总司令一缺着即裁撤，其所辖军队由陆军部接办。

老资格的段祺瑞当然不甘在小字辈的吴佩孚面前示弱，7月5日，在北京召开的上百人参加的军事会议上，段祺瑞发表讲话，严厉声讨曹锟、吴佩孚目无中央挑战权威的行为：

> 国家以纲纪为重，纲纪不振，则国不存。吴佩孚先是受贿通敌，无故撤防，后又在保定兴风作浪。曹锟竟敢以兵力要挟总统，胁迫中央，提出种种破坏法律之主张，还要求下令解除徐树铮之职。徐此次收回外蒙，未用中央之款项而收回数万里之疆宇，居功至伟。曹、吴却要求首先罢免徐使，这是法纪荡然，是非不明。本人为维护国家纲纪及维持元首威信起见，不得不兴师讨逆。现拟呈请大总统将曹锟、吴佩孚、曹瑛（曹锟弟）褫夺官勋，交祺瑞拿办。现已入军事状态，如有不听命令者，当按军法办理！

战争不可避免地爆发了。这时候的军阀混战，已带有强烈的中国特色：战争极具戏剧色彩，雷声大雨点小，看起来轰轰烈烈，实际上只是走过场。那些参战的官兵们，既不知为什么打仗，也不管战胜或者战败的后果。一切都是舞台，连战争也一样。主要因为：一是军阀们谁也不愿真打，杀敌三千自损八百，二虎相斗，谁也占不了绝对的便宜。况且螳螂捕蝉、黄雀在后，谁也不敢全心全意地打仗。二是那时的军阀都缺钱少粮，战争就是消耗财物，因此谁也不敢打仗。

7月9日，徐世昌发出总统令，免去第三师师长吴佩孚职，交陆军部惩办，曹锟褫职留任。7月10日，段祺瑞自任“定国军”总司令，徐树铮为副总司令兼参谋长，段芝贵为前敌总指挥，曲同丰（边防军第一师长）、魏宗瀚（第九师长）、陈文运（边防军第三师长）、刘询（第十五师长）等分任各路司令。7月11日，曹锟通电攻击段祺瑞及安福系。吴佩孚直斥段祺瑞为汉奸：“自古中国严中外之防，罪莫大于卖国，丑莫重于媚外”，“今日之战为救国而战，为中国民族而战；其战而死，为国民争人格，死亦有荣无憾”。

7月14日，双方正式开战。直军方面共有兵力约五万七千人，其中吴佩孚第三师一万一千人，第二、第三混成旅合计一万六千人。另外，属于直系的外省军队约有十二三万人。皖系方面，北京政府所辖的军队分属各省督军，中央政府此时实际能调动的军队，只剩下段祺瑞刚刚组建的一战“参战军”近十万人。比较起皖系参战军的无实战经验，吴佩孚部队一向以吃苦耐劳敢打硬战著称。吴佩孚部率先发动攻击，突袭徐树铮的西北边防司令部所在地松林店。皖系前线总指挥段芝贵一击之下仓皇逃跑，军队失去了指挥，顿时无所适从。双方一交战，皖系的兵力还没有完全展开，就已呈溃败之势。吴佩孚乘胜追击，率三万直军向北京挥师直进。

值得一提的是奉军张作霖，在这一场战争中，张作霖充分扮演“坐山观虎斗”的角色。战争未启之时，张作霖一会表示支持曹锟，一会又向段祺瑞示意支持。直皖战争关键时刻，张作霖看出段祺瑞败象初现，派出两个旅，由天津直袭驻扎在涿县境内的皖系军队。同时发电通告段祺瑞，誓率关外劲旅，入关“清君侧”。皖系军队面对直系的正面进攻，又忌惮张作霖的“捕蝉在后”，一时溃不成军。1920年7月18日，靳云鹏告知段祺瑞：“战争已完全失败，边防军战斗力已失，若不从速设法，恐怕三天左右，京中粮食告急使全军不战自溃，到兵临城下时再求和，为时就晚了。”仗打到这个份上，连段祺瑞也觉得没什么意思，他当然知道吴佩孚矛头主要对准自己，既然这样，只好以“下台”谋求“和平”。段祺瑞接受靳云鹏建议，派傅良佐到天津向直军求和。傅良佐到了天津之后，立即被直隶省长曹锐扣押。7月19日，段祺瑞通电即饬前方一律停止进攻，解除定国军名义，并发表通电引咎辞职，电文说：

> 奉大总统电令，祺瑞已命前方将士一律停止进攻。此次编制定国军，防护京师，本为振纲饬纪，并非穷兵黩武。因德薄能鲜，措置不宜，致招外人之责言，上劳大总统分神。为此十分内疚惶恐，所有谬误，当自负其责。现已呈大总统，准将督办边防事务、管理将军府事宜各本职暨陆军上将本官即予罢免，并将历奉奖授之勋位、勋章一律撤销，定国军名义亦于即日解除，以谢国人，共谅寸衷。

7月27日，徐世昌下令免段祺瑞职，撤销对曹锟、吴佩孚的处分；同时责成各派将领停止攻击，原地听候命令。

轰轰烈烈的“直皖战争”只持续七天就结束了。溃败如此之快，跟三年前被击溃的张勋的辫子军结果相同。只不过，这一次的失败者变成了段祺瑞。平心而论，段祺瑞此次下野，在很大程度上，是对兵戎相见的灰心，对自己苦心孤诣不被认同的失望。以段祺瑞及皖系的实力，即使是溃败，也不可能到达无力支撑的地步。直系胜利来得如此轻而易举，也是高调宣战的吴佩孚所没有想到的。胜利在很大程度上，取决于五四运动的影响，是吴佩孚高举民族主义大旗的结果，更是当时社会人心所向。对于段祺瑞的失败，最沮丧的就是日本内阁了。这不仅仅因为参战军是由日本组织武装的，而且段祺瑞政府最起码在表面上是亲近日本的。日本根本没料到皖系参战军失败如此仓促，仓促得连反应和决策的时间都没有。此时的日本，虽然有心帮助皖系，毕竟不能过于明目张胆。这种情况下，日本不得不重新调整政策，在中国寻找新的势力加以支持和利用。

这一场战争对于中国时局的影响是很大的——虽然命名为“直皖战争”，不过战争的实质其实是吴佩孚以武力挑战“中央”权威。虽然持续时间较短，战争破坏性并不算大，不过它对于历史走势的影响，却异常长远。毕竟，这是一种非正常方式的挑战，它对于规则的破坏，以及由此生发的连锁反应，是始料未及的。直系武力直接干政，使得共和政治出现了非常不好的苗头——如果说在此之前，军阀对于政治的干涉只是权谋操纵的话，那么，直皖战争之后，武力走向前台，变成明目张胆的干涉。本来犹抱琵琶半遮面的共和政治，变得进一步虚假和堕落。中央政权更加孱弱，手握重兵的地方军人，也变得更加跋扈，更有恃无恐了。

战争中第一个值得注意之处是皖系第一路军（第十五师）刘询的部队不战而退，让吴佩孚能包围皖系曲同丰率领的第二路军。第二个值得注意之处是直系军队在直隶、河南、陕西、甘肃、安徽等地接受了皖军的投降，加以改编，势力和地盘得到进一步扩充。奉系军队也在直隶、热河、察哈尔收编了一部分皖军，剩下的有地盘的皖系军队只有浙江的卢永祥、中立的上海护军使何丰林和福建的李厚基。第三个值得注意之处是失去了地盘的皖系败军，例如湖南张敬尧的第七师和游移于鄂西豫西的吴光新的军队，有的被当地军阀收编，有的流为土匪。

在此之后，徐世昌准安福系之财政总长李思浩、司法总长朱深、交通总长曾毓隽免职，令财政次长潘复、司法次长张一鹏代理部务，田文烈兼署交通总长；又准段芝贵免京畿卫戍总司令，以王怀庆代之，王印川辞河南省长，张凤台代之；又准京师警察总监吴炳湘、交通次长姚国桢免职；通缉徐树铮、曾毓隽、段芝贵、丁士源（京汉铁路局长）、朱深、王郅隆（安福俱乐部财务股长）、梁鸿志（参议院秘书长）、姚震、李恩浩、姚国桢（交通次长），免湖南督军长江上游总司令吴光新职，褫吴炳湘官勋。此时徐树铮等九人，已藏匿于东交民巷日本使馆，李恩浩只身逃往华俄道胜银行。徐树铮在日本使馆及兵营住了三个月后，在天津驻屯司令小野寺的帮助下，化装成日本女人的模样，藏进一只柳条箱中，由一名日本军官带进火车头等车厢逃到天津，然后抵达上海，住在英租界麦根路的一所洋房里。

至于下野的段祺瑞，悻然回到天津。按照段府总管王楚卿的说法，“段祺瑞这一次到了天津之后，住的是日本租界寿街……自从来到天津之后，老段开始吃斋念佛起来。他原来一向是单开伙食，不和家里人一同进餐的，现在他开始吃素，家里面仍旧吃荤，请客时也用荤席，他自己专备两三样菜。段祺瑞一直爱吃南方的豆豉，吃素之后，更成了每餐不可缺少的下饭小菜了。段祺瑞吃素，不过吃鸡蛋，他专门养了几只母鸡，没有公鸡，这样下的蛋，段祺瑞认为是素的，也可以吃……他在家里辟了一间佛堂，清晨起来，焚香诵经，成为他照例的功课，后来一直坚持下去，始终未有改变”。对于倔强耿介的段祺瑞来说，政局的暂时失败，就像他酷爱的围棋一样，只是丢了一局而已，只要人在，就不服这口气，总有把这盘棋给赢回来的时候。

纸上的论战

1920年3月，旅欧的梁启超落寞地回到了国内。临行时壮怀激越，希望借助考察欧洲为中国找到一条适合发展道路的梁启超，这一次不仅没有收获目标和希望，相反，携回的全是冰冷的失望和迷茫。一战之后欧洲的满目疮痍，巴黎善后会议的弱肉强食，以及国内学生运动的不可控制，都让梁启超心灰意冷——如果说世界大战前的欧洲曾是古老中国努力方向的话，那么，经历过大战后的欧洲，更像是警醒中国的标志。如果中国效仿欧美的道路不通，古老中华走出困窘的路又在何方？重新踏上这片土地，迷茫的梁启超仍不住感慨，眼前的一切，似乎都有点熟悉的陌生，自己不在国内的这段时间里，竟然不可控地发生了那么多大事：青年和学生变得越来越不安分，被列强操纵的军阀已由明争暗斗转向大打出手；至于百姓，眼神中已难见驯服，明显带有暴虐和仇恨的冷焰。让梁启超敏锐感觉到的还有来自北方大国的那种革命气息，正跨过冰河雪原，带着丝丝清冷的煞气，渗入了这片原本温热的土地。

回国后，梁启超虽然恪守离开政坛和官场的诺言，潜心于著书、讲学、文化交流，不过“政治兴味”一直未尝消减。政治是大事啊，是一切社会的基础，尤其是当下的政治，关乎一个国家陷入迷顿之后的方向。以梁启超的经验和直觉来判断，经历了五四运动之后的中国，似乎已发生了某种质的变化，时代在变，人也在变，由自己继续执中国思想界之牛耳，已无可能，那些层出不穷的激进思想已越来越占据主流。不过梁启超还是不甘心，毕竟自己对于中国的走向，包括人类社会发展的规律，已有了清晰的思辨。梁启超不想这个社会被情绪左右，想以自己冷静而理性的声音发出警醒，以使中国知识界走出困境。不久，梁启超推进和组织了三个新文化的机构：一是读书俱乐部，后来与松坡图书馆合并；二是成立共学社，搜集政治、经济、军理、文艺各种文稿，由商务出版丛书；三是和蔡元培、汪大燮等人发起讲学社，每年请一国际学者来华讲学。从 1920 年 3 月起，梁启超将自己写作的《欧游心影录》刊载在北京的《晨报》和上海的《时事新报》上。在第一篇文章的下篇《中国人之自觉》中，梁启超从十三个方面提出当前形势下中国应该选择怎样的道路：第一，要有世界眼光，“我们是要在这现状之下，建设一种‘世界主义的国家’。怎么叫作‘世界主义的国家’？国是要爱的，不能拿顽固偏狭的旧思想，当是爱国。因为当世国家，不是这样能够发达出来。我们的爱国，一面不能知有国家不知有个人，一面不能知有国家不知有世界。我们是要托庇在这国家底下，将国内各个人的天赋能力尽量发挥，向世界人类全体文明大大的有所贡献”。第二，可以忧患，不可以悲观。第三，检讨以往的精英路线，从国民全体下功夫。第四，国民运动是一个长期的过程。第五，尽性主义，核心内容“是要把人的天赋良能，发挥到十分圆满”。第六，要个性发展，必须从思想解放入手。而思想解放的前提，却是要每个人学会独立思考。第七，思想解放要彻底，不能半途而废。第八，建立一个讲法制的社会，有两点最重要，一个是契约，一个是平等。第九，采取职业选举和国民投票的办法来挽救国会和宪法。这是梁启超针对当时国会的实际情况而提出的两个对策。前一个是要改善国会议员的成分，用有职业的国民来排除那些“靠政治吃饭的无业游民”。后一个是用瑞士的国民投票制度，以弥补国会议员不能完全代表国民的不足。第十，自治。重在国民对于社会管理的参与，提倡一种“我住在此地，就要管此地的事，为什么呢？因为和我有利害关系”的理念。第十一，搞社会主义“总要顺应本国现时社会的情况”，承认“社会主义自然是现代最有价值的学说”，但提醒注意，对社会主义，“精神是绝对要采用的”，至于实行的方法，却有“各国各时代种种不同”。第十二，国民运动。希望“惟有全力从事培植国民实际基础的教育事业”，通过对国民，特别是青年的启蒙、教育，奠定国民运动的基础。第十三，不能推卸的创造新文明的责任。“拿西洋的文明来扩充我们的文明，又拿我们的文明去补助西洋的文明，叫他化合起来成为一种新的文明。”从这些全方位的主张可以看出，梁启超提倡的，是以东西方文明的不断融合和发展，来推动古老国家的不断改变。

1920年9月，梁启超接掌了张东荪原先创办的《解放与改造》半月刊，将其更名为《改造》，在发刊词中，梁启超阐述了自己的政治主张：

政治上谋求国民与法律上的“最后之决权”。国家“以地方为基础”，缩小中央权限，实行地方自治。

经济上树立“生产事业不发达，国无以自立”的观念，发展资本主义。

思想文化则致力于反对大一统主义，吸收“对于世界有力之学说”，融会中西。

废兵，即废除常备的国防军，兵民合一。

实行强迫普及教育，并视之为民治之根本。

这篇文章，从某种程度上说，更像是一份关于国家政治、经济、思想文化、军事以及教育的大政纲要，可以看作是梁启超对自己《新民说》的延伸和修正，是一篇系统阐述思想和主张的力作。梁启超坚定不移的，还是反对“过激”的革命，主张“舍生产事业发达外，其道无由”，即社会发展只能走发展经济的路子。中国不可能跨越资本主义阶段而谈别的主义，只有走缓和的、渐进的、改良的，以发展生产和资本主义为主要途径，然后才能建立资产阶级民主体制，否则后患无穷。

与梁启超一样为中国的出路苦苦思索和寻觅的人还有很多。1920年8月，蔡元培、陶孟和、胡适、蒋梦麟等八名知识分子联名在《晨报》上发表《争自由的宣言》，如此说道：“我们本来不愿意谈实际的政治，但实际的政治，却没有一时一刻不来妨害我们。自辛亥革命直到现在，已经有九个年头。这九年在假共和政治之下，经验了种种不自由的痛苦；便是政局变迁，这党把那党赶掉，然全国不自由的痛苦仍同从前一样。政治逼迫我们到这样无路可走的时候，我们便不得不起一种彻底觉悟，认定政治如果不由人民发动，断不会有真共和实现。但是如果想使政治由人民发动，不得不先有养成国人自由思想、自由评判的真精神的空气。我们相信人类自由的历史，没有一国不是人民费去一滴一滴的血汗换来的。没有肯为自由而战的人民，绝不会有真正的自由出现。这几年军阀政党胆敢这样横行，便是国民缺乏自由思想、自由评判的真精神的表现。”这份宣言，算作民国知识分子们对新文化运动的一种逆动，但其姿态——“先有养成国人自由思想、自由评判的真精神的空气”——仍然是和平的、启蒙性质的。

半年后，也就是1921年年初，蔡元培在《新青年》上发表《洪水与猛兽》一文，把新思潮比作洪水，把军阀比作猛兽，认为中国的现状就是要与洪水与猛兽作斗争，“要是有人能把猛兽驯服了，来帮同疏导洪水，那中国就立刻太平了”。蔡元培看出了高悬于中国头顶上的双重问题：一是军事专制和独裁，另一个就是中国向何处去。众多思想的蛊惑，就像一下子打开潘多拉的匣子，使得历史虽长，却长期受专制制度压制从而变得简单幼稚的中国人，一下子无所适从。在蔡元培看来，中国无可奈何的走向，正是中国在转型时不得不付出的代价。

无论是梁启超、蔡元培还是胡适，在纷乱而危险的政局中表现出的温和而理性姿态出于他们一以贯之的学养和主张。不过在这个时候的中国，以温和而理性的方式探索出路的人越来越少，更多知识分子正变得绝望而激进。从 1920 年 9 月 1 日起，陈独秀不顾胡适等人的反对，将《新青年》杂志移到上海出版，吸收陈望道等左派知识青年参与，将《新青年》变成一本宣传社会主义的刊物，以《新青年》及《共产党》月刊为载体，对梁启超、张东荪等人观点进行激烈论战。几年后，胡适在写给高一涵、陶孟和等人的信中回顾《新青年》事件说：“《新青年》的使命在于文学革命与思想革命。这个使命不幸中断了。”三十多年后，身在美国的胡适仍对此事耿耿于怀，他清楚自己在《新青年》风波上与陈独秀的矛盾，实质是美国精神与共产主义道路的矛盾：

> 他离开了我们《新青年》团体里的一些老朋友；在上海他又交上了那批有志于搞政治而倾向于马列主义的新朋友。时日推移，陈独秀和我们北大里的老伙伴，愈离愈远。我们也逐渐失去我们学报。因为《新青年》杂志，这个“中国文艺复兴”的期刊，在上海也就逐渐变成一个工人运动的刊物，后来就专门变成宣传共产主义的杂志了。最后终于被上海法租界当局所查封。

知识分子就社会主义的论战，实质上是探究“中国向何处去”：是学习北方的苏俄，以暴力革命建立社会主义制度，还是以改良务实方式，继续走共和的资本主义道路？双方唇枪舌剑，却没有一个结果。这场争论在罗素来中国之后达到高峰。《新青年》1920年10月出了个罗素专辑，这是《新青年》继之前推出易卜生和马克思专辑后的第三个专辑。知识界试图以罗素对于人生和社会的理解，来寻找一条适合当前的道路。张东荪在陪同罗素到湖南等地演讲回到上海之后，以罗素讲话为蓝本，撰写了《大家须记罗素先生给我们的忠告》《现在与将来》等文，发表在《时事新报》及《改造》杂志上。梁启超也撰写了《复张东荪书论社会主义运动》一文，对于张东荪复述的罗素观点表示支持。梁启超认为中国与欧美社会的不同，时间与空间的差异，是判断某种主义优劣利弊的基本前提。在欧美，最迫切的是改善劳动者的地位，而在中国，最迫切的问题是如何使多数之人民得以变成劳动者。中国老百姓首先关心的是“有业无业”的问题，而不是“有产无产”，因为全国人民十中八九欲求一职业以维持生命，且不可得。也因此，中国最大的问题在于鼓励发展生产，以中国社会发展的程序以及中国贫困落后的现实，没有必要也不可能一步走向社会主义，而是要先开始原始积累，经历资本主义的发展阶段。梁启超声明自己从未反对社会主义，只是主张循序渐进，坚持改良主义更适合中国国情。在他看来，中国社会的基本矛盾是“无枪阶级”与“有枪阶级”即广大人民群众与军阀之间的矛盾，他担心的是一旦革命风暴席卷，图谋改变困境的“无枪阶级”从“有枪阶级”那里夺取枪支，内战和内乱将不可避免地更加扩大，人民只能在水深火热之中苟延残喘。

资本主义阶段到底能不能跨越而过？这本是一个理论问题，可以平心静气地加以讨论，不过在人心凄惶的民国之初，怎么可能做到心平气和呢？梁启超的主张一经公开，立即引来了铺天盖地的围攻。在群情激奋的年轻人看来，诸如梁启超之类已然“腐儒”和老朽，他们更渴望能发现一条新鲜的、速成的道路，以带来中国质的飞跃。

罗素来华

1920 年 10 月英国大哲学家罗素的来华讲学，是继杜威访华之后，影响中国知识界的又一件大事。

与木讷内向的杜威不一样，风度翩翩的罗素精瘦而干练，黑白相间的花发，明亮的眼神，脸上挂着淡淡的笑容，给人谦和又善良的感觉。邀请罗素访华的是尚志学会、北大、新学会以及中国公学四个团体。四个团体中，除了北大，梁启超都起主导作用，因此罗素的到来也可以说是梁启超出面邀请的。在此之后，“讲学社”成立，接管了罗素访华的具体事务，还承担了杜威在中国第二年的费用。讲学社还邀请了印度大诗人泰戈尔访华，不过那已是四年之后的事情了。邀请罗素，与一年前邀请杜威一样，既是学术交流和讲座，也是想通过这些大智者对中国的考察，为中国提供一些建设性意见。毕竟，这些智者的观点和智慧，对于深隐迷茫之中的中国是有帮助的。

罗素的受邀颇有些戏剧性——当时中国没人直接认识罗素，讲学社便委托曾在英国伯明翰大学留学的北大哲学讲师傅铜牵线。傅铜给他的英国老师写了封信，转请罗素来华，讲学题目自定，报酬是两千英镑加来回旅费。罗素收到信后以为中国人开玩笑，回信要求先寄定金。讲学社寄了两百英镑过去。罗素此时正处于低潮期，情感不顺，政治上也受到左右两派的围攻，想找个地方散散心，于是同意了中国之行。此时的中国，在罗素和很多欧洲人的感觉中，既是一个充满怪异宗教、迷信而又风景如画的美丽国度，又是一个完全过时、贸易手段陈旧的落后国家。近距离观察这样的国家，对于罗素来说，是他人生经验中难得的要素。

在此之前，罗素刚去了趟成立不久的苏俄。去苏俄之前的罗素是英国的铁杆左派，1918 年，在给朋友的信中，罗素曾抱怨："这个世界糟糕透了。列宁和托洛茨基是唯一的光明所在。"不过苏俄之行让罗素改变了对布尔什维克的看法。在这种情况下，罗素很想看看中国，想从这个古老国家本身，去回望人类的路径，发现适合人类生存的美德。

虽然困苦交加、动荡不安，不过古老中国还是给了罗素很大惊喜。在罗素看来，这一片土地如此淳朴、真实和可爱。甫抵上海的欢迎宴会上，罗素聆听着主人们以一口漂亮的英语娴熟而妙趣横生地致辞，十分吃惊地感慨："此前我一直不晓得，一个有教养的中国人是世界上最有教养的人。"在杭州，罗素领略到"上有天堂，下有苏杭"的寓意，对西湖大加赞赏："那是一种富有古老文明的美，甚至超过意大利的美。"在此之后，罗素又乘船去了武汉，长江上的航行让他心旷神怡，与在伏尔加河上旅行的压抑、恐怖形成鲜明对比。罗素先是在南方巡回演讲，等来到北京，已经是 10 月底了。罗素原定在北京演讲十场，不过讲完五场后就得了场大病。这次异地他乡的生病差点要了罗素的命，医院几次下病危通知，唯恐天下不乱的日本记者甚至通电罗素已经死去。等到初步康复之时，罗素这才想起，自己应该回家了。

很难想象学理性极强的哲学演讲竟在当时的中国引起如此大的动静——罗素在南京演讲"爱因斯坦引力说"，居然来了七百多人听讲。

中国人对于新思潮和新思想的饥渴可见一斑。处于困顿中的中国人，依旧有对圣贤大德的崇拜和迷信。在当时中国人看来，这些大哲学家如同当年的老子、孔子和如来一样，能够预见人类的走向。在长沙，罗素见到了同样来讲学的杜威。这是双方第一次见面。在此之前，属于欧洲的罗素和属于美国的杜威似乎都不太喜欢对方：杜威对罗素的印象是“对本阶层以外的人怀着一种贵族式的轻蔑”；而罗素则根本看不起美国知识人，认为在那里居住的人跟那个新兴的国家一样，很难有深刻的思想和学术。1919 年，杜威刚到中国时，有人请他评价当代三位哲学家詹姆士、柏格森和罗素，杜威对罗素的评论是“悲观主义者”，这只是有礼貌的评价。在长沙的会面，主办方别出心裁地安排了罗素、杜威以及蔡元培的三人谈，在这一次对话中，罗素和杜威都给足了对方面子，也发现了对方的真实和可爱之处。罗素后来在京生病期间，杜威夫妇一直尽心帮助，更加巩固了他们之间的友情。后来的毛泽东曾经对罗素的演讲评论说：“理论上说得通，事实上做不到。”（毛泽东：《致蔡和森等》）不过从总体上来说，曾经听过罗素演讲的毛泽东和周恩来对这位英国哲学大家印象尚不错。在华期间，高傲的罗素常在不经意中流露出对中国传统文化的不屑，因此遭到了不少中国知识人的挖苦和攻击。在杭州时，罗素见到许多跟西湖有关的诗文，便以一种英国式的幽默向媒体表示很想学中文，以读懂这些诗文。新闻见诸报端后，鲁迅写了篇短文挖苦：“至于罗素在西湖见轿夫含笑，便赞美中国人，则也许有别的意思罢。但是，轿夫如果能对坐轿的人不含笑，中国也早不是现在的中国了。”鲁迅是从来不信“神”的，即使对被奉为神的罗素也如此。身处衰败国度的知识分子，已不由自主地带着极度敏感的弱者心态。

尽管所见破败不堪，不过所到之处显示出的温敦和平和，以及中国人面对苦难的乐观和幽默，让罗素发现了这个古老帝国潜在的能量。罗素写下了自己对中国的感受："中国人似乎是理性的快乐主义者，很懂得如何获取幸福，通过极力培养其艺术感而臻于美妙的幸福，而有别于欧洲人之处在于，他们宁愿享受欢乐，而不去追求权力。各个阶层的人都笑颜常开，即使地位低下的人们也是如此。"在罗素看来，西方文化病入膏肓，就是因为它打着"进步"的旗号，无限度地追求权力、金钱，把征服、竞争、开拓、破坏变成了生活方式，忘记了生活，忘记了幸福，忘记了人的尊严。而中国人却保持着文明享乐的能力，他们温和、节制、富有生活情趣。中国的一切都充满着古意的魅力，他们多半喜爱公共场所生活，喜爱待在饭馆、露天市场、流动的代写书信的摊子、说书场子、商贩的集市、戏台前、古董市场里。在上海时，有一天某家报社请罗素吃饭，席间还请来一位古琴艺术家，主人介绍说演奏的曲子已有四千年历史。罗素是头一回看到中国的古琴，从古琴的旋律中，罗素听出了远古的回响。

当然，以哲学家的清醒和自知，罗素并不会被一些表象所迷惑。罗素自己认为，这一次中国之行的演讲，大多是时评性的而不是专业性的，意指走马观花而不是深入研究，探究的只是政治和社会，而非真正的哲学问题。罗素想给中国听众认真地阐述最擅长的数理逻辑，以罗素一贯的主张，"在数理逻辑取得突破之前，想解决任何哲学问题，都是不可行的"。不过令罗素感到失望的是，他在中国只讲过一次逻辑，因为大部分人听不懂，效果并不好，很多人抱怨说这不是哲学。对于中国听众来说，他们更愿意罗素直面中国的现实问题。在这种情况下，罗素只好凭自己的理解，对于中国历史文化以及现实作了一些点评，在北京演讲时说："资本主义和社会主义是工业主义的两种形式；帝国主义和自决力量（即为被压迫国家争取自由的势力）是民族主义的两种形式。当今世界的巨大冲突由这样两种势力形成：资本主义和帝国主义一伙，而社会主义和自决力量一伙。”预言了三十年后全球范围发生的事情。罗素也谈到一些自己对中国的零星认识，认为中国走向“自由之路”的当务之急是兴办农业、发展教育，而不是宣传和实施社会主义。在罗素看来，中国不存在着阶级差别，无须进行阶级斗争。

两年后，罗素在英国出版《中国问题》一书，进一步阐述了他对于中国问题的思考。出于一贯人道主义及自由主义立场，罗素力求公正客观，他说：“中国人待我不薄，我不愿意揭他们的短处。但是出于对真理负责，也出于对中国人的考虑，隐讳不是好主意。只是我希望读者记住，中国是我所接触的国家中最好的之一，然而却遭受如此的虐待，我要对世界上每一个强国发出更严重的声讨。”罗素很少谈及中国的阴暗面，只是坦诚谈到了中国未来必须避免的两个极端危险：第一，全盘西化，抛弃有别于他国的传统，那样的话，徒增一个浮躁好斗、智力发达的工业化、军事化国家而已，而这些国家正折磨着这个不幸的星球；第二，在抵制外国侵略的过程中，形成拒绝任何西方文明的强烈排外的保守主义（只有军事除外）。在罗素眼中，日本始终是中国的祸患，是中国必须警惕的一个很坏的近邻。“中国在外交上最急需解决的问题，就是日本的侵略。”罗素以此完善了他对中国作出的预言，在他看来，这个古老的东方帝国在接下来的时间里前途与命运有几种可能性：一、中国可能会被一个或几个西方国家所奴役；二、中国会为日本所奴役；三、中国恢复和重新夺回自由；四、白人强权与日本共管中国。对于第四种情况，罗素在下判断的同时，也表达了自己的悲观。

谈及中国传统文化，罗素很不客气地流露出对中国文化祖师爷孔子的厌恶，表达了对老子与庄子的好感。“孔子已经无法满足现代人的精神需要。接受过欧美教育的中国人意识到，必须使中国传统文化注入新的元素，而我们的文明正好投其所需。”“孝道和族权或许是孔子伦理中最大的弱点，孔子伦理中与常理相去太远的也就在于此。家族意识会削弱人的公共精神，赋予长者过多的权力会导致旧势力的肆虐。当今的中国迫切地需要新眼光、新思维，但儒家的族权观念却处处设障……孔子宣扬的孝道有碍公共精神的发展。其重要证据就是那段孔子与叶公之间关于道德水准的对话。”在罗素看来，孔子因为父亲偷羊就进行隐瞒和包庇的行为是不利于培养公平正义的公共精神的，也因此，过于重视人伦关系的中国人缺乏是非观念、常常混淆黑白也就不足为奇了。

出于对中国的热爱和坦诚，罗素很有节制地对中国人及中国社会提出了三个批评意见，说中国人主要弱点就是：贪婪、怯懦、冷漠。当然，出于哲学家的良知，也出于对中国的友好，罗素在书的结尾为中国指出了三条发展之路：第一，建立一个清廉高效有序的政府；第二，大力发展工业；第三，大力办好教育事业，提高国民素质，培养尖端顶级的科学人才，同时多派留学生到欧美深造。罗素把清廉高效有序的政府的建设看作中国最大希望所在，在他看来，第一条是基础，没有第一条，其他两条都不可能实现。

乱象丛生的时光

直皖战争带来了新一轮的洗牌，不过老资格的徐世昌仍继续留在总统位置上——虽然直系对于徐世昌极其不满，但比较而言，也找不到像另一个这样德高望重的主持人，徐世昌的资历、智慧以及无背景、无派系、无军权的身份还是适合此时乱世纷争的，而且，牵涉到总统的下台法规和事务太多，曹锟和吴佩孚也不敢贸然行事。靳云鹏虽是皖人，也是段祺瑞的学生，但因为跟张作霖是姻亲，更为张作霖所接受，也为吴佩孚所认可。1920 年 7 月 29 日，张作霖、曹锟、靳云鹏及各省代表在天津曹家花园会商，这就是所谓的天津会议，会议决定三项大政方针：其一，取消安福国会，以旧选举法改选新国会，促成统一；其二，取消中日军事协定，并取消参战军，因军事协定内有一条，凡参战军内教官须聘用日人；其三，停止参战借款。商量之时，吴佩孚贸然闯入，对靳云鹏指手画脚，两人激烈争吵起来。一旁的张作霖看不过去，质问曹锟是否有统帅部下之权力。曹锟将吴佩孚狠狠训斥一通，吴佩孚这才低着头转身离开。看得出来，其时内阁总理已基本成为傀儡，要钱无钱，要权无权，只能在很多事情上"捣糨糊"，已沦为张作霖和吴佩孚的附庸了。

伴随着直系的控制时局，清洗运动开始——安福系既倒，新国会自然停会，对于新国会，南北要人各有主张，有的主张取消，有的主张召集旧国会，有的主张同时取消新旧国会，另按旧约选取一届新国会。曹锟是竭力主张解散新国会的，他耿耿于怀的是当年副总统的两次选举，出席的国会议员竟然没有达到规定票数。吴佩孚及各政团也通电，主张解散安福国会。不过浙江督军卢永祥和一些北方省不赞成重新选举。大总统徐世昌也不同意解散新国会，因为他的总统地位就是由新国会产生的。如果解散新国会，自己的合法性将受到牵连。徐世昌认为新国会不久即将改选，如果马上解散，恐怕节外生枝。况且新国会解散后，一切政令由中央命令执行，于共和政治不相宜。张作霖也持相同看法。曹锟和吴佩孚在如此形势下，只得作出让步，同意保留新国会，以免徐世昌为难，增加时局纷扰。

新国会的停顿，更让曹锟和吴佩孚颐指气使，充当着指挥者。8 月下旬，徐世昌、靳云鹏与曹锟、张作霖就政务处理达成协议：国会大计先须征求曹锟和张作霖而后行；曹张于自辖区内有用人自主权；总统地位由曹张竭力维持；靳内阁有难处，曹张予以援助；曹张对各省有劝告之责；段祺瑞生命财产，曹张予以保全。徐世昌发布总统令：任命曹锟为直鲁豫巡阅使，管辖数省的巡阅使。就像当年的总督，有权任命所辖各省的督军。张作霖本来就是东三省巡阅使，又让他兼任蒙疆经略使，权力得以进一步扩展。直皖战争之后的北京政府，已越来越多地遭受军阀明目张胆地控制，越来越像傀儡了。

直皖战争中起到重要作用的吴佩孚，被任为直鲁豫巡阅副使。尝到了武力征服的甜头之后，吴佩孚把大本营设在了洛阳，不断扩张势力范围，先是慢慢控制了河南，然后，在湖北督军王占元败给湖南军队之后，又击溃了来自南方的湖南军队，占据了湖北。吴佩孚的迅速崛起，引起了列强们的关注。1920 年 8 月 3 日，美国使馆副武官在拜访吴佩孚之后寄回国务院的报告中，力言吴佩孚会成为中国的卓越人物，“我每访问一次，即加深我对他的印象。在华美国官商人士也和我有同样感觉：吴是一真实爱国者，为建设美好的国家而工作，毫无获取个人利益想法。他显然是极民主的，他的部下官兵对他具有极大尊敬和爱戴。吴也对他们灌输爱国主义”。这一段话，至少说明美国人对于这颗冉冉升起的政治明星的关注与好感。

伴随着直皖战争的结束，以吴佩孚为代表的第二代军阀开始登堂入室，控制中国的政局。以黎元洪接任的时间计算，如果说段祺瑞等人堪称第一代军阀的话，那么，以吴佩孚为代表的新生代，可以归为第二代军阀。第一代军阀多为前清留任，有比较好的家庭和知识背景，一些人有比较高远的理想和追求，对于中国的改革和进步，也有一些深入理解。而第二代军阀则大多出身寒门，没有太多文化和知识背景，有浓烈的尚武精神，相信枪杆子的力量，对社会的走向和现代政治一窍不通，也没有太大兴趣。由于身处乱世，第二代军阀更懂得利用民众，利用社会的情绪浑水摸鱼混淆黑白，他们喜欢高举爱国主义的大旗，喜欢扮演民族主义者的角色。不管他们的真实想法如何，这种带有强烈激进和笼络人心的方式，对于备受外国列强侵略和压迫的中国人来说，无疑是一剂极有效的“强心针”，当然，这些军阀在自己的区域内，还是做了一些实事的，此所谓“君子顾本”，比如热心教育发展生产等。

比如说阎锡山，一直将旗下的山西治理得井然有序：开办学校，禁止鸦片，修建公路和桥梁，促进卫生事业，采用各种方案开垦和灌溉土地，以提高耕作水平。美国著名历史作家巴巴拉·W.塔奇曼曾经写道：“他的旁边坐着在剑桥受过教育的中国秘书。他按照外国的风格宴请宾客，用的是玫瑰色的、银色的和石榴色的水晶酒杯，餐巾巧妙地折叠成玫瑰状、鸟状和宝塔状。饭后，由侍从拿着挂在高高的柱子上的五颜六色的灯笼，护卫着客人穿过洒满月色的花园。”看得出来，在西方人眼中，阎锡山应该是中国少有的彬彬有礼，做事认真，有着某种新思想和新行为的军人。

在南方，陈炯明算是第二代军阀中的佼佼者。在很多人眼中，陈炯明能够表现出中国官员中少有的一种为公众服务的求实精神和行政长官的能力，这似乎来自他所受到的西方人文思想的影响。陈炯明是秀才出身，晚清时即是维新改革派，并任广东咨议局议员。辛亥革命爆发后，陈炯明组织一支军队攻占惠州，开始其军旅生涯。他主政广东期间，一直致力于禁烟禁赌、改革教育、发展经济，同时提倡新文化运动，推行地方自治，民选县长、县议员，使广东成为民国初年的模范省。在广东，陈炯明所做的最大一些事情，就是着手民主政治改革和教育改革，五四后特意聘请了影响力巨大的陈独秀任广东省教育厅长。在陈炯明的蓝图中，广东自治将分三步走：第一步实行地方自治，第二步制定省宪，第三步建设广东为模范省，为中国各省创立榜样并推进中国联邦制的建立。

与陈炯明一样归类于南方佼佼者的还有广西的李宗仁。李宗仁出身于一个富裕家庭，年轻时进入广西陆军速成学堂，后来参了军。在军队中，李宗仁很快以自己的聪明务实脱颖而出，成为桂系领袖人物。在其后的混战中，李宗仁审时度势异军突起，以开明有效的政策促进广西的发展。到1926年年底，李宗仁与白崇禧、黄绍闳等三人控制了广西全省，同年加入了中国国民党。

随着第一代军阀的式微以及第二代军阀的崛起，各地区军阀之间的明争暗斗，变得越来越激烈，越来越扑朔迷离。除了这些军阀之外，很多省又出现了地区性的小军阀，自行划定防区，征收捐税，相互不断发生军事冲突，百姓生命财产全无保障。这当中尤以处在南北之间的湖南、四川、陕西、福建等省为甚。比起那些手无缚鸡之力的文人们，这些手握武装的军人们，更有表里不一的治世韬略。地方自治在很多时候已成为借口，目的是割据一方，与中央对抗。军阀们良莠不齐的品行和动机，使得政治主张泥沙俱下很难判断了。

乱世之中，一些军阀相继死于非命，成为永远的哑谜。这当中影响比较大的事件，一是江苏督军李纯在1920年10月12日突然死于江苏督署内；二是1921年8月，新任陕西督军阎相文自杀于督军署内。

“长江三督”之一、直系实力派江苏督军李纯死于非命那年仅四十六岁。李纯是天津人，年轻时曾入天津武备学堂学习，毕业后不久便跟随袁世凯编练新军，标准科班出身、小站班底。冯玉祥在回忆录中说李纯“浓眉大眼、鼻头端正，相貌雄武”，属于“勤勉细密、精明干练”风格。李纯因镇压“二次革命”有功，升任江西都督。冯国璋在1917

年去北京做大总统后，将李纯调任江苏督军，掌管江苏、安徽、江西军事，地位相当于清朝的两江总督。有关李纯之死，北京政府官方发布消息说是因为国家分裂、政事不修，进而愤然自戕，并留有遗嘱为证。不过很多人不相信官方说法，传闻满天飞。有一种说法是李纯的小妾与他的马弁（又有说是参谋副官）私通，不巧被李纯发现，慌乱之下，马弁竟将李纯击毙；另有人说，李纯暴死是因为被北京政府授了苏皖赣巡阅使，但安徽、江西不服管制，李纯因此受了刺激，精神失常开枪自杀；还有一说更具传奇，说李纯和养女有染，养女婿不甘受辱，愤然将其刺死……众说纷纭。

另外一个自杀的督军是曹锟手下的阎相文。阎相文原本是直隶第二混成旅的旅长，1921 年 6 月，被任命为陕西督军的阎相文以冯玉祥的第十六混成旅为前锋直捣西安。到了陕西任职之后，阎相文莫名其妙服食过量鸦片自杀于陕西督军行署。有人解释阎相文是不堪压力精神崩溃所致，也有人说是冯玉祥下的毒手。继任阎相文担任陕西督军的，就是那个高大魁梧的平民将军冯玉祥。

阎相文自杀后一个多月，也就是 1921 年 10 月 1 日，退位宣统皇帝溥仪的生母瓜尔佳氏自杀。皇宫传言，瓜尔佳氏是与端康太妃发生争吵吞食过量鸦片中毒身亡。太妃希望溥仪娶民国总统徐世昌女儿为妻，瓜尔佳氏则属意另一位佳丽。另外一种说法是溥仪对太妃不敬，不大理会宫廷礼仪，招致太妃不满，责怪溥仪的父母。瓜尔佳氏性情刚烈，受不了委屈便吞了鸦片殒命。不太长的时间里，竟然有那么多显赫人物自杀，至少可以说明时局的纷乱，说明不明不白力量的迂回横行。

随后那段时间，北京和各地的形势相对比较平静，各地休养生息，军人一直练兵准备打仗；政客们演示嘴皮忙于上台下台；文人们发文呐喊，鼓吹新文化运动；至于工人农民，在绝大多数时间里，一直为自己的困苦生活殚精竭虑。同时期的《申报》发表的一篇题为《新旧之北京》的时评说："北京之内阁曰新内阁，其总理曰新总理，其国会曰新国会，皖直战争之崭然见头解者曰新人物，段派失败后取而代之者曰新势力，今日都中所见所闻，几无一而不新。……然所谓新内阁总理者，仍是安福时代之内阁总理，所谓新国会者仍是安福时代之国会，所谓新人物者仍是武人，所谓新势力者仍是武人。今日都中所见所闻，实无一而不旧。离离原上草，一岁一枯荣，野火烧不尽，春风吹又生，此所谓矣。"

仍有很多事物在悄然变化，一些东西像野草一样葳蕤生长——1920年年底，一个叫作埃尔西·弗格森的美国百老汇女演员来到中国，这可能是第一个来到东方古国的美国女明星。《纽约时报》对弗格森此行给予了充分报道，在涉及这位美国女明星对中国的印象时，《纽约时报》写下了一段富有诗意的言语：这位美国舞台剧和电影明星在她的东方之行中，对于中国女性和她们奇怪的生活态度非常感兴趣，觉得比其他事都更有意思。弗格森女士从热闹纷嚣的纽约走进中国人家，与和平安静的中国女人交谈时，她感觉自己好像走进了一个飘雪和凝固的时空。弗格森女士说："我好大一阵儿才习惯这种平静的气氛。从一开始，我完全被中国街道上嘈杂尖锐的噪声给惊呆了。但是，当我剥开城市的外壳，就会来到一个充满智慧和宁静的地方。中国人有快乐的天性。你虽然看不到外在张扬的生机，然而他们的快乐充满平静和舒缓，还有对自己能力的温和的认知。"女人更关注的还是女人，埃尔西·弗格森惊奇地发现：中国女人每天陷入简单的琐事当中，她们对丈夫百依百顺，就像小狗对主人一样；富门豪宅中的中国女人为自己能够撑起一个大家族深感骄傲，她顺应世事的变化，从不多问，只是一味地接受命运的侍候，也不担心离婚诉讼，但她们也没有改变的勇气。她们的基本生存法则就是循规蹈矩。

弗格森此次来中国，主要是考察中国的戏剧演出市场。在北京，弗格森观看了梅兰芳饰演的《霸王别姬》，不禁为中国人醉心于戏剧的情境感到惊叹，那种台上台下共同形成的巨大而热烈的“场”，让弗格森羡慕不已。不过在弗格森的印象里，中国戏剧仍显得有些原始，剧情晦涩难懂，舞台布置也令人困惑。弗格森说：“我发现中国人喜欢看电影，人们坐在长条木凳上，中国人似乎最喜欢情节剧。和美国人一样，中国人对滑稽喜剧的反应最强烈。他们看到美国喜剧也会乐得前仰后合，用手大拍着凳子，笑声不绝于耳。”这个时候，以京剧为代表的中国戏剧开始走出国门。1919年，当时最著名的京剧演员就曾访问日本，所到之处万人空巷。这为梅兰芳在数年之后去欧美和俄国展示提升了信心。

在上海，一部叫《中国的瓷钟》的电影由美籍华裔导演詹姆斯·梁（James B. Leong）在1921年制作完成。为了拍摄这部电影，詹姆斯·梁专门在洛杉矶成立了一家制片公司，其宗旨是将真实的中国搬上银幕，还原中国人生活最真实的一面，以修正很多外国人对中国人的印象。这部《中国的瓷钟》是梁先生的首部影片，它将中国发现瓷器的历史编得绘声绘色，充满神秘气息，同时又很浪漫。影片有很多中国人生活的场景，包括战乱、抽鸦片以及奇特的赌博之道等。公司总裁梁先生熟悉中国生活和语言，通晓英语，曾作为技术指导参与拍摄过影片《凋谢的花朵》《红灯笼》《异教神》《神秘的脸》等。这样的电影，只是中国在发展中的一个有趣的细节。一个叫作西德尼·D. 甘博的美国基督徒在1921年出版了一本书，书名为《北京：一份社会调查》，甘博认真积累了很多关于北京人口的数据，包括收入情况、健康状况、职业状况及有关治安服务和孤儿院建设方面的重要事宜。在书中，甘博还选取了他在北京生活和工作的五十幅照片，这些照片是他从自己在中国拍摄的两千五百张照片中选取的。场景有：参加示威的学生被逮捕；以制作家具为业的盲人正编织急需的椅子，转动着他们那看不见东西的眼睛；刚刚从受奴役或卖淫的生活中被解救出来的女童低着头温顺地站成一线，只有两人受甘博手中照相机的吸引谨慎地注视着他这个方向；由六个贫困儿童和一个家长组成的乞丐家庭，两个年龄稍大一点的孩子显然是共用一套衣服，其中一个自信地穿着裤子，而另一个则穿着一件衬衫，紧张地望着旁边不相干的事情，敞开的衬衫无法裹住他正在发育的生殖器；二十个犯人在一间窄小的单身牢房里，斜望着突然出现的光亮……在甘博的镜头里，这一个中世纪的古国，正发生着巨大的变化，不只是外部，还有镜头窥视到的内心。

这一年，在紫禁城，年轻的逊帝溥仪不顾众人反对，拿起一把剪刀，亲手剪去了自己的辫子。这个爱玩爱嬉闹的文艺青年，还买了一辆小汽车，不过因为很少有机会走出紫禁城，这辆汽车很少能够使用，一直放在紫禁城的某个角落作为摆设。喜欢新事物的溥仪，还在紫禁城的寝宫里安装了一部电话，经常试着找到一些京城名人的电话号码，孩子气地乱拨一气，然后放下话筒哈哈大笑。溥仪甚至还化名邓炯麟向发行量很大的《益世报》投稿。邓是中国最普通的姓氏之一，“炯麟”可以解释为“闪光的麒麟”。《益世报》的编辑感叹于“邓炯麟”的才气，几乎全部刊登了他的诗作。不过自始至终，编辑和读者都不知道这个叫邓炯麟的到底是什么人。

纷乱的中国，如此一点一滴的新事物，就像春天里的野笋一样拔节生长。不管人们承认不承认，操作不操作，这些自然而然的生长都意味着改变。纷乱中，其实也孕育着很多机会，也哺育着很多机会，只不过由于自己的错误，人们并没有梳理出线头，从而没有机会抓住罢了。与此同时，缺乏必要的耐心和智慧，也是走入更纷乱道路的重要原因。

呼唤革命时代

1921年7月11日，六十二岁的杜威在中国巡回演讲两年后，从上海启程回美国。就在他启程的那段时间，也就在这座城市，诞生了后来领导中国人民改变了中国走向的中国共产党。这个时间和地点的偶然巧合，似乎有一些意味深长，也具有某种象征意味。后来的历史学家无可争议地认为，1921年是中国现代史上非常重要的一年，自共产党诞生后，中国历史真正地步入了有组织的革命阶段。不过在当时，人们显然没有意识到1921年的特别作用，只是觉得，辛亥革命爆发后的这十年，走得如此艰难，也如此没有方向感，江河日下，体统败坏，一切都变得混乱和粗鄙。四川省长刘湘痛心疾首地写道：

> 中国自辛亥革命后，称共和到现在已经十年了，宪法尚未成立，国会到处搬家，少数高等流氓，挂起中央政府的招牌，天天卖国肥私，几个无聊军人，顶着督军巡阅使的头衔处处杀人越货，自谋生活，彼此不通商量，甚至同室操戈，不惜糜烂天下，这种局面还算是一个国家吗？

1921年1月1日，中华民国大总统徐世昌发布总统令，正式公布《卿云歌》为中华民国国歌。此前，国歌的定夺，一直是各方争论的焦点：中华民国成立后，教育部于1912年2月发布征集国歌的广告，众议院议员汪荣宝（衮甫）的《卿云歌》入选。其歌词是：

卿云灿兮，纠缦缦兮，日月光华，旦复旦兮。时哉夫，天下非一人之天下也。

《卿云歌》相传是《尚书·大传》中虞舜所唱，即所谓“卿云聚，俊土聚，百工相和而歌卿云，帝乃倡之曰：‘卿云灿兮，纠缦缦兮，日月光华，旦复旦兮。’”汪荣宝的《卿云歌》后两句是他个人加上的。在汪荣宝看来，《卿云歌》“气象高浑，超越万流。而卿云兼象国旗，光华隐寓国号，播诸管弦，尤足动人爱国之思……似于民国教育大有裨益，惟歌词太简，不便长言，拟于歌后取当时持衡枕首之语，用相增益，或更叠其词，以明咏叹”。1913 年 4 月 8 日，中华民国第一届国会在北平开幕，按照各国惯例，开幕典礼应奏国歌。大典将近，内务部急忙转请教育部将《卿云歌》交由侨居法国的比利时作曲家约翰哈士东作曲，并在第一届国会开幕时演奏。随后，这首歌遭到了不少人的反对，所以既未正式公布为国歌，也未流传开。音乐界称此歌为第一次《卿云歌》。

袁世凯时代曾采用以荫昌作词的国歌，词为：

中国雄立宇宙间，廓八埏，华胄来从昆仑巅，江河浩荡山绵连。共和五族开尧天，亿万年。

袁世凯考察采取帝制时，曾将此歌词的“共和五族开尧天”改为“勋华揖让开尧天”。由于此歌曲全曲采用过多的休止符，把起伏悠扬的昆曲音调一再割裂，唱词支离破碎，缺乏国歌应有的庄严宏伟气魄，遭到社会舆论的反对未能流行。袁世凯去世后，这首“国歌”自行废止。等到徐世昌上台，确定国歌已成为迫在眉睫之事，国务院特地在教育部成立了“国歌研究会”，采纳了邓萃英的建议，将原汪荣宝创作的《卿云歌》

末两句删去，作为新国歌，公推萧友梅、杨仲子、王露、吴瞿安四位音乐家分别作曲，最后确定以刚从德国留学归国的古琴名家萧友梅的曲谱为国歌曲调，并请萧分别制定钢琴伴奏乐谱三种。虽然《卿云歌》的公布引起了一片纷争，不过终于将中华民国国歌定夺下来，徐世昌也算是做了一件大事。

同样是 1921 年的开年，孙中山又有了行动——1921 年 1 月 12 日，非常国会在广州复会。在此之前，老资格的岑春煊在孙中山的打压下，离开了南方的政坛，孙中山从上海重新回到了广州。孙中山号召国民党人像推翻清政府、袁世凯那样再发动一次全国性的革命，来推翻北京政府。孙中山宣称："北京政府实在不是民国政府。我等要造成真正民国。"对于孙中山要在南方选举民国大总统的行动，陈炯明等人不以为然，在陈炯明等人看来，依据总统选举法，总统由两院联席选出，出席议员至少须全部的三分之二，即五百八十人才能举行选举总统会，现在广州的旧国会议员才两百多人，尚不够原众议院人数的一半，并且实行记名投票，这样的行为，岂不是自毁法律？一旦在广东成立正式中华民国政府，结局只有一个：南北之间将再次陷入战争。不过孙中山仍坚持走自己的道路，1921 年 4 月 7 日，两百多名议员召开非常国会，表决通过了中华民国政府组织大纲。大纲中只规定了大总统的产生和权限，却没有任期说明，也没有规定政府的组织架构。一切政务、军务、内阁任免，均由大总统"乾纲独断"。会议采用记名投票，"以示负责"，结果孙中山得二百一十八票，陈炯明得三票，废票一张。孙中山当选为中华民国大总统。整个过程不到两个小时，称得上世界上最快的一次总统选举。

进入 3 月后，北京政府财政危机再一次爆发了。徐世昌上台之后，由于日本对华借款削减，北京政府遭遇到了严重的财政压力。五四运动发生后，由于中国国内反日情绪高涨，以及欧美主张停战和谈的压力，日本债款之余额已停止拨付。财政、交通两部收入本来就少，一些有限的财政，还遭到了不公平的挪用。各省任意截留中央税款，不仅不向中央政府缴税，而且还催索军饷。之前所借的大量外债又先后到期，债权国催债急切，国库空空无法应付。北京政府只得拆东墙补西墙，连公职人员和北京八所国立高校教职员工的工资，都很长时间没有发放了。从3月开始，饱受欠薪之苦的北京高校教职员工多次上街游行抗议，推举北大马叙伦为“教职员代表联席会议”主席，携带呈文多次去国务院递交抗议。多次交涉无果的情况下，国立八校教职员曾宣布全体辞职。北京政府教育部长范源濂、次长王章祜也提出辞呈。北京八所高校罢课运动又波及到北京各公立中小学，一时间北京的教育陷入瘫痪局面。

进入6月之后，由于工资发放一直没有结果，北京各高校的罢课热潮持续进行，总统府和内阁所在地有教师和员工静坐，有的还对政府官员进行围堵。经八校教职员联席会商议，6月3日，八高校校长和部分教职代表赶往教育部，经过一番动员，教育部代总长同意和学校代表一起到总统府向徐世昌请愿。请愿队伍来到总统府时，新华门已关闭，请愿人群与警卫发生了冲突。当日的《政府公报》这样描述事情经过：“马叙伦紧拥马次长身后，并用扬声器号令大家打进去。其时守卫队兵正欲设法制止，即见在后之教员学生等，群拾马路石块，向前攒击，一时石子乱飞，秩序紊乱。卫兵等奋力卫护马次长，救入新华门内。马次长头戴绒帽遗失，腰背等处均各受伤。……纷乱之际，马叙伦等先行抽身潜逃。似经兵警弹压，始各陆续散去。”

事后北京八高校的联合声明中，表达了一些不一样的细节：“同人等请次长、八校长及八代表并学生代表等人入府，讵卫兵不准通过，蛮横异常……卫兵不但不许通行，并用枪柄刺刀乱加刺击，知机之马次长，稍受微伤，立即声言：我是次长。卫兵等乃许其通过，彼遂独自入府。卫兵更继续痛殴同人及学生等。是时天方阴雨，新华门外，血肉横飞，同人及学生等，相继伤仆，枕藉于泥泞之中者，不计其数。最痛心者，十余龄之男女学生，亦均遭蛮横军卒之痛击。”值得一提的是，在这一次游行示威中，游行组织者李大钊在冲突中头部受伤，以致未能出席一个月后在上海举行的中国共产党成立大会。

高校欠薪情况严重，教育部同样也不例外，在很长时间没有拿到工资之后，教育部也举行“同盟大罢工”。其他各部部员也因欠薪行动起来了——参谋部自动要求解散；陆军总长蔡成勋、海军总长李鼎新、司法总长董康、教育次长代理部务马翼都因部员索薪而求下台。

转眼间，双十节快到了，因是民国成立十周年，北京当局忙于部署十年大庆的有关工作。不过此时全国上下，已很少有人真正热心去庆祝了。时局的败坏，人心的衰败，遍地的贪腐，江河日下的道德，以及变得越来越带有游戏意味的政治，让人们越来越失望。如果说当年建立中华民国，还有很多人抱有理想和热情，那么，经过十年反复，人们已经疲于政治的纠缠与游戏，对于这个“一蟹不如一蟹”的共和国，明显不抱什么希望了。连一向平和的胡适也转向了激烈——由于北京政府加大了对于新思潮和文化的控制，胡适主持编撰的《每周评论》也因鼓吹新思想，遭到当局查封。愤愤不平的胡适在中华民国国庆到来之际，写下了一首《双十节的鬼歌》：

十年了，/他们又来纪念了。/他们借我们，/出一张红报，/做几篇文章；/放一天例假，/发表一批勋章：/这就是我们的纪念了！

要脸吗？/这难道是革命的纪念吗？/我们那时候，/威权也不怕，/生命也不顾；/监狱作家乡，/炸弹底下来去：/肯受这种无耻的纪念吗？

别讨厌了！/可以换个法子纪念了。/大家合起来，/赶掉这群狼，/推翻这鸟政府；/起一个新革命，/造一个好政府：/那才是双十节的纪念了！

1921 年，是徐世昌就任总统的第三个年份，也是内政外交最令其烦扰的一年。除了财政危机越来越突出，内部纷争越来越激烈，社会矛盾越来越尖锐外，外国势力对于中国的逼迫也让徐世昌感到困窘：莫斯科东方大学成立，第二年又设立中国班；蒙古“人民革命政府”正式宣布成立于库伦，奉活佛为元首，司卫巴图执政，与苏俄更加亲密；日本对于中国的渗透越来越厉害……当时很多报纸和刊物这样说徐世昌——这个原先儒雅冲和的老头，言语变得越来越少，疑心病越来越重，脾气也变得喜怒无常。那个曾经冷静平稳气度轩昂的前清翰林消失了，出现在人们面前的，是一个优柔寡断、世故圆滑的老官僚，甚至没有原则，只一味和稀泥。同样，对徐世昌来说，不可理喻的是国人——当一战胜利，中国跻身于战胜国行列时，人们对着他高呼万岁。而现在，一切都变了，全国人民越来越恼火，脸色越来越难看。自己当初被山呼海啸邀上的宝座，成了一个随时可能爆发的火山口。这一年中，让徐世昌稍稍感到宽慰的，是法国巴黎大学授予他文学博士学位，这是中国当政者第一次荣获这样的称号。徐世昌很看重这一称谓，特地派朱启钤为专使，赴法接受学位。朱启钤在法期间，得知中国留法勤工俭学学生因华法教育会拒绝支付学生生活费陷入极端困难境地，于是慷慨捐款国币五万元予以救济。为此，一些留法学生委托当时亦在法国学习的徐特立起草一份感谢信，并把两册签名簿赠给了朱启钤。

1921年10月底，由于财政危机继续加重，国务总理靳云鹏无力支撑，再次通电“暂行视事”，请总统改组内阁。徐世昌只好准许靳云鹏辞职，命颜惠庆暂代。张作霖提出让“最会理财”的梁士诒担当总理，曹锟、吴佩孚对梁士诒背后隐约的日本背景感到担心，虽表示异议，不过因一时提不出更适合人选，只得同意梁士诒组阁。1921年12月24日，徐世昌发布大总统令，特任梁士诒为国务总理，外交总长颜惠庆，内务高凌霨，财政张弧，陆军鲍贵卿，海军李鼎新，司法王宠惠（董康代），教育黄炎培（齐耀珊代），农商齐耀珊，交通叶恭绰。这是一个偏重于经济的内阁，不过面对千疮百孔的财政危机，上任之后的“梁财神”也没什么好办法，只能利用过去积累的老关系到处借债，承诺以各种优待，赔之以笑脸殷勤，到处拆东墙补西墙。由于中国南北分裂的状况，各西方国家包括日本在内，对于中国借款已明显收紧。北京政府所能借到的，只能是非公开和非正规渠道的小额资金，借债难度大大增加了。

这一年底，在大洋彼岸的华盛顿，美国召集英、法、日、中等国开会，继续解决巴黎和会上搁置的部分悬案，包括中国山东问题。开幕式上，美国总统哈定热情洋溢地致辞：“我们希望建立一个良好的秩序，以恢复全世界的安宁……”北京政府派出了以施肇基为首席代表、顾维钧与王宠惠为全权代表共一百三十余人组成的庞大代表团。北京适时爆发的财政危机以及大规模讨薪风暴传到大洋彼岸后，全力谋求世界支持的中华民国代表团陷入了尴尬。

华盛顿会议召开前几天，北京政府驻美公使施肇基在哥伦比亚大学进行了一场热情洋溢的演讲，数百位哥伦比亚教职员工和美国各大报记者聆听了这位留美博士的发言。对于国内糟糕的财政状况，施大使并没有刻意回避，辩解时颇有点强作欢颜：“实际上，许多国家的财政状况都十分糟糕。也许你们已读到纽约报纸最近的报道，说中国最大的法资银行——中法实业银行开张数年后终于倒闭。在此我想提请注意的是，一是这家银行由法国人而非中国人管理，二是当这家银行数月前倒闭时，是中国银行家出来救市，以免中国整个金融系统出现崩盘。”

施公使说：“你们知道的是，中国的财政困境使其难以应付它内部事务，更不可能在银行家们自身难保时出手拯救法国银行。然而，中国金融界愿意救助法国银行的事实表明，中国人确有良好的意愿在世界经济重建中扮演积极角色。问题在于中国缺少机会，中国脆弱的国防力量招惹外敌的窥探，勾引起它们贪婪的欲望。”

施公使回顾了中国在大战中发挥的作用，他说：“中国参战在很大成分上是因为美国发挥了榜样作用。”他谈道，这次大战对改变中国人的传统观念有巨大影响，对国家实现工业转型也有积极作用。

施公使称：“中国的发展，如果坚持正确的方向，必将对世界的和平与发展做出巨大的贡献。然而，中国的发展进程如果受到外界干扰，将可能衍生成为世界的威胁。有两种途径可从中国获得利益，一条途径是通过武力征服中国，世界大战的实践证明，这条路走不通；另一条途径是通过中国自身的努力实现社会经济的全面进步和发展，那将不仅惠及中美两国，而且惠及整个世界。”

“如果没有外来侵略，没有外来势力在政治、经济和主权、领土等问题上干涉中国内政，中国必能实现自身的独立与发展。一个繁荣昌盛的中国必将对世界的和平与发展做出应有的贡献，为我们的邻国和远方友邦带来巨大利益。”

在大洋彼岸，施大使信心满满地表明着中国的愿景。不过，对于那些真正了解中国现状的人知道，施肇基所竭力勾勒的，不过是一个谎言，一个志得意满的谎言。

施博士在母校激情演讲的前几天，也即 1921 年 10 月 27 日，中国最早的留学生之一严复在福州去世。这个以翻译《天演论》闻名、矢志推进中国变化的爱国者在临终时留下遗言："须知中国不灭，旧法可损益，必不可叛。"意思是说中国要想存在，就必须实现传统向现代的创造性转换，而不是彻底抛弃传统。在此之前的1920年，落寞的严复从北方回到了自己的家乡福建侯官，"还乡后，坐卧一小楼，看云听雨之外，有兴时，稍稍临池遣日……槁木死灰，惟不死而已，长此视息人间，亦何用乎？"严复已然明白，时代已不属于自己，时代的意志，也不属于自己了。严复与当下激进思潮格格不入的是：过去才是孕育未来的最好载体，应该得到充分的尊重，尽管很多人将这称为保守；国人似乎更热衷民主，只是分不清宪政民主与暴民民主；如果改良可以救国，为什么要革命？如果清室立志改良，为什么要代之以民国？民国革命并没有创立一种稳定有力的宪政秩序，新政权失去了旧朝廷的威信，更没有获得现代国家的威权；没有创造一种议会民主的廉正清明，反而培养了腐败与阴谋之风。民主在西方是个政治概念，到中国则成为社会概念。政治上的民主无从落实，社会上的民主放浪走形。乱世之中，民主竟然成了无秩序、无操守的个人生活行为的借口。

严复就是这样带着困惑离去的。他的墓碑上镌着四个大字："惟适之安"——求心安者，实乃大惑于胸。

第七章

好人政府

（1922—1923）

第一次直奉大战
呼唤“好人政府”
“好人”重新出山
临城大劫案
驱黎政变
曹锟当选
孙中山和苏俄携手
再左转

第一次直奉大战

直皖之战之后的局面变得让人恐慌，如果说之前的政府在某种程度上还有一些独立性，那么，战争之后的政府，更多是军人干政的影子。为了笼络人心，梁士诒内阁在1922年元旦发布赦令，赦免了直皖战争后遭到通缉的皖系要人段芝贵、曲同丰、陈文运等，随后又安排亲日派曹汝霖、陆宗舆复出。梁士诒之所以这样做，主要是向日本示好以重新借债。不过借债实在不易，虽然日本方面对于梁士诒内阁的示好表示赞许，有关承诺却一直难以兑现，也因此，梁士诒答应拨给直系军队的三百万欠饷落了空。吴佩孚本来就不满内阁对于皖系的宽大，现在钱又兑不了现，不由恶感倍增，寻找时机要将梁士诒赶下台。

华盛顿会议传来的消息是：经过激烈的外交谈判，在国际社会的压力下，日本答应退出山东，不过胶济铁路须中国用钱赎回，赎回之前日本有权进行管理。梁士诒内阁表示同意，准备想尽办法筹钱以使胶济铁路回归。消息公布之后，吴佩孚对梁士诒内阁以钱赎买的方式十分不满，吴秀才电报仗的兴趣又上来，先后六次通电梁士诒内阁，强硬表示“梁士诒借日款及共管铁路”，为“全国之公敌，凡我国人，当共弃之”，并发出恐吓，“吾国不乏爱国健儿，窃恐赵家楼之恶剧复演于今日”，要梁士诒一周内下台，“为民请命，敢效前驱”。

吴佩孚的咄咄逼人，让北方的张作霖看不下去了。对于桀骜酸腐的吴佩孚，绿林出身的张作霖一直心存不屑和排斥。在此之前，张作霖一直以自己的地位自矜，电商或会谈都跟曹锟接洽，以示轻视吴佩孚。这一次，张作霖站出来通电支持梁内阁，指责吴佩孚“是非不问，辄加攻击”。吴佩孚丝毫不让步，将矛头对准张作霖，称“若有袒护梁氏者，即为国人之公敌，当誓死杀尽，以除国奸”。双方一来一往打起了电报仗，电文内容同步在当时各大报刊出。几回合下来，更加熟稔电报仗的吴佩孚频频用“爱国大义”这一独门暗器点中张作霖要害，很快占据上风。北京国民外交联合会以及江苏督军齐燮元、陕西督军冯玉祥等诸多地方势力都站出来，积极支持吴佩孚，声讨梁士诒罪状。大总统徐世昌眼见两人越斗越激烈，只好请出北洋系元老王士珍、鲍贵卿等人分别去奉天和保定劝导张作霖和曹锟，请他们以黎民性命安危为重，不要激化矛盾，以免社会动荡。

直奉相互攻讦相持不下，夹在中间的梁士诒顿感压力倍增。1922年1月25日，梁士诒在组阁仅仅一个月后，托病请假离任出京。梁士诒一走了之，徐世昌想请王士珍组阁，王士珍一口回绝，徐世昌又只好请颜惠庆暂兼代国务总理。梁士诒被逼离京，激怒了支持他的东三省巡阅使张作霖。张作霖两次去电大总统徐世昌，敦促昭示梁士诒关于胶济路案有无卖国情形以示公正，以为吴佩孚等人如此从中作梗，明显想切断奉系与中央的联系。张作霖还派代表李梦庚到南方会晤孙中山，商讨联合对付吴佩孚的可能。张作霖的提议，得到了孙中山的赞同，他随后派代表伍朝枢去了沈阳，进一步相约北南夹击共同对付直系。伍朝枢离开沈阳时告诉沈阳美国领事馆副领事，已与张作霖商妥，在击败吴佩孚和直系后，以孙中山为总统，段祺瑞为副总统，梁士诒为内阁总理，另组新国会；张作霖还答应拿出两百万元以支持孙中山。

1922年4月10日起，奉军开始源源不断地进入关内，更名为“镇威军”，一路进驻军粮城、马厂、静海，一直开到德州附近；另一路于17日进至京汉铁路的长辛店一线。4月19日，张作霖通电声明，奉军之所以入关，期望以武力作为统一之后盾，凡有干政乱纪者，即视为统一和平之障碍。同一天，吴佩孚复直隶省议会电，主张奉军退出关外，撤销北京奉军司令部，否则直军唯有自卫，并斥张作霖把持中央政局，为梁士诒保镖。

战争打响之前，吴佩孚发出通电，这同样是一篇文字异常讲究的檄文：

> 国民苦胡逆张作霖久矣。曩以国家多故，犯而不校，启大盗自新之路，存上天好生之德，涵育包荒，以有今日。斯因父老昆仲夙昔所怨责，而佩孚等所内疚神明也。狼子野心，非我族类，德不能化，语不能感，矫命乱纪，犯阙称兵，罪恶贯盈，末日已至。长此容忍姑息，既无以拯国民水火之苦，更无以答友邦希望之诚。用敢厉兵秣马，整饬戎行，直揭罪魁，昭告中外。张作霖包藏祸心，窥窃神器，盗取图谋统一之名，阴行破坏统一之实。曩岁国民大会，原期排难解纷，而张则力阻其成。比年西南北犯，无非增长内乱，而张则甘为作伥。近复勾结叛逆，四出构兵，障碍统一。其罪一。
>
> 梁士诒洪宪祸首，张作霖则举为总揆，张勋复辟罪魁，张作霖则要求巡阅，倒行逆施，危害国体。其罪二。
>
> 害莫大于祸国，奸莫甚于通外，张作霖兼而有之。蹙使耿玉田运械俄人，诱致蒙匪。袒护梁士诒直接交涉，断送青胶。勾通外人，贻祸祖国，稍有人心，何忍出此！其罪三。
>
> 华会告终，友邦劝裁无用之兵，而张作霖则招匪以为兵。青岛收回，吾国视为新硎之试，而张作霖则运匪以扰鲁，丧心病狂，负罪友邦。其罪四。

国之与立，惟在法纪，破法乱纪，张实作俑，以法令为刍狗，视元首若牟髦，法纪荡然，政纲解纽，擅调军队，挟制中央，垄断政权，屡召会议于京津，威迫河间，突然进兵于浦口，兹复陈师入关，危及元首，破坏法纪。其罪五。

京师首善之区，中外瞩目，秩序森严，自张派奉军盘踞，白昼劫掠，跋扈恣睢，闾阎则一夜数惊，商贾则谈虎色变，政以盗成，贼为民害，豺狼当道，狐鼠横行，纵匪殃民。其罪六。

设官守土，各有其责，疆域攸分，界限斯判。特别三区，原属直省管辖，京兆、津沽，原为直军驻守。乃以德报怨，任其宰割，既占察哈尔，复据热河。京畿首都，乃成盗匪之外府；津沽要地，尽为盗匪之防区。既让小站、马厂，又让静海、天津，彼竟得陇望蜀，占据永清、霸州，进窥保阳。让之不已，无所逃避；守土保民，义无反顾。彼先开衅，黩武逞兵。其罪七。

昔截秦皇岛军械，今劫三家店军火，攫取饷糈，则竭泽而渔，剽窃金钱，则囊括以去。致使陆海各军饷糈无着。曩昔叶恭绰长交，则受贿三百万。近今梁士诒入阁，又报效四百万。张弧发行公债，则更所入无算。劫掠饷械，行同盗匪。其罪八。

帝制安福之党，则盘踞要津。梁、叶、张弧之辈，则援为护符，所有作奸犯科，亡命盗匪，无不收纳。关外为胡匪发源地，辽沈为罪人逋逃渊薮，招亡纳叛。其罪九。

次山、金波、有恒义父也，而背叛之。阁忱、曙村、香岩兰友也，而驱逐之。孙烈臣、汤玉麟贫贱之交也，而猜疑之。

秘使耿玉田诱致蒙匪，乃毙之于狱以灭口。狼若吕布，凶逾朱温，残杀同类。其罪十。

人心厌乱，天意亡胡。从此残暴既除，和平可睹，障碍既去，民国以安。仅此露布，中外共鉴！

通电凿凿列举了张作霖十大罪状，完全可以想象绿林出身的张作霖读过后的心情。4 月 28 日，张作霖通电宣战，战争打响，炮声隆隆，连北京城都可以隐隐听到。在张作霖的亲自指挥下，奉军由东路、西路同时发动进攻，吴佩孚指挥军队进行反击，双方呈胶着状态。从直奉战争开始的第一天起，各列强掌控的报纸竭力表达自己的倾向：西方力量说直军肯定会胜利，日本力量则说奉军必定会赢。吴佩孚指挥七个师、五个旅约十万人，与奉军在马厂、长辛店一带展开激战。奉军以重炮轰击，吴佩孚军帽落地，副官被弹片击中身亡。吴佩孚发动反击，动用飞机轰炸长辛店奉军总司令部。战斗过程中，吴佩孚出奇兵绕道攻击奉军后方，奉军腹背受敌；加上奉军第十六师临阵倒戈，全阵崩溃。隶属直系的冯玉祥部也兵分三路向奉军发起攻击，大破奉军，有效扭转了战局。尽管张作霖的部队在武器装备和人数上占有优势，但由于部队不及直军训练有素，加上临战经验的缺乏，最后遭到失败。

值得一提的是，直奉战争之前，张作霖与南方孙中山已商讨好共同出手，孙中山也在南方建立了北伐大本营。不过战争爆发之后，由于南方陈炯明与孙中山政见不合，私下与吴佩孚联合，暗中进行阻挠；湖南督军赵恒惕又不肯为北伐军借道，孙中山只得将大本营从桂林移至韶关，企图从江西北上。这个时候，张作霖大势已去。缺乏南方的有力支持，也是张作霖兵败第一次直奉大战的重要原因。

奉军失败，是大总统徐世昌不愿看到的结局。在徐世昌看来，比较起吴佩孚的自以为是刚愎自用，张作霖还要好合作一些。奉军退出长城之后，北京政府随即由直系所控制。大总统徐世昌无奈下达四道命令：1. 缉梁士诒，解散梁内阁（梁士诒早跑到日本去了）；2. 奉军即日撤出关外，直军退回原防；3. 撤销张作霖的本兼各职，听候中央查办；4. 任命吴俊升为奉天督军。张作霖也发布通电，表示遵守元首和平解决之意，已令各军撤退，请令直军不得追击。几天后，张作霖自滦州通告各国公使领事及外侨，宣布独立，不受中央拘束，所有三省地方之收入，全数划充三省政费。奉天省议会推张作霖为东三省总司令兼省长，实行联省自治。在此之后的政治格局变为：直系即中央，中央即直系；吴佩孚直接控制直、豫、鄂、苏、皖、赣、闽七省富庶地区，附庸者有鲁、晋、陕、甘、湘、热、察、绥八省，川、黔也一度唯其马首是瞻。吴佩孚变得“如日中天”，更急切地期望实现“修齐治平”的人生理想。

呼唤“好人政府”

直奉大战的胜利，轮到意气风发的吴佩孚掌控政局，为中国的走势寻觅出路了。在吴佩孚看来，徐世昌这个又奸又滑的老官僚已不可能担当重任，必须下台。同样，带有段祺瑞印记的新国会，也即安福国会必须解散。有了如此坚定的想法，曹锟、吴佩孚、田中玉等人通电各界人士征求是否恢复民国六年国会，也即民国第一届国会；或召集新国会，或国民会议，或联省自治的意见等，实际上纯属姿态。通电很快得到回应，很多人都明白曹锟和吴佩孚的意思，通电赞成恢复民国六年国会。

其中以梁启超、熊希龄、汪大燮、蔡元培、王宠惠等一干人表现得最为坚定。

通电咨询的同时，吴佩孚还秘密联络蔡元培等一干知识人，谋求南北统一及新形势下的政局安排；同时派人跟孙中山联系，试探合作的可能性。蔡元培提出方案，由孙洪伊组阁，办理南北和议；与孙中山联合，在孙中山宣布下野后，由吴佩孚统领军队，孙中山管理党务，蔡元培主政。这一格局，意味着南北政权的联合，中国分裂的状态得到根本改变。当然，曹锟、吴佩孚与孙中山试探性的联合，很大程度上是迫于国外的压力，以及某种程度的利益驱动——曹、吴与孙的联合，可提高曹、吴控制的北京政府的借款机会。不过，这种方案很快为形势否决——此刻南方政权正出现重大反复，陈炯明部叶举率万余部队进入广州，要求孙中山复任陈炯明为粤军总司令及广东省长，并免胡汉民职。孙中山地位变得岌岌可危。吴佩孚与孙中山联手一事也不了了之。

吴佩孚秘密规划政局未来的同时，直系另一股力量想拥戴曹锟当总统，不过曹锟当总统有两个障碍：一是现任总统徐世昌尚未下台，二是徐世昌下台后曹锟以何种名义上台。吴佩孚的看法是，如果曹锟及直系对权力表现得过于急切，极可能将自己暴露在各种势力的火力之下，也会引起社会舆论的不满。并且，以曹锟的声望和能力，似乎很难获得西方和日本对他的支持。另外由于安福国会解散，原来的国会议员又很难聚集，若是按照程序选举，需要很长时间准备。因此，曹锟想一步成为大总统，难度很大。

这时候曾经南下的众议院议长吴景濂跟孙中山闹翻后北上，适时提出了个“法统重光”的建议，让纠结中的曹锟怦然心动——吴景濂认为徐世昌是由安福国会选举出的总统，在合法性上存在问题，主张重新拥戴当年被赶下台的黎元洪复职，同时恢复第一届国会。这样，不仅可驱逐徐世昌，也可恢复旧国会。黎元洪复职表明恢复“法统”，也使南方孙中山的“护法”旗帜失去依托，或能促使南方军政府垮台而实现南北统一。并且，黎元洪的补足，可以让曹锟下一步当总统变得顺理成章。对黎元洪当年的辞职，吴景濂给出新的解释：黎元洪是在张勋复辟的非常时期离任的，不能视为辞职，应该将他迎回并补满任期，等任期结束后再重选大总统。

吴景濂的方案如此“圆满”，简直让人难以拒绝。与吴景濂进行了一番细谈后，曹锟、吴佩孚决定以此方案操作。当然，吴景濂也有一个条件，那就是曹锟和吴佩孚必须支持自己抓紧制定中华民国宪法，如果在曹锟当选时推出，对于曹锟威望将是极大提升。吴景濂希望能在自己手上推出一部相对完美的宪法，至于手段，在当时的中国，只有与直系这样的实力派合作，民国宪法才有望制定成功，议会政治才有可能继续存在与发展。达成共识之后，一干人开始齐头并进：一是向徐世昌施加压力，让他主动下台；二是制造并推广“法统重光”的概念和舆论，派人去天津与黎元洪接洽，力劝他重新出山……共和政治到了这个时候，已经显示出翻手为云覆手为雨的性质，成为一种砝码，或者成为游戏的骰子了。

善后的形势如此微妙，不甘寂寞的新锐知识分子们，也争先恐后表达立场和看法。经历五四运动之后，知识界已普遍地对徐世昌和亲日的安福系表示出明显不信任，吴佩孚在五四运动中的积极表现，得到了新锐知识界的普遍赞誉。很多知识分子开始对吴佩孚和直系抱有很大希望，自发地加入对于政府组建的关注之中。1922 年 5 月 11 日，也就是在保定召开会议，讨论“恢复法统”问题的第二天，胡适请假在家，写了《我们的主张》一文。无证据显示这一篇非常著名的政论文章有什么样的背景，不过文章推出的日期却显得有些微妙。在这篇文章中，胡适详细提出了关于政治改革的原则性意见，即政治改革的三个基本要求：宪政的政府，公开的政府，有计划的政府。在此之前的1917年，胡适一度曾有“二十年不谈政治，二十年不干政治”的自我约束，在社会上颇有影响，这一次胡适打破了自己的禁忌。后来，胡适曾在《我的歧路》一文中对自己当初的允诺解释道：“我谈政治只是实行我的实验主义，正如我谈白话文也只是实行我的实验主义”，“那时正当安福部极盛的时代，上海的分赃和会还不曾散伙。然而国内的‘新’分子闭口不谈具体的政治问题，却高谈什么无政府主义与马克思主义。我看不过了，忍不住了，——因为我是一个实验主义的信徒，——于是发愤要想谈政治”。

半夜写就后，胡适很兴奋，打电话给自己的同乡好友陶行知分享。得到陶行知的赞扬后，胡适又打电话给李大钊等人，确定次日到蔡元培校长家讨论，以便集中向全国表明知识界对于政治的态度。第二天中午，胡适、李大钊、梁漱溟等人来到蔡元培家，胡适介绍了写作《我们的主张》的初衷，经过热烈讨论，大家提出了“早日召开南北和平会议”“以恢复旧国会、制定宪法等项为南北议和的条件”以及裁兵、裁官、改良选举制度、公开财政等六项政治改良措施，整理成《我们的政治主张》一文，在1922年4月13日《努力周报》第二期上发表。这一篇文章到底是有人授意，还是胡适们自发撰写，一直以来都是人们争辩的焦点。

《我们的政治主张》全文：

我们为供给大家一个讨论的底子起见，先提出我们对于中国政治的主张，要求大家的批评、讨论或赞助。

（一）政治改革的目标

我们以为现在不谈政治则已，若谈政治，应该有一个切实的、明了的、人人都能了解的目标。我们以为国内的优秀分子，无论他们理想中的政治组织是什么（全民政治主义也罢，基尔特社会主义也罢，无政府主义也罢），现在都应该平心降格的公认“好政府”一个目标，作为现在改革中国政治的最低限度的要求。我们应该同心协力的拿这共同目标来向国中的恶势力作战。

（二）“好政府”的至少涵义

我们所谓“好政府”，在消极的方面是要有正当的机关可以监督，防止一切营私舞弊的不法官吏。在积极的方面是两点：

（1）充分运用政治的机关为社会全体谋充分的福利。

（2）充分容纳个人的自由，爱护个性的发展。

（三）政治改革的三个基本原则

我们对于今后政治的改革，有三个基本的要求：

第一，我们要求一个“宪政的政府”，因为这是使政治上轨道的第一步。

第二，我们要求一个“公开的政府”，包括财政的公开与公开考试式的用人等等。因为我们深信“公开”是打破一切黑幕的惟一武器。

第三，我们要求一种“有计划的政治”。因为我们深信，中国的大病在于无计划的漂泊；因为我们深信计划是效率的源头；因为我们深信，一个平庸的计划胜于无计划的瞎摸索。

（四）政治改革的惟一下手工夫

我们深信中国所以败坏到这步田地，虽然有种种原因，但“好人自命清高”确是一个重要的原因。“好人笼着手，恶人背着走。”因此我们深信，今日政治改革的第一步在于好人须具有奋斗的精神。凡是社会上的优秀分子，应该为自卫计，为社会国家计，出来和恶势力奋斗。我们应该回想，民国初元的新气象，岂不是因为国中优秀分子加入政治运动的效果吗？当时的旧官僚很多跑到青岛、天津、上海去拿出钱来做生意，不想出来做官了。听说那时的曹汝霖，每天在家关起门来研究宪法。后来好人渐渐的厌倦政治了，跑的跑了，退隐的退隐了，于是曹汝霖丢下他的宪法书本，开门出来了；于是青岛、天津、上海的旧官僚，也就一个一个的跑回来做参政、咨议、总长、次长了。民国五六年以来，好人袖手看着中国分裂，看着讨伐西南，看着安福部的成立与猖獗，看着蒙古的失掉，看着山东的卖掉，看着军阀的横行，看着国家破产丢脸到这步田地。够了！罪魁祸首的好人现在可以起来了！做好人是不够的，须要做奋斗的好人；消极的舆论是不够的，须要有决战的舆论。这是政治改革的第一步下手工夫。

（五）我们对于现在的政治问题的意见

我们既已表示我们的几项普通的主张了，现在我们提出我们的具体主张，供大家讨论。

第一，我们深信南北问题若不解决，一切裁兵、国会、宪法、财政等等问题，都无从下手，但我们不承认南北的统一是可以用武力做到的。我们主张，由南北两方早日开始正式议和，一切暗地的勾结，都不是我们国民应承认的。我们要求一种公开的、可以代表民意的南北和会。暗中的勾结与排挤是可耻的，对于同胞讲和并不是可耻的。

第二，我们深信南北没有不可和解的问题，但像前三年的分赃和会是我们不能承认的。我们应该预备一种决战的舆论做这个和会的监督。我们对于议和的条件，也有好几个要求：

(1) 南北协商召集民国六年解散的国会，因为这是解决国会问题的最简易的方法。

(2) 和会应责成国会克期完成宪法。

(3) 和会应协商一个裁兵的办法，议定后双方限期实行。

(4) 和会一切会议都应该公开。

第三，我们对于裁兵问题，提出下列的主张：

(1) 规定分期裁去的兵队，克期实行。

(2) 裁废虚额，缺额不准补。

(3) 绝对的不准招募新兵。

(4) 筹划裁撤之兵的安置办法。

第四，我们主张裁兵之计，还应该有一个“裁官”的办法。我们深信现在官吏实在太多了，国民担负不起。我们主张：

(1) 严定中央与各省的官制，严定各机关的员数。如中央各部，大部若干人（如交通部），中部若干人（如农商部），小部若干人（如教育部）。

(2) 废止一切咨议、顾问等等“干薪”的官吏。各机关、各省的外国顾问，除极少数必需的专家之外，一律裁撤。

（3）参酌外国的“文官考试法”，规定“考试任官”与“非考试任官”的范围与升级办法。凡属于“考试任官”的，非经考试，不得委任。

第五，我们主张现在的选举制度有急行改良的必要。我们主张：

（1）废止现行的复选制，采用直接选举制。

（2）严定选举舞弊的法律，应参考西洋各国的选举舞弊法，详定细目，明定科罚，切实执行。

（3）大大的减少国会与省议会的议员额数。

第六，我们对于财政的问题，先提出两个简单的主张：

（1）彻底的会计公开。

（2）根据国家的收入，统筹国家的支出。

以上是我们对于中国政治的几个主张。我们很诚恳的提出，很诚恳的请求全国的人的考虑、批评，或赞助与宣传。

民国十一年四月十三日

提议人：蔡元培（国立北京大学校长），王宠惠（国立北京大学教员），罗文干（国立北京大学教员），汤尔和（医学博士），陶知行（国立东南大学教育科主任），王伯秋（国立东南大学政法经济科主任），梁漱溟（国立北京大学教员），李大钊（国立北京大学图书馆主任），陶孟和（国立北京大学哲学系主任），朱经农（国立北京大学教授），张慰慈（国立北京大学教员），高一涵（国立北京大学教员），徐宝璜（国立北京大学教授），王征（美国新银行团秘书），丁文江（前地质调查所所长），胡适（国立北京大学教务长）。

附白：一切赞成与反对的言论，我们都很欢迎。请寄到努力周报社，或寄给提议人。

这一篇代表当时最具影响力知识人观点的文章刊出后，如湖水中投入一块巨石，一时间激起千层浪。绝大多数人激赏胡适的才华和政治态度，连紫禁城的“末代皇帝”也为胡适暗自喝彩。4月17日，十七岁的溥仪亲自打电话给胡适，怯怯地邀请胡适18日去紫禁城做客，又派一个太监登门拜访。作为文艺青年的溥仪此举显然是倾慕胡适的才华和影响力，好奇传说中的胡适是怎样一个人。接到邀请后，或许是没想好该如何面对年轻的逊帝，又或者真有公务在身，三十一岁的胡适很有礼貌地在名片背面亲笔写下：“今日因有课，不能入宫，请恕罪。胡适”，然后交来人转给溥仪。在接下来的时间里，在与溥仪的英国老师庄士敦进行了详细沟通后，胡适于1922年5月30日中午乘坐溥仪来迎接的汽车去了故宫。忐忑不安的胡适先是在神武门前下车，在门外有护兵的督察处小坐了一会，然后，在差人的带领下入了宫门、春华门，最后进入养心殿见到了溥仪。同样忐忑不安的末代皇帝见胡适进来，慌忙起身迎接，对先生胡适表示了足够的尊重。胡适站着鞠了一躬，说：“皇上好。”溥仪回复：“先生好。”示意胡适坐在一张有蓝缎垫子的方凳上。胡适在一周后写给庄士敦的信中，描述了他与溥仪单独在一起的情景：“我入宫见皇帝时，他对我很客气，也很恳切。我们谈到了新诗和新诗人以及其他文学等话题，我在宫里的时间不过二十分钟，本来我预定的时间不止那么短的，因为我在神武门受阻，把一部分时间耗去了，并且我又另有一个重要的约会，不得不向皇帝陛下告退。”在另外一首诗《有感》中，胡适写到了此行的印象。初稿很长，后来删成短诗一首：

咬不开，捶不碎的核儿，
关不住核儿里的一点生意；
百尺的宫墙，千年的礼教，
锁不住一个少年的心！

新文化运动年轻的领袖胡适见溥仪的举动，经媒体曝光后，引起轩然大波。很多报刊攻击胡适这一举动，甚至有报章绘声绘色地描绘胡适向溥仪行君臣大礼等。作为一个自由主义者，胡适坚持不为所动，1922年7月22日的《努力周报》上，胡适发表了一篇题为《宣统与胡适》的文章，为自己的行为做了辩解：

一个人去见一个人，本也没有什么希奇。清宫里这一位十七岁的少年，处的境地是很寂寞的，很可怜的；他在这寂寞之中，想寻一个比较也算得是一个少年的人来谈谈；这也是人情上很平常的一件事。不料中国人脑筋里的帝王思想，还不曾洗刷干净。所以这一件本来很有人味儿的事，到了新闻记者的笔下，便成了一条怪诧的新闻了。

胡适虽然看起来文弱儒雅，不过认准之事，从来就是难以撼动的。两年之后，也就是1924年的3月27日，胡适再次进入紫禁城见到了溥仪。比较起第一次见面，双方的交谈时间还更短一些。胡适显然考虑到双方身份所造成的影响，并不想以自己与溥仪过于密切的联系，引起轩然大波。

就在胡适第一次见溥仪的那几天，善于察言观色的各路诸侯们，开始自告奋勇地表现了——5月15日，长江上游总司令孙传芳发表通电，主张请黎元洪复职，召集1917年的旧国会，速制宪典，共选副座。这是军人驱徐（世昌）迎黎（元洪）的第一炮。28日，孙传芳又通电南北两总统孙中山、徐世昌，劝他们同时引退。29日，江苏督军齐燮元电劝徐世昌引退。31日，河南督军冯玉祥电主恢复第一届国会。面对各方压力，大总统徐世昌通电声明，一有合宜办法，即奉身引退。6月1日，第一届国会议员王家襄、吴景濂等一百五十余人（一说二百零三人）在天津开会，联名发表宣言，指责徐世昌为非法总统；宣告即日行使职权，取消南北两政府，另组合法政府。"法统重光"到了此时，已迅速走红，成为引路的无形旗帜。

徐世昌对于恢复第一届国会，当然是不以为然的。就法律而言，第一届国会已无法恢复，因为当选了安福国会的议员，即表示承认第一届国会已结束；而参加了南方非常国会的议员，虽然表明他们仍坚持第一届国会的法律地位，但意味着非常国会的任期计入第一届国会的任期，从时间上来说已届满，无可恢复。扣除了安福国会与非常国会的议员，剩下的议员人数，已不足法定人数。吴景濂身为议长，既参加了非常国会，又不把非常国会的时间计算在任期之内，岂不是自相矛盾？不过在当时，理哪里辩得清呢？只有枪杆子才能说话算话，才能言之有理。至于其他人，哪怕是老资格的徐世昌，也只有徒叹奈何的份。

1922年6月2日，曹锟、吴佩孚领衔十省区通电请黎元洪复职。吴景濂、王家襄去津面请黎元洪复任。冯玉祥、齐燮元等分别通电孙中山取消非常大总统，北上共定国是。同一天，徐世昌设午宴款待刚刚回国的驻英公使顾维钧，讨论外交事务，出席宴会的有颜惠庆、董康、吴笈蒸等四十余人。徐世昌边吃边向顾维钧询问华盛顿会议的情况，不时地与周围客人从容交谈。午宴结束，徐世昌招呼众人到隔壁稍事休息，声明还有几句话要说。待众人到了休息室，徐世昌缓缓说道："四年前承蒙国人推举，老朽出任总统，惟才疏力浅，数载几无成就，愧对天下。如今更是昏聩体衰，无力报效国家，适值旧国会即将恢复，老朽决定趁此隐退。”当天下午三时半，徐世昌离开总统府，携家眷登上前门车站一列备用专车，全体阁员及政要到站送行。徐世昌微笑与众人一一告别。在此之后，徐世昌回到天津过着诗、书、画三位一体的“隐逸”生活。主持编撰了《退耕堂政书》《大清琨辅先哲传》《书髓楼藏书目》《东三省政略》等书，又专门组织设立了“徐东海编书处”，历时数年，编《清儒学案》二百零八卷，创作诗词五千余首，楹联一万余对。在此之前，徐世昌曾著有《欧战后之中国》一书。1939 年 6 月 6 日，徐世昌于天津病逝，享年八十五岁，是北洋系人物中相当高寿的。

徐世昌宣布辞职出京后，国务院发出院令：“本日徐大总统宣布辞职，由国务院依法摄行职务，所有各官署公务，均仍照常进行。京师地方，治安关系重要，应由京畿卫戍总司令督同步军统领、京兆尹、警察总监妥慎办理。”周自齐又领衔全体国务员发表通电：“自齐等遭逢世变，权领部曹，谨举此权奉还国会，用尊法统，暂以国民资格维持一切，听候接收。”由于总统已定性为非法产生，内阁地位自然同为非法，所以他不敢以内阁摄行总统职权，仅以“国民”资格摄行职权。

奉系兵败之后，由于孙中山此前曾多次承诺只要徐世昌下台，他也将同时下野。因此，徐世昌下台后，蔡元培、胡适、高一涵等两百多位各界名流，联名致电孙中山和广州非常国会，呼吁孙中山实践与徐世昌同时下野的宣言。很多手握重兵的军人也加入劝退的行列中。南方的陈炯明发动了针对孙中山的政变，并于 1922 年 6 月 16 日凌晨二时炮轰孙中山的总统府，意在驱逐孙中山一干人，请孙中山兑现他与徐世昌一齐下台的诺言。孙中山被迫离开广州，逃到停泊在黄埔港的“永丰”号军舰上，坚持五十六天以寻求支持。舰上闷热难熬，又缺乏食物和水。到了晚上，蒋介石带一干人上岸去寻找食物，天亮前回到舰上。北伐军李烈钧以及许崇智曾想回师救援，又被陈炯明击败。孙中山眼看形势不妙，只好于 8 月辗转由香港去了上海。北方和南方两总统的下台，似乎给了人们以信心，中国就要统一了，仿佛之前笼罩了十多年的阴霾，就要一扫而光似的。

中国人还是太天真了！

“好人”重新出山

中国古语一直有“福分”一说，认为一个人的命和运，都是前世注定的。对于前总统黎元洪来说，仿佛亦是如此。辛亥之时，他以卑微之位，担当起革命军统帅；又位居中华民国副总统；之后，连黎元洪自己可能都没想到，一代强人袁世凯猝然去世，自己竟然会继任中华民国大总统。当然，在遭遇张勋复辟那段不堪回首的经历后，黎元洪受了些惊吓。不过这位爱吃西餐、爱穿西装、爱骑马、爱打网球的欧美思想与生活方式的崇尚者，到了 1922 年的时候，出人意料成为谁也不敢小觑的大实业家。五年之内，黎元洪投资了二十多个银行和厂矿，凭借着自己的“德行”，如鱼得水于商海之中，赚了个盆满钵盈。也因此，黎元洪连北京政府每月发给他的三千大洋生活费也辞了。

世事就是那样难料。自 1917 年羞赧请辞之后，回到天津的黎元洪根本没有想到，竟然有咸鱼翻身的那一天。当接到曹锟、吴佩孚、吴景濂一干人让他“补齐任期”的邀请时，黎元洪先是坚决推辞，心有余悸的他再也不想蹚这浑水。没想到国会议员轮番上门相劝，每天劝进的电报如潮水般涌来，曹锟率直、苏、鲁、鄂、豫、察、陕、甘、绥十省督军、省长、都统联合通电恭请复位。吴景濂也放弃了原先澄清黎元洪当年解散国会的法律程序的打算，请求黎元洪回到总统位置上来。直隶省长王承斌甚至长跪在黎元洪面前，非得黎元洪答应复职。巨大的压力之下，黎元洪动心了，毕竟，当年自己任期太短，不明不白下台，很有点壮志未酬的感觉。不过还算清醒的黎元洪仍保持某种警惕，发出三千字的“废督裁兵”的“鱼电”，揭批了五大恶政现象，提出“废督”“裁兵”“整理财政”这三大复职条件。黎元洪的“鱼电”很快得到回应，控制北京的各方力量纷纷承诺不干涉政府事宜，以促成黎元洪“官复原职”。

黎元洪在复职上的迟疑，让时任北京大学校长的蔡元培觉得有责任有义务进行敦促，在蔡元培看来，黎元洪和那些富有野心的军阀们有着本质区别，这不是一个手腕毒辣心术不正玩弄权谋的“坏人”，而是宅心仁厚可以信任的“好人”。更何况黎元洪对自己有知遇之恩，对教育积极支持。一个好人当总统，总比一个坏人要好得多。所以，当胡适提出要不要发电催促黎元洪来京就职时，蔡元培于6月8日联袂王家驹、李建勋、毛邦伟等十人，代表教育界发表通电，欢迎黎元洪来京复职。电文云：

> 天津黎大总统钧鉴：中央政府负责之人，考量事实，非公莫属。务恳俯顺舆情，维持大局。事关国脉，万乞即日莅京，勉任艰巨，无任祈祷之至。

社会各界如此盛情，“忠厚”的黎元洪无法再拒绝，毕竟，自己后半生与“共和国”息息相关，没有这个动荡不安的共和国，哪有他黎元洪的今天？1922年6月11日，黎元洪抵达北京，在幕僚和各界名流的前呼后拥下，前往中南海怀仁堂参加总统就职典礼。据总统侍从武官唐仲寅回忆，黎元洪大有前度黎郎今又来的畅快和得意。复职典礼前，颇有性情的黎元洪穿着礼服来回踱步，对着镜子顾盼大笑："大家都说我是黎大苕，今天我黎大苕，又回来坐天下了！""苕"是湖北话红薯的意思，在很长时间里，民间一直以为黎元洪又憨又土赐予他如此外号。黎元洪还拿出三年前拍的一张十二寸标准照底片，一次就洗了五百张签名送人。6月12日，黎元洪颁布总统令，宣布撤销1917年解散国会的命令，继续民国六年第二期常会。一切真算是"解铃还得系铃人"，这一天，离黎元洪当初下令解散国会，正好是整整五年。

对于黎元洪的复职，社会上也有一些不同看法，南方议员褚辅成、孙洪伊指出，黎元洪的任期，实际上已由冯国璋代满，无职可复。对此，北方议员则由曾任众议院法制委员长的张耀曾给出"法律解释"，根据约法和《总统选举法》，总统在任内离职，只有三种情况：一是死亡缺位，二是弹劾去职，三是因故不能执行职务，而1917年黎元洪的离职，不在这三种情况之内，是基于事实而非基于法律，因此不具法律效力，冯国璋的代理，也只是事实上的代理，而不是法律上的代理。这样，反对和质疑看似平息下去了，不过，一有风吹草动，这样的质疑还会兴起。

在"法统重光"的旗帜下，黎元洪总统复职。北京政府以为南北双方根本分歧已消除，于是分别电劝孙中山、伍廷芳、李烈钧北上，共谋国是。此时，经过前一段时间的工作，民国六年国会也得到一定程度恢复。6月12日，天津旧国会移至北京，到者二百一十四人。不过这个数字，跟当初"八百罗汉"规模相比，一半都没有到。想恢复最初的国会，明显存在很大难度。北方发出号召，希望当初南下的国会议员迅速北上。陈炯明也派人到广东的议员家中，一一拜访，劝他们北上参加国会，推动统一。除了一些国民党议员之外，不少议员都离开广东北上。不过，最让广州议员们纠结的问题是，1918 年，为了凑够法定人数在广东开正式国会，曾经补选了一批议员以顶替未到会的议员，现在，这些增补者的“名分”怎么办？因此，广州国会主张国会重开，法统上，应该是 1919 年的国会，也即“民八国会”，而不是 1917 年的国会即“民六国会”。国会重新组合所不可回避的重大分歧，也为后来的分裂埋下了伏笔。1922 年 8 月 1 日，参众两院在北京正式开会，由于众议院副议长、研究系议员陈国祥病故，会议选举张伯烈为副议长；参议院院长仍为王家襄，副议长王正廷。据《中华民国立法史》一书所载，旧国会恢复后，政党势力重新整合，分为九大派别：一是中国国民党系，主角谢持、周震麟、田桐等；二是政学会系，主角谷钟秀、张耀曾、李根源、汤漪、王有兰等；三是段祺瑞系，主角乌泽声、褚辅成等；四是奉天系，主角刘恩格等；五是益友社系，主角吴景濂、罗家衡、胡鄂公、易次乾等；六是新共和党系，主角张伯烈、胡祖舜等；七是孙洪伊系，主角温世霖、景耀月、张益月、王湘等；八是讨论会系，主角司徒颖、江天铎、谭瑞霖等；九是研究系，主角王家襄、蒲伯英、蓝公武、籍忠寅等。

上任虽体面风光，不过黎元洪所面对的却是繁杂而头痛的事务。首当其冲的，是面对各路军阀对于政府的干涉，如果权力集中在各路军阀手上，宪政必为空谈。黎元洪发现，上任前那些军人们不干政的承诺，只是一句空话。当他的作为牵涉到某些人的利益时，就像愚公移山一样艰难了。曹锟借口全国战事还未停止，督可废而兵不可裁，一再电催任命蔡成勋为江西督军；吴佩孚虽口称拥护裁兵，却在直、鲁、豫三省大招新兵，补充第三师的缺额。为了适应各省自治潮流，实现军民分治，黎元洪分别任命了七个省长。其中五个省长遭到当地拒绝，根本不能到任。黎元洪任命的湖北省长汤芗铭，是研究系领袖汤化龙的弟弟，民国四年就做过湖南督军，当时曹锟还只是第三师师长。到任之前，黎元洪派汤芗铭到保定和洛阳分别拜见曹锟和吴佩孚，以争取支持。汤芗铭到保定后，曹锟态度非常冷淡，推说湖北不是他的管辖区，叫他去找吴佩孚。汤芗铭到了洛阳后，吴佩孚竟拒之门外。与此同时，曹锟和吴佩孚都去电黎元洪，推荐萧耀南兼任湖北省长。曹锟和吴佩孚对中央的软磨硬抗，让黎元洪十分恼火，气愤地说："湖北是我的家乡，别的地方我可以不管，我的家乡，我一定要管！"于是派汤芗铭直接去湖北上任。没想到汤芗铭到达汉口时，萧耀南竟指使"拒汤派"以死抗争，横卧在京汉路的轨道上，阻止汤芗铭所乘火车通行。汤芗铭只好下车改乘军舰在汉口特区登陆，没想到江岸上仍有不少"拒汤派"示威，阻止汤芗铭上岸。双方发生冲突，有四五十人受伤。萧耀南派副官邹海清到军舰面见汤芗铭，劝说不要登陆，以免引起骚乱。汤芗铭不听劝阻，登陆后到武昌见萧耀南，萧耀南拒而不见，在军署内召集一帮人举行所谓湖北各公团联席会议，当场推举自己兼任省长，并且马上宣布就职。

汤芗铭气急败坏之下，将情况向黎大总统做了报告，并请求辞职。黎元洪非常生气，说："这不是你干不干省长的问题，而是我干不干总统的问题。"不过黎元洪之后的举动，根本不起作用。在这种情况下，经汤芗铭的秘书卢蔚干与萧耀南的政务厅厅长邓振矶协商，双方达成协议：汤芗铭辞去湖北省长，推荐萧耀南为湖北省长，萧耀南则荐汤芗铭为武阳夏商场督办（相当于武汉市市长）。算是双方各退了一步。不过汤芗铭到任后一直领不到办公经费，无法正常工作，因而形同虚设。

地方不支持，黎元洪知道是曹吴二人的原因。黎元洪横下心来，想通过"杯酒释兵权"的方式削弱吴佩孚势力：任命吴佩孚为陆军总长，想以此取消他的直鲁豫鄂巡阅副使。哪知道吴佩孚根本就不买账，把这个空名推得很远。黎元洪任命的第一个总理是颜惠庆，组成一个亲美的班子，不过颜内阁从组建开始便残缺不全，不到两个月，颜惠庆便因为财政危机辞职。随后，黎元洪又提名唐绍仪来做总理，吴佩孚忘记了“不干涉”的承诺，通电坚决反对……玉帅都站出来了，黎元洪只得打退堂鼓。

1922年9月19日，黎元洪任命王宠惠担任总理，阁员有外交总长顾维钧、内务总长孙丹林、财政总长罗文干、陆军总长张绍曾、海军总长李鼎新、司法总长徐谦（石志泉代）、教育总长汤尔和、农商总长高凌霨、交通总长高恩洪。由于王宠惠、罗文干、汤尔和等人都是提倡组建“好人政府”的知识分子和大学教授，有报章把这届政府称为“好人内阁”。名单当中大多是吴佩孚的势力：陆军总长张绍曾是吴佩孚的儿女亲家，内务总长孙丹林以前是吴佩孚的秘书长，交通总长高恩洪是吴佩孚的同乡和追随者，王宠惠本人也是亲吴的。内阁向国会提交审核时，遭到了亲近曹锟势力的吴景濂一帮人的强烈质疑。黎元洪和王宠惠为回避矛盾，保住内阁，竟然不向国会提交内阁名单。这样的行为，让众多国会议员很恼怒。

全力支持黎元洪的，似乎只有那些文人们。1922年10月10日，北大校长蔡元培等人发动北京八十六个团体，在天安门前召开了声势浩大的国民裁兵大会。蔡元培亲自担任大会主席，专门请出黎大总统发表同意裁兵的演说。广场上彩旗招展，五六万人的口号声响彻天空。虽然声势浩大，只是没有掌握枪杆子的黎元洪，又有什么资本对军阀们“杯酒释兵权”呢？

黎元洪另一个回避不了的是财政问题，摇摇欲坠的北京政府一直入不敷出，徐世昌在任时，连军费都没法正常付清，曾引发陆军总长靳云鹏与财政总长龚心湛之间的激烈冲突。这个事情，经报章一渲染，引起社会大哗。黎元洪上任时，教育部和北大的员工，都已欠薪很久，一直无法完全兑现。冯玉祥曾在回忆录里写道，黎大总统经常向他抱怨："唉，总统真不是人当的，这个月我又赔了三万多！这样计算，我每年就要赔上三十六万。长此以往，我实在不能支持了。唉，你们看，这个月，我的煤矿股票和盐票的利息，差不多都赔贴光了。东也捐款，西也募钱，叫人无法应付。每月进个十万八万，仅只捐款一项，就不够开销！"冯玉祥的笔下，有着明显的揶揄意味，不过黎元洪当总统的难处可想而知。

新政府没钱仍是无法运转，怎么办，只好借钱。1922年11月14日，北京大学教授出身的财长罗文干，与委托代办此事的华义银行经理罗森达·柯索利签订奥国借款长期合同，同意将旧债票换为新债票，照票面九折发行，本息合计为五百七十七点七一九万英镑，分十年偿清，年息八厘。因为这一笔钱，"好人内阁"粉墨登台，发放了拖欠高校员工们好几个月的工资，缓和了一些矛盾。这样的局面，与其说是粉墨登场，还不如说是按下了"撬撬板"，拆了东墙来补西墙。不过借钱一事王宠惠内阁没有提交国会，并且传说中接受了对方的贿赂，很快引发了大事端——1922年11月18日晚，众议院议长吴景濂、副议长张伯烈携同华义银行买办李品一来到东厂胡同黎元洪总统住宅，指责财政总长罗文干未经国会同意、总统批准，擅自与华义银行代理人签订与奥国的巨额借款合同，损失巨大，罗文干从中受贿八万多英镑。吴景濂要求黎元洪立刻拘捕罗文干，以防其遁逃。按理，罗文干是内阁成员，非经法律程序不应擅自逮捕，黎元洪情急之下一时疏忽，下令将罗文干抓起来审讯。11月20日，吴佩孚电黎元洪，指责逮捕罗文干违法。内阁总理王宠惠带着阁员前来质问为何逮捕罗文干，王宠惠激动地说，如果总统下令逮捕阁员，也请一并将他送交法庭处理。黎元洪拿不出实际证据与合法手续，一时无言以对。

11月20日，众议院通过了查办罗文干案。当天京师地方检察厅开始审理此案，华义银行代理人出庭作证，声明此案发生问题的支票是酬劳费，跟罗文干无关。11月22日，英国和意大利公使致函外交部，声明展期合同并无手续上的不妥。京师地方检察厅判定无效债票一说不能成立，八万英镑为对方按合同规定付给中国政府，折合成华币约八十万元，转给交通部五十万元，余下作为行政日常开支；另三万英镑是付给安利洋行经理的手续费，五千英镑是付给安利洋行买办的手续费，罗文干并无贪污行为。并且，这一份借款合同确定虽未经国务会议讨论，也没有请求总统和国会同意，但财政部办理展期合同一向如此，算是有章可循。京师地检当天无罪释放了罗文干。

罗文干被释后，认为人格和名誉受到侮辱，提请法庭接受审判黎元洪越权，以洗不白之冤。黎元洪理屈之下，只好请孙宝琦、汪大燮、黄开文、荫昌迎罗文干到总统府，降阶相迎，握手致歉。吴景濂也不依不饶，率三十多位议员进入总统府，对释放罗文干表示抗议。黎元洪两面受敌，十分尴尬。

几天之后，曹锟发来通电，攻击财政总长罗文干丧权辱国，纳贿渎职，主彻底追究。身为直系一号人物的曹锟，与二号人物吴佩孚面和心不和，已是人所皆知。不过这一次公开表现出与二号人物吴佩孚完全不一样的立场，倒是出乎黎元洪和众多人意料。当中原因，有说法是因为罗文干在财政中拨给吴佩孚部的军费，比给曹锟部多得多，让曹锟很生气，所以发出电报支持严办“罗文干”。曹大帅一生气，后果很严重，国会要求惩治罗文干的意见占了上风，吴佩孚不敢公然反对上司，只好通电拥护黎元洪，电告曹锟与王宠惠、罗文干素昧平生。11月27日，众议院通过查办国务总理王宠惠、外交总长顾维钧案。气愤之下，以内阁总理王宠惠为首的“好人内阁”愤而辞职。这样，“好人政府”只维持了两个多月，即宣布下台。支持“好人政府”的胡适心灰意冷，提出休息一年，北大教务长一职，改由顾孟余担任。胡适对于中国时局的失望，反映了当时知识分子对于时局的灰心。1923年1月17日，众议院通过重新查办罗文干的决议，同时要求查办京师地方检察厅的检察官。罗文干再次入狱。

争论罗文干是否有罪的文章充斥着那一段时间报纸的重要版面，北京大学校长蔡元培宣布，鉴于教育总长彭允彝在内阁会议上提出再办罗文干，明显干涉司法，羞与为伍，提出辞职。1月27日，东三省特别法庭发出抗议，通电北京政府司法部等，抗议罗文干案再议。随后，湖北、安徽、奉天、河南、山东、直隶等地纷纷响应，抗议行政权对于司法权的干涉。1923年8月30日，京师地方检察厅宣布罗文干无罪，再次将其释放。

“罗文干事件”中大总统黎元洪的左右摇摆前后不一，让他的威信大大受损。黎元洪无奈，只好重组内阁，先是以汪大燮署国务总理，内阁外交总长王正廷、内务总长高凌霨、财政总长汪大燮（兼）、陆军总长张绍曾、海军总长李鼎新、司法总长许世英（时许任安徽省长，因裁兵事与马联甲冲突，故调京，未就）、教育总长彭允彝、农商总长李根源、交通总长高恩洪。没想到曹锟又通电反对汪大燮组阁，并攻击许世英、高恩洪。汪大燮只得辞职。黎元洪又以王正廷代国务总理。内阁就这样走马灯似的更替，更替到连民众和报纸都不知道当朝国务总理是谁了。而所有的一切，并没有因为内阁的更替而变化。最困难的依然是财政，此时，不仅是各公立学校的老师、警察，连财政部的人员，以及驻守北京的官兵都开始到总统府示威。这样一个千疮百孔的家，让黎元洪如何当呢！

临城大劫案

在曹锟眼里，当初黎元洪复职，纯粹是为填充徐世昌下台的空档，为自己当选总统铺路。按照曹锟、吴景濂原先的设想，黎元洪就任总统属“补足”性质，即累计完成黎元洪继任袁世凯担任总统的任期，也就是说，黎元洪这一次的实际任期，得扣除掉袁世凯任总统的时间，再扣除张勋复辟前黎元洪继任总统的时间，这样一算，黎元洪重新担任总统的任期时间只有一年，即 1923 年 6 月到期。因此，进入 1923 年后，曹锟已经在积极布置竞选一事了，对于黎元洪政府越来越多的窘状，曹锟睁一眼闭一眼，不仅不帮忙解决问题，还默许混乱局面愈演愈烈。曹锟知道，黎元洪无法正常控制局面之际，就是自己顺理成章上位之时。

当然，对于黎元洪的“补齐”时间，也有一些争论：有议员认为黎元洪不应是补足，而是重新上台，应完整地再做一届，任期到 1925 年 9 月结束。黎元洪也有意无意这样认为，“补齐”时间太短，自然心有不甘。这样的想法，与曹锟和吴佩孚等人的设想肯定会产生冲突。

4 月 22 日，是吴佩孚 50 虚岁生日，数百政要来到洛阳，为吴佩孚做寿。康有为也亲往祝寿，并以寿联相赠：“牧野鹰扬，百岁勋名才半纪；洛阳虎视，八方风雨会中州。”虽有溢美之处，也颇为形象概括了吴大帅的重要地位。逊帝溥仪送了御笔匾额一方，大总统黎元洪也送匾额一方。吴佩孚将皇帝所赐的匾额悬在寿堂正中，将大总统黎元洪送的匾额摆在侧面，溥仪派去代表的座次也位列黎大总统代表之前，由此可见二人在吴佩孚心中的地位。

1923年5月，黎元洪任期即将结束之时，爆发了一个震惊中外的大事件，国内外的视线，都聚集到山东一个叫临城的地方。5月6日，上千名土匪袭击了豪华列车“蓝色特快”，将火车上的中外旅客六十余人挟往临城也就是现在枣庄山亭的抱犊崮之上。后来，一位外国乘客描述了那个凌晨遭劫的情景：

> 当我从睡梦中醒来时，我们的火车车速不足每小时十英里，我留意到那已是凌晨三点二十分。我将头探出车窗外，环顾那伸向山东茫茫群山中的窄长山谷，并未发现有什么车站。突然，响起了一声手枪声，继而又传来一串射击声，我赶紧停止观赏夜景，将我的旅伴法国人喊醒，尔后我们俩一起向窗外望去。旷野里似乎布满着带枪的男子，他们一边胡乱地放枪一边朝火车奔来。

这位外国乘客就是上海《密勒氏评论报》的主编，民国史上赫赫有名的美国记者鲍威尔。事发之时，三十六岁的鲍威尔正好在那一辆列车上，这使得他又一次幸运成为见证者，从而成为独家报道这一轰动世界案件的记者。三十九名外国人质中，以美国人居多，包括洛克菲勒（即美国“石油大亨”老洛克菲勒的儿子）的妻妹露希·奥尔德里奇、美国陆军军官艾伦少校、平格少校等。洛克菲勒基金会的一帮人，是为了在华创办两所医学院来中国的。

鲍威尔发表于《亚洲》杂志1923年11月号的《“临城大劫案”追记》叙述道：

> 火车四周的田野似乎成了一片旋风区。乘客们穿着睡衣、

> 光着脚丫被拉下车来，他们中有许多是妇女和孩子。我们被驱赶着快速穿过一块麦地，至少有两个土匪看押着每一个人质，并用枪顶着步履稍慢的人。
>
> 直到破晓后，我们才看清了所有的一切。我数了数，足有一千多个土匪正行进在旷野中，一些土匪看守着人质，其余的人则拖着从火车上抢来的东西。……我所在的这群人中大约有二十五个外国人和同样数量的中国人。在五英里外的一座山上，我曾经看见另一群外国人和监管他们的匪兵。我们沿着黄牛山行走了一整天，期间身后不断飞来官兵们射出的子弹。

指挥这一次抢劫的，是山东境内大名鼎鼎的土匪头子孙美瑶。孙美瑶的队伍号称“山东建国自治军”，总数达一万多人。队伍中除了农民、流民以及一战时援法的劳工外，还有一些懂英语的新知识人。在土匪的挟持下，被俘的乘客排有半里长的队伍，沿着黄牛山山谷逶迤前行。押后的是人数众多的土匪队伍，扛着从火车上抢来的战利品，包括各种行李。从附近紧急调来的军队在后面一直紧跟不舍。为了阻止官兵追击，土匪命令人质给部队指挥官写信，警告他们立即停火，否则将杀死所有外国俘虏。作为西方人质中唯一新闻记者，鲍威尔代笔写了这封信，他躲在一堵石墙后面，在呼啸的子弹声中一蹴而就。当信件送达追击的官兵手中时，枪声停止了。

撤退过程中，土匪陆续释放了一些人质，这些人包括：一、凡是跟孙中山先生的组织有联系的；二、曾参加过海州暴动和亳州暴动的；三、家里不足四十亩地的；四、有医巫百工技艺的。如果一家人同时被掳，只留一个，有父的不留子，有兄的不留弟，有夫的不留妻。最后跟随队伍的人质，只有中国旅客近三十人、外国旅客近二十人。经过十天的长途跋涉，土匪和人质一行终于到达目的地抱犊崮。抱犊崮位于茫茫群山一座峡谷的顶端，四周是险峻的悬崖绝壁，只有一条在花岗岩上开凿出来的石阶，通向海拔三千多米的山顶，顶上有一所道观名“巢云观”。这里易守难攻，据说六百年来一直是土匪的老巢。

路途当中，鲍威尔一有机会就在纸上迅速写上几行，记录被劫的经过和“洋票”们的遭遇。有一天，鲍威尔乘土匪不注意，把写上美国济南领事馆地址的稿件，偷偷地交给一个过路的农民带出。过了几天，这些稿件真的送到了美国领事馆手里。过了些天，鲍威尔从一张用来包火腿的英文《大陆报》上看到了自己所写的报道，顿时心花怒放，自此之后，他开始更详实地记载自己的见闻。鲍威尔还利用自己的机智和亲和力，近距离接触了大量土匪，其中有年轻的匪首孙美瑶，老谋深算的军机“馍馍刘”，曾经以华工身份参加欧战的前布尔什维克“鲁斯基”，留日学生“周”，为了活命加入匪帮的“猴脸”以及身经百战的老兵“厚嘴唇”等。这一番富有传奇性的亲身经历，使得鲍威尔在世界新闻史上留有大名。对于人质当时的处境，鲍威尔在事后的追记中描述道：

> 抱犊崮本是风景优美之地，但是环境与之实在太不相称，我们最大的困难是与昆虫相处。人们已知的各种跳蚤物以类聚，在抱犊崮“会师”了，因为道观建筑曾被用作马厩，这些屋子里聚集了大量虱子，而蜈蚣、蝎子和蜥蜴更是泛滥成灾。

混乱和不安定的中国，对于土匪劫财一事，似乎已屡见不鲜。尽管一再通过“惩治土匪”的法规，土匪数量仍有增无减，有人估计二十年代初中国土匪的保守人数，惊人地达到两千万左右。当时一份外国报纸这样写道：抢劫在中国已经成风，活动由来已久，人们都已司空见惯，认为被抢是一件不足为奇的事情。此时有一罪恶的圈子，土匪、军队、富人和农民围绕着这个圈子转动着，一个追赶着一个。土匪都是从那些失掉了与家庭和亲属联系的散兵游勇中招募的。他们的家庭往往因饥馑、水灾、疫病或在革命中横遭杀害而荡然无存。有时候，一个人由于自己一桩过失而被逐出家门，后来可能便和家庭失去了联系。一个六亲无靠、孑然一身的人要想成家立业是很困难的。最方便的就是当兵，如果办不到，他就沦为土匪……这样的描述，符合中国当时的现状。临城大劫案之前，就曾发生过多起土匪绑架外国人的案件，比如裕中公司铁路勘测队服务的美国工程师凯尔和另一个职员珀塞尔就曾在河南一个偏僻的地区被土匪绑架。差不多同一时间，两个女传教士也在山东被土匪绑架。不过这两起涉外案件，都得到了较为圆满的解决。

临城火车劫案的消息传出之后，北京政府感到来自各个国家的激烈反应。5 月 6 日，国务总理张绍曾收到来自公使团的正式外交照会，对在中国境内发生的事件表示强烈不满。公使团团长、葡萄牙驻华公使符礼德紧急召集公使团会议，各国公使最为紧张的看法是，这极可能又是一场即将爆发的义和团运动。英国公使麻克类积极主张就临城劫持事件进行武力干预。意大利公使是公使团中最强硬的分子，主张借临城事件对中国铁路、军队、关税、交通等进行全面托管。日本驻华公使在这一事件中始终保持沉默。5 月 8 日，驻京外国公使团联合向北京政府提出严正抗议，继续施加压力并联名提出了一系列要求：1. 停止华盛顿会议所给予中国的利益；2. 解散中国军队，将过剩军队退伍归农；3. 中国政府的财政须受外国监督；4. 水交通机关均驻扎外国军队；5. 以外国警卫队占领中国的军事重地；6. 停止退还庚子赔款；7. 规定改革中国现状的方法。与英国为代表的欧洲列强激烈的态度相比，美国似乎表现得较为理性，6 月 1 日，美国国务院致电驻华公使舒尔曼，通告了美国总统哈定的意见：尽量避免武力干涉。哈定唯一担心的是列强在临城事件中的过激反应会激怒中国民众。美国政府认为，只有在混乱和无序威胁到整个外国在华利权体制和外国人的生命财产安全时，才可以考虑武力干涉的可能。

巨大压力下，北京政府命山东督军田中玉率领两万人，第一时间开赴临城，对孙美瑶所在地区进行清剿。公使团对北京政府大规模地调兵清剿表示了担心，唯恐政府过于强硬会导致人质生命危险，要求田中玉放弃武力清剿计划。5月7日，也就是临城案发的第二天，美国公使舒尔曼与法国公使一起前往保定，秘密约见曹锟。两位公使与曹锟就临城案进行了协商，要求曹锟对政府方面过于激烈的方式进行阻止。这个时候，曹锟正伺机对黎元洪取而代之，临城案的发生，恰好给曹锟获取西方信任的机会，也为与列强合作提供了筹码。法国公使离开后，舒尔曼和曹锟密谈的内容已不再是人质危机，而是如果曹锟竞选总统，美国政府会以怎样的方式加以支持。

5月10日，一个叫杨毓洵的人质被释下山，带出孙美瑶的条件，除了索要巨额款项之外，还要求在鲁苏皖三省的中间地带划定一个很大范围的自治区，以作为他们的地盘。虽然这一项条件北京政府难以接受，不过在曹锟直接授意下，直系军队也向土匪伸出谈判橄榄枝。双方你来我往，讨价还价。鲍威尔也顺理成章被选为人质代表，受土匪之命起草和签署各种英文声明、信件，扮演土匪代言人的角色。在此之后，鲍威尔与一名土匪头目一起，下山参加谈判。这天刚蒙蒙亮，鲍威尔按要求骑上一匹背脊锋利、神态吓人的骡子，衬衣内口袋里揣着孙美瑶给政府的条件书，一溜烟地冲下山去。在四十英里外的一个村庄里，鲍威尔见到了代表山东省长“帮办山东军务”的郑士琦，政府与土匪之间的调解人、有“中国通”之称的美国商人孙明甫，美国驻济南领事戴维斯，以及代表红十字会的卡尔·克劳。谈判代表大部分由外国人组成，至于中方，一个重要人物是曾任京师警察厅厅长的“老江湖”吴炳湘。这一奇特阵容，令鲍威尔大感诧异。谈判拉锯长达一周，为了促成谈判，吴炳湘甚至认孙美瑶为义子，以取得孙美瑶的信任。6月12日，双方终于达成协议：政府向土匪支付了八万五千银元；围剿“自治军”的官兵一律撤回原地，将“山东建国自治军”改编为“山东新编旅”，招编三千人，归第五师节制，委任孙美瑶为旅长。在鲍威尔看来，签字仪式很有戏剧性：政府军官和土匪先进行了一场东方式的“枪战”——双方过足了鸦片瘾之后，匪首孙美瑶举手宣誓效忠政府，首先在协议上签字；政府官员也随即签字盖章。鲍威尔和孙明甫同样也在协议上签字，他们的身份似乎有些复杂，是调停人、谈判人，也是见证人。6月24日，临城被掳人质获释。震惊中外的外交事件就这样戏剧性地得到解决。

一切尘埃落定之后，人们又在努力发掘事件中隐藏的疑点：孙美瑶这样一个二十五岁的年轻土匪，没接受过什么新式教育，也没有什么军事经验，更没有什么政治主张，何以能策划如此惊天大案？又何以奇怪地抛出推行自治的主张和要求？劫案如此缜密，似乎背后隐藏着高手，每走一步，都有着精心策划的痕迹。人质中的两位美军少校，也就土匪破坏铁路的手法，以及集结撤退和护送人质的过程表达出意见，认为那些看似没有受过训练的土匪表现得很专业。更让美国军官怀疑的是，劫车劫人必须事先对列车运行时刻准确计算，对车上旅客和保安情况进行严密侦查，这些，似乎是土匪们很难做到的。所有的怀疑，预示着临城大劫案并不只是简单的抢劫事件，其背后似乎暗藏着某种力量，也暗藏着某种政治阴谋。更多的人把怀疑丢给日本，因为此时发生在山东境内针对西方人的行动，正好给日本反驳华盛顿会议决议，让日本人留在山东平添诸多理由。当然，孙中山和南方其他势力也是怀疑的对象，西方列强和北京政府关系恶化，直接的受益者肯定是北京政府的反对派。

那个时代的很多事情，就是这样显得不明不白莫衷一是。似乎任何一个事件，追究起来都有瓜连藤藤连根的痕迹。探究临城大劫案真相的可能性很快就消失了——几个月后的一天，鲍威尔接到另一个调解人孙明甫的电话，预感中的事情发生了：12月19日，新任山东督理郑士琦命令兖州镇守使张培荣，在枣庄中兴煤矿公司摆下“鸿门宴”，将孙美瑶等人诱至，然后用机关枪扫射，共打死六百多人。有人推测命令来自吴佩孚，是吴佩孚下令秘密杀死孙美瑶等。尽管此举受到了不少从一开始就要求严惩绑匪的外国人的称赞，不过鲍威尔并不以为然，鲍威尔气愤的是此举明显违反之前签订的协议。孙美瑶的死，使得有关于临城大劫案的真相永远消逝，剩下的，都是猜测和杜撰。1932年，美国派拉蒙公司拍摄了电影《上海特快》。在这一部以临城大劫案为原型的电影中，当时最红的好莱坞女明星葛丽泰·嘉宝担任了女主角。这一部电影，意味着临城大劫案对于西方挥之不去的梦魇影响。

驱黎政变

虽然临城大劫案最终结局还算顺利，不过此案使得黎元洪好不容易搭建起来的外交关系遭遇到寒流，北京政府出现了空前的信任危机。出于失望和报复，诸多西方列强停止对黎元洪政府财政、金融以及各方面的支持；外交团决定向中国要求赔偿，保障惩办；上海美国公会及商会电告美政府，主张暂停华盛顿会议给予中国之利益，裁减中国军队，监督中国财政，派外兵驻防各要地，暂停退还庚子赔款。6 月 6 日，张绍曾内阁在就职半年之后，全体宣布辞职。因为缺少内阁的挡箭牌，各种矛盾和冲突直接集中到总统身上，这让准备坚守的黎元洪陷入尴尬局面。其中最迫在眉睫的，就是政府拖欠已久的薪水矛盾，尽管人们都知道黎元洪是个“好人”，也知道民国政府无奈，但在内阁辞职的情形下，人们只得找这个“好人”了。

有证据显示 1923 年夏天北京全面爆发的讨薪事件跟曹锟和吴佩孚的态度有关，在这系列讨薪事件中，直系将领冯玉祥和王怀庆显然是直接鼓动者——内阁辞职的第二天，也即 1923 年 6 月 7 日，陆军检阅使冯玉祥、北京卫戍司令王怀庆、步军统领聂宪藩、警察总监薛之珩等以内阁已辞职为借口，唆使军警官佐五百余人来到总统府颐年堂。军人们身穿制服，腰佩军刀，气势汹汹直入总统府要求黎元洪发放欠下的薪水。黎元洪没好气地接见了他们，说：“你们见我做什么？是不是要逼我退位？要我走我就走。”请愿的军官们回答说：“不敢，只是因为现在没有内阁，我们找不到财政总长和国务总理，只好请求总统做主。”一番谈话之后，黎元洪答应十天后，也即端午节的前两天筹发军饷，这些军警官佐们方才离开。

8 日，数百自称公民团的人在天安门前搭台演讲，吸引了近万人看热闹。登台演讲者多是以财政的匮乏与混乱诋毁黎元洪，要求总统下台。9 日清晨，城郊警士一律罢岗，天安门前有数百人散发传单。新华门外及东厂胡同的军警也被撤去。10 日午饭后，又有中级军官三百余人来到东厂胡同黎元洪住所索饷。黎元洪让侍从武官长荫昌代为接见。荫昌说：“总统不是不关心各位的欠饷，现在正忙于组织内阁，在内阁没有产生前，军警饷项自然都无从发放。”一干人一直纠缠到傍晚才散去。在此之后，北京连续爆发了针对民国政府的讨薪风潮，天安门前每天都有各色“公民团”聚集，还有“市民请愿团”“国民大会”代表进行声援，呼喊口号，散发传单，游行示威。更有人不断包围黎元洪住宅，在黎府门外摇旗呐喊，鼓噪喧哗。困于家中的黎元洪派人通知步军统领聂宪藩、京师警察总监薛之珩派军警维持秩序，没想到对方以政府欠薪调动不了人马为由，对于黎元洪的请求置之不理。据说黎元洪的住宅电话都被人切断了，电话打不出去；后来，连自来水和电也断了。堂堂民国大总统，如囚徒般困于家中。这个时候，冯玉祥和王怀庆公开向黎元洪辞职，进一步向黎元洪施压。

6 月 13 日，被逼无奈的黎元洪派人告知曹锟和吴佩孚，请求援助。曹锟致电北京军警长官保护国会及各国侨民，同时表示对于群众游行示威不好过多干涉。黎元洪不得不发出七道命令：

（一）准许张绍曾辞职；

（二）派李根源兼署国务总理；

（三）除李根源外，全体阁员准其辞职；

（四）任命金永炎为陆军总长；

（五）裁撤全国巡阅使、巡阅副使、督军、督理；全国军队均交陆军部直接管辖；

（六）声讨制造政变者；

（七）宣布自民国十四年元旦起，裁撤全国厘金。

巨大的压力之下，黎元洪决定离开北京，将政府移到天津。为安全起见，黎元洪让姨太太危文秀带着“中华民国之玺”“大总统印”和“陆海军大元帅印”三枚图章出走，躲进东交民巷的法国医院。6 月 13 日下午，黎元洪携新任陆军总长金永炎、侍卫武官唐仲寅、秘书韩玉辰、熊少豪、洋顾问福开森、辛博森等十余人，以及护卫十余人，乘专车赴天津。临行时，黎元洪声明将到国会交印辞职。火车到达天津新站之后，黎元洪尚未下车，就被直隶省长王承斌带着大队人马包围了，当初跪求黎元洪复职的王承斌，此次表现得无比冷漠。王承斌称接到北京来电，让黎元洪交出总统之印。黎元洪回答复印信仍在北京，并未随身携带。王承斌说的是："总统既然不交出印信，只好请你回京了。"命人将火车头摘去，将车厢门锁上，不准黎元洪一行下车。大总统黎元洪哪里受过如此侮辱呢，枯守车厢十多个小时后，又气又急的黎元洪欲举枪自杀，幸亏福开森等人上前夺枪，子弹射偏，仅伤其耳。

晚上十时许，王承斌又到车厢内盘问黎元洪。黎元洪被逼无奈，只得说出事实。王承斌立即电告北京警察总监薛之珩到法国医院找危文秀取回印信。黎元洪也派人给危文秀打电话，让她把大印交给参议院院长王家襄。经过一番周折，印信终于转到薛之珩手中。14 日凌晨，薛之珩电告王承斌已将总统印信取回。王承斌手持代黎元洪拟好的电稿三道：一、向国会辞职；二、大总统职权交国务院摄行；三、声明临行时所发命令无效。黎元洪在电稿上签字之后，王承斌这才命令火车开往老站，放黎元洪去了英租界的宅邸。

黎元洪这一次天津受难，比当年在北京被钳制取消国会之时，更让人触目惊心，也让黎元洪终生难忘——"元洪迟暮之年，饱经凶衅，新站之危，已拼一死已谢国人，左轮朱殷，创痕尚在，夫以空拳枵腹，孤寄白宫，谓为名则受谤多，谓为利则辞禄久，权轻于纤忽，祸重于邱山，三尺之童亦知其无所依恋，徒以依法而来，不能依法而去，使天下后世知大法之不可卒折，正义之不可摧残……"黎元洪从天津通电全国的文字，令人叹惋。共和，宪法，这些珍贵的字眼就这样在派系斗争中洗尽了全部光泽。

后来，黎元洪退出政坛后，曾对自己二任总统、三任副总统的政坛经历自我剖析，“我虽然三度因缘时会，有两戴总统桂冠的风光，但更多的是交瘁的身心和梦魇般的回忆”。虽然武昌首义之初黎元洪确是被逼无奈参加革命，不过随后的黎元洪一直表现得像一个坚定的共和主义者。尽管后来发生的事情让黎元洪五味尽尝，不过他对于自己所经历的一切，一直难以释怀。即使是下台之后远离政治的时光里，每逢双十节，黎元洪都要在府中张灯结彩以示庆祝。这个看起来宅心敦厚的“好人”明白，自己这一辈子最值得骄傲的一切，都是革命和共和给予的。

曹锟当选

黎元洪忧伤而不情愿地离开总统位置之前，相关力量已开始为曹锟当选总统谋划了。因为本届国会自1913年成立至今已达十一年，虽然中间两度解散，又有安福国会插曲，不过去除这些时间，这一届国会亦已任期届满。也因此，国会在法律上也存在某种争议。曹锟通过摄政内阁外交总长顾维钧、内务总长高凌霨向吴景濂多次暗示，众议院可以自行解决任期问题，附加条件是必须顺利通过宪法草案。在曹锟的指使下，吴佩孚、冯玉祥、齐燮元、孙传芳等直系要人都通电全国，要求国会尽快制宪。曹锟同意留京政团协商会意见，同意暂停大选，先制定宪法。曹锟的行动，赢得众议院议长吴景濂在内的一大批议员的赞同。研究系议员林长民发表声明，反对国会分裂，主张国会应该持独立立场，尽快制宪。林长民还提出修改总统选举法、重新制宪等建议，内容包括重新起草宪法，现役军人不得参选，各省制定省宪，中央为联省政府；宪法解释权归最高法院；解散权无限制；修改议员选举法，重新举行众议员选举等建议。7月3日，国会派出十名代表前往保定拜访曹锟，带去了四点建议：第一，内乱原因在于有法不循，今后必须用和平的手段维持时局；第二，维护国会作为全国最高立法机关的地位；第三，制定宪法是解决一切问题的先决条件；第四，召开南北和平会议。曹锟表示，前三项与他的想法不谋而合，至于第四项，他个人认为可能性不大，不过诸公既然提出来了，他自然全力争取。19日，曹锟致电孙中山，呼吁和平统一。

因为黎元洪已下台，按照约法规定，国务院摄政仅限三个月，所以进入8月之后，必须布置总统大选了。从法律程序上要求，国会议员按五分之三的比例，至少得五百二十人参会，不过国会四分五裂，即使是黎元洪补齐之时，也只聚集不到三百人，该到哪里去凑齐人数呢？8月24日，众议院议长吴景濂召集两院议员谈话会，布置总统大选事宜，决定每次常会向出席议员每人支给百元，以争取议员的参加。经费从国会预备费中开支。9月10日，北京国会开总统选举预备会，参加的议员先派送出席费五百元，议定12日开正式选举会。不过到了9月12日这一天，因为仍没有凑齐合法的选举议员人数，选举会只得解散推迟。

形势变得越来越严峻，旧总统黎元洪下台，新总统选举又因为不到法定人数选不出。曹锟和吴景濂等人心急如焚。9月18日，在北京吴景濂邻居的住宅中，发现了一枚炸弹，很明显，这是针对吴景濂积极运作曹锟选举的警告。局面越来越紧张，支持曹锟的天津和保定方面的力量扬言：只要议员列席会议，哪怕不选曹锟都可领取五千元。这一招果然奏效，“重赏之下必有勇夫”，各地议员们纷纷来京，有的还由家人陪同前来领钱。当然，也有些人不愿为区区数千元卖身，其中以蒙古王公贵族议员最为坚决。浙江籍议员邵瑞彭甚至将所得之五千元支票摄影制版公布，并向北京地方检察厅检举高凌霨、王毓芝、边守敬、吴景濂行贿，控告曹锟“骚扰京师，驱逐元首，收买议员，破坏制宪”。北京地方检察厅答复为，该支票并不能证明与选举有关，签发人不是吴景濂，也不是高凌霨，不予立案侦查。另一些离京议员将吴景濂所发“常会出席费”称为“贿选”。后来有关资料称：共有四百八十名参会议员收受了“常会出席费”，原则为每人五千元，实际上根据人物地位或作用不同，最高可达一万元，低的不足两千元，都在10月1日以支票形式发出。整个选举共花费一千三百五十六万元，包括给各政党的补助费三百二十四万元，特别票价一百四十一万元，普通票价三百零四万元，宪法会议出席费五十七万元，常会出席费二十余万元，特别酬劳费五十二万元，“冰敬”“炭敬”及车马费一百九十余万元，招待所临时费一百二十余万元，秘密费七十余万元。资料显示，这一笔巨大的开支并非出自曹锟本人，而是直隶省长王承斌逮捕了一批制毒贩毒奸商的罚款，另向直隶一百七十个县强迫性借款共数百万元。此外，各省督军、省长多有赞助，山西督军阎锡山、湖北督军萧耀南、江苏督军齐燮元等，每人赞助五十万元。

直隶省“补助”各议员参选之时，各方政治对手纷纷拆台，张作霖宣称议员若能不接受曹锟的贿赂，就可以向自己领取同等数额的钱，张作霖堂而皇之把这叫作“反贿选”。

1923年10月5日，天刚刚破晓，警察便督促各商铺悬挂国旗庆祝。宣武门内外，军警林立，象坊桥国会会场一带，更是戒备森严。这一天是总统大选日，从上午十一点开始，顾维钧等一班内阁阁员和王承斌、王怀庆等地方长官便聚集在众议院西侧的大中公寓，每隔几分钟通一次电话，密切关注选举消息。由于部分国会议员故意拖沓，原定上午十点召开的总统选举会延至十二点左右开始。签到参议员一百五十二人，众议员四百四十一人，共五百九十三人，实际出席者五百八十五人，刚刚超过法定出席人数（五百八十三）。是日，除了美国驻华公使舒尔曼外，各国使节均没有到场。从下午两点开始投票，至四点完毕。随即当众点票，总投票数为五百九十张，曹锟得四百八十票，第二名孙文三十三票，唐继尧二十票，岑春煊八票，段祺瑞七票，吴佩孚五票，王家襄、陈炯明、陆荣廷各两票，吴景濂、陈三立、张绍曾、张作霖、陈遐龄、唐绍仪、汪兆铭、王士珍、谷钟秀、谭延闿、卢永祥、李烈钧、高锡、符鼐升、姚桐豫、胡景翼、欧阳武、严修各一票，另有废票十二张，含孙美瑶一票，“五千元”一票，“三立斋”三票。孙美瑶是刚刚制造临城劫案的江湖大盗，以孙美瑶的名字填写，分明是某个议员的恶作剧。

1923 年 10 月 15 日，《时代》以“新总统”为标题报道了这一事件：

> 东方的快速简直令西方世界难以置信。中国议会重新召集，通宵达旦地选举一位总统。北京装点热闹气氛；士兵在街上巡逻；一副充满希望的样子。
>
> 这一选举在此之前曾一度举行，但出席国会的议员未达到选举总统的法定人数。选举日期推延。然而，随着从天津来的火车载着三十八名新增加的议员们的到来，人数即超过了法定人数。他们受到了同派议员们的热烈欢迎。总共五百九十名议员集中至国会大厅，并被“锁”在里面。选举于是开始。

曹锟当选后，10 月 7 日，中国国民党发表宣言，声讨曹锟贿选窃位。10 月 9 日，孙中山以大元帅名义下令讨伐曹锟，通缉贿选议员，并电段祺瑞、张作霖、卢永祥一致行动。

孙中山虽然慷慨反对，不过底气明显不足，因为主持本次贿选的众议长吴景濂曾是其当年“战友”。接受贿银投票给曹锟的议员几乎都是第一届国会助宋教仁获得大胜的国民党议员，也是各省的革命党人和立宪派。这些人有的拿了曹锟的钱，也有四十多位议员拿了曹锟竞争对手的钱，还有一些议员两面都拿钱。个中复杂，并不是一个“五千大洋”便可概论的。

三天之后，也就是1923年10月8日，第一部正式《中华民国宪法》，也即“双十”宪法全文通过。讨论了十年的宪法，这一次竟在七天之内，连闯三次宪法会议，顺利得到通过，真可谓奇迹。在一些人看来，《中华民国宪法》的出台，标志着历经十年风雨的制宪大业终于画上了一个完满句号。后来有人评价说，相比这部正式的宪法，以前的《十九信条》《临时约法》，只能称为带有宪法性质的文件，而“双十宪法”才是中国历史上第一部正式《宪法》，也是一部相当先进的宪法。“双十宪法”共十三章：国体，主权，国土，国民，国权，国会，大总统，国务院，法院，法律，会计，地方制度，宪法之修正解释及其效力。这部宪法注重对民国建立以来宪政制度实践经验的汲取，在确保国家统一的原则下，遵循联邦制度原理，在政治、行政、财政等方面，尝试构建中央与地方的新型合作关系，创设一种体现特色的国家结构形式。

“双十宪法”明确了责任内阁制，对总统和总理的权力进行了细分，加大了责任内阁的权力。另一个最大特点是在保护“国民权利”的规定上，宪法都全面、具体，如“非依法律不受逮捕监禁审问或处罚”，“人民之住居，非依法律不受侵入或搜索”，人民有居住自由、结社自由、信仰自由、言论著作及刊行之自由、选举权、被选举权以及请愿及陈诉之权等。

1923年10月9日，北京众议员议长吴景濂手捧新总统的当选证书，兴高采烈地乘坐专车去了保定，面交新“当选”总统曹锟。保定城内家家商铺悬挂着国旗，像节日一样热闹非凡。见到曹锟后，吴景濂按程序说了一番“众望所归，人心所向”的套话，激动的曹锟信誓旦旦地表达了对国民厚爱的感谢。

1923年10月22日，《时代》很生动地描述了曹锟就任总统的场面：

> 10月10日，早上七点四十五分，北京阳光灿烂，中华民国成立十二周年（据中国年历），当选总统曹锟元帅走下抵达北京的专列。
>
> 他坐上敞篷汽车，在气氛欢快的大街上驶过。凯旋牌楼醒目地竖立着，挑选出来的士兵，从火车站一直排列至总统府。不同的报道反映了民众表现出的各自不同的情绪。或说他们热烈欢呼，或说没有听到欢呼声，唯一可证实的是一种缺乏热情的东方式的好奇。
>
> 刚抵达总统府，当选总统即步入主会客厅，政府的主要官员已经会集在此等候。曹锟元帅向他们宣读了一份简短的就职演说，三鞠躬，退下。

可以作为补充的是——曹锟在高凌霨、顾维钧、冯玉祥等一干人的陪同下到达议会大厅春颐园大楼，吴景濂宣读新宪法并正式颁布；然后，曹锟一行来到了中南海怀仁堂，宣誓就职成为中华民国第五任总统。曹锟的就职宣言全文如下：

> 锟军人，于政治初无经验，今依全国人民付托之重，出而谋一国之福利，深思熟计，不胜兢惕！所私幸者，国家之成

> 立，以法治为根基；总统之职务，以守法为要义。历任总统，皆系一时之彦，只以国家根本大法未立，无所依据，未克实施。锟就任之时，适在大法告成之际，此后庶政举措，一一皆有遵循，私心窃幸遭遇有过于前人也。……当此国事未宁，民生正困，财政竭蹶，军事未戢之时，瞻顾前途，诚不敢谓有必达之能力。然不畏艰难，出于素性，所以答我父老昆季者，惟此至诚而已。近年以来，政治潮流，日新月异，譬之医者，不愿泥古，自囿于方书，不敢骛新，以国为试验。语云："为政不在多言，顾力行如何耳。"谨以服膺，施诸有政。

吴景濂宣读新宪法在前，曹锟正式就职总统在后，这是事先定好的。这一部宪法的颁布，是国会和曹锟之间在选举中达成的协议——国会支持曹锟当总统，曹锟正式宣布颁行宪法。这一项行为，在于表明这一届总统与前四届总统的区别，那就是"宪法"大于"总统"。后来，从曹锟的种种执政表现可以看出，同样是军阀，曹与袁世凯、张作霖的风格截然不同。袁、张同属崇尚威权统治的政治强人，习惯于军人独裁统治，对宪法、国会缺乏兴趣。曹锟的执政方式相对比较温和，也愿意接受民初的宪政体制。

1923年10月30日曹锟向众议院提名孙宝琦组阁，11月5日众议院开会投孙阁同意票，1924年1月9日通过，12日曹准高凌霨内阁辞职，任命年过六十的孙宝琦为国务总理。曹锟之所以看中孙宝琦，大约是因为孙宝琦性情恬淡，各方面关系较好。孙宝琦事先并没有想到自己会当内阁总理，当他乘车到南方路过天津时，曹锟派人把他追回，让他组织内阁。

1924年1月15日，孙宝琦宣布就职。孙宝琦自信地表示自己的内阁是“宪法”告成后的第一届正式内阁，提出“奉行宪法”“和平统一”的施政方针。孙宝琦打算先到江浙一带消弭齐燮元和卢永祥之争，再到南方各省规劝孙中山和各省“联治派”赞成“和平统一”。没料到这个想法一提出，即遭否决。出巡各省的计划不能实现，孙宝琦又提出了一个名为“宪政统一计划”的方案，准备召开“行宪会议”，邀请张作霖、卢永祥、吴佩孚、齐燮元参加，以求实现统一。当孙宝琦将计划递给曹锟要求签署发布时，遭到曹锟的拒绝。孙宝琦只好私下请吴佩孚和齐燮元通电赞成。吴佩孚对宪法根本没有好感，尤其反对宪法中关于省长实行民选的规定。对于孙宝琦的提议，吴佩孚斥之为“荒谬绝伦”，也不予支持。

上任伊始举措被连连否决，孙宝琦这位“高龄总理”很是心灰意冷。至 7 月 1 日，孙宝琦干脆联合全体阁员提出总辞职，2 日曹锟予以批准，任命顾维钧兼代国务总理。

曹锟政府的外交事务值得一提。曹锟当选总统后，立即任命王正廷为中国政府的全权代表，重启中苏谈判工作。历经五个多月的艰苦谈判，王正廷未经北京政府同意，擅自与苏方代表加拉罕妥协，于 1924 年 3 月签订了中苏协定大纲草案。草案在涉及外蒙古的条款中，给予了苏方一定的特权，默认外蒙古不再是中国领土的一部分，严重损害了中国的主权与国家利益。曹锟在获悉草案内容后非常不满，认为王正廷的行为超出授权，属于严重失职。外长顾维钧将内阁关于草案的反对意见呈交曹锟，曹锟同意内阁意见，停止王正廷督办中苏交涉，由外交部来接任。曹锟的这一决定招致苏方强烈反对，加拉罕甚至威胁说如果中国政府不在四十八小时内接受原先的协议，必须承担由此产生的一切后果。曹锟不为所动，坚定支持顾维钧的意见。后来苏方被迫在外蒙古问题上作出让步，承认外蒙古是中国领土，中苏才正式恢复外交关系。

虽然目前的史书对曹锟的评价一直不高，不过曹锟时代先任外长、后又任代理内阁总理的顾维钧在晚年回忆录中，却给他很高评价，认为曹锟“虽未受过正式教育，但他恢弘大度，襟怀开朗，具有领袖的品格”，尤其是对于专业人才的尊重，曹锟做得相当好。另一位受曹锟重用的代总理颜惠庆也在回忆录中指出：“对于北洋军阀，人们尽管可以抨击和蔑视，他们政治野心不小，而知识才干贫乏，但是不可否认的是，他们中有些人很有自知之明，对于一些自己不擅长的政务，放心地交给有经验有知识的人去做，从不加以干涉，更不想独断专行。”胡适也曾表达过对曹锟的看法，说“曹锟的长处是公平。因为他公平，所以提拔出那么多走卒式的将领来”。

孙中山和苏俄携手

在很多时候，显露于历史书中的，不是最优秀、最有智慧的，而只是幸存的——一个深入研究历史的人，往往会有这样的感慨。对于1923 年的中国来说，心怀理想的人已无奈后退，他们中的很多人对于制度改变中国不再抱有信心，认识到中国的改变不是一朝一夕，而是一个积跬步至千里的过程。投机和功利主义者拼命挤上前台，北京的政坛充斥着野心家和功利主义者，充斥着有奶便是娘的旧军人。政治已越来越多地扭曲变形，沦为流氓和无赖的游戏。稍微清醒一些的中国人，已变得灰心丧气，直至敬而远之了。

1922 年年底，“非常大总统”孙中山回到了上海。经历了广州的一系列变故之后，孙中山感到气愤和失望。蛰伏在上海租界绿荫笼罩的别墅中，孙中山一方面整理思绪，另一方面，寻觅着可能的机会，渴望东山再起。孙中山甚至试图放弃他企图长期作为根据地的广州，将战略中心转向中国西北。1922 年 9 月，苏俄代表越飞的军事随员格克尔将军到达上海，孙中山向他陈述了打算用俄国军火在新疆或外蒙古建立革命武装的计划。10 月，孙中山在上海会见共产国际代表马林。12 月，孙中山又给苏俄代表写信："我现在可以调动大约一万人从四川经过甘肃到内蒙古去，并且最后控制位于北京西北的历史上的进攻路线，但是，我们需要武器、军火、技术和专家帮助，等等。你们的政府能通过库伦支援我们吗？"

后来，美国传记作家布赖恩·克罗泽在《蒋介石传》中写道："最初，苏俄并不重视孙中山和他的国民党，只把它看作南方的一个小集团。苏俄频频向北洋政府提出各种建议，但是在西方列强和日本控制下的各届北洋政府均加以拒绝，于是，苏联人决定发展与国民党的关系。与此同时，孙中山意识到他的权力基础很不牢固，指望西方列强是不可能的，于是响应苏联人的建议。"在此之前的 1922 年 8 月，苏俄派遣外交部副部长越飞使团，先是抵达北京，与北京政府交涉，企图恢复中苏（俄）邦交，以打破新成立的苏俄在外交上的困境。因在苏俄非法驻军外蒙古及中东铁路等问题上，中方拒不让步，谈判陷入僵局。在此期间，苏俄还寻找适合的中国力量加以培育和合作，张作霖、吴佩孚都曾是他们试图合作的重点对象。1922 年 8 月 19 日，共产国际驻中国首席代表越飞满纸溢美致函吴佩孚："我们都怀着特别关注和同情的心情注视着您，您善于将哲学家的深思熟虑和政治家的老练果敢以及天才的军事战略的智慧集于一身。"随后，越飞派他的军事顾问、苏俄总参谋部学院院长格克尔将军去洛阳吴佩孚处商谈合作。当格克尔从洛阳回京后，越飞立即国内拍发绝密电报，向斯大林禀报情况："（格克尔）从吴佩孚那里回来了，说从未见过这样完美的军事秩序：秩序和纪律极其严整，操练和训练比赞许的还要好……"不过苏俄很快发现，有着强烈民族主义色彩的吴佩孚显然不是一个很好的合作对象。与那些"有奶便是娘"的草根军阀不一样，富有儒家思想的吴佩孚一直想在列强争夺中保持尊严和独立，无论经济、政治还是军事上。这使得他在任何问题上都显出自己的坚持和不苟且。

1923 年 1 月 26 日，在经过外滩汇中饭店的多轮会谈之后，越飞终于确定了与孙中山在中国的紧密合作关系。孙中山与越飞在上海发表宣言。宣言共四大要点：1. 孙氏认为共产组织乃至苏维埃制度不能引入中国，中国的当务之急是国家的统一和民族的独立，越飞对此完全赞同；2. 越飞表示苏俄"准备且愿意根据俄国抛弃帝俄时代中俄条约（连同中东铁路等合同在内）之基础，另行开始中俄交涉"；3. 孙氏认为中东铁路问题目前只能维持现状，待以后"适当之中俄会议解决"，越飞对此表示赞同；4. 越飞向孙氏强调苏俄无意策动外蒙古独立，孙氏表示理解，认为俄军暂时不必从外蒙古撤退。

5 月 1 日，越飞从日本东京转给孙中山一封苏联政府的电报，主要有四点：第一，革命军事行动和孙中山领导的机构不可以须臾离开广泛的思想政治准备工作；第二，苏联政府准备提供两百万金卢布，作为孙中山统一中国和争取民族独立之用；第三，苏联政府准备协助孙中山利用中国北方和中国西部的省份组建一个大的作战单位，计步枪八千支、机枪十五挺、炮四门、装甲车二辆，如孙中山同意，可利用苏联提供的军事物资和教练员建立一个包括各个兵种的内部军校；第四，严守机密，在公开场合和官方场合，苏方只能表示对国民党谋求民族解放意向的积极同情。

虽然跟苏联的交往已进入实质阶段，但孙中山仍不忘向英美抛去最后期望。在公开联俄立场，签订与俄结盟的《孙文越飞联合宣言》的同时，孙中山发表了《和平宣言》，暗示将请美国协助中国“筹划裁兵方法及经费”。与越飞会晤期间，孙中山还两次派遣外事顾问与英国驻沪总领事巴尔敦会晤，一来转达孙中山愿与英国交好，与香港政府合作之意；二来暗示孙如果继续受到英国的敌视，将不得不“联俄”。《联合宣言》发表第二天，陈友仁仍对外宣布，“孙中山与苏俄一起走多远，将取决于西方的政策”。即使是国民党召开一大前后，孙中山仍两次致电英国首相未果。正如鲍罗廷所评价的：“美国精神在他头脑中根深蒂固，想予以清除，谈何容易！”只不过孙中山的真实想法，在欧美列强不屑的眼神里，成为一厢情愿的单相思罢了。

1923年春天，三十九岁的俄国人鲍罗廷到达广州后，被孙中山任命为中国国民党组织教练员，后任中国国民党顾问和孙中山首席顾问。身材矮壮的鲍罗廷是犹太人，出生于俄国，年轻时移民到美国，就读于瓦尔帕索大学，毕业后在芝加哥教书，几年后开设了一所俄语学校。俄国革命爆发后，鲍罗廷回到俄国从事革命工作，很快与托洛茨基关系密切。鲍罗廷显然是一个受过专业训练、精力充沛的党务工作者，在广州不长的时间里，他高效率地帮助孙中山重组了国民党，还安排国民党中坚力量蒋介石在1923年出访了苏联，中心议题是商谈中国国民党与苏联的实质性合作，包括经济和军事援助，设想建立一个军事干部学院。鲍罗廷还帮助孙中山击退陈炯明残部的进攻，陈炯明与孙中山最大的分歧就是对苏联人的态度，由于分歧无法调和，双方大打出手。在苏联的帮助下，濒临出局的孙中山重新在广州站稳脚跟。在物质援助之外，苏联告诫孙中山和他的国民党，要获取成功，不可须臾离开广泛的政治思想准备工作。孙中山同意将苏联的政党体制引入国民党，以此对国民党进行改组。孙中山特别指出改组国民党的用意，就是要学习“俄国的方法、组织及训练，方有成功的希望”——此前的国民党，接近欧美式政党；孙氏认为这样的方式组织松散，不能适应革命的需要，希望借助苏联的“革命技术”，将国民党彻底改组。

稍后，苏联方面向广州派遣了大批政工、军事人员，派加伦任大元帅府首席军事顾问，巴甫洛夫为孙中山军事总顾问兼军事顾问团团长，切列潘诺夫为黄埔军校首席军事顾问，俄军事顾问李靡为孙中山大元帅府航空局长，沙非爱夫为孙中山大元帅府铁甲车队做指导。孙中山领导的黄埔军校、大元帅府铁甲车队航空局等军事单位和部队的一部分机关枪长枪短枪大炮等武器弹药也是苏联运送来的。8月底，国民党方面派出了以蒋介石为首的“孙逸仙博士代表团”前往苏联，进行为期三个月的实地考察。12月15日，代表团回国抵达上海，一个很反常的行为是，团长蒋介石没有继续前往广州，而是坐船赶回溪口祭奠母亲王太夫人的六十冥诞。临走前，只向孙中山捎去一个建议，任命杨庶堪为广东省省长。回奉化后，蒋介石又将他所写的《游俄报告书》寄给孙中山，然后便“息影慈庵，拂案焚香，绕茔抚树；入夜，则闲躅山门外，岭上寒风，松间明月，清景耐人寻思”，过了一段与世无争的恬静生活。不过，这份报告至今尚未发现。后来，蒋介石曾写作《我的游俄观感》对这一段时间的思想动态做了阐述，在他看来，共产主义与三民主义很难被简单地嫁接在一起。前者立足于“阶级斗争”和“世界革命”，后者立足于“民族独立”和“国民革命”，完全是两个不同的东西。并且，经过对苏联的近距离观察，蒋介石认为苏联的“国际主义”是靠不住的；不但靠不住，而且苏联的真实用心，是通过扶植共产党来吞噬国民党，绝不会对国民党抱有善意。在这种情况下，蒋介石既不愿违心称赞苏联，又不愿忤逆孙氏意旨，只好选择半路“逃回老家”。

孙中山自认有足够的能力和信心在获取苏援和抵制“赤化”之间达成某种微妙的平衡，就像他以往对日本及其他力量那样。国民党临时中央执行委员刘成禺曾提醒孙氏：“联俄联共”之后，共产主义在党内渗透，“党员恐不能持定吾党义”，“共产党加入国民党，意在吞并消化国民党”。孙氏以“吾自有处理之法”为由，呵斥了刘氏，劝其“此后党务，可不必问”。

在“联俄联共”战略思想下，重组后的国民党如虎添翼，在一种新的“党治体系”下完成了形式上的统一。这时候，孙中山可以理直气壮对北京政府表示不耻，高高擎起青天白日满地红旗——早在1921年5月，孙中山在广州就任非常大总统时，就明令废止五色旗和十八星旗，代之以青天白日满地红旗。不过他那时的话似乎不太管用，直到1923年8月就任临时大元帅后，在广州举行全国学生联合会第五次评议会，发现会场上仍然悬挂着五色旗。孙中山很不高兴，训导学生们道：“我想你们对于革命的主义和精神怕不大明白，恐怕对革命的认识与历史也不大明白吧。比如五色旗，你们刚才向伊三鞠躬，我就不。你们一定以为我不敬国旗了，哪里晓得五色旗是满清一品官的旗？我们革了皇帝的龙旗，却崇拜官僚的五色旗，成什么话！”孙中山对于青天白日旗的青睐，甚至还可以追溯到1907年，那一年的2月，在同盟会会议上，因国旗样式问题，孙中山与黄兴发生争执。孙中山主张用青天白日旗，理由是图案由烈士陆皓东生前设计；而黄兴认为图案太像日本国旗，主张用井字旗，以代表平均地权。两人发生了激烈争执，黄兴一气之下，要脱离同盟会。争执中，宋教仁站在黄兴一边，认为孙中山过于专横跋扈，导致会员离心离德，同盟会前景黯淡，也辞去了代理庶务干事的职务。……孙中山不仅想撕扯掉五色旗，他同样想打碎的，是五色旗后那让他极不舒服的制度。在孙中山看来，只有青天白日满地红旗，才能代表中华民国：红色是鲜血之色，代表为自由不惜流血；青色是天空之色，代表公正平等；白色是纯洁之色，代表人心清洁乃能博爱；十二道叉光代表干支之数，象征中国传统。现在，南方的孙中山终于可以借助苏联人的力量，了却自己的心愿了。

再左转

1922 年，一向跻身于前沿政治的梁启超已从漩涡中退隐，决意避免政治的直接论战，将注意力转移到中国历史文化研究上来。梁启超苦苦探究的，是如何找到一条适合于中国进步与发展的道路。这一年，他出版了《中国历史研究法》《五十年中国进化概论》等著作，这是梁启超在南开大学清华大学主讲“中国文化史稿”等选题的结集。置身于政治斗争之外，梁启超觉得仿佛抖落了一身疲惫，剩下的只有清醒和客观。面对过山车似大起大落的中国格局，梁启超决意回头远望，一直回溯到中华民族的源头，去探究历史、民族、文化发展的脉络和走向，探究中国之所以成为中国、中国人之所以成为中国人、中国文化之所以成为中国文化、中国传统之所以成为中国传统的原因……只有弄清楚这些，才能发掘出中华民族的不足和弱点，并对世界的走向做一个清醒的预判。梁启超考察了上古时代的华族、苗族、蜀族、巴氐族、徐淮族、吴越族、闽族、百粤族、百濮族等民族的地理分布、语言特点、生活习性，以及其融合于中国民族大家族的历史过程，得出了这样的结论：中华民族自始本非一族，实由多数民族混合而成。

在梁启超看来，一条奔腾不息浊浪滚滚的黄河，最能说明历史与地理环境的关系，也最能说明中国历史起伏落差之大的特点：

一、中国黄河汉域原大而饶，宜畜牧耕稼，有交通之便，于产育初民文化为最适。故能以邃古时即组成一独立之文化系。

二、该流域为世界最大平原之一，千里平衍，无冈恋崎岖起伏，无湾（碕）离旋折，气候四时寒燠俱备，然规则甚正，无急剧之变化，故能形成一种平原文化，其人以尊中庸爱平和为天性。

三、以地形平衍且规则正故，其人觉得自然界可亲可爱，而不觉其可惊可怖。故其文化绝不含神秘性，与希伯来埃及异。居其地者非有相当之劳作不能生活，不容纯耽悦微渺之理想，故其文化为现世的，与印度异。

四、天惠比较的丰厚，不必费极大之劳力以求克服天然，但能顺应之即已得到安适，故科学思想发达甚缓。又以第二项所言地形气候皆平正少变化故，故乏颖异深刻的美术思想，又以爱乐天然顺应天然之故，故伦理的人生哲学最发达。

五、此一区域，别无第二个文化系，而本部（即第一部）地势毗连不可分割，故随民族势力之大发展，文化亦愈益扩大，结成单一性的基础。

六、以第二项理由故，中庸性质特别发展，惟其好中庸，万事不肯为主我极端的偏执，有弘纳众流之量，故可以容受无数复杂之民族，使之迅速同化。亦惟因周遭之野蛮或未开的民族太多，我族深感有迅令同化之必要。而中庸性格实为同化利器，故演化愈深，而此性格亦愈显著。

七、国境西界葱岭以与中亚及欧洲之文化隔绝，南界喜马拉雅以与印度文化隔绝，缺乏机缘以与他系文化相磨砺相滋长，故其文化为孤立的单调的保守的。

……

梁启超关于中华民族起源及与此相关的地理、文化的分析比较，实际上明确回答了一个十分重要的问题，即源远流长的中华文化有其不可毁灭的深厚的历史、地理根源，而为何由同样的根源上生出的却是传统文化的单调与保守性，由此造就了文明衰退、经济落后的中国近代。

对于近代文化的变迁，梁启超从器物、制度、文化三个递进的方面，有层次地概括近代中国的变化过程，其中糅合了他的亲身经历，体现了他的敏锐洞察：

古语说得好："学然后知不足。"近五十年来，中国人渐渐知道自己的不足了。这点子觉悟，一面算是学问进步的原因，一面也算是学问进步的结果。第一期先是从器物上感觉不足。这种感觉从鸦片战争后渐渐发动，到同治年间借了外国兵来平内乱，于是曾国藩、李鸿章这一班人，很觉得外国的船坚炮利，确是我们所不及。对于这方面的事项，觉得有舍己从人的必要。于是福州船政学堂、上海制造局等渐次设立起来。但这一期内，思想界受的影响很少。其中最可纪念的，是制造局里头译出几部科学书。这些书现在看起来很旧很肤浅，但那群翻译的人，有几位颇忠实于学问……因为那时读书的人都不会说外国话，说外国话的都不读书。所以这几部译本书，实在是替那第二期“不懂外国话的西学家”开出一条血路来了。

第二期是从制度上感觉不足。自从和日本打了一个败仗下来，国内有心人，真像睡梦中着了一个霹雳，因想道，堂堂中国为什么衰败到这田地，都为的是政制不良。所以拿“变法维新”做一面大旗，在社会上开始运动。那急先锋就是康有为、梁启超一班人。这班人中国学问是有底子的，外国文却一字不懂，他们不能告诉人“外国学问是什么，应该怎样学法”，只会日日大声疾呼说：“中国旧东西是不够的，外国人许多好处是要学的，”这些话虽像是囫囵，在当时却发生很大的效力。他们的政治运动，是完全失败，只剩下前文说的废科举那些事，算是成功了。这件事的确能够替后来打开一个新局面，国内许多学堂，外国许多留学生，在这期内蓬蓬勃勃发生。

梁启超对于历史和文化的探究和解读，就像高明的医生，面对病入膏肓的病人，考虑的不仅仅是治病，而是从病理入手，去总结一些规律性的东西，以服务于整个人类。

清醒永远建立在冷静的基础上。只是在当时中国，能像晚年梁启超那样处于冷静和清醒的，又有几人呢？当梁启超从当事人变成旁观者的时候，越来越多的人却一哄而上，奋力向政治舞台上挤去。那股由中心生发的气流，形成了越来越猛烈的沙尘暴，向着这个社会席卷而来。

形势就这样变得异常微妙——现在回首苏维埃政权成立之初的东方外交政策立足点，已经十分清晰了，苏联的外交政策在于，对于中国的事务全面介入，然后，通过全面援助，在一个缩水版的中国建立一个亲苏的政府。这既是世界革命的需要，也是对日本的战略需要。在苏联人眼中，日本一直是在远东的最大敌人，而中国，夹隔在苏联和日本之间，是中间地带的战场。对于新兴帝国主义日本来说，同样也是如此。谁控制了中国，谁就在双方的对抗中占据主动。在中国问题上，英、美等西方列强表现得比俄国和日本更含蓄。由于这样的格局，中国各方势力都出于自身需要，努力经营各种复杂环境下的关系，以获取某种利益：段祺瑞和张作霖与日本打得火热，曹锟和吴佩孚相对亲英美。像更早一点的，李鸿章喜欢打俄国牌，袁世凯一直敌视日本亲近英美等，都是出于这样的谋略。对于苏联来说，无论是极力促成南方的国共合作，还是在北方出钱出人支持冯玉祥起事，或者竭力抵制段祺瑞与张作霖的强大，都是着眼于自己在华势力的增强。当然，这种关系的或疏或密，或远或近，或敌或友，取决于形势的不断变化，它应该是一个动态的概念。不过可以肯定的是，中国现代史绝不是单个的一个国家内部的历史，它取决于周边国家，以及西方列强之间的复杂关系和利益交换，各种势力与苏联、日本以及欧美列强的关系。这些复杂国际因素，和同样复杂的国内因素一起，决定了中国现代史上纷纭复杂的变化，也决定了中国现代史的走向。

1923年，北京大学进行民意测验，投票选举当今世界第一伟人，四百九十七票中，列宁得二百二十七票居第一，威尔逊居第二，仅得五十一票。投票结果不能说明过多东西，不过也意味着人们对于很多事物的判断在悄悄改变。这样的悄然变化，又似乎酝酿着更大的改变。

政治就是这样扑朔迷离，它已不再是理想的认同，而是利益的捆绑和交换，变成围棋中的谋势和象棋中的针锋相对。在北方，跟吴佩孚不断冲突的张作霖开始寻求与南方孙中山的联合。这个联合，可以看作是在此之前吴佩孚与陈炯明联手的“回报”。为了寻找更密切的战略合作，汪精卫曾经受孙中山的委派，专程北上，与张作霖磋商合作的可能。与此同时，孙中山又派出徐绍桢去了洛阳，试探着与吴佩孚建立联盟的可能性。

在拒绝了苏联的要求之后，苏联人频频对吴佩孚“釜底抽薪”，他的一些部属也成了苏联“猎取”的目标。1924 年前后，苏联根据中国的形势，形成了对华策略，那就是全力支持孙中山与东北的张作霖联合，去推翻由曹锟和吴佩孚维持的北京政权。如果这个北京还叫共和体制的话，那么，就一定亲近西方，必定是新生的苏联所不能容忍的。当然，老谋深算的张作霖对于北方大国的真实用意，自然明白于胸，他同样想借苏联的力量达到自己的目的。

1923 年 9 月 12 日，当年“仲夏闹剧”的导演张勋死于天津寓所，终年七十岁。张勋六个儿子拟就了家祭启示，遍刊报章。其中提及了张勋自传中没有涉及的一些事情，一则为：1915 年，张勋来到北京谒见年仅九岁的小皇帝。一些人嘲笑他仍留着辫子，开玩笑说要剪掉他，张勋勃然大怒，说：“孰动之，与俱死！”他履行了自己的诺言，至死不剪辫子，也没有人敢对此作出尝试。另一则为：张勋死前，紫禁城的溥仪不仅致信问候，还专门派了一名御医为其治疗。获悉此讯后，张勋下榻跪地道：“吾年届七十，当辛亥当死未死，丁巳当死亦未死，今死迟矣！吾焉能安于悔恨之痛耶？呜呼！吾勿能报皇恩于万一。”说罢痛哭，泪水洒满床单和枕头。看得出来，张勋一直到死，都没有放弃自己的坚守或习惯。张勋死后，共有四千人参加了他的盛大的葬礼，报章称其堪为天津历史上最隆重的葬礼之一。徐树铮送去了这样一副挽联：

> 仗匹夫节，挽九庙灵，其志堪哀，其愚不可及也；
> 有六尺孤，无抔一土，斯人已死，斯事谁复为之？

挽联中既有对老友辞世的伤感，也对其恢复逊清皇室的荒唐举动有所批评，分寸拿捏到位，用典恰当准确，后被公认为民初名联。年轻的末代皇帝溥仪也赐给张勋最后一件礼物——谥号“忠武”。在中国历史上，获得此谥号最著名人物，是三国时蜀国武侯诸葛亮。也许，溥仪是赞赏一介武夫张勋的鞠躬尽瘁吧。

第八章

乱世来到

（1924—1926）

泰戈尔来华

1924年，对峙中的南方和北方又有不一样的开局：南方广州的春天早早到来——1月20日，中国国民党召开第一次全国代表大会，出席代表一百六十五人，总理孙中山任大会主席，秘书长刘芷芬，指定胡汉民、汪兆铭、林森、谢持、李大钊为主席团。孙中山作了“中国之现状及国民党改组问题”以及“主义胜过武力”两个报告。这意味着没有党章、党纲，从不开党代会的松散组织国民党，在共产国际的帮助下，脱胎换骨完成改组。中国国民党召开代表大会之际，苏联革命领袖列宁逝世。代表大会向莫斯科发出唁电，对列宁逝世表示沉痛哀悼。1月24日，孙中山电复苏联代表加拉罕贺电，申明完成辛亥革命事业。中国共产党发表第三次宣言，主张人民集结于国民革命旗帜之下，打倒直系军阀，扫除帝国主义在华既得权益。

相对于南方，北方的春天来得依旧迟缓沉重——当北京北海边的柳树吐出新绿之时，诺贝尔文学奖获得者、印度大诗人泰戈尔一行到达北京，为滞重的春天增添了一抹亮色。在此之前的4月12日，泰戈尔乘坐的“热田丸号”轮船抵达上海。徐志摩、张君劢等六十多人前往码头迎接。

与前几年的杜威和罗素访华相比，泰戈尔访华更带有某种文艺气息。在徐志摩等人看来，泰戈尔就像是人类的喜马拉雅山，他的境界、智慧、诗意和爱，都是当下中国人所缺少的。中国人由于极权、战争和贫困导致的内心枯干，正需要泰戈尔这样的人注入生趣和灵魂。并且，因为泰戈尔是亚洲人，在文化和心理上更接近。因为泰戈尔的诗人身份，组织者特意安排他与当时中国最权威的旧体诗人陈三立老人见了面，算是印度诗歌与中国诗歌的碰撞。这一次访问，仍由梁启超领导的讲学社主办。按照原定计划，泰戈尔本于 1923 年访问中国，由于一场“骨痛热病”，泰戈尔不得不推迟了来华时间。泰戈尔这一次中国巡讲，由当时著名的“金童玉女”陪同，男的是《晨报》副刊编辑徐志摩，女的则是秀外慧中的林徽因。每到一处，泰戈尔都在林徽因的搀扶下登台演讲，由徐志摩翻译成汉语。时人这样描述：“林小姐艳如花，和老诗人挟臂而行，加上长袍白面、郊寒岛瘦的徐志摩，有如松竹梅三友图。”

泰戈尔在中国的演讲自始至终阐述东方主义的立场——精神永远高于物质，爱永恒，精神永恒。在泰戈尔看来，所谓的发展物质文明只是一种畸形的状态，会使人的私欲不断膨胀，只知道占有、功利、侵略、掠夺，根本不能体现人的善意和爱；这样的无明，需要东方的精神文明给予调和。在谈到亚洲和欧洲的关系时，泰戈尔并没有表现出民族主义的强烈立场，而是阐述亚洲和欧洲的不期而遇——当欧洲人带着力量与理智的傲慢来叩门时，亚洲完全没有准备。亚洲与欧洲不是平等的相遇，而是优势与劣势的关系，一边是侮辱，一边是卑微。泰戈尔说：“我们必须从我们的麻木中奋起，证明我们不是乞丐。有人认为我们必须模仿和照抄西方，我不这么认为。”他同时提醒中国人不要忘了他们所创造过的美好事物。现在全世界都在生产巨量的东西、庞大的组织、巨大的帝国行政机构，这些阻碍了生活的道路。相比物质文明，泰戈尔更关心人生的意义和目的，人生并不限于用智力体力征服世界，那样的征服不可能是无限制的；而在体力和智力（工具理性）之外，人还有精神，泰戈尔把它称为“更悠久、更真切、更深奥的生命”。

不过泰戈尔这一次来华不像前几年杜威和罗素那样受到各界欢迎，

很多时候甚至明显感受到来自中国知识层的敌意。除了冰心之类的文艺青年对他顶礼膜拜之外，很多中国青年因为过于浓郁的政治情结导致了对泰戈尔的反感。在他们看来，泰戈尔对于中国，就像天外来客。最起码，泰戈尔不是当下中国最需要的良方，当前中国最需要的，是政治和社会变革的方法和手段，至于其他，包括文学、宗教和哲学，显然提不起他们的兴趣；而泰戈尔的演讲过于主观化，离政治和社会太远，更像是隔靴搔痒的布道。当时一些有影响的作家和学者鲁迅、郭沫若、林语堂、陈独秀、闻一多、茅盾、瞿秋白等人都对泰戈尔的举动作了嘲讽。这当中以陈独秀的态度反差最大，陈独秀曾经在1915年翻译发表泰戈尔的诗作，介绍泰戈尔是“提倡东洋之精神文明者，曾受诺贝尔和平奖金，驰名欧洲。印度青年尊为先觉，其诗富于宗教哲学之理想”。这一次，已身为中共总书记的陈独秀却这样评价道：“泰戈尔初到中国，我们以为他是一个怀抱东方思想的诗人，恐怕素喜空想的中国青年因此更深入魔障，故不得不反对他，其实还是高看了他。他在北京未曾说过一句正经话，只是和清帝、舒尔曼、安格联、法源寺的和尚、佛化女青年及梅兰芳这类人，周旋了一阵。他是一个什么东西！”国民党的“才子”吴稚晖也指责道：“若太先生心知帝国主义的暴秦的可恨，却不给国人一些能力，只思叫老石器人民，抱无抵抗主义，候使用铁器的客帝自己恶贯满盈，那正如我们乡里有句俗话‘把自已作烂菜叶，卧在地上，希望叫强盗滑倒’同一滑稽呀。”

除了遭受党派人物攻击之外，自由主义者也不喜欢泰戈尔。不过出于礼貌，自由派学者一般不直截了当提出批判——胡适在承认自己反对欢迎泰戈尔来华的同时，特意点明：“泰戈尔乃自动地来中国，非经吾人之邀请而来。”意味深长，溢于言表。不过胡适也不忘提醒左派应采取客观态度：“若并未了解泰戈尔而遽加反对，则大不可。”“主张尽管不同，辩论尽管激烈，但若因主张不同而就生出不容忍的态度或竟取不容忍的手段，那就是自己打自己的嘴巴，自己取消鼓吹自由的资格。”胡适清醒地看到，泰戈尔之所以受到“有点难堪”的批评，是因为“他在一个‘错误的季节’带着一种不适合中国国情的‘救世福音’，又置身于一群不理解他的中国文化思想者（包括欢迎者和反对者）中间造成的”。在他看来，泰戈尔访华是“伴随着一连串的误解的不愉快的交流，是一次不欢而散的文化聚会”。

各方对泰戈尔的批评，大大影响了老人的心情和身体。自5月12日在北京真光剧场讲演后，泰戈尔取消了中国的所有安排，不再公开露面也不再发表演讲。5月30日，在中国只待了两个月的泰戈尔从上海乘船去日本。虽然颇为失落，不过这个东方智者并没有过多计较他在中国所遭遇的攻击。也许一切都在他的预料之中，一个落差如此之大的古老帝国，自然是很难平心静气的。泰戈尔仍旧坚持自己对中国的看法，自己的热爱，以及祝愿。在他离开中国的日子里，徐志摩使出中国传说中的送客习俗——十八相送，随从泰戈尔去了日本，继续意犹未尽的交谈。告别之际，徐志摩问泰戈尔有没有落下什么东西，虔诚的大诗人回答说：“我把心落在中国了。”

吴将军如日中天

这一年开春泰戈尔的来华，以及中国国民党在广州召开第一次全国代表大会的动静虽然很大，不过似乎都没有引起吴佩孚的注意。在自负的吴佩孚看来，虽然那个印度诗人获得了诺贝尔文学奖，不过因为写的不是旧体诗，加上鼓吹的是与宗教有关的东西，与自己心中“修齐治平”的追求不一，自然引不起他的兴趣和注意。至于国民党的改组以及对他的征讨，吴佩孚也不放在心上。这一年，吴佩孚的心思都在中俄邦交的恢复以及关于蒙古问题的交涉上。6月21日，外蒙古通告俄国政府决行共和，与中国脱离关系。7月6日，“外蒙古人民政府”对外宣言改为共和国。蒙古的得而复失，让北京政府坐立不安，吴佩孚此间先后四次出席国务院外交部会议，主张及时解决中俄交涉。吴佩孚甚至跟曹锟商量武力收复外蒙古的可能。当然，对于南方咄咄逼人的攻势，吴佩孚重点是布置苏皖赣鄂豫陕鲁的七省联防，以及暗中与美国商人来往，以求得某种私下的军火支持。

1924年可谓是吴佩孚年，五十岁的吴佩孚如日中天，他所控制的地区北至山海关，南到上海，左右大半个中国；对于国家事务也有直接的影响。开年的1月4日，英国驻华公使马克瑞专程到洛阳会晤吴佩孚，观看了吴佩孚专门为之举行的盛大阅兵礼。在此前一年，也就是1923年，前美国驻中国公使、当时的中国政府顾问芮恩施，专程去洛阳跟吴佩孚密谈。美国使馆秘书、武官以及美国驻华军队司令与亚洲舰队总司令等，也先后拜访过吴佩孚。这样的举动，表明英美看好吴佩孚。在对列强的选择上，吴佩孚明显倒向了英美，他的公署墙上悬挂着华盛顿像，吴佩孚时常对来访问的中外宾客表明，很想跟华盛顿联合十三州一样，促成中国的统一。这一年的9月8日，吴佩孚破天荒地成为《时代》的封面人物，更是向人们传达了西方尤其是英美对于吴佩孚的看好。这是中国人首次登上《时代》的封面，照片下面有两行说明：“GENERAL WU”（吴将军）“Biggest man in China”（中国最强者）。

“吴将军”就是吴佩孚。照片拍得很艺术，光头吴佩孚身着戎装，脸微微朝左，两眼炯炯凝望前方，他的脸部显示出喜争好斗的表情，看上去踌躇满志、坚定不移。吴佩孚的长相不同于一般华北人氏，他有一嘴短短的红胡子，长脸高额，鼻子挺直。“吴将军”成为《时代》的封面人物，并不是吴佩孚的影响所致，而是世界关注着中国的局势。实际上在此之前的好几年，西方各国对于中国的关注，目光就集中在吴佩孚身上。1921 年 8 月 11 日《京津泰晤士报》社论说，要解决中国的统一问题，只有以吴佩孚这位“受到全国信任的领袖”为中心，而且必须排除孙中山，因为“孙中山在国内其他地方已经完全失掉了信任，倘若他继续保持着僭称总统的职位，那么，重新统一就没有希望”。《密勒氏评论报》在一则社论中说，在中国，吴佩孚、冯玉祥和陈炯明“似乎是更为爱国和富于公益心的”军人。他们“显然是中国的希望”。《京津泰晤士报》还认为“陈将军和吴将军一样，是在中外人士中享有盛誉的人，假如他们之间能为准备重新统一国家和恢复立宪政府的问题达成协议，那么，北京和广州两位不合法当选的总统（指徐世昌与孙中山）间之争执就将成为次要问题了”。同一时期的外国在华媒体《字林西报》《远东时报》等也持这一观点。这些，都传达了西方对于吴佩孚的看好。即便远在美国，《时代》也很清楚吴佩孚作为直系军队统帅在中国政治舞台上的分量：一个叱咤风云的人物，一个握有重兵、左右政局的举足轻重的强者。在美国人看来，这个儒雅而有魄力的中国军人，虽然没有西方教育的背景，凭着他的自信和谦逊，他将是自袁世凯之后的一个乱世维治的人物，也是最有可能实现西方政治理念的中国人。

吴佩孚就这样成了《时代》封面上的第一个中国人。对第一次出现的中国封面人物，《时代》没有太多介绍，不过寥寥几笔，足以概括出吴佩孚的特点：他是中国最能干的军事家，统治着除满洲之外的整个中国北方和中原。他任直鲁豫巡阅使，北京属于他的管辖省份。尽管他赞成民主制，但其目的是用武力统一中国。这一政策，使他与东北的督军，以及南方的孙逸仙发生矛盾。北京局势有一个特殊情况，现任总统曹锟曾是吴大帅的敌人，在曹锟当选为中华民国总统时，吴大帅没有反对，据说他被“买通”了。他不仅仅是一位军事天才，还精通文化、科学和文学。他学习很刻苦，近来开始学习英语，聘请了一位家庭教师。他只给教师一个小时的授课时间：早上四点半到五点半。他还以“说话柔和、手段强硬”著称。以这种方式介绍一位中国的军阀，显然很符合美国读者的口味。

《时代》说“现任总统曹锟曾是吴将军的敌人”，有误。吴佩孚作为曹锟的副手，虽然有时被说成直系中与曹锟相对立的一派，但却远非“敌人”。更多时候，相比曹锟的平庸，吴佩孚显得更加卓越。他们之间的关系，就像西汉初年刘邦与韩信，或者三国时刘备与诸葛亮之间的关系一样，中国文化似乎一直在君主之间维系着这样的平庸和卓越，平庸者往往有着大智慧，聪明者却经常露出致命的软肋。曹锟与吴佩孚的关系，在某种程度上再一次印证这一点。其实吴佩孚可以算是一个相当传统的人，始终是明确的儒家制度和社会准则的倡导者，也是某种狭隘性质的民族主义者。即使他所擅长的治军，也充斥着传统气息，纪律严明，基本上不用外国留学生，也不用学生兵。练兵，他效仿的是岳飞、戚继光和曾国藩，带有浓郁的传统“搏命”色彩。从吴佩孚一生所作所为来看，他持带有自大色彩的中国文化本位主义，主张西学中源，对于西方的制度和文化，有强烈排斥的嫌疑，也因此，在当时的环境下，仅靠“振臂一呼”为自己挣得很多印象分。

奇怪的是，作为直系二号人物的吴佩孚上了《时代》的封面，而通常认为的直系一号人物，吴佩孚的上级、中华民国大总统曹锟却无缘《时代》。除此之外，南方的孙中山，东北的张作霖，都是此时中国叱咤风云的强者。《时代》以吴佩孚作为封面人物，显示着某种美国立场和价值观，也意味着美国对吴佩孚的支持。本期《时代》也谈到了张作霖，称他是“一位虔诚的帝国拥护者，即拥护君主制的人”。《时代》还介绍说：“满洲大约有得克萨斯和科罗拉多两个州这么大，在中国北方有如此大的地盘，使张将军这位军阀无人能取代。”尽管这位张将军“思维敏捷，权力巨大”，“却非吴将军的对手，曾惨败于吴”。刊物没有刊登张将军的照片，却选登了一幅年轻的张学良的照片，照片说明为：“MARSHAL CHANG”（张元帅）“His title is no empty epithet”（他的头衔不再是闲职）。“张元帅”就是张少帅。看得出来，《时代》已开始注意张学良的崛起：1924年3月，出任东三省空军司令兼“飞鹏队”队长；4月，出任陆军第二十七师师长；而到了即将爆发的第二次直奉战争，张学良更是一跃而为“镇威军”第三军军长，率领奉军主力与吴佩孚对阵。

《时代》选择吴佩孚作为第一个登上封面的中国人还有另一个潜在的原因——《时代》的创办者之一亨利·卢斯就出生于吴佩孚的家乡山东登州（今蓬莱）。吴佩孚生于1874年，二十四年后，卢斯也降临在登州一个美国传教士家中。一直到十四岁，卢斯才离开山东前往英国求学。在卢斯眼中，吴佩孚算是他的“老乡”。后来，卢斯和他的耶鲁同学布里顿·哈登从巴尔的摩《新闻报》双双辞职，并于1923年3月3日推出了第一期《时代》。因为卢斯的生活背景，他总是情不自禁地将目光投向那一片西方人尚觉陌生的东方土地。吴大帅，就这样出现在创办第二年的《时代》封面上。曾在上海主编英文刊物《密勒氏评论报》的美国人鲍威尔后来评价说：“从1922年到1928年蒋委员长建立南京政府之前，是中国的军阀混乱时期，在这一混乱的阶段，吴佩孚比其他任何人更有可能统一中国，在许多方面，他都是一个能干而有个性的人物。”

这一期《时代》出版之时，上海爆发了直系军阀齐燮元与皖系军阀卢永祥之间的争夺战，第二次直奉大战也一触即发。在此之前的1922年第一次直奉大战，吴佩孚率直系军队曾大获全胜，奉系军队撤回关外。此次张作霖率军南下，吴佩孚再度坐镇北京，调遣二十五万大军迎战。更多人相信，吴大帅获胜的历史将重演。并且，“八方风雨会中州”的吴佩孚会重拾武力统一中国的大旗，领导一场针对各地方军阀的征战。“吴将军，中国的最强者”——《时代》在封面上引用这几个字时，反映出的正是这一判断。吴大帅镇定的神态，仿佛透露出这样的信息：一个具有儒将风度的最强者，有可能决定中国未来的政局。

然而，让《时代》及其大多数读者大跌眼镜的是，吴佩孚登上《时代》封面不到一个月，就从声名的巅峰跌落了下来。这个被称为“中国最强者”的吴大帅遭到了别人的征服，从山顶一下子跌入深渊。

冯玉祥釜底抽薪

现在回首中华民国北京政府的历史，可以把1924年看作一个转折点——如果说此前局面还在北京政府的控制范围内的话，那么，到了1924年，形势急转直下，苏联加大了对于南方国民党的直接支持力度，局面变得越来越不可控了。5月15日，外交总长顾维钧在北京的家中发现了炸弹，侦察人员没有查出结果，只是怀疑与苏联或者日本有关。当然，南方的国民党也是怀疑对象。26日，孙传芳也遭到炸弹的袭击，虽然没有危险，不过意味国内形势越来越紧急了。

1924年9月3日，最富庶的东南地区爆发了齐燮元与卢永祥之间的战争，双方各投入六万军队，激战于浏河、黄渡一带。冲突在于对上海的争夺；冲突的背景，是由于齐燮元归属直系，卢永祥属于张作霖、孙中山以及段祺瑞的三角联盟。围绕这一战事，《时代》报道说：卢永祥将军，浙江督军，曾任淞沪护军使。齐将军的敌人。他约五十七岁，在任浙江督军之后，他曾任命何丰林为淞沪护军使，而上海并不在他的地盘上。何丰林，任位于江苏地盘上的上海淞沪护军使，约四十七岁，受卢将军的指挥。

江浙战争很快引发了吴佩孚和张作霖这两大对手之间的武装冲突。江浙战事爆发的第二天，也即1924年9月4日，张作霖决定率兵入关，并发表了声援浙督卢永祥和讨伐直系的通电。5日，孙中山也在广州召集军事会议，决定北伐，命胡汉民留守广州代行大元帅职权，兼任广东省长。北伐军兵分两路：湘军总司令谭延闿任北伐军右翼总司令，入江西；军政部长程潜任左翼总司令，入湖南。军政府同时发表宣言声讨曹锟吴佩孚，声明此战不仅在覆灭曹吴，尤在使无同样继起之人，不仅在推倒军阀，尤在推倒军阀所赖以生存之帝国主义。9日，下野的内阁总理段祺瑞在天津通电讨伐曹锟。15日，张作霖乘江浙战起，率十七万大军入关。奉军分六路出动，第一军司令姜登选，副司令韩麟春；二军司令李景林，副司令张宗昌；三军司令张学良，副司令郭松龄；四军司令张作相，副司令汲金纯（丁超）；五军司令吴俊升，副司令阚朝玺；六军司令许兰洲，副司令吴光新；张作霖自任总司令，号镇威军，设大本营于锦县（一、三军为主力，进攻山海关，四军为预备队，余均进向热河）。直奉第二次战争爆发。

有人在评价1924年下半年的形势时这样认为，第二次直奉大战大打出手的各方，其实都有着列强的背景：孙中山北伐的支持力量是苏联；张作霖背靠日本；吴佩孚身边或隐或现的力量则是英美。不过他们之间的关系又是错综复杂，很难一一对应。面对东部、南部以及北方的同时夹击，北京政府的曹锟与吴佩孚遭遇到前所未有的危机。曹锟发出讨伐令，以吴佩孚为讨逆军总司令，王承斌为副司令，分前线三军，后援十路，共计二十五万大军应战。9月17日，自洛阳赶到北京的吴佩孚走马上任，召集直系大将王承斌、冯玉祥、王怀庆、陆锦等，在中南海的四照堂会商对奉军的作战计划。后来冯玉祥在自己的回忆录中提起这次著名的“四照堂点兵”，十分轻蔑地写道：

> 四照堂四面都是玻璃窗，电灯明如白昼，厅中置一长桌，挨挨挤挤，坐满了六十多人，大家坐了许久，才听到有人大声报告说：“总司令出来啦！”接着，吴佩孚摇摇摆摆走到堂中，且看他那副打扮：下面穿着一条白色裤子，身上穿的是紫色绸子的夹袄，外面一件黑色坎肩，胸口敞着，纽子也不扣，嘴里吸着一根纸烟。他走到座上，即盘腿在椅子上坐下，斜身靠着条桌，那种坐法，宛似一位懒散的乡下大姑娘！
>
> 接着，吴佩孚又念各路军任务，命令下完，吴即站起来说：“没有了吧？我们就这么办吧！”此时海军总长连忙站起来说：“报告总司令，命令上没有提到海军，我们的舰队怎么办？”吴答道：“哦哦，海军没有提，在命令上添一条吧，你们自由巡弋，以防意外。”航空署长也站起来说：“还有我们空军呢，怎么办？”吴又哦哦连声，说：“也添上一条，你们随时准备，相机出击。”接着，其他没有分派任务的将领也相继请示，吴佩孚搔了搔头，不耐烦地说：“这样尽着往下添，还成命令吗？今天就这样了，散了吧，散了吧！”大家才一哄而散了。

从这一段文字的描写看，吴佩孚哪里像一个具有现代思维和人文思想的捍卫共和的军人呢，分明是古代战争冷兵器时代的将军。冯玉祥极其不屑地评价道："这样重大的事，办得如此轻率儿戏，吴之鲁莽灭裂，往往似此！"根据很多人的说法，吴佩孚与冯玉祥一直面和心不和，吴佩孚一直瞧不起冯玉祥貌似忠厚背后的多变和多虑，冯玉祥也对吴佩孚的神神鬼鬼心存看法。除了气场不合之外，双方还为河南的权力明争暗斗，不过至少在表面上，双方并没有失去和气，由于吴佩孚地位较高，冯玉祥更多是谦恭回避，唯恐激怒玉帅。吴佩孚除了经常表现对冯玉祥的不屑外，还对冯玉祥暗地里的扩张进行严厉压制，这也让冯玉祥愤懑压抑。冯玉祥对吴佩孚四照堂会议的描述，明显有丑化和戏谑的成分。不过可以管窥的是直军计划安排的匆忙和随意，以及吴佩孚过于传统的思维方式，形同话本小说般的做事风格。跟吴佩孚的行事风格一样，那些手握重兵的督军们，尽管有着某种程度的新思想，但总体上毕竟属于旧时代，他们的思维方式和行为，很大程度上带有那个时代的影子。以这样的理解力和作派，指望他们来操作和拥护民主宪政，结果可想而知。

这一次直奉大战远非四年前的直皖战争及两年前的第一次直奉大战所比，双方倾巢而出，张作霖出兵二十五万，吴佩孚出兵二十万，两军在热河、山海关等地正面交锋。当得知奉军的前线指挥是少帅张学良时，吴佩孚不屑地说："张学良是个小毛孩子，我看他就是一个花花公子，上次在北京，他也是成天跳舞。他懂什么打仗！这次我们一定要痛击东北军，活捉张学良！"手下的人提醒道："张学良的军队是张作霖的王牌军，听说他的装备都是从日本买来的，武器很好啊！"吴佩孚轻蔑地回答："他小孩子能带什么好兵啊，武器好是不是，那我就缴了他的兵器！哼哼，省得我们到处买了！"吴佩孚自负地跟手下人开玩笑："抓了张学良，我该怎么处置啊？”见手下人无从回答，吴佩孚幽默地说：“我根本看不起张作霖，我对他唯一的嫉妒，就是他有个好儿子！如果抓住张学良，我要把他送出国，我不会杀他。”

9月下旬至10月中旬，直奉双方在山海关一带发生激战。奉军攻势很猛，前线的陕军第一师张师长发电报向吴佩孚求援。吴佩孚心不在焉地回电：“张学良黄毛孺子算什么东西？本大帅明天抵达前线，他立刻就得逃掉。”这封率性直白的电报被奉军截获，少帅看后哭笑不得。战争进入到僵持阶段之后，吴佩孚军队沿长城一线进军顺利，眼看就有机会攻入沈阳了。没想到的是，螳螂捕蝉，黄雀在后——10月19日，第三军司令冯玉祥与胡景翼的代表邓宝珊等在热河滦平会议，决定反戈一击，当晚，冯玉祥离滦平南下，以卫队旅旅长孙连仲任前锋，由鹿钟麟、刘郁芬、李鸣钟等带领大队人马兼程返京发动兵变。10月23日，北京城已到处都是佩戴“誓死救国，真爱民、不扰民”标志的冯玉祥兵马，北京与外联络的电话电报被切断，曹锟总统卫队在经过短暂的战斗之后，寡不敌众被缴械。冯玉祥、孙岳（第十五混成旅长京畿警备副司令）通电全国，要求曹锟下令停战，免吴佩孚本兼各职；曹锟下野，组织摄政内阁。国民军同时逮捕了传说中曹锟之宠幸李彦青。10月26日，冯玉祥、胡景翼、孙岳通电拥段祺瑞为国民军大元帅，并电请孙中山即日北上指导。后来，冯玉祥的幕僚石仁麟记录了兵变的全过程。“冯仅少数轻装前进。每到一地（冯）即以电报报告其行踪，取信曹、吴。并借口修路，把炮兵火力潜伏在沿路两旁的城镇，不露神色，待吴佩孚嫡系部队第三师开赴山海关前线后，立即班师回京，由孙部策应入城，包围总统府。胡部得讯亦由前线反戈，会师一处，驱曹倒吴，宣告主和，拥段。”

1924年10月26日《北京导报》的一篇文章评论冯玉祥发动的事

变为“中国历史上最为杰出的一场政变”。不过确切到冯玉祥“反水”的原因，当时所有的媒体都不清楚。按照基督将军自己的说法，他发动政变，是要将受苦受难的中国人民从进一步内战的水深火热中解救出来。后来的资料显示，冯玉祥的“反水”，是早已谋划好的，“策反”冯玉祥的既有孙中山、段祺瑞，也有苏联；此外还有奉系张作霖对于冯玉祥的支持。有关资料披露：早在 1923 年，孙中山就派汪精卫北上与张作霖、张学良父子商量联合讨伐曹锟和吴佩孚；直奉第二次大战前，段祺瑞也派人游说冯玉祥。另外，1924 年春天，苏联驻华公使加拉罕也通过共产国际中国北方区委负责人李大钊教授，说服冯玉祥伺机夺取北京政权。至于冯玉祥与张作霖的联系，有说最先开始于 1924 年 2 月冯玉祥续娶李德全的婚礼上，张作霖派了自己的亲信副官马炳南，带了一份厚厚的大礼去参加婚礼—— 一批军火和一百五十万的军饷。马炳南后来透露，他们与冯就联合倒直进行了实质性会谈。

战局出现了意想不到的变化，本来在战场上占据主动的直系，在遭遇老巢“反正”后，顿时人心浮动初现败意。冯玉祥的临阵反戈，让吴佩孚孤愤不已。很快，吴佩孚收到了曹锟被囚禁后发出的停战令——前方军队交王承斌、彭寿莘维持，免吴佩孚本兼各职，派为青海屯垦督办，颜惠庆内阁阁员除黄郛外均辞职。尽管吴佩孚情急之下一再告诫属下此为“伪电”，“将在外，君命有所不受”，不过此时直军早已军心涣散战斗力大减。担任先锋的张学良趁机指挥奉军精锐突破直军防线，一举击溃吴佩孚主力，缴械纳降达三万余人。冯玉祥等部又向东进军包抄，吴佩孚只得率残部五千人从秦皇岛退至天津，盘踞在天津北站，等候江苏齐燮元和山东郑士琦的援军，期待杀回北京歼灭冯玉祥以解曹锟之围。让吴佩孚稍感欣慰的是，直系并未全败，东南战场的齐燮元和孙传芳取得了胜利，控制了上海江苏和浙江地区。至于皖系卢永祥，败逃后辗转日本去奉天投靠了张作霖。

寄居天津北站那一段时间，是心高气傲的吴佩孚一生中最为郁闷的时候，吴佩孚将自己幽闭在天津北站的专列上，整日借酒消愁。吴佩孚的酒量很大，传说不管是北方的二锅头、高粱酒，还是进口的白兰地，都来者不拒很难喝醉。不过这一次吴佩孚经常喝得酩酊大醉，然后像头丧家犬一样含混不清地咆哮。很快，吴佩孚企图以天津为据点进行反击的意图遭到了外国列强的干涉——驻天津的日本驻屯军司令以及美国驻屯军司令先后来到吴佩孚驻地，力劝吴佩孚离开天津，理由是天津系各国租界集中的地方，不宜作为内战的据点。以美日和列强的态度，这不是劝说，而是警告和威胁了。吴佩孚无奈何只好离开天津，因为大批粮草和弹药无法带走，吴佩孚临走之前故作洒脱地提笔写下纸条“移交段督办”，让人贴在火车上，算是送给段老爷子的大礼。然后，吴佩孚在第三方的安排下，自塘沽乘军舰沿海岸线南下，转道长江口从武汉回自己的老巢河南。步履沉重地临上甲板时，心高气傲的“常胜将军”环顾四周，如古代落魄英雄一样放声大笑。这一幕带点作秀的姿态，是一种极端忧郁的宣泄，还是一种“十年报仇不晚”的自信？

不可一世的直系就这样轻易垮台了，局面发展如此顺利，连冯玉祥自己都没有想到，不过这时候的冯玉祥毕竟底气不足，以他的资历和声望，在形势不明的情况下，还是不敢贸然当“出头鸟”。冯玉祥先是安排蒋介石早年拜把兄弟、全程策划反戈一击的黄郛组织摄政内阁代行政职权，又情意恳切电邀孙中山北上主持“国事”，还让教友马伯援带着亲笔信赴广东面见孙氏，在信中说，“先生党国伟人，革命先进，务希即日北上，指导一切。”在接到冯玉祥的电报后，孙中山欣喜万分，频频回电劝勉冯玉祥。由于遭受前所未有的巨大压力，冯玉祥那一段时间的行为摇摆得很厉害。几乎在邀孙中山北上的同时，他又电邀段祺瑞出山主持政局。冯玉祥曾对张绍曾说："一方面，我派人南下欢迎孙中山北来，做我们的导师，支持和平会议，组织政府，实行孙中山《建国大纲》里所写的那些政策"，"我还想让你当总理，叫老段主军，你主政，中山先生做总统，我们这些人都听从指挥。把中国治理成为世界上最大的强国"。11月10日，孙中山发表《北上宣言》，倡言当务之急是召开由"现代实业团体、商会、教育会、大学、各省学生联合会、工会、农会、共同反对曹吴各军、政党"九个方面参加的国民会议预备会议。并且提议国民会议取消中国与帝国主义国家签订的一切不平等条约，结束军阀统治，组织国民政府。并且，今后"民国之命运，由国民之自决"。两日后，孙中山乘永丰舰离粤北上。

驱逐小朝廷

在北京市民看来，冯玉祥高大的身躯呈现在北京街头，就像传说中的牛魔王一样威武雄壮。一部分北京市民对他寄予厚望，而另一部分则是又恨又怕。冯玉祥的确在做一些令人瞠目结舌的事情，除了将他的上司、现任总统曹锟软禁之外，冯玉祥还"惊天动地"地将清廷从紫禁城赶出，让眼泪汪汪的末代皇帝溥仪流浪街头。这一举动，几乎让所有人始料未及。

1924年11月4日，冯玉祥下令将守卫北京紫禁城故宫的士兵一千二百余人缴械。5日，冯玉祥的部属鹿钟麟和临时内阁代表李石曾带着手枪队，拿着临时内阁签署的《修正清室优待条件》来到故宫，要求十八岁的末代皇帝爱新觉罗·溥仪在修正书上签字。中心内容是取消国民政府对前清皇室的优厚待遇，并限令清廷所有人员三个小时内搬出紫禁城。内阁总理黄郛签署了这一份文件。冯玉祥为什么这样做？是背后的俄国人指使，还是源于他一以贯之的反清立场？当年冯玉祥在段祺瑞的指挥下反击张勋的“辫子军”，如果没有段祺瑞的阻拦的话，就想一直打到紫禁城，掀翻那个“不劳而获”的小朝廷。

紫禁城的大臣宫女们此时早已吓得魂飞魄散，在他们看来，天真的塌了。内务府大臣绍英见天降横祸，一时急得要命，先走到李石曾的跟前说：“你不是大学士李鸿藻的公子吗，如何也帮着当局欺压清室呢？”见李石曾不理他，绍英又哆哆嗦嗦地走到鹿钟麟面前哀求道：“你不是太傅鹿传霖的嗣子吗，如何对清室如此苦苦相逼？”鹿钟麟不耐烦地从怀里掏出一个炸弹，往桌上重重一放，喝道：“要是再不搬出，我就要令景山上开炮了！”

懦弱的溥仪看了函告之后，惊慌失措，在军队的胁迫下，召开最后一次“御前会议”，交出了皇帝印玺，收拾了私物，遣散了太监和宫女。后来，曾经的末代皇帝溥仪在《我的前半生》一书中这样叙述当时的场景：

> 然而，必须发生的事，终归是要发生的。
>
> 那天上午，大约是九点多钟，我正在储秀宫和婉容吃着水果闲聊天，内务府的大臣们突然踉踉跄跄地跑了来。为首的绍英手里拿着一件公文，气喘吁吁地说：
>
> “皇上，皇上……冯玉祥派了军队来了！还有李鸿藻的后人李石曾，说民国要废止优待条件，拿来这个叫，叫签字……”

我一下子跳了起来，刚咬了一口的苹果滚到地上去了。我夺过他手里的公文，看见上面写着：

大总统指令

派鹿钟麟张壁交涉清室优待条件修正事宜，此令。

中华民国十三年十一月五日

国务院代行国务总理黄郛……

修正清室优待条件

今因大清皇帝欲贯彻五族共和之精神，不愿违反民国之各种制度仍存于今日，特将清室优待条件修正如左：

一、大清宣统帝从即日起永远废除皇帝尊号，与中华民国国民在法律上享有同等一切之权利；

二、自本条件修正后，民国政府每年补助清室家用五十万元，并特支出二百万元开办北京贫民工厂，尽先收容旗籍贫民；

三、清室应按优待条件第三条，即日移出宫禁，以后得自由选择住居，但民国政府仍负保护责任；

四、清室之宗庙陵寝永远奉祀，由民国酌设卫兵妥为保护；

五、清室私产归清室完全享有，民国政府当为特别保护，其一切公产应归民国政府所有。

大总统印，国务院摄行。国务总理黄郛……

老实说，这个新修正条件并没有我原先想象得那么可怕。但是，绍英说了一句话，让我跳了起来，“他们说限三小时内全部搬出去!”

“那怎么办？我的财产呢？太妃呢？”我急得直转，“打电话找庄师傅！”

“电话线断，断，断了！”荣源回答说。

“去人找王爷来！我早说要出事的！偏不叫我出去，找王爷！找王爷！”

“出不去了！”宝熙说，“外面把上了人，不放人出去了！”

“给我交涉去！”

“嗻！”

这时刚刚是端康太妃去世不多天，宫里只剩下敬懿和荣惠两个太妃，这两位老太太说什么也不肯走。绍英拿这个作理由，去和鹿钟麟商量，结果又延长到下午三点。过了中午，经过交涉，父亲进了宫，朱、陈两师傅也给放了进来，只有庄士敦给挡在外面。

听说“王爷”进来了，我马上走出屋子去迎他，看见他走进了宫门口，我立即叫道：

“王爷，这怎么办哪？”

他听见我的叫声，就像挨了定身法似的，粘在那里了，也不走近前来，也不回答我，嘴唇哆嗦了好半天，才迸出一句没用的话：

“听，听旨意，听旨意……”

我又急又气，一扭身自己进了屋子。后来，据太监告诉我，他进宫来只做了一件举动，就是听说我在修正条件上签了字，他立刻把自己头上的花翎一把揪下来，连帽子一起摔在地上，嘴里嘟囔着说：“完了！完了！这个也甭要了！”

我回到屋里，绍英哆哆嗦嗦地进来，脸色比刚才更加难看，他说："鹿钟麟又催啦，说，说再限二十分钟，不然的话，不然的话……景山上就要开炮啦……"

其实，鹿钟麟只带了二十名手枪队，可是他这句吓唬人的话非常生效。首先，是我岳父荣源吓得跑到御花园，东钻西藏，找到了一个躲炮弹的地方，再也不肯出来。我看见王公大臣都吓成这副模样，只好赶快答应鹿的要求，决定先到我父亲的家里去。

这时，国民军已给我准备好汽车，一共五辆，鹿钟麟坐头辆，我坐了第二辆，婉容和文绣、张璧、绍英等人依次上了后面的车。

车到"北府"门口，我下车的时候，鹿钟麟走了过来，这时我才和他见了面。鹿和我握了手，问我：

"溥仪先生，你今后是还打算做皇帝，还是要当个平民？"

"我愿意从今天就当个平民。"

"好！"鹿钟麟笑了，说："那么，我就保护你。"又说，现在既是中华民国，同时又有个皇帝称号是不合理的，你今后应该以公民的身分好好为祖国效力。张璧还说：

"既是个公民，就有了选举权和被选举权，将来如果能为国家出力，也可能被选做大总统呢！"

一听"大总统"三个字，我心里特别不自在。由于我已懂得运用"韬晦"之词了，便说：

"我本来早就想不要那个优待条件，这回把它废止了，正合我的意思，所以，我完全赞成你们的话。当皇帝并不自由，现在我可就得到自由了。"

这段话说完，周围的国民军士兵都鼓起掌来。

我最后的一句话也并非完全是假话。我确实厌恶王公大臣们对我的限制和阻碍。我要“自由”，我要自由地按我自己的想法去实现我的理想——重新坐在我失掉的“宝座”上。

当天下午，溥仪离开了皇宫紫禁城，搬到了后海甘水桥生父的居处醇王府。国民军派了一支小分队驻扎在醇王府附近，监视着溥仪的一举一动。紫禁城仍处在冯玉祥部队的绝对控制之下，皇宫护卫队缴械投降，内务府形同虚设。

冯玉祥驱逐小朝廷的举动，在国内外引起了轩然大波。除了南方孙中山通电表示支持和赞赏之外，各国驻华公使均表示抗议，认为冯玉祥违背了民国与清廷所制定的契约，无视国际规则。当天，荷、英、日公使及美代办走访摄政内阁外交总长王正廷，请保护溥仪安全，以免损失中国政府信誉。袁世凯时代的首任内阁总理，一向激进的唐绍仪在接受《北华捷报》采访时也对此举表示出异议：

要改变民国与清朝皇帝的关系，就必须以公正的具有绅士的风度的方式进行。……我们之所以赞同优待条件，因为正是满清皇帝的退位，缩短了革命的时间，拯救了人民的生命，为我们安定下来进行重建提供了机会。汪精卫是个激进的革命派，但在对清室让步这个问题上他却是最积极的支持者。……当时，不管我们个人曾发表过任何声明，作为中国人民的代表，与清朝皇帝缔结了庄严的协议，在未有新的协议之前，就必须遵守。……但冯将军也许顾及到中华民族的伦理原则。……这不是政治问题，而是道德问题。这不是中国采取何种政体的问题，而是这个国家是否还有礼义廉耻的问题。……你们可以通过报纸告诉所有的外国人，这几天发生的事情不代表中国的政治和伦理态度。我们面对着一种丑恶的局面，但中国人民的道德观念即使是面临更为丑恶的局面时，也定将一如既往，坚持不变。

作为冯玉祥的盟友，张作霖在得知冯玉祥驱逐小朝廷的做法时，大发雷霆。一位英国目击者评价说，他虽然看过张作霖发脾气，但从未看过他发如此大的脾气。段祺瑞等也认为如此逼迫清室委实无必要，且有自毁诺言、毫无诚意、践踏法律之嫌疑。不过这件事因是黄郛“当政”，一切程序“合法”，段祺瑞和张作霖也无可奈何。后来有人认为，冯玉祥此举应是苏俄人的要求或影响，在驱逐清廷之前的 10 月 27 日，苏联驻华公使加拉罕曾与冯玉祥密谈，不知对于此事是否涉及。苏俄在对待自己沙皇的问题上，远比冯玉祥走得远，在叶卡捷琳堡，他们甚至杀死了末代沙皇一家。后来的情况表明，冯玉祥驱逐清廷，也为日本分裂中国提供了重要隐患。驱逐事件发生后，日本各界给予溥仪的遭遇以相当的同情和关注，在日本军界的密谋下，溥仪逃到了日本使馆，随后又逃到天津日租界，最后在日本人的庇护下，出任了“伪满洲国”的执政。

1925 年 1 月，时任《晨报》副刊编辑的徐志摩去了一趟紫禁城，此时的紫禁城，已是人去城空。虽然末代皇帝一干人离开并不太久，但各大殿的窗棂上，已结了不少蛛网。院落地砖的缝隙里，也长出了很多茁壮的野草。目睹那里的颓废和破败，徐志摩回来后写了一首诗——这就是他的《残诗》，全文如下：

怨谁？怨谁？这不是青天里打雷？
关着，锁上，赶明儿瓷花砖上堆灰！

别瞧这白石台阶儿光滑，赶明儿，
唉，石缝里长草，石板上青青的全是霉！
那廊下的青玉缸里养着鱼，真凤尾。
可还有谁给换水？谁给捞草？谁给喂？
要不了三五天准翻着白肚鼓着眼，
不浮着死，也就让冰分儿压一个扁！
顶可怜，是那个红嘴绿毛的鹦哥，
让娘娘教得顶乖，会跟着洞箫唱歌，
真娇养惯，喂食一迟，就叫人名儿骂。
现在，您叫去，就剩空院子给您答话！

徐志摩写就一首诗的时候，经历了直奉第二次大战失败的吴佩孚，刚刚郁闷地回到河南老家。对于冯玉祥突如其来的“叛变”，吴佩孚越想越觉得愤恨难忍。在一帮谋士的簇拥下，1924年年底，吴佩孚给冯玉祥写了一封亲笔信，以惯用的笔法，对冯玉祥进行了讽刺和挖苦：

焕章将军足下：

别来无恙？

忆自膺命为讨逆军总司令，干城付托，早许此身为国所有，不敢自私。言犹在耳，忠无忘心，想二三袍泽必不以佩言为欺诈也。惟此次身败名辱，祸生肘腋，不第身处其境者为之惋惜，即天下旁观侧耳之人，谁不为之疾首椎心，以为事出意外，鬼神所难测，数理所难通哉！足下之计谋，可谓如愿以偿；而不知公德私德所垂之品格，早窒入阿鼻地狱，万劫不复矣。

佩之所以信服足下，倚为心腹者，诚以足下为基督令徒，不致有诈耳。佩虽未受洗入教，然昔在蓬莱为秀才时，亦尝过访该处美国教师（士）狄考文先生；彼之言曰：“基督徒之为军人者，当刚强如大丈夫；又当以真理为腰带，以公义为护心镜，足穿和平福音之靴，以信仰为盾橹，扑灭恶敌之火箭；以救恩为兜鍪，手执圣灵之宝剑，此乃上帝所赐之全身甲胄，方可敌魔鬼之奸计。”(原文见新约以弗所书第六章）自受教以来，即无日不以上言诸种德性自为训练。夫所谓真理者，此言基督牺牲道理也；公义者，此言因信称义所得之圣洁心也；和平福音者，此言传和平恩主之大喜信息也；信仰者，此言世人所受倚靠之功能也；救恩者，此言以牺牲为救赎之鸿恩也；圣灵宝剑者，此言上帝有能力之圣语也。狄考文之解释如此。秉此诸德，然后可以为基督之精兵；非然者，特魔鬼之假面具。佩自入军以来，转战京津，坐镇湘鄂，未尝不以此诸德自勉。

前在河南，以足下之作为，未免有矫枉过正之处；故为顾全名誉计，不得不荐之北上，以救大局。足下为真正基督徒，无有不熟读《圣经》之理。耶稣明言，在此末世，民要攻击民，国要攻击国；地震，饥荒，瘟疫，各处多有，今已应于目前，全非妄语。是知耶稣必不以现世界为天国，而以人心为天国。故于被钉时，亦言我国非此世界；若果为世界之国，吾之臣子必为我争战。盖此世界尚为魔鬼所占据，一大罪人沉沦子尚未出现，当未灭亡。此世界如一大溷厕，蝇蛆臊臭，概不能免；待至天地末日，火焚硫化，自有澄清之法。是改良世界，拯救同胞，亦当合经而行，非私人所能为也。足下竟背耶稣真言，强以现世界制造天国，只见其多增变乱耳。足下前在河南，不准人吸纸烟，不准开设娼妓，不准人穿绸缎；此在个人私德，固足为模范军人，而以此为大方针，此肉体与魔鬼争，多见其不自量耳。佩虽未入耶稣，然自为秀才时所受经训，犹跃跃于脑际，毋或暂忘。而足下以基督徒号召天下，熟读《圣经》，何尚叛离乃尔！而犹自粉饰，以求同情于基督徒为尔祈祷。吾谁欺？欺上帝乎？

此次奉命讨张，佩膺命为总司令，若非足下怂恿，声明致讨，大总统必不能遽下讨伐之令，佩亦不敢冒天下之大不韪轻从前敌。若事前声明有所反对，尽可商议，可进则进，可止则止。愚若佩孚，当不能根据不稳之后路贸然独往。及讨伐令下，彭（寿莘）为第一路，王（怀庆）为第二路，足下为第三路。前敌战事方殷，足下遽尔倒戈，包围京府，声言和平，实则逼佩出走；佩死且不惧，何况出走！惟足下此次所为，失信曹锟，是为不忠；遗憾袍泽，是为不信；留玷教会，是为不仁；遭恨国人，是为不义。且与经文全背，窃为佩所不取。

凡人作事，第一当求目的之所在，第二当求手续之所宜。均之求名，有让天下求名者，有攫天下求名者；均之求利，有售货求利者，有卖笑求利者。惟足下之所为，如为求名，则名于何有？如为求利，则利于何存？徒自引狼入室。大明不休，吴三桂之请兵入关，庶几近乎？犹大之奸卖耶稣，良有以也。观其结果，即可知其目的与手续矣。

山海关，九门口，石门寨，朝阳等处，大军不下二十万，方溅血泊，滚头颅，与敌军相抗，所耗金钱不下数千万元，经足下后方一戈挥掉，万军齐覆。如为山九仞，而凿其基；如掘井九仞，而毁其盖；如此奇功，愚者不为。况楚人之妾，已有奸情，人谁敢娶？行将见足下与足下之一党，被弃于张、段也。然而足下之不可与处，阴险之名，已千古不磨矣。呜呼焕章！我躬不阅，遑恤我后！佩已矣，不复欲言，惟静观足下之和平统一耳。

此次出走，路过芝罘，曾潜服至毓璜坟山，展拜狄师之墓。见碑碣巍然训言犹在，不禁幡然如有所悟，而益信足下之行径，恐百身莫能赎矣。呜呼焕章！

与足下袍泽数年，以心相印，今被暗算夫复何言！昔乐毅云："君子绝交，不出恶声；忠臣去国，不洁其名。"佩为亡人，亦曾受教于君子，惟不明心迹，是以不免耿耿耳。此请
勋安。

吴佩孚泣启

十一月十七日

行文中完全可看出吴佩孚对冯玉祥的切齿痛恨。对于吴佩孚来说，冯玉祥对他的反戈一击，不仅是背叛，还有一种被泼了粪便般的羞辱。

段祺瑞再度出山

虽然退居天津租界，当上寓公的段祺瑞仍像一只躲在洞中的黄鼬一样，对于外部的事情一清二楚。曹锟当了"出头鸟"之后，立即成了"众矢之的"。静观时局发展的段祺瑞很快得出结论，这个大老粗很难在总

统位置上坐长久。段祺瑞开始跟北方的张作霖以及冯玉祥等人接触，暗中谋划对直系的反击。等到冯玉祥突然反水逼曹锟下台消息传出后，段祺瑞胸有成竹地料到，冯玉祥打败曹、吴之后，绝不可能自己坐江山，极有可能找上自己。果然，段祺瑞很快收到冯玉祥来电，邀请他出任国民军总司令主持政局。段祺瑞没有急于表态，对于这些二代军阀，段祺瑞一本全知，在没有得到他们的承诺前，出山肯定会自讨没趣。

1924年11月10日下午两点五分，张作霖专车到达天津站。军乐声中，身材瘦小的张作霖在一百多卫士的保卫之下，从车厢里走了下来，他先是向前来迎接的人群挥挥手，随后登上一辆紫色汽车，在二十一辆汽车的护卫之下，浩浩荡荡开往下榻的曹家花园。此前一天，冯玉祥也从北京赶到天津。11日，段祺瑞以东道主身份宴请了张作霖和冯玉祥。一见面，瘦硬的段老爷子板着脸训斥了冯玉祥一番，对于他废除清室优待失信天下很不满。高大的冯玉祥低着个头，一个劲跟老爷子赔笑脸。给了冯玉祥一个下马威后，段祺瑞的脸色温和了许多。接着，段祺瑞、张作霖、冯玉祥等一帮人召开了“天津会议”，就善后问题进行初步商讨。皖系山东督理郑士琦在会上提出，只有段祺瑞出山，才能解决好纷争的政治局面，提议邀请段祺瑞先行出面就任国民军大元帅，以稳定形势处理军政事务。张作霖积极表示了赞同。长江流域的七省督军也认为段祺瑞出面组织政府是一个更容易接受的选择。面对后辈们诚挚的邀请，极要面子的段祺瑞有条件地接受了建议，要求组织两种会议，“一曰善后会议，以解决时局纠纷、筹议建设方针为主旨”，“一曰国民代表会议，拟援美国费府会议先例，解决一切根本问题”。段祺瑞同时表示，三个月内召集国民代表会议，会议结束后，他将完成使命辞职下野。

会议当中，代表们为段祺瑞即将担当的角色名称费了一番脑筋，因为组织政府属于善后，未经国会选举，所以既不能称为“大总统”，也不便叫“大元帅”。应邀帮助段祺瑞筹备新政权的章士钊提议称为“执政”，这是古代罗马首席行政长官的名称。段祺瑞思索一番后，同意了章士钊的建议。这样，段祺瑞履新的职位，将称为中华民国临时执政。“执政”这个词，可以说是对过去十三年不成功的总统制与内阁制的一个总结，临时执政虽然挂着“临时”二字，却不动声色将之前的总统及总理职权合二为一，不会再有之前“府院之争”的烦恼了。说白了，这就是一种变相的总统制，只不过不是经选举而产生，而是由权势推举而成罢了。会议形成了四项决议：一、奉军在清浦线进至德州为止；二、不对东南用兵；三、允许吴佩孚和平下野，不下通缉令；四、召集全国善后会议讨论组织政府和一切善后问题。

值得一提的是，就“法统”关系而言，从民国元年到民国十三年间，北京政府主要是依托民国元年在孙中山手上匆匆制定的《临时约法》来比照政行，只是在袁世凯期间，产生过一个《中华民国约法》，以代替《临时约法》。《中华民国约法》启用两年之后，随着袁世凯的死去而废止。黎元洪继任，以及冯国璋代理大总统时，都重新启用过《临时约法》。即使选举了徐世昌为大总统的“安福国会”，也是根据临时参议院修正的《国会组织法》产生的。这个《国会组织法》，按照段祺瑞的说法，也是根据元年的《临时约法》制定的。“安福国会”所搞的宪法只成草案，随着段祺瑞的垮台便已流产。故在徐世昌时代，也可以说仍是依据《临时约法》。其后黎元洪号称“依法复位”，这里所“依”的“法”，当然还是《临时约法》。旧国会也同时恢复。再后的曹锟仍由这个国会选出，和《临时约法》表面上仍有联系。可见这十三年间，除了“新约法”一段之外，其余各阶段都属于《临时约法》系统。按照《临时约法》的规定，参议院六年一周期，众议院三年一周期，作为民国元年的第一届国会，早已过了期限。至于安福系国会，因为招致一片声讨，现在重新启用，必定招致更大风波。并且，不管是第一届国会还是安福国会，在当时中国人的心口，已变成吵架的场所，甚至堕落为“贿选、猪仔”等可耻的代名词。作为三权分立重要构架之一的国会，在国人心目中已堕落到成事不足败事有余。在这种情况下，段祺瑞当然无意恢复民国元年国会，也不便恢复“安福系国会”，于是干脆召集国民代表会议来进行。至于曹锟就任时公布的《中华民国宪法》也即“双十宪法”，自然撂至一边，不复再用。以这部宪法的湮没为标志，中国现代化进程中以建立宪政为核心的欧美政治制度模仿阶段画上了一个句号。中国历史转而以模仿俄国为契机进入了党军时代，这也是中国现代化进程的一大转折。

天津会议决定了初步的大政方针后，11 月 22 日上午八点，段祺瑞带着几个随从乘火车去了北京。下午，段祺瑞一行到达前门车站时，受到了北京民众的热烈欢迎。23 日，张作霖带少数贴身卫队乘车赶到了京城。同一天，摄政总理黄郛将新刻的“中华民国临时执政”大小二印转交给段祺瑞。24 日，段祺瑞在铁狮子胡同临时执政办公处正式履职，当两鬓斑白的段祺瑞精神矍铄地走下汽车时，军乐大作，军警举枪致礼。上午十时，就职典礼正式开始，段祺瑞身穿大礼服向南站立，奏国乐后，段祺瑞双手捧持宣誓书，朗声诵读：

> 祺瑞不才，忝膺中华民国临时执政之重任，誓当巩固共和，导扬民志，内谋更新，外崇国信，谨此宣言。段祺瑞。中华民国十三年十一月二十四日。

当天公布的《中华民国临时政府制》一共六条：

第一条　中华民国临时政府以临时执政总揽军民政务，统率海陆军。

第二条　临时执政对于外国为中华民国之代表。

第三条　临时政府设置国务员，赞襄临时执政处理国务。临时政府之命令及关于国务之文书，由国务员副署。

第四条　临时执政国务员分长外交、内务、财政、陆军、海军、司法、教育、农商、交通各部。

第五条　临时执政召集国务员开国务会议。

第六条　本制自公布之日施行，俟正式政府成立，即行废止。

看得出来，临时执政的组织架构，相比于国会、总统和内阁的架构，简化了很多，临时执政也成了集总统、总理于一身的角色。这样的架构，自然对个性极强的段祺瑞有很大的吸引力。随后，段祺瑞又宣布内阁组成：唐绍仪为外交部长，龚心湛为内务部长，李思浩为财政总长，吴光新为陆军总长，林建章为海军总长，章士钊为司法总长，王九龄为教育总长，杨庶堪为农商总长，叶恭绰为交通总长，梁鸿志为临时执政府秘书长。

对这一次段祺瑞出山，曾经跟他有过合作、后来又因为选举失利分道扬镳的梁启超曾有过一句很客观的评价："其人短处固所不免，然不顾一身利害，为国家勇于负责，举国中恐无人能比。"当然，勇于负责的态度中，有多少出于责任，有多少出于权力欲，也是一个值得琢磨的比例。不过此时的段祺瑞，仍坚信自己能控制住局面，希望能完成未酬壮志。在他看来，虽然自己是受张作霖和冯玉祥的拥戴出山的，但以自己在北洋的辈分和影响，还是能驾驭得住这些枭雄的。

段祺瑞上任之后，首当其冲的还是"废督裁兵"。按照事先的约定，张作霖首先自请撤销“镇威将军”的名号并解除东北巡阅使的名义；冯玉祥也通电全国，取消国民军名义，辞去总司令职务，就任新政府委任的“西北屯垦督办”。落魄南方的吴佩孚在接到段祺瑞的电文后，也通电表示遵命入鸡公山休养。张作霖、冯玉祥与吴佩孚做了示范之后，其他各省督军依葫芦画瓢，纷纷将自己的督军名称拿掉，改称“军务善后督办”。一番讨价还价的争吵后，众多军阀后生与老资格的段祺瑞达成一个折中方案，各军阀大体划分了势力范围并遵照执行：津浦沿线一带至长江下游地区主要为张作霖的范围，李景林为直隶督办，张宗昌为苏、皖、鲁三省剿匪总司令，京绥线及京汉线方面划给冯玉祥的国民军，孙岳为豫、陕、甘三省剿匪司令，胡景翼为湖南督办军务善后事宜，张之江为察哈尔都统，李鸣钟为绥远都统。

12 月 13 日执政府阁议作成三项决议：1. 撤销曹锟宪法；2. 宣告《临时约法》失效；3. 消灭国会机关。那些留在北京的议员们本以为曹锟垮台后仍然可以延续，没想是解散的命运，“遗老遗少”纷纷通过各种途径表示不满和抗议。段祺瑞提议邀请各界名流、军政要人来北京召开“善后会议”，规划未来中国的制度构架和发展走向（最好能搞个宪法之类的）。作为补偿，段祺瑞、张作霖、冯玉祥再次联名向孙中山先生发出邀请，请他迅速北上商谈国事。

尽管一切进展顺利，不过北京的气氛仍一如既往地紧张。段祺瑞走马上任之后，最郁闷的莫过于直奉第二次大战的“功臣”冯玉祥了，张作霖的警觉，段祺瑞的训斥，都让他情绪低落气急败坏。回到北京后，冯玉祥干脆去了西山天台寺静养，除心腹之外，任何人概不接见。张作霖在到达北京之后，也把自己关在下榻的顺承王府内，由张学良亲自率领一个精兵营警卫。与此同时，奉系军马悄无声息地进驻京城内外的很多地方——李景林部控制了北京城内外的很多重要场所；郭松龄部派了一团精锐进驻北京城北的黄寺，控制着北城的两个城门。冯玉祥的国民军不得已，只好让出北京、保定、宣化等防地的许多地方。

不久，一个消息传到张作霖耳中——在天台寺静养的冯玉祥和国民军部下正秘密商议发动一起针对张作霖的新政变，计划处死张作霖、段祺瑞、曹锟以及废帝宣统。具体执行者为奉系李景林将军。得知此消息后，张作霖下达紧急命令，所有奉军全部撤离北京。为安全起见，张作霖没有向段祺瑞报告，匆匆乘火车离开京城去了天津。

张作霖的出走，使得传说中的冯玉祥的计划中止。北京又重归冯玉祥手中，奉军撤出的防地也为冯玉祥国民军所接收。张作霖在离开京城后，并没有显出过激行动，对于名义上的张冯联盟仍旧表示尊重。时局仍旧平稳微妙，比较起冯玉祥，段祺瑞跟张作霖的关系要好得多。双方信使不断，一切军国要政，段祺瑞都和张作霖联系，在很大程度上听从张作霖的意见。

在此之后，冯玉祥就任西北屯垦督办，离开了北京赴张家口就职。因为北京卫戍区司令由国民军副总司令鹿钟麟担任，冯玉祥仍然对北京有很大程度的掌控。驻防西北期间，冯玉祥跟北方的苏俄联系更加紧密——苏俄陆续给冯玉祥部派来了两个顾问组，共约三四十位顾问，步、骑、炮、工等各项专门人才俱备，分在国民军训练班中任教。在苏联专家的帮助下，冯玉祥又建立了骑兵学校、炮兵学校、机枪学校，在张家口建立了高级军官学校，此外，还建立了反间谍学校、小型通讯学校和小型工兵学校。共接纳七百多名军官、军士和上等兵。苏联顾问还帮助国民军建立军械工厂，装备修理厂，建造弹药生产设备，培养了一定数量的技师，提供图纸，并具体指导建造第一批装甲列车。从1925年3月开始，国民军得到大批苏联援助的步枪、子弹、大炮、山炮、手榴弹、机枪、迫击炮及药品等。奇怪的是，当时苏联供应冯玉祥的很多步枪，箱子上都油漆着雷明顿军火公司标志，这曾是一次世界大战时美国向沙皇供应的军火。这时候的冯玉祥就像一匹潜伏在沙漠中的狼，养精蓄锐，等待时机一跃而起，给对手致命一击。

这匹“西北狼”还做了件吃羊的事情——冯玉祥蛰伏在西北时期，一个英国人在察哈尔和绥远一带创办了一个合记公司，蓄养有二十万只肥硕的羊。冯玉祥下令将羊全部没收，羊肉给士兵们吃了，皮则全数拿来制作了军用棉衣。这一场革命性的豪夺，差点酿成一个外交事件——英国人控告到英国公使馆，英国公使馆照会北京政府外交部，对此提出强烈抗议。好在外国人在中国办牧场没有条约根据，经过一番据理力争，这事最后不了了之。

孙中山北上

1924 年 12 月 31 日，北京很冷，白天气温在摄氏零度以下。两天前，这里刚下过一场大雪，所有街道都结上了冰。冰雪皑皑之际，下午四时许，一趟来自天津的专列缓缓驶进前门车站，很多人伫立街头夹道欢迎。

走下车的是孙中山和夫人宋庆龄，随从有汪精卫等国民党要员。后来国民党报刊说，有数万人来车站欢迎孙中山。欢迎的人群中，也有一些崇敬孙中山武装暴力革命，一直想看看这个从二十来岁就立志于革命的传奇革命家到底什么模样。因为社会裹足不前，越来越多的人开始热衷于革命，对于主张暴力革命的国民党左派有了好感。当孙中山走出专列时，国立北京艺术学院乐队奏起了中国乐曲。因为重病在身，孙中山在车站只是匆忙露了下身影，向欢迎的人群点头示意，就乘上小汽车径直驶向北京饭店。当日发表的《入京宣言》中，孙中山再次重申了救国论——“此次来京，曾有宣言，非争地位权力，乃为救国……”在过去的大半生中，这位颠沛流离的理想主义者曾经尝试过各种救国之道，现在，他又尝试与“老敌人”段祺瑞合作。在南方，当孙中山提出联合段祺瑞张作霖共同推翻直系的方案提交党内讨论时，国民党内部很多人提出了反对意见。孙中山坚持认为，段祺瑞反对袁世凯称帝和反对张勋复辟，不失为爱国军人，完全可以跟他联合。

实际上在此之前的12月4日，孙中山就到达了天津。5日，前总统黎元洪为孙中山接风洗尘，作陪的有刚刚在直奉大战中获得胜利的奉系首领张作霖。之后，孙中山专门拜访了住在天津蔡家花园的张作霖。倨傲的张作霖没有出来迎接，座谈时也不冷不热地宣称：“我是捧人的。我今天能捧姓段的，明天就可以捧姓孙的。惟我只反对共产，如实行共产，则虽流血所不辞！”看得出来，张作霖对于孙中山采取的“联俄”甚至“以俄为师”政策很不满。从张作霖的言语中，孙中山明显感受到一种敌意。

1925年1月1日，段祺瑞在北京发出通电，邀请孙中山黎元洪参加善后会议。在此之前，对于战后事宜，拿主导意见的张作霖曾提出召开一个“六巨头会议”，即由段祺瑞、孙中山、张作霖、冯玉祥、卢永祥、唐继尧开会解决善后。段祺瑞坚持主张召开一个全国性的善后会议，委派许世英筹备此次会议并宣布会议的大旨，提出参加会议人员有四种：一是有大勋劳于国家者；二是讨伐和制止贿选与内乱的各军领袖；三是各省区及蒙、藏、青海军民长官；四是有特殊之学识、资望、经验者。段祺瑞同时提出，这次会议的主要内容：一是制定国民代表会议的组织法；二是改革军制事项；三是整顿财政事项；四是其他由临时执政交议的事项。“善后会议”的筹备，与孙中山提倡的“国民代表大会”主张发生冲突。在段祺瑞看来，孙中山的提议纯属空谈，规模太大过程太长，短期内根本无法操作，比如说对外废除一切不平等条约，你说废就能废了？至于对内由国民自主决定国家命运，更像是个“政治秀”。乱世的当务之急，是抓紧召开由军政学商各界代表参加的“善后会议”，以解决连年战争所带来的混乱的政治局面。“方今急务，治标以和平统一为先，治本以解决大法为重。‘善后会议’所以治标，‘国民代表会议’所以治其本。”段祺瑞的政治设计是，由善后会议产生国民代表大会，由国民代表会议制定新宪法，然后，在宪法的框架下组成合法政府——奉系与国民军拥立段祺瑞出面组成的政府未经国会选举，故称临时政府。紧接着，段祺瑞在报章上公布了自己对于政府构架的设想，又公布了善后会议代表名单，在一百六十六位与会代表中，孙中山排名第一，随后，是前任总统黎元洪以及张作霖、冯玉祥等；除此之外，还有各地军方巨头、西藏的达赖和班禅，以及包括北大教授胡适在内的社会名流，也包括不在少数的国民党代表。

1 月 17 日，孙中山去电段祺瑞，对善后会议提出自己的主张：其一，兼纳人民团体代表，以表示全民之利害情感，并导国民于通力合作之途；其二，会议涉及之军事财政最后决定之权，须还之国民会议。如容纳此条件，则赞同善后会议。29 日，段祺瑞复电孙中山，拒绝了后者的提议。孙中山和国民党方面认为段祺瑞无合作诚意，于 30 日宣布不参加“善后会议”；同时宣布凡擅自参加会议的国民党员，将予以开除党籍的处分。

这个时候的孙中山，因为重病缠身，虚弱得连走路说话都非常困难。在北京，孙中山住进了铁狮子胡同 11 号，这座屋子曾是原外交总长顾维钧的宅第。1月26日，孙中山被诊断为肝癌晚期。随伴在一旁的宋庆龄劝他进行手术，得到了同意。孙中山住进北京协和医院进行治疗，手术打开腹腔后，发现肝脏已坚硬得如木头一样，癌细胞已四处扩散无法割治了。德、美、俄三国医生会商后，建议以镭锭放射法阻止癌细胞继续蔓延，佐以中药辅助。孙中山只得出院移居铁狮子胡同行辕，由名中医陆仲安以中医药方诊治。

虽然孙中山和国民党没有参加，段祺瑞组织的“善后会议”还是于1925年2月13日在新华门内瀛台对面的礼堂正式召开，代表中既有黎元洪这样的政治元老，也有胡适那样的年轻知识分子。胡适在收到会议组织者许世英的邀请后，回复说尽管对善后会议有诸多怀疑之处，不过还是愿意一试。会议期间，胡适根据许世英的建议，提出了《国民会议组织法草案》。善后会议共召开了二十二次大会，七个座谈会，至4月21日闭幕，制定了三项关于改革军制和收回地方财政的决议。不过这些决议并没有什么约束力，政治上也没起到什么作用。此时的段祺瑞政府，夹杂在矛盾重重的张作霖和冯玉祥两大势力之间，既要让实力雄厚的奉系满意，又不能得罪驻守京城的国民军，一直处于左右为难中。在这种情况下，空泛的“善后会议”并没有被各路实力人物所重视，舆论界也没有给予充分支持。

1925年3月12日，孙中山在北京逝世。孙中山弥留时，身边有夫人宋庆龄、长子孙科、内弟宋子文，有他所信任和器重的国民党要员汪精卫和陈友仁。值得一提的是，苏联顾问鲍罗廷一直不离孙中山左右。一个同样受孙中山信任和器重的蒋介石此时不在北京，三十八岁的他正率意气风发的黄埔军校学生东征。鲍罗廷向莫斯科报告，孙中山临终前重申“只要俄国人继续帮助……”；一些人宣称，孙中山弥留之际连续呼叫蒋介石的名字；还有人说，孙中山坚持恢复青年时代的信仰，并指示一位左派追随者“不要打扰基督教徒”；也有人记得他反复说“和平，奋斗，救中国”。

孙中山是一个战士。一个天生的、毕生都在战斗的战士——在一生中，他和清廷战斗，和袁世凯战斗，和袁世凯继任者战斗，和军阀战斗，甚至和那些希望他将剧烈的对抗转变为改革和合作的朋友战斗……面对根深蒂固的权势以及堆积如山的困境，换作任何一个人，都可能因一筹莫展而气馁，或者决不会冒这种天下大不韪，只有这个小个子的广东人坚持将战斗精神保持到最后一刻。这种永远的果断和坚决，使得他名垂青史。后来，美国记者哈里森·索尔兹伯里在《俄国与中国的战争》一书中说，倘若不是过早逝世，孙中山可能成为一名共产党。这话是有道理的，孙中山不仅仅与列宁在相貌、身材、个性以及经历上有着诸多相似，在对待革命的执着和强硬态度上也是如此。他们天生叛逆，胸怀大志，百折不挠，似乎从生下来起就是一个革命家，革命贯穿他们的一生。虽然孙中山从美英学习议会制度和现代政府，却在民族主义情绪上与“反对帝国主义”的布尔什维克的主张更加相近，他在西方主要国家面临的外交挫折，也促使他接近俄国的愿望越来越强烈。列宁在二月革命后，发动了十月革命。按照现在的解释，是从资产阶级革命“飞跃”为无产阶级革命。孙中山呢，似乎同样有此想法。不过，时间似乎没有等到这一天，当孙中山和俄国共产党彼此伸出手准备合作的时候，死神出现了，孙中山带着对于命运的无奈和壮志未酬的长恨，永远地闭上了眼睛。从此，这一个毕生都在战斗的人成为一个神话，成为不倒的旗帜。

孙中山的遗体存放在北京中山公园内，从 3 月 24 日到月底，前往祭奠的人络绎不绝。4 月 2 日，孙中山遗体由中山公园移殡西山碧云寺，段祺瑞原本准备出席，将要动身之际，突然改变主意，改派内务部长龚心湛代表前往。意味深长的是，当年孙中山在英国被拘清朝驻英公使馆时，正是由龚心湛出面将孙中山释放。段祺瑞后来对此解释为：因为要穿礼服，而他的脚肿不能穿皮鞋。解释听起来很勉强。有一种说法是，临行之际，有人报告部分国民党人会借机向段祺瑞发难，段祺瑞便有意回避了。这种说法有一定理由，孙中山在铁狮子胡同养病时，段祺瑞曾多次去看望。一次看望期间，汪精卫激烈指责段祺瑞，引起双方激烈争执。龚心湛代段祺瑞去参加时，双方同样发生了争执，龚心湛只好委曲求全，签了名代读完段祺瑞的祭文后悻悻离去。国民党继任主席汪精卫主持了典礼。当时中国最大的报纸《申报》评论说："中国数十年来为主义而奋斗者，中山先生一人而已。"梁启超在《晨报》上发表文章说，"孙君是一位历史上的大人物，这是无论何人不能不公认的事实。我对于他最佩服的：第一，是意志力坚强，经历多少风波，始终未尝挫折。第二，是临事机警，长于应变，尤其是对于群众心理，最善观察，最善应变。第三，是操守廉洁，——最少他自己本身不肯胡乱弄钱，便弄钱也绝不为个人目的。"至于另一个一向奇崛狂狷的"大儒"章太炎，写挽联祭祀孙中山："孙郎使天下三分，当魏德初萌，江表岂能忘袭许；南国是吾家旧物，怨灵修浩荡，武关无故入盟秦。"

美国合众社在1925年3月12日发出的电文中表示，在"共和国之父"孙中山逝世后，国民党领袖的职位将由蒋介石继承，他领导着四万士兵的军队。合众社明显是以军事力量作出下一步的判断，不过在介绍蒋介石的背景时，误称蒋的职业曾是银行家，其实蒋从没有做过银行家，只是年轻时在上海炒过股票。合众社在此情况下发出的新闻，更像是意味深长地释放某种信息。

这一年春天，吴佩孚在巨大的压力下退出了中原，将大本营迁到长江边上的汉口。虽然战败潦倒，不过吴佩孚仍像匹受伤的狼一样，一边舔着自己的伤口，一边对于远方的北京虎视眈眈。8 月，后来异常出名的美国女作家安娜·路易斯·斯特朗（Anna Louis Strong）在汉口采访了吴佩孚。显然，美国人仍旧忘不了这位曾经登上《时代》封面、曾是美国帮扶对象的军阀。吴佩孚仍一如既往地刻意表现自己的儒雅和清高，在谈话中，吴佩孚引用孔子的话来说明外国对中国的影响既好又坏，他还告诉斯特朗，希望日后能归隐寺庙过一种反躬自省的生活。采访过程中，吴佩孚特意在一个扇面上题诗馈赠斯特朗。在很多时候，吴佩孚这种带有明显传统文化特征的做派，使他迥然有别于张作霖、张宗昌一类粗通文墨的军阀，更能获得世人，特别是西方人的好感。

段祺瑞的无奈

自 1925 年 1 月充当那个总统和总理一肩挑的“临时执政”之后，段祺瑞没有将办公地点设在原来的总统府中南海，而是设在铁狮子胡同的内阁总理大院里。段祺瑞还是觉得这里更亲切一些，相对于红墙隔起的幽深，这里显得忙碌而随意，也更接近生机盎然的北京。这座大院最早曾是和亲王府，晚清时充当过海军部和陆军部的办公地点。院里的大楼全是西洋风格建筑，高蹈伟岸，工艺考究。尤其是正对大门的主楼，显得挺拔苍劲，堪称中国西洋建筑的典范。这一幢大楼当年是朝廷拨专款修建的，请的是德国最著名的设计师。大院里绿化也搞得很好，种有很多高大的水杉和雪松，花圃和园林到处都是。整个大院，尤其是后院，显得异常安谧宁静。段祺瑞是一个念旧的人，他总是喜欢早一点来这里，到后院稍走一走，然后再回到主楼的办公室里处理事务。

重回北京，段祺瑞努力保持着与天津同样的节奏和风格：早晨起床后先到小楼佛龛前念经；早饭后上执政府；中午回来午饭，然后睡上一觉，下午基本不去执政府，就在家里下棋或作诗。遇到大事做不了主，秘书长会打电话来请示段祺瑞，段祺瑞原则上交代几句后，便放手让他们处理。段祺瑞上下班的时候，卫队会净街，沿途军警布置得满满，三步一岗五步一哨，交通也进行管制。如此壁垒森严，当年的袁世凯不曾有，段祺瑞以前当总理时也没有，这都是形势所逼。值得一提的是围棋，段祺瑞一直酷爱围棋，认为围棋是参悟天地的好东西，可以借力借气运筹帷幄。为了下棋，段祺瑞曾在府中招募过一批棋手研究棋艺，最早是一个乡下老头，名叫“来顺”，每天陪段祺瑞下棋，一个月酬金三四十块钱。后来段祺瑞棋艺进步，老头跟不上了，就从民间招了另一些高手，有易敬义、张国英、刘有碧、汪云峰等，都由陆军部按月送薪，少则八十，多则一百。这一次来北京，经棋客顾水如引荐，段祺瑞招募了一个围棋小神童，只有十来岁，来自福州，就是后来的吴清源。吴清源当时的棋艺已能跟自以为高手的段祺瑞相抗衡了。段祺瑞很喜欢这个小神童，每月资助他大洋一百元，作为学习和生活的费用，后来又送他去日本学围棋。段祺瑞对于围棋的兴趣与日俱增，对于政治和时局的兴趣却与日俱减。这也没有办法，在段祺瑞的眼中，现时的中国，越来越像一步死棋了。

一方面踌躇得意，另一方面清醒无奈。这就是段执政的心境。作为一个政坛多次出没、对上上下下已成习惯的“老过客”，段祺瑞哪里不知道身处的环境和地位呢？尽管明白自己的傀儡意义，段祺瑞还是想以有限的权力和影响力，来为这个摇摇欲坠的政权做点事情。这个时候的北京政府，已失去了辛亥之初人们对其的期盼，变得陌生甚至惹人厌，就像是坠入了政治上的“塔西佗陷阱”——“当政府不受欢迎的时候，好的政策和坏的政策同样地得罪人民。”无论段祺瑞及其内阁努力做什么，得到的，都是一片不理解的骂声。不过此时的段祺瑞算是一个虔诚的佛教徒，那种“我不入地狱，谁入地狱”的一厢情愿的崇高感维持了他，政局如此动荡，如此扑朔迷离，除了自己，哪有第二人能维持呢？段祺瑞之所以难以割舍还在于他的性格——自负异常的段祺瑞对于自己曾经匆匆忙忙的上朝下野心犹不甘，他一直想寻觅一个更好的机会来证明自己。

巨大的分歧和反对之中，段祺瑞依旧开始了布属——公布善后会议议决之国民代表会议条例、军事善后委员会条例、财政善后委员会条例，公布国民代表会议筹备处条例及修正临时参政院条例，任命林长民办理国宪起草委员会事宜，王士珍为军事善后委员会委员长，梁士诒为财政善后委员会委员长；发布临时参政院召集令，派赵尔巽、汤漪、汪大燮、熊希龄、王家襄、黄郛、徐绍桢、刘骥等三十人为参政，赵、汤为正副院长，成立了临时参议院；明令禁止军人入党，以争取军队的国家化和中立；公布各省区法定团体互选参考程序、建设会议条例、国宪起草委员会规则；派许世英筹备国民代表会议事宜；公布国民代表会议议员选举程序令，并声明如十月召集不成即去职……做这一切时，段祺瑞就像一个孱弱的车夫，努力推动巨大无朋的车辆颤颤巍巍向前。很快，段祺瑞便遭遇双重打击：一个是“金佛郎案”掀起的巨大风波——“金佛郎事件”实际上是北京政府历届内阁都没有解决的问题——法国提出中国的庚子赔款应该按“金佛郎”来计算，不应按当时流通的纸币法郎来结算。因为一战结束后，纸币法郎大幅贬值，如果仍旧以纸币法郎结算，法国人觉得吃了大亏。谈判未果的情况下，法国人串通其他列强，将 1922 年 12 月 1 日之后的关余、盐余全部扣留，不准中国提取，除非中国以“金佛郎”来支付。段祺瑞重新执政之前，黎元洪和曹锟曾试图通过某种让步促成事务的解决，但国内反对声一片，反对派更是以“金佛郎事件”对政府施以重击。因此，“金佛郎”一事一直没有处理好，还曾引得内阁下台。对于执政者来说，“金佛郎”成了一个烫手山芋，谁也不敢决断，谁都绕不过去。此番重新上台的段祺瑞，同样陷入“金佛郎案”的尴尬：谋求解决吧，明显是饮鸩止渴遭受巨额损失；采取强硬措施不承认吧，就得不到数额巨大的关余和盐余，加剧财政崩溃。这个时候，列强的关税会议正在举行，段祺瑞要想提高关税，就得在某一方面作出让步，以换取某种利益。思来想去，段祺瑞决定在“金佛郎案”上让步，提出既不用法币，也不用“金佛郎”，而采用美金支付。这是一个折中方案，中国可以少受一部分损失，法国也相应作出点让步。这样的方式，体现了段祺瑞的灵活性和原则性。经过谈判，法国同意中国用美元来支付。没想到这一方案仍引起轩然大波，政府内部、反对党以及媒体一片哗然。1925 年 10 月京师地方监察厅派检察官翁敬棠调查“金佛郎案”事件，调查后认为“金佛郎案”使中国损失八千多万，外交总长沈瑞麟、财政总长李思浩触犯刑律第一〇八条，构成外患罪，应处“无期徒刑”，建议“饬令主办公员依法先行羁押，俾不致逍遥法外”；同时检举前司法总长章士钊为“金佛郎案”从犯。调查结果经报章披露后，引发对段祺瑞政府的声讨一片。值得一提的是，司法独立调查时，段祺瑞所在的中央政府并没有干涉案件的独立调查，以力保司法的独立性。不过案件调查出现如此结果，段祺瑞始料未及，一下子陷入巨大压力之中。

如果说“金佛郎事件”还不足以压垮段祺瑞的话，那么，徐树铮的被杀，让段祺瑞更感无奈，彻底变得心灰意冷了——直皖战争结束后，徐树铮躲过曹锟吴佩孚的通缉，逃出北京潜往南方，一方面躲避风险，一方面酝酿和组织反直行动。离开北京的那一段时间，徐树铮先是在福建联合国民党许崇智进行了驱逐李厚基的战争，又在上海帮助卢永祥有效战胜了直系齐燮元。段祺瑞担任临时执政后，时在香港的徐树铮对于段祺瑞的东山再起持异议，认为段祺瑞重新上台的时机不好，势必受冯玉祥和张作霖挟持。出于这番考虑，徐树铮决定去欧美考察政治制度，同时寻求列强对段祺瑞的了解和支持。段祺瑞考虑到以徐树铮的个性与张作霖、冯玉祥绝难相处，并且，1918 年徐树铮还曾在天津下令枪杀了冯玉祥夫人的舅舅陆建章，出于对徐树铮的安全考虑，没有给徐树铮在临时政府中安排职位，只是在 1925 年 1 月 4 日任命正在法国进行考察的徐树铮为“考察欧美及日本政治专使”，拨给一定的经费，准备等他归来之后，再择适当时机授以要职。徐树铮历时近一年，先后访问了法国、英国、瑞士、意大利、德国、苏联、波兰、捷克、比利时、荷兰、美国、日本十二国，围绕着这些国家不同的政治体制的运转情况，深入地研究了各国的政治特点和操作利弊。每到一处，徐树铮都受到高规格的接待，先后会晤了法国总统杜美格、总理班乐卫，英国首相鲍尔温，意大利首相墨索里尼，苏共总书记兼人民委员会主席斯大林、红军总司令伏龙芝、经济委员会主席托洛茨基，比利时国王，荷兰女皇威尔敏娜，美国总统柯立芝，日本天皇等。

徐树铮从上海回到国内时，受到各界隆重欢迎，国内很多报章争相报道徐树铮访问欧美成果，对于徐树铮的称赞，似乎又回到了 1919 年收复外蒙古时。在北京的段祺瑞关注着这一切，预感到某些针对徐树铮的危险，密电叮嘱徐树铮不要来北京。徐树铮回到国内后，先是与孙传芳相偕去南通拜访了张謇，随后决定坐轮船北上向段祺瑞汇报欧美考察的情况。12 月 27 日，徐树铮到达了北京。段祺瑞特地安排了专使觐见国家元首仪式：徐树铮身穿大礼服，胸佩各种勋章，以公使之礼致觐；

段祺瑞也以国家元首身份接待。觐见仪式后，徐树铮遍访各国公使，并在国务会议上报告考察各国的情况，受到了方方面面的好评。对于徐树铮取得的成就，段祺瑞很是自豪，毕竟，这是自己一手提携起来的后生。当师徒私下聊起这些年各自遭遇时，免不了一番对于世事人心的唏嘘唉叹。

12月29日，在段祺瑞的坚持下，徐树铮决定离开北京。临行之前，徐树铮收到了段祺瑞送来的一封信，是一张纸条，上面写有八个字："树铮不可行行必死。"这张纸条，是段祺瑞刚收到的，不知何人所写。自负的徐树铮根本不理会，在火车上动静太大暴露了行踪。京畿警备司令兼京师警察总监鹿钟麟得知消息后，立即电话张家口的冯玉祥请示处置办法，在此之前鹿钟麟曾接到冯玉祥暗杀徐树铮的相关密电。冯玉祥在电话中答复："处置徐树铮的办法，就是逮捕枪决！"命令鹿钟麟转达驻守廊坊的国民军第五师师长兼前敌总指挥张之江立即执行。29日午夜时分，徐树铮乘坐的列车在廊坊车站被扣，徐树铮及随员被强行请下火车当场枪决。

没有证据表明冯玉祥为什么要杀死徐树铮，不过可以肯定的是冯玉祥不完全是为报私仇，有人猜测冯玉祥杀死徐树铮的用意，在于斩断徐树铮与欧美各国的联系，以防止徐树铮联系国外势力对段祺瑞形成支持。另有一种具体的说法是，徐树铮赴欧美考察，曾与法、意等国订有军火协议，回国后图谋建立奉直皖同盟拥戴段祺瑞为总理，还与东南军阀孙传芳有某种联盟关系……这些，都直接对冯玉祥构成威胁，甚至对时局的发展产生某种影响。当然，就冯玉祥和徐树铮的私人恩怨来说，两人在诸多事情上也有很深的矛盾和冲突：徐树铮任陆军部次长时，冯玉祥因不服调动，徐树铮曾下令撤去他十六混成旅旅长的职务；南北战争时，由于冯玉祥作战不力，徐树铮又一次将他撤职查办。值得一提的是，冯玉祥在下令杀死徐树铮之后，曾派人将陆建章的儿子陆承武召来，让他充当了一个“代父报仇”的角色。第二天，各报登出徐树铮被杀新闻，除介绍刺客是陆建章的儿子陆承武之外，还刊登了冯玉祥拍发给段祺瑞的电报，声称“徐上将有功国家，不幸在路途为匪人劫害，死状甚惨，请政府优予褒恤”。类似的方式，民国期间屡见不鲜，只是某些事件得以真相大白，而某些事件成为永远的谜团。

得知徐树铮死讯后，段祺瑞放声大哭。他何尝不知道真正黑手呢！一切都无可奈何，只能默默将苦果咽进肚子，哪一个搞政治的不曾打碎牙齿往肚里吞呢？这个军人出身、一生强势的政客，到了此时，只能哀叹自己的江河日下。痛哭之余，段祺瑞买了一口极高档的楠木棺材，将徐树铮尸首盛殓，又亲自为徐树铮撰写祭文。在祭文中，段祺瑞详细回顾了和徐树铮的交往——1901 年，二十二岁的徐树铮在济南投奔山东巡抚袁世凯，袁世凯让手下官员接待这位年轻人，因话不投机，徐树铮回到投宿的客店。时任武卫右军炮队统带兼随营武备学堂总办的段祺瑞路过此处，见一少年正在厅堂中写楹联，大冬天只穿一件夹袍，却气宇轩昂毫无寒酸气象，字也写得苍劲有力。于是两人坐谈，非常投机，段祺瑞随即让徐树铮跟随自己左右。1905 年，段祺瑞出资送徐树铮去日本士官学校学习军事。五年之后，三十一岁的徐树铮回国，在段祺瑞手下任军事参谋……徐树铮追悼会是在北京举行的，悼念厅里最受人注目的挽联，是前任总统徐世昌所送：“道路传闻遭兵劫，每谓时艰惜将才。”当年陆建章为徐树铮所杀时，徐世昌送的也是这副挽联，以被杀者之联送杀人者，似乎有意为之，寓意冤冤相报何时了。的确，乱世之中，生命如草芥，谁能主宰自己的命运呢！

徐树铮的被杀让段祺瑞心灰意冷。江山代有才人出，老一辈的枭雄们，终于意识到自己的虚弱和无力了。这个时候，段祺瑞原先培植的皖系势力已分崩瓦解自顾不暇，张作霖、冯玉祥在找到各自的后台后，更加拥兵自重肆无忌惮。并且，随着张作霖和冯玉祥对于诸事的干涉，老资格的段祺瑞越来越无奈地退化成傀儡。也许，到了这个时候，段祺瑞不得不承认，当年不可一世的北洋军已真正式微了，曾经的辉煌，已仿佛远古的神话。

莫名其妙的战争

1924年11月17日，经历直奉第二次战争失败的吴佩孚带着六千败兵惨淡地从上海溯长江而上到了汉口。同一天，吴佩孚动员齐燮元（苏）、孙传芳（浙）、萧耀南（鄂）、刘镇华（陕）、杜锡珪（海军）、马联甲（皖）、蔡成勋（赣）、周荫人（闽）、萨镇冰、张福来（豫）、刘存厚、刘湘、杨森、邓锡侯（川）、袁祖铭（黔）等通电倡议黄河上游及长江各省同志在武昌组织护宪军政府，同时宣布组织大纲。随后，吴佩孚离开了汉口，北上回归大本营洛阳，正式成立了护宪前敌司令部，准备联合靳云鹗、孙传芳等直系督军再行反奉。对于吴佩孚的失败，后来曾有人半谐趣地评价说：那是因为吴佩孚一直把自己大本营设在洛阳的缘故，“洛”者，“落”也，自然要带来失败。吴佩孚一生思维方式传统而迷信，在这一点上却没有自觉意识，不知何故。

屋漏偏逢连夜雨，当吴佩孚居洛阳喘息未定之时，陕西督军刘镇华带领人马东出潼关进攻洛阳。吴佩孚无力抵抗，仓促间率幕僚、卫队和家属，乘专车离开洛阳再回湖北境内。湖北督军萧耀南此时已通电拥护段祺瑞出任执政，拒绝吴佩孚前往汉口。不久前还是威风八面的吴大帅顿成“丧家之犬”，只好蛰伏于豫皖鄂三省交界的鸡公山暂时躲避。

1925 年夏，居于偏隅之地的吴佩孚终于等来转机——“张冯联盟”破裂，两人都不约而同向吴佩孚伸出手来：冯玉祥派人来到鸡公山，希望不计前嫌，重言旧好，联合讨伐张作霖；张作霖也派人来跟吴佩孚谈合作，希望将枪口对准冯玉祥。各方势力已完全成为利益关系，理想和仇恨都变得无足轻重了。吴佩孚跟部下商议的结果是，先将与冯玉祥的恩仇放在一边，暂且与冯玉祥联合成立“讨贼联军”，矛头直指“奉张”，而后随事态发展再做应变。作战计划是与孙传芳联手：先由孙传芳从浙江进攻苏皖，驱逐杨宇霆和姜登选，待山东张宗昌派兵南援时，由岳维峻指挥河南各军进出豫东鲁南，以抚其背，断张归路，彻底歼灭奉系部队。至于华北方面，则以冯玉祥之国民第一军，与由京汉路北上之部队，合力解决李景林和张学良等部关内奉军。

1925 年 10 月 15 日，孙传芳首先向奉军展开进攻。孙自称浙闽苏皖赣联军总司令，以浙江第一师师长陈仪为第一军司令，第四师师长谢鸿勋为第二军司令，第二师师长卢香亭为第四军司令，第三师师长周凤岐为第五军司令，自兼第三军司令，第一、第二军进向上海，第三、第四军进向宜兴。10 月 21 日，吴佩孚自岳州到汉口，就任讨贼联军总司令，以蒋方震为参谋长，章炳麟为总参赞，张其锽为秘书长，张福来为军务处长，张志潭为外交处长，高恩洪为交通处长，拟假道河南与孙传芳会攻徐州。战争全面打响，孙传芳军队连克上海、南京、蚌埠等地。在固镇，孙传芳部卢香亭等击败奉系张宗昌的部队，俘张宗昌之前敌总指挥施从滨，押解至蚌埠斩首。奉系之江苏督军杨宇霆、安徽督军姜登选相继溃逃，奉系山东督军张宗昌所派南援部队，又被孙传芳军击溃于任桥、固镇一带。孙传芳顺利地进驻徐州。战事发生后，奉军张作霖任李景林为第一方面军团司令，警备天津直南；张宗昌为第二方面军团司令，警备徐海曹州；张学良为第三方面军团司令，警备京东直北；姜登选为第四方面军团司令，警备津浦北段；张作相为第五方面军团司令，警备热河西部。

孙传芳部取得节节胜利的同时，被国民军策反的奉军郭松龄部开始倒戈。郭松龄部系奉军精锐，二次直奉大战后没有得到理想的地盘，颇为不快。后来资料显示，1925年日本举行秋操时，奉军郭松龄应邀参加；同去日本参观的，还有冯玉祥国民军的代表。在此期间，郭松龄被同住帝国旅馆的国民军将领策反。经韩复榘回国向冯玉祥汇报，郭松龄与冯玉祥建立联系并签订了同盟密约。1925年11月，郭松龄率部下七万余人由滦州乘火车挥师北上进攻东北，发动声势浩大的“滦州事变”，通电要求张作霖下野，由张学良接管大权，宣布奉、国两军停止敌对行动。郭松龄的军队势如破竹，26日攻下秦皇岛，27日冲过山海关，挥师向奉天逼近。匆忙中的张作霖寡不敌众，仓皇败退。郭松龄将所部改组为东北国民军。

张作霖遭南北夹击身陷绝境的消息传出后，驻扎在东北的日本关东军开始介入。后来披露的有关资料显示：郭松龄发出倒戈通电第三天，关东军司令部致电陆军省和参谋本部，询问是否立即采取某种措施。11月27日，关东军司令白川义令驻扎在“关东州”租借地内的部队和负责保护南满铁路的“铁路守备队”向奉天集结，又派浦澄江中佐以“私人代表”的身份去郭松龄处了解意图。在与郭松龄会晤谈话及做了一番了解后，反馈的情报认定郭松龄与苏联及南方的国民党有合作背景。日本方面一番权衡后得出结论：尽管张作霖令人厌恶，不过日本尚不想别人取代其在东三省的位置。为维护日本在“南满的利益”，日本关东军确立了“援张排郭”的方针。不过援助张作霖显然是有条件的。张作霖准备逃往旅大的关键时刻，也即 1925 年 12 月 7 日晚，关东军司令长官白川派其参谋长斋藤和三浦中佐秘密抵奉，通过张作霖的顾问町野武马邀张作霖到附属地沈阳旅馆见面，表达了关东军武力干涉和援助的意向。日方与张作霖签订密约五条：一是日人在东三省和内蒙古东部享有商租权，即与当地中国人一样有居住和经营工商业的权利；二是将“间岛地区”（延吉、珲春、和龙、汪清四县）行政权移让日本；三是延长吉敦铁路，跟图们江以东的朝鲜铁路接轨（即完成吉会路）；四是准许日本在洮昌道各县开设领事馆；五是以上四项的详细实施办法，另由日中外交机关共同协商决定。双方以关键时刻的交换，确定了历史走向。

密约签订后，张作霖取消了下野意见，重新调动兵力集中于辽河岸边，开始与郭松龄决战。12月8日，张作霖召开军事会议动员部属作“最后决战”。集结四万余人，在锦州以东设置三道防线堵击郭松龄所部。日本也同时行动——12 月 15 日，日本内阁在作出增兵满洲的决定后，以“缺员补充”为名，将驻朝鲜龙山之日军约四千人调驻奉天增援张作霖。随后，关东军司令部移驻奉天省城，坐镇指挥日军帮助张作霖；19日，增派满洲援张作霖之日军全部抵奉天，总司令为斋藤义夫少将。日军代张作霖守卫奉天省城，张作霖卫队悉数开赴前线。步兵、骑兵、野战炮兵、山炮兵、工兵和通信队齐上阵。日兵乔装成张作霖的军队，向郭军左翼侧攻击。不仅如此，关东军还给奉军“从弹药补充到作战指导等不少帮助”，张作霖的日本军事顾问町野武马更是“不离张作霖的左右，每每以奇计威胁郭军”。日本人还直接参与了对郭军的作战——后来决战的关键时刻，一支抄袭郭军后路的黑龙江骑兵部队，就是由吴俊升的日籍顾问率领的；并且，“涂着太阳标志的飞机还轰炸了新民府的郭军司令部”。日本在此役的援张之举还有：化名黄幕的荒木五郎少佐率领一支配有重炮的炮兵参加张军，造成郭军惨重伤亡；是永重夫率黑龙江骑兵袭击了郭军后方白旗堡；林大八中佐率吉林炮兵攻击新民的郭军侧面；一个师团驻守沈阳，两个师团在沈阳城北布防；还提供了郭军后方空虚的情报。

12 月 19 日，郭松龄向日使芳泽抗议日军助张作霖。12 月 22 日至 24 日，郭松龄军队与张作霖军在巨流河决战，郭松龄寡不敌众大败，夫妇二人被奉军抓获后当场枪毙。尸体运回沈阳市，在小河沿广场暴尸三日，始准家人收殓。郭松龄军中的重要幕僚，曾为进步党领袖的林长民被流弹打死——林长民 1925 年 10 月从北京秘密出关，就任郭松龄部政务委员会副主任，辅佐郭松龄对抗张作霖。仅仅两个月后，就成了政治斗争的牺牲品。

张学良晚年在口述史中，口无遮拦地评价了当时很多北洋将领。对冯玉祥，张学良的评价是："冯也很残忍，他杀人。我对他很难过的，我这人向来不做这种事。"在张学良看来，冯玉祥在郭松龄倒戈中扮演了不光彩角色——郭松龄率大军向沈阳进发，与东北军白热化交战时，同盟的冯玉祥却突然率军大举进攻李景林的部队。直隶督办李景林，也是郭松龄联合阵线的同盟。冯玉祥此举，纯属抢夺直隶省地盘，占领天津出海口。相互联合的三家，两家自己打起来了，郭松龄自然陷入了孤军奋战之境。不仅如此，郭松龄起兵时，镇守热河的阚朝玺拥兵观望，冯玉祥觉得有机可乘，又突然出兵，夺取了热河。虽然郭松龄后来兵败，冯玉祥却大大拓展了的地盘，东起天津，西迄兰州，长城内外的草原牧场，尽成为冯玉祥国民军的天下。

郭松龄兵败被杀，张作霖调动二十万大军南下，一路扫清了铁路沿线，兵临京津城下。盘踞京津一带的国民军，从苏俄那里得到了不少武器，乘乱占了不少地盘，兵强马壮，不过面对杀红了眼的奉军，仍有些胆怯。两军对峙局面下，位居国民军南部的吴佩孚力量，就显得尤其关键——如果吴佩孚跟张作霖携手，败的肯定是冯玉祥；如果吴佩孚能尽弃前嫌跟冯玉祥携手，那张作霖的前景也不妙。在此之前的11月27日，日本情报人员在汉口拜访吴佩孚，转达了希望吴佩孚与张作霖合作的建议。吴佩孚没有当场表态，只是嘱咐部属严守秘密。几乎同时，苏俄也动员吴佩孚与冯玉祥联合抗奉。这一点可以从1925年10月红军高级将领伏龙芝写给中央政治局会议的一封信中看出，伏龙芝提出联吴的建议："……然而中国的事态发展进程，越来越把吴佩孚和他所领导的直隶集团推到首先地位。吴佩孚正在成为核心政治领导人物，同时好像也在成为民族运动重新爆发的中心。人民军以及冯玉祥的作用和意义在渐渐消失。……综上所述，可以得出结论：有必要同吴佩孚联合。联合的结果应当是成立新的中国政府。在新政府的人员构成上，要有直隶人，北方国民党人（冯玉祥）和华南（广州政府）的代表。"在同一封信中，伏龙芝也坦承："因为这种联合不可能有什么牢固性可言，所以在进行现阶段的战争和成立新政府的时候，必须从建立真正统一的中国必然要继续进行战争的思想出发。不过这时已经是同吴佩孚及其追随者的战争。"显而易见，苏俄是想暂时利用吴佩孚，等打败奉系后，最终收渔翁之利。

置身于复杂多变的国际背景及多派力量的牵制之下，吴佩孚眼前出现了三条路径：一是联合冯玉祥抗击张作霖；二是联合张作霖攻打冯玉祥；三是作壁上观，观二虎相斗。最终，"不懂政治"的吴佩孚想起当年冯玉祥的"反戈一击"，最终选择了第二种，即联合张作霖，向冯玉祥展开了攻击。1925年12月，张作霖派代表杨宇霆与吴佩孚代表蒋百里于大连会晤，大体确定互相联合的决定。1926年1月，张作霖又派张景惠为代表，专程到武汉与吴佩孚进一步商谈。吴佩孚也派代表吴天民、杜孝穆等人赴奉天，与张作霖协商直奉联合进攻国民军的军事计划。双方约定事成之后以关内和关外为界，划分各自势力范围。为打消吴佩孚的疑虑，1926 年 1 月 17 日，张作霖直接给吴佩孚发电报重申“关内事情请公主持”的承诺。至此，直奉联合对抗国民军的局势正式形成。

接下来这一段时间轮到冯玉祥焦头烂额了——1926 年 1 月 11 日，张作霖以讨伐山海关郭松龄的余部魏益三为名，通电出兵向关内进攻国民军。19 日，吴佩孚在汉口召集军事会议，决定由湖北向河南进攻国民军。与此同时，直系将领靳云鹗在泰安也与奉系张宗昌、李景林的直鲁联军签约，由张作霖出饷，靳云鹗的军队从山东向河南进攻。冯玉祥一下子陷入奉军、直军以及直鲁联军的三面包围之中。不久，东南五省联军司令孙传芳也结束了对奉战争，掉转枪口对准了冯玉祥。不仅如此，由于日本暗地里支持奉军，每逢关键时刻，便给国民军制造点麻烦，让冯玉祥尤感头痛。四面楚歌之中，冯玉祥无奈派吴佩孚当年的老朋友宋良仲，持亲笔信来汉口表示愿意归顺吴佩孚。面对宋良仲的苦苦央求，吴佩孚面无表情地在冯玉祥信函上写下两个大字——“缴械”，然后闭上眼睛挥手示意一行人离开。宋良仲见求和无望，只好大哭出走。

岌岌可危的冯玉祥见大势已去，只好于 1926 年 1 月通电下野，宣布出洋游历，将国事交吴佩孚、孙传芳、阎锡山、岳维峻等主持；将国民军的指挥权移交给察哈尔都统张之江；同时宣布取消国民军名义。3 月 22 日，冯玉祥离开张家口，与魏凤楼及俄国顾问 Henry A.Lin 等同行，由平地泉赴蒙古库伦转道去苏联。抵达莫斯科的第二天，冯玉祥在徐谦的介绍下加入国民党。两周后，冯玉祥又派使者赴粤办理正式入党手续。

时局越发混乱，污浊得就像一汪无数足迹踩踏过的泥潭。那些耽于泥浊之中的军阀们，不仅自身污浊漆黑，还让时代变得幽暗，甚至玷污了无数围观者的衣冠。内战变得越来越没有理由，以前是为地盘而争斗，为金钱而争斗，为利益而争斗，到了这个时候，仿佛是为打仗而打仗，为本能而打仗。战争已不需要旗帜和主义，更不需要理想和理由了。这些人眼中没有敌人和朋友的分别，也没有信念和主义的不同，只是实力和派别，或者利益和谎言。理想、操守和手段都可视为绝对的倒退，他们的生存，完全是出于利益、出于谎言、出于本能。联合与斗争，已彻底沦落到猎犬争食的地步，为某根骨头或者野食大打出手。一些人踌躇满志，一些人遍体鳞伤，一些人油光满面，一些人心怀鬼胎。偌大的中国北方地区，仿佛地狱的入口处，充斥着撕咬、暴力、惩罚和报应，散发着无可救药的腐烂气息。

最后一次下野

1926 年年初，鲁迅应邀在北京女子师范学校开设一门“苦闷的象征”课程，讲授文学与心理学的关系。鲁迅的基本观点来自日本作家厨川北村，中心意思是阐述文学与性、与苦闷的关系。鲁迅此时正因为世事的纷乱、文学与社会的出路颇为苦恼。出人意料的是，鲁迅的讲座受到了很多人欢迎，教室经常爆满，听众都站在了外面的走廊上。社会的无方向，世事的纷乱，使得稍有良心的知识分子都深深地陷入了迷茫和苦闷之中，鲁迅的讲座，正暗合了人们的心理。

与鲁迅同样苦闷的，还有梁启超等一干老知识人。此时的梁启超，对于政治，已有一种“看破红尘”的感觉，在此前一次题为《无产阶级与无业阶级》的演讲中，梁启超说道："我近来极厌恶所谓什么主义什么主义，因为无论何种主义，一到了中国人手里，都变成了挂羊头卖狗肉的勾当。"

不仅仅梁启超和鲁迅这样的知识人有着苦闷的情绪，同时陷入苦闷不能自拔的，还有社会大众，甚至包括政治漩涡中的段祺瑞。在"临时执政"段祺瑞眼中，相比于前些年的中国政局，现在形势已经变得越来越不可控了，像是一锅烧开了的粥，而自己，就像粥中的红薯，慢慢煮得稀烂。形势急转直下，虽然几起几落的段祺瑞算是阅尽沧海，到了这个时候，也觉得盘踞在高位上的无趣。1926年1月9日，段祺瑞通电全国，表示随时可以下野。11日，张作霖宣言与北京政府断绝关系，命令奉军向关内开拔。14日，北京举行反日国民大会，徐谦担任主席，议决：通电全国组织反日敢死军准备对日宣战，惩办段祺瑞、龚心湛、曾毓隽、章士钊、陈宧、李思浩、梁鸿志、汤漪、屈映光、段宏业、姚震、朱深，召集国民会议组织国民政府，制定工会条例，取消治安警察法。与此同时，南方传来消息，2月5日广州国民政府任命蒋中正为革命军总监，准备整军北伐。

1926年的春节在纷乱的局势中来临了，北京真不愧为千年帝都，那种千年历史冶炼出的沉着底气让一切见怪不怪，即使是在黑云压城的局面下，北京的春节仍如往年一样热闹：爆竹声此起彼伏，胡同里到处悬挂着红灯笼，百姓们依旧其乐融融地互相问候。春节那几日，北京下了很大一场雪，鹅毛般的雪花漫天飞舞，整个北京城笼罩在一片皑皑中。苦闷中的段祺瑞以自己颇为深厚的古文功底，撰写了一篇文言小品《因雪记》，以雪为题，抒发情怀和志向：

丙寅正月五日卯正，披短衣，著下裳，净面漱口后，念净古真言。整冠，取念珠，放下蒲团，跏趺西向坐，瞑目宁神。虔诵佛号，廿转数珠，合掌读愿文。顶礼已，启目，垂手，收念珠入袋中。起身，去蒲团。五年余如一日也。持烟及盒，排闼穿房，入外客厅。刘玉堂、周尧阶、汪云峰拥坐弈案，俱起逆余。云峰让一座。尧阶久不弈，欲先试之，让三子。两局俱北；云峰继之，所负之数与尧阶两枰等。适点心至，馒首两碟，食其一，又尽麦粥两盂。刘谓雪似嫌小，举目视之，屋垣皆白。遂出念珠，默诵而行。出后门，过上房，赴后园，沿荷池，循引路，搴衣登山。安仁亭近在右侧，但不能穷千里之目。转而左向，更上，至正道亭。旋视远迩，一白无边，苍松翠柏，点缀摇曳，清气袭人，爽朗过望。因思厉气久钟，不雨雪已数月。既雪矣，乖戾之意大杀，人民灾劫或可豁除；然环顾豫鄂鲁直临榆张北，阴云惨淡，兵气沉霾，自顾职之所在，不免忧从心来。纲纪荡然已久，太阿倒持有年，人事计穷，欲速不达，心力交瘁，徒劳无补。惟有曲致虔诚，默祷上苍，由无量之慈悲，启一线之生机已耳。越涵慧亭，俯首降阶，遵曲径，穿小桥，傍石洞，绕山阳，过宅神祠，归坐内客厅。如意轮王咒百十一遍，往生咒倍之。大明王真言往生真言等，接续诵毕，完一日之课程。遂援笔志之，以启发儿曹之文思。

这一篇文章，颇得明清小品神韵。身处如此绝境，如此强作平静，也真是难为这位六十多岁的老人了。

短暂的祥和之后，空气变得更紧张了，暴戾和危险弥漫在城市上空，每一个人都流露出抛弃政府的气息，各种规模各种理由各种人群的游行示威已成了街头一景，同时显示为街景的，还有经常出现的标语，以及雪片似的传单。社会动荡带给人们的是越来越多的惴惴不安，和一种又恨又怕的恐慌。

3月9日，国民军以作战为由，用水雷封锁大沽港口，禁止中外船只入港。公使团向北京外交部抗议，英、美、法、日、意五国公使通知大沽海军司令，如不获满意答复，即采取必要行动。12日，两艘日本军舰护卫奉系军舰进入大沽口后，不听制止强行驶经大沽炮台，同时炮击国民军，使得守军死伤十余名。国民军开炮自卫还击，将日本军舰逐出大沽口。这就是著名的“大沽口事件”。事件发生后，日本不依不饶，认为国民军首先开炮破坏了《辛丑条约》，联合英、美、法、意、荷、比、西等八国公使，于16日向段祺瑞执政府发出最后通牒，要求必须撤除在大沽口水面的一切水雷和地雷障碍物，对过往外国船只不得进行任何干涉，限令3月18日正午前答复，否则以武力解决。与此同时，各国军舰云集大沽口，对北京政府形成咄咄逼人之势。

3月17日，青岛舰队司令毕庶澄向外舰司令承认五项要求；国民军司令鹿钟麟声明遵守《辛丑条约》，如奉舰不袭击，愿撤戒备，并向日领事承认12日大沽事件责任。同一天，段祺瑞政府外交部致荷兰公使函，婉转拒绝最后通牒内容，称：通牒内容“本国政府视为超越《辛丑条约》之范围，不能认为适当”。同时表示，对各项内容“将命令各地方军事长官妥酌办理”，希望各国“从容妥商”，“勿取激切之措置，以重亲睦之邦交为荷”。

3月18日，北京十几所高等、中专学校的学生以及一些工人群众数千人在天安门举行“反对八国通牒示威大会”，会上通过吁请政府严驳八国最后通牒，如不收回通牒即驱逐其公使等六项要求。会后，举行了声势浩大的游行示威，游行队伍由东长安街向铁狮子胡同执政府行进，沿途高喊口号。三四百名游行群众在执政府大门前与卫队的士兵对峙，学生代表要求会见段祺瑞，递交示威群众请愿书，卫队负责人回答说："段执政正在生病，不在这里。"代表们又要求会见国务总理贾德耀，卫队同样予以拒绝。

据后来杜文若在《一场预谋的屠杀》文中称，当时全副武装的卫队士兵面孔都绷得紧紧，两眼向前直视，对游行队伍无动于衷。执政府门前的示威学生越来越多。一位学生走到士兵前问道："你们为什么不到大沽口去援助国民军？"士兵答道："我们是卫队，有我们的责任，怎么能随便到大沽口去？"接着，那位学生操着南方口音，大声斥责说："你们是走狗的走狗！"那个士兵没有吭气。

群众高呼口号时，忽听得卫队军官高声叫道："准备！"卫队士兵同时端起步枪，拉开枪栓。

这时，群众中有人高喊："不要怕，他们不敢开枪！"话音未落，卫队连长一声命令："放！"枪声大作，弹如雨下，前面的学生纷纷倒在血泊中。

学生们意识到这是实弹杀人时，纷纷向东辕门方向逃命，混乱之中，士兵继续开枪，动作慢的群众遭到卫队木棒和刀剑的砍杀，一时间，铁狮子胡同到处都是倒下的学生，到处都是鲜血。

这场惨案造成二十六人当场死亡，重伤两百余人，送医院抢救无效又死亡二十一人，共四十七人死亡，包括两名便衣警察、一名卫兵。这就是震惊中外的"三一八"惨案。惨案发生后，执政府国务院的官方说法是：学生组织了敢死队冲锋前进，抢夺卫队枪支。下午，在段宅召开的紧急会议上，决定将惨案发生的责任归结于群众领袖徐谦、李大钊、李煜瀛、易培基、顾兆熊等人。3 月 19 日，"临时执政令"发出对这五人的"通缉令"，罪名是"假借共产学说，啸聚群众，屡肇事端"，"率领暴徒数百人，闯袭国务院，泼灌火油，抛掷炸弹，手枪木棍，冲击军警。各军警因正当防卫，以致互有死伤”。

一些文章说段祺瑞在开枪之后立即去了现场，面对学生尸体长跪不起，这没有确切根据；也有说法认为段祺瑞吃斋念佛跟此事也有关，同样欠准确，段祺瑞吃斋念佛，是第一次下野后的事情。不过身为“临时执政”的段祺瑞还是难以撇清与“三一八”惨案的关系，据《“三一八”惨案资料汇编》描述，在得知卫队开枪打死学生之后，段祺瑞顿足长叹：“一世清名，毁于一旦！”尽管段祺瑞颁布了对死难家属的“抚恤令”，并且建议“阁员总辞职”，对于各学校举行的悼念活动及全市的“国民追悼大会”也没强行阻拦。不过这一切都不足以补救，全国上下声讨声一片，中国知识阶层无论其政治观点与学术观点有怎样的不同，都纷纷痛斥执政府的暴行。学人如蒋梦麟、傅斯年、周作人、林语堂、朱自清、闻一多、王世杰、许士廉、高一涵、杨振声、凌叔华、邵飘萍、陶孟和等，均有文字见诸报端；正在协和医院住院的梁启超，病榻上也不忘口诛笔伐，既对政府危机处置措施之“荒谬”感到不可思议，也“对于一般自居指导青年的领袖们”“不能完全宽恕”；刘半农与赵元任再一次词曲璧合，哀声凄楚，传唱京城；鲁迅则有《记念刘和珍君》等文悲天悯人。曾经的国会议员也组织通过屠杀学生的“首犯应听候国民处分”的决议。3月20日，在一片声讨中，北京政府贾德耀内阁引咎辞职。22日，国民军总司令鹿钟麟告段祺瑞不再制止任何示威运动，并要求执政府卫队缴械。

有关“三一八”惨案究竟如何，恐怕成难解之谜了。真相就是这样，因为遮蔽和隐藏的东西太多，已很难深究。段祺瑞只有“无可奈何花落去”——这个异常自负，一直试图以自己的强硬和权谋转轨中国的淮军后代，在度过了踌躇满志以及忍辱负重的日子之后，终于迎来悲凉的结局。1926年4月9日，住在吉兆胡同宅邸的段祺瑞从卫队长那里得到消息，鹿钟麟的国民军将发生军事政变，计划直接进攻段府。倔强的段祺瑞异常愤怒，让卫队在大宅四周的胡同口架了十二挺机枪，准备对抗国民军进攻。不过在部下的苦劝之下，段祺瑞最终还是离开了大宅，躲入了东四八条胡同一部属家中。

晚上十一时半，国民军果然向段府开拔，先头部队到达东四三条胡同东口南小街时，见到有机枪布防，停止了行动，双方对峙三小时之久。10 日凌晨三时许，段祺瑞的侄子段宏纲派执政府卫队旅参谋长楚溪春去警备司令部见鹿钟麟交涉撤兵。鹿钟麟给段宏纲打电话，解释说出兵是听说段府不安全，想来保护段执政。段宏纲回答说："鹿司令，你对政治有什么主张、办法，我想老先生（指段祺瑞）都可以接受的，但先要请你撤兵再协商。"很快，国民军将包围段府的军队撤走。这个时候，北京大街小巷已到处张贴国民军北京警备司令部的布告，称："段祺瑞自任执政以来，祸国殃民，无所不至，最著者如金佛郎案、'三一八'惨案，尤为国人痛恨。其左右亲近皆安福余孽，逢奸长恶，违法营私，挑拨战争，涂炭生灵。本军为国家计，为人民计，迫不得已，采用严重办法，力行制止。一面保护总统曹公恢复自由，并电请吴玉帅即日移节入都主持一切。"同一天，鹿钟麟通电宣布段祺瑞罪状，说吴佩孚"有命世之才，抱救国之志"，而段祺瑞却密派兵舰前往加害，"忌贤嫉能，几推柱石"，痛斥段宏业"干政鬻官"，李思浩等段的亲信"朋比为奸"，因此他决定，"保护前总统曹公恢复自由，所有祸国分子已分别监视，静候公决，麟等此后进步唯玉帅马首是瞻，政治非敢所问"。

从鹿钟麟的通电和告示可以看出，当年起兵倒戈将曹锟赶下总统位置的国民军，此次又掉了个头，向吴佩孚主动示好了，并且将这一切归罪于段祺瑞。鹿钟麟显然想通过对吴佩孚的示好，拉拢吴共同对付南下的张作霖。不过吴佩孚根本不领情，发出通电拒绝国民军“合作意向”，表示冯玉祥的军队必须全部缴械。奉军张学良等联名通电斥鹿钟麟“前日拥段，今日驱段，前日捉曹，今日放曹，一年之间，一人贤否，前后大异；一日之间，两公地位，彼此互易，好恶无常，恩仇不定”。合作被拒，面对直系、奉系、直鲁联军三面围攻，国民军只得于4月15日退出北京，迁至西北地区。

国民军退出北京后，段祺瑞悻悻回到了执政府。当年耿介的铁腕人物，如今已成为无力的“墙头草”。4月17日，段祺瑞宣布复职，下令罢免鹿钟麟，电请张作霖、吴佩孚、孙传芳、阎锡山公推一人组织内阁，称“一俟时局定有妥善办法，即当解职下野”。以段祺瑞的判断，此时的中国就像一列脱轨的火车，结局必定车翻人亡，唯一的选择就是弃车逃跑。20日上午，段祺瑞发出最后一道指令，同意贾德耀辞去内阁总理职务，派胡惟德代理内阁总理，摄行执政职权。下午，段祺瑞携曾毓隽、梁鸿志、吴光新、许世英、曲同丰、段宏业等，在直鲁联军的保护下，乘车去了天津。

一代枭雄段祺瑞就这样匆匆而别——自1912年后，叱咤民国政坛十多年的段祺瑞终于黯然下野，这是他“三起三落”的最后一次离开。这一次下野，比前几次更为落寞和匆忙，连段祺瑞自己也没有回过神来，一切仿佛是来北京梦游一番似的。也许是此前数千年过于缓慢吧，历史，在中国的二十世纪初，就是以这种川流不息的方式迎来送往。东西方碰撞下的现实显得格外匆忙，像一盘加速放映的电影胶片。坐在开往天津的列车上，段祺瑞沉默寡语闷闷不乐。列车开出北京一小时后，段祺瑞终于开口了：“车过廊坊停留多久？”随从这才明白，老爷子是想起数月前徐树铮在廊坊被刺的事了。火车到达廊坊车站后，段祺瑞让人打开了车窗，怔怔看着站台达十来分钟。待回过头来，人们看到六十一岁的段祺瑞老泪纵横……如果二十世纪之初的中国注定是乱世，哪会有力挽狂澜之人呢？

自此之后，段祺瑞退居天津日租界当寓公，不问政治，潜心佛学，自号“正道居士”。每日吃斋念佛，逢农历初一、十五就去庙里进香，成为一个真正的居士；平日里上午诵经下午下棋，甚至还学会了打台球。与段祺瑞同时间去天津的，还有他当年的对手曹锟——段祺瑞下野之后，为缓和与吴佩孚及直系的矛盾，国民军释放了自1924年兵变后一直囚禁在延庆楼的中华民国第五任大总统曹锟。这一举动，时人称为“捉放曹”。在天津，曹锟过着同样悠闲的生活，终日在大宅中练习书法和绘画，偶尔也抽几口大烟，去剧院看戏，或者邀人来家打打麻将什么的。跟段祺瑞、靳云鹏以及后来的孙传芳一样，军人出身的曹锟也信了佛，在居所设了佛龛，每日对着佛像燃香诵经。有人回忆，曹锟每逢街上有卖鸟人的吆喝，都会吩咐家人把鸟全部买下，把鸟笼放在院子中央，打开笼子门，充满爱怜地看着群鸟争先恐后展翅飞去。很难想象行伍出身的曹锟变成这样一个“大善人”——或许鸟入云霄的那一刻，曹锟会想到自己在北京延庆楼的囚徒生活，想到自由对于一个人来说如此可贵。

十年后，也就是1936年11月，段祺瑞在上海落寞去世。半入空门的段祺瑞，以一种佛教徒的口吻，留下了自己的遗言：

> 余年七十余，一朝怛化，揆诸生寄死归之理，一切无所萦怀。
>
> 惟我瞻四方，蹙国万里，民穷财尽，实所痛心！生平不喜多言，往日徙薪曲突之谋，国人或不尽省记。今则本识途之验，为将死之鸣，愿我国人静听而力行焉！则余虽死犹

生，九原瞑目矣。国虽危弱，必有复兴之望。复兴之道，亦至简单——

勿因我见而轻启政争；勿尚空谈而不顾实践；勿兴不急之务而浪用民财；勿信过激之说而自摇邦本。讲外交者，勿忘巩固国防；司教育者，勿忘保存国粹；治家者，勿弃国之礼教；求学者，勿骛时尚之纷华。

本此“八勿”，以应万有，所谓自力更生者在此，转弱为强者亦在此矣！

余生平不事生产，后人宜体我乐道安贫之意，丧葬力崇节俭，殓以居士服，毋以荤腥馈祭。

山雨欲来

段祺瑞引退之后，看起来热闹繁杂的北洋政坛，骨子里更加落寞了。各路英豪已远离政坛，盘踞山巅的，只是猴子和豺狼。江山代有人才出，北京政坛舞台上主角成了瘦小圆滑的张作霖以及同样算不上高大的吴佩孚。这两个习惯将意志转化为最后决定的军人，从合作的那一天起，就不同程度地遭到了对方的挤压和挑战。吴佩孚想请回曹锟补足总统任期，宣布恢复曹锟当年颁布的“双十宪法”。从奉系反馈的信息却大相径庭——张作霖考虑的是恢复旧约法重开国会，由亲家靳云鹏组织一个亲日的摄政内阁。张作霖想依靠的不是苏联，也不是英美，而是日本。让吴佩孚始料未及的是，被囚两年之久的曹锟在释放之后萌生退意，一心想回天津当寓公过太平日子，根本就不愿再当那个劳什子总统。因此，吴佩孚和张作霖最后商定的折中方案是成立一个“摄政内阁”——以中断任期的颜惠庆总理摄行总统职位。5月13日，在吴佩孚的主持下，颜惠庆内阁复职，财政总长顾维钧、外交总长施肇基（颜暂兼）、内务总长郑谦、陆军总长张景惠、海军总长杜锡珪、教育总长王宠惠、农商总长杨文恺、交通总长张志潭。内阁上任没几天，19日，张作霖突然电告吴佩孚，不赞成护宪及颜阁，约于北京会商。重大压力与分歧之下，颜惠庆只好于6月22日宣布辞职。

在此之后的时间里，似乎谁都可以在“摄政”的位置上昙花一现，走马灯似的“摄政总理”有：杜锡珪、顾维钧、胡惟德等。只有最后一任内阁总理潘复，在张作霖的庇护下，从1927年6月一直干到次年6月。这些人物，其实都算那个时代的翘楚，不过一个时代的坍塌，哪里是几人所能挽救的呢？摄政内阁表明，存在十年的北京政府，已衰落到了极点。按照《剑桥中国民国史》的说法，从1926年到1927年，这时的摄政内阁，“并不比电影中的统治者具有更多的权力”：财政总长没有钱；交通总长没有铁路可管，铁路全在军队的司令手中；教育总长管的是公立学校，不过这些学校已关门大吉，政府不能支付公用事业的费用，教员也领不到薪金；内务总长“任命任何一个下级官员，都需经官员赴任所在地区的军阀的同意”；外交总长只有空名，遇有外交争端，都是由地方官员与外国领事馆解决，外交总长起不了作用；至于陆军总长，根本调动不了军队，军事组织全属各地方军阀指挥。明眼人都可以看出名义上的共和国显示出的衰败，这哪是中华民国呢，分明是一个四不像的政治试验场。更让人感到沮丧的是，人们都不以在中华民国政权中任职而感到荣光，无论职务大小，是否有职权，都把自己当作戏台上的龙套，或者根本就是提线木偶。没有什么能起到真正的作用，机构没有了作用，人物也没有了作用，法律和纲常也失去应有的作用……中央政府有名无实，混乱无序。军阀间关系错综复杂，忽而盟友，忽而敌人，此消彼长……真是“乱花渐欲迷人眼”。连中外观察家们也弄糊涂了，这个古老的帝国，不知该往何处去，只有随波逐流，任其漂泊。人们终于明白，其实不只是人会流浪，连时代，连国家，连社会都会流浪。那才是真正的无家可归。

危机四伏中的“二巨头”，不得不抖擞精神携起手来。张作霖致电吴佩孚：“历年政变皆由政客挑拨，以武人为傀儡。吾弟兄二人见面一谈，诸事皆可解决。”张作霖轻巧地把当年你死我活的争权夺利怪罪于那些文人墨客。张作霖将第二次直奉大战的收益粗略地估算了下，派少帅张学良带领部下抬着礼品，带着战争中得到的降兵降将，去了吴佩孚的驻地赔礼道歉。吴佩孚见到张学良后，装模作样地大笑三声，以示一笑泯恩仇。1926年6月26日，张作霖莅临北京。28日，吴佩孚也来到北京。29日，两大巨头张作霖和吴佩孚在中南海怀仁堂会晤。双方都不是善谈之人，互相说了些客套话，又彼此问了对方的生辰八字，然后招呼摆了一个台子，像模像样结为兄弟，不求同年同月同日生，但求同年同月同日死。吴佩孚年长一岁，成为兄长；张作霖年少一岁，当了小弟。这样的方式，哪能见出一丝共和的意味呢，分明是《三国》或者《水浒》故事的重演。仪式结束后，“兄弟”俩继续寒暄，十来分钟后双方告辞。当晚，吴佩孚乘车赴长辛店；第二天，张作霖自北京返天津。此后，经手下人谈判，两家相约合力治理北方，不过对于何人管理直隶治安，仍不能达成一致。直系信不过奉系，奉系也信不过直系，最后吴佩孚作出让步，由“大侄子”张学良担任直隶地区警备区司令。

这个时候，吴佩孚与张作霖几乎已没有时间和精力对政事作出安排了。北方乱云飞渡，南方杀气冲天，整肃一新的南方国民革命军开始北伐了。1926 年 7 月 9 日，国民革命军总司令蒋中正就职，中央党部及国民政府吴敬恒、谭延闿、孙科行授旗授印授孙中山像礼，蒋介石誓师北伐，中国国民党发布北伐宣言。北伐军兵分两路，一路从湖南直取武汉；另一路从江西进军上海。直系也兵分两路进行阻击：一路由吴佩孚亲自率领，抵挡对武汉的进攻；另一路由孙传芳率领，阻挡蒋介石对江浙上海的进军。8 月 25 日晚，挂帅十四省联军总司令的吴佩孚乘火车到达兵荒马乱的汉口，布置对北伐军的防卫，信誓旦旦表示将击退北伐军的进攻，与孙传芳相约会师长沙庆贺胜利。

在此之后，就是著名的汀泗桥战役了。汀泗桥在离汉口不远的咸宁城外，北伐军若攻下汀泗桥，就可长驱直入打通武汉的道路。以现在官方的说法，当时镇守汀泗桥的，是吴佩孚的精锐部队第十三混成旅、陈嘉谟的第二十五师、刘玉春的第八师等。26 日清晨，北伐军向直系军阵地发起猛烈进攻，战斗异常激烈，吴佩孚下令只许前进，不许后退，退缩者一律在阵前就地处死。两军伤亡惨重。28 日，叶挺独立团绕到吴佩孚军队背后进行袭击，出其不意地夺取了最高峰上的敌人阵地。吴佩孚的大刀队虽然接连砍临阵退缩的团、营长九颗人头，终究无法把阵地稳定下来。对于汀泗桥战役，吴佩孚当年的幕僚汪崇屏有另一说法——镇守汀泗桥的，只是吴佩孚手下一个旅，归刘玉春指挥。北伐军方面参加人数也并不多。双方参加的军队总共不过万人，死伤也很少。相传吴佩孚以大刀队督战，吴手刃后退的军官数十人等，也属子虚乌有。吴佩孚的军队之所以溃败，是因为大家普遍感到迷茫，感到彷徨，而且很长时间没有发饷了。不管怎么样，如此不堪一击，对当年的常胜将军吴佩孚来说，很让他困惑不解。

从 28 日到 31 日，直系军队一路撤退，接连放弃咸宁、贺胜桥、山坡等地。吴佩孚将司令部转移到武昌郊外一个车站，表示坚决与城共存亡。不过在随后北伐军进攻武昌的战役中，吴佩孚即使动用大刀队督战和机关枪督战，也抑制不住溃败。隆隆炮声中，吴佩孚只好仓皇败退。1926年10月，北伐军攻占武汉三镇。

就在吴佩孚全力抵挡南方北伐军进攻之时，“老冤家”东山再起——出走才半年的冯玉祥满载从莫斯科拿到的一千零九十万卢布武器订单回国，途经库伦意气风发赶到绥远五原县。在此之前，南方国民政府派于右任到莫斯科迎接，同时任命冯玉祥为国民政府军事委员会委员，中央党部委任冯玉祥为国民军党代表兼国民政府委员。这时候的五原，还是一个人烟稀少、荒凉冷落的边远小镇。同时赶到这里的，还有冯玉祥的老部下，国民一军的将领、国民三军的孙岳、国民五军的方振武、国民六军的弓富魁及国民二军的邓宝珊等。冯玉祥的老部下韩复榘、石友三也相继赶来。1926年9月16日，冯玉祥在五原召开规模宏大的誓师大会，宣布重新出任国民军联军总司令，接受国民党之主义，聘俄人乌斯马诺夫为政治军事顾问，以刘伯坚为政治部主任。冯玉祥发表著名的《五原宣言》，追述自己的戎马生涯，历数功过，说自己“过去没有明白革命的旗帜”，“这次要赤裸裸地说出来，使国人知道，我做的忽是革命，忽而不是革命，其缘故是什么回事”。他第一次公开了自己的国民党身份，表示从此完全接受孙中山的三大政策，做一个革命的三民主义者。从此，这位北洋军阀集团的实力派人物，正式成为“革命阵营的一员”。尽管当时的冯玉祥远不如南方的国民党更加让俄国人放心，但考虑到冯玉祥能够直接与敌视苏联的张作霖作战，因此，当冯玉祥提出希望能够通过外蒙古接取苏联援助的建议后，莫斯科方面还是做了积极的响应。后来张作霖派人冲击苏联大使馆后，公布的材料上说，冯玉祥半年时间内，至少从苏联那里得到了价值四百五十万卢布的军事援助，包括三点八八万支步枪、六十门大炮、三架飞机，以及大量弹药及药品，它们甚至具体到个位数——其中包括两千七百三十五万零五百四十五发子弹、两万七千九百七十支步枪、一万颗手榴弹、一万一千四百三十六发炮弹、六百四十颗化学弹、三架飞机——当然，冯玉祥从不承认这些材料的真实性。

冯玉祥的国民军以沙尘暴般的气势南下，很快突破潼关进入河南境内。吴佩孚三面受敌，只得移师河南巩县。这个时候，北方的张作霖奉军也开始“落井下石”，他们以帮助吴佩孚抗击国民军和北伐军为名，不顾吴佩孚的反对，强行进入河南境内。不可一世的枭雄吴佩孚，一下子陷入了当年项羽“四面楚歌”的境地。

1926 年岁末，鲍威尔最后一次采访吴佩孚。吴佩孚与鲍威尔的这一次见面，是吴佩孚最后一次接见外国记者。尽管“讨贼联军总司令”的头衔大得吓人，吴佩孚却已像个纸老虎一样变得虚弱不堪了。鲍威尔写道：

> 吴把他的总部设在一座古典式的中国庭院里，我就在那里见到了他，并共进早餐。他似乎比先前喝酒更多，显得精神沮丧，情绪低落。由于部队受到先北伐军出发的受俄国训练的宣传队的影响，士气尽丧，河南一战已是溃不成军。共产党人也竭尽全力为击败吴佩孚而工作，甚至不惜搞策反活动，以图不战而屈人之兵。等到激烈的武昌战役后，孤注一掷的吴佩孚彻底失败，全线溃退。

当然，一直善于作秀的吴大帅再次在外国记者面前情不自禁地表现出他的“儒将”姿态。他故作轻松地跟鲍威尔一边吃早餐一边交谈。吴佩孚手里拿着一本已翻得破旧的线装书，谈话过程中还不时看一看。鲍威尔感到好奇，问他这是什么书。吴佩孚笑答："《吴越春秋》。"然后补充说："那个时候没有机关枪，也没有飞机。"吴佩孚一再向鲍威尔强调的某个观点，似乎能表明某种本质——吴佩孚对鲍威尔说：他只是个军人，不懂政治。

吴佩孚会反思自己先前的言行吗？——一直以来，自大傲慢的吴佩孚对政治的横加干涉，让本来就脆弱无比的政治格局变得更加岌岌可危。吴佩孚还会认为自己真理在握吗？还会想到先前获得的掌声和喝彩吗？不懂政治，却自以为是地横加干涉，这也是事态变得越来越复杂的原因。每一个积极参与者，都可说是自食其果吧？

东北虎

虽然没有什么文化，张作霖却把草书的"虎"字写得像模像样。作为东北人，张作霖就是喜欢东北虎的威猛气场。一有时间，张作霖就在案前提笔写"虎"字。草书的"虎"，看上去又像"佛"字。每当写这个字时，张作霖总喜欢把那一竖拉得很长。张作霖的书法并不专业，不过他写的"虎"字，却露出凛凛之威，令人望而生畏。张作霖本人也是这样，虽然身体瘦弱，貌不惊人，但只要一接近，就能感觉到他的杀气。张作霖就是一只虎。现在，在吴佩孚接连败退的时候，这一只东北虎登场了。

1923年，鲍威尔采访过张作霖。后来，鲍威尔曾这样评价张作霖："外国人另外送给张作霖一个绰号'东北虎'，形容他的胆大妄为和豪放不羁。我一直听见他的这两个绰号，断定他是一位凶狠的、满脸络腮胡子、屁股后面插着两支快枪的土匪头子，所以去访问他的时候，心里已经有所准备。因此，当我坐在会客厅里，看见一位矮小、温和、没有胡子的人走进来，有人介绍说这就是张作霖将军时，我不由大吃一惊，完全出乎我的意料。他领我到了隔壁一间屋子，请我坐在他对面的沙发上，这时，我还是领略到了'东北虎'的名不虚传。就在我坐的沙发后，有两头高大威猛的东北虎，它们离我很近，虎须拂着我后脑，令人胆战心惊。原来，这是两头老虎标本，它们面对面站着，虎视眈眈，张牙舞爪，距我的后脑不到六英寸。”随后，鲍威尔开始了采访——当鲍威尔问张作霖，年轻时在哪里读书，张作霖的回答是“绿林学校”。

张作霖的确是“绿林”出身。1875 年，这个闯关东的第四代出生于奉天海城县，童年的张作霖非常聪明，因家里穷读不起书，有位名叫杨景镇的私塾先生给了他很大帮助，免费给他提供书籍纸笔并让他读书。甲午战争爆发后，张作霖投奔清军马玉崑部，队伍被打散后返回山林落草。1904 年，日俄战争爆发，日本人和俄国人激战正酣。三十岁的张作霖乘乱而上，带领着一帮人马见风使舵，既为俄军服务，也与日军合作，在夹缝中成长壮大。1923 年鲍威尔采访张作霖时，曾几次问及张作霖与日本人有染的说法。张作霖的回答是：在 1905 年日俄战争中，他的确帮助过日本人，那时他作为一位游击队头领，专门袭击俄国人的交通线，干得比任何人都出色。也就是从那时起，文化程度不高的张作霖确定了自己的实用主义世界观，也锻炼出极强的生命力，很快成为东北虎一样的枭雄。日俄战争之后，清廷在东北推行招安政策，张作霖投靠了朝廷，成为朝廷承认的巡防营统领，拥有五个营的人马。1908 年，在剿匪中表现突出的张作霖被东三省总督徐世昌调到辽宁西北部清剿白音大赉、陶克陶胡等蒙古叛匪。张作霖与白音大赉斗智斗勇，将其击毙，解除了危害东北边疆多年的匪患。

武昌起义时，东三省总督是赵尔巽。远在辽西北的张作霖率领部队赶往奉天，全力保卫奉天的安全。在赵尔巽的保举下，即将覆亡的清廷任命张作霖为关外练兵大臣，赏戴花翎，以总兵记名，其所部被改为第二十四镇，张作霖被授为统制（即师长）兼奉天巡防营总办。民国后，赵尔巽先任奉天都督，不久即辞去职务，专任清史馆总裁，主编《清史稿》。张作霖所部被改编为陆军第二十七师，张作霖以陆军中将衔任师长，时年三十八岁。

袁世凯担任大总统后，对张作霖颇为赏识，在与日本人的交涉中，更是对其倚重有加。审时度势能力极强的张作霖抓住机遇，乘势而上，最终成为名副其实的"东北王"。鲍威尔后来评价道："尽管东北长期处于日本军阀的铁蹄下，张作霖常常不得不奉命行事，但盖棺定论，他无愧为一个爱国的中国人。张作霖把自己的大半财产用于兴办教育。他年轻时没有受过良好的教育，但他在东北亚地区，跟俄国人和日本人玩弄国际政治这副牌时，却是一个精明的牌手，应付自如，得心应手，始终保持了东北领土的完整。"

与之前的那些政客不一样，这只来自关外的东北虎，身上带着肃杀的氛围，仿佛他到了哪里，哪里就有秋风扫落叶般的萧瑟和寒冷。这当中最明显的标志，就是1926年进京后接连杀死了新闻人邵飘萍和林白水。这样的行为，让举国上下震惊——自民国以来，虽然新闻上极度乱象，不过历届执政的袁世凯黎元洪段祺瑞等从未因言杀人。当年戴季陶在《民权报》上发泄愤怒，曰："熊希龄卖国，杀！唐绍仪愚民，杀！袁世凯专横，杀！章炳麟阿权，杀！"简单二十四个字，"杀"声震天，当时执政的袁世凯都没找过他的麻烦。民国初立之时，还是有着自信和约束的，最起码对于把握不准的事情，那些军人出身的政客们也不敢胡乱作为。不过到了“土匪”出身的张作霖等人手上，一切都已变了。奉军进城之后拿邵飘萍“祭旗”，使得自民国初年形成的新闻散漫与自由，一下子崩溃。

邵飘萍的死，跟郭松龄“叛乱”有直接关系——郭松龄起事后，时任北京《京报》社长的邵飘萍旗帜鲜明地支持郭松龄，将交战两军主帅的照片并列印在报纸上，张作霖照片下大书“贼头目张作霖”，郭松龄的照片下则题“东三省救主郭松龄”。以这样的姿态，当张作霖取得胜利之后，邵飘萍焉能逃过一劫？奉军进入北京后，邵飘萍知道自己处境危险，急忙避入东交民巷的六国饭店之中。奉军派出特务疏通邵飘萍的好友张汉举等，诳称奉方对他已谅解，不会采取任何激烈行动，让他尽可放心回家。邵飘萍信以为真，出了东交民巷赶回自己住宅探望，刚一到家，便被守候的特务抓捕，这是1926年4月20日下午七时左右的事。邵飘萍的好友们联袂前往张学良处求情，年轻气盛的张学良毫不留情做了一个砍头的姿势，然后说：“逮捕飘萍一事，老帅（张作霖）和子玉（吴佩孚）及各将领早已有此种决定，并定一经捕到，即时就地枪决。”随后又说：“飘萍虽死，已可扬名，诸君何必如此强我所难？此事实无挽回余地。”26日凌晨一时许，警厅把邵飘萍“提至督战执法处，严刑讯问，胫骨为断”，最后秘密判处他死刑，“罪行”为：《京报》社长邵振青，勾结赤俄，宣传赤化，罪大恶极，实无可恕，着即执行枪决，以照炯戒，此令。关于邵飘萍的死，报道不尽相同。《顺天时报》说：“当由陈副官发令施刑，遂由二兵将邵氏推往南行十余步，令邵氏跪地，邵氏初不肯跪，并昂首向天哈哈狂笑两三声，旋被二兵按于地，另有一兵用手枪从后面照邵氏头部射击一弹，邵遂倒地毙命。”《北京晚报》在飘萍死去当天即发布了消息：下车后，邵向监刑官一笑，身旁士兵即向脑门一枪，子弹从后脑进去，从右眼下部穿出。邵飘萍被害后，有媒体控诉这是“军阀压迫舆论蹂躏人权之露骨的表现”，“全国民众所当同声一哭者也”。邵飘萍的被杀，让北京原本紧张的空气更遇严寒。很多报刊纷纷自动停刊，以免遭遇不测之祸。

杀害《京报》社长邵飘萍的枪声还未散尽，1926年8月6日凌晨四时许，同样在北京天桥刑场，《社会日报》主笔林白水惨遭毒手。百日之间，京城两位报界名流相继喋血，舆论大哗，群情激愤，时人以“萍水相逢百日间”，记述了民国时期这一段血雨腥风。林白水是福建人，一介文人，参加过进步党，曾力主袁世凯称帝，后来在北京创办《社会日报》，专门揭人隐私。1926年8月5日，《社会日报》发表时评《官僚之运气》写道：“狗有狗运，猪有猪运，督办也有督办运，苟运气未到，不怕你有大来头，终难如愿也。某君者，人皆号之为某军阀之‘肾囊’，因其终日系在某军阀之裤下，亦步亦趋，不离冕刻，有类于肾囊之累赘，终日悬于腿间也。此君热心做官，热心刮地皮，因是有口皆碑，而此次既不能得优缺总长，乃并一优缺督办亦不可得……甚矣运气之不能不讲。”林白水本来就是一位不羁文人，一直以口无遮拦而闻名。这一篇谈狗与狗肾的文章，矛头对准的是张宗昌督署的总参议潘复。潘复字“馨航”，读音正好与“肾囊”音近。林白水将潘复与张宗昌的关系比作“肾囊之于睾丸”，写得快活无比酣畅淋漓。潘复当晚看到这篇嬉笑怒骂的奇文后，气得七窍生烟。他先是给林白水打电话，要他在报纸上更正并请罪，林白水以“言论自由，岂容暴力干涉”断然拒绝。潘复恼羞成怒，拿着报纸到张宗昌面前“控诉”，说林白水是共产党重要人物，所办的《社会日报》宣传社会主义，不杀之必为后祸。张宗昌不问青红皂白，下令宪兵将林白水抓起来法办。8月6日清晨，宪兵司令王琦派了三辆军用卡车的士兵去抓林白水，抓到林白水后，直驶天桥刑场当场枪毙。行刑前行刑人员问林有没有遗言，林白水的回答是：希望自己的儿孙永不要做新闻记者。林白水被捕之后，京中友好纷起营救。据说杨度和《黄报》记者薛大可等找张宗昌苦求，甚至长跪不起。京剧名角程砚秋、杨小楼也力陈林白水不可杀。等到张宗昌下令释放时，林白水早已尸骨无存了。

尽管邵飘萍和林白水口无遮拦，不过量其罪责，远没有达到不经审判就被杀的境况。短短百日之内，一直标榜新闻自由的北京政府，竟然有两位名记者被杀，这已说明时局的白色恐怖了。哪里还有一点共和的影子呢？这样的事件发生，除了证明军阀的暴虐和凶残，还能说明什么呢？那些粗鲁的军阀已将最后的遮羞布撕下，彻底摒弃了表面的民主和自由，也忘却了宪政与共和精神，以中世纪恐怖和暴政的方式来维系着脆弱的稳定。到了这个时候，可以完全得出结论，自 1912 年起试验的共和政体已轰然倒塌。

进入 1926 年 9 月，北京军警开始大肆搜捕各大学学生，原因是越来越多的学生投入到革命的风暴之中。革命从没有自觉自愿的，都是逼出来的。越来越多的人被逼上了梁山，哪里怪得了民众呢？当一个社会腐烂到人人厌恶的程度时，人们自然会拿起斧头镰刀毁灭它。恐怖的翳云笼罩在北京城上空，仅 9 月 25 日一天，北京就枪决了十人。更多的人被强塞进已爆棚的监狱。伴随着暴力的不断蔓延，是知识界的鸟兽散，大批知识分子纷纷离京——林语堂、鲁迅、沈兼士、孙伏园、顾颉刚、章廷谦等人去了厦门；梁实秋、闻一多、饶孟侃、潘光旦、徐志摩等人去了上海。几个月后，鲁迅又转到中山大学任中文系主任……相比于阴沉恐怖的北京，此时的广州似乎更欣欣向荣，当年五四运动的擎大旗者之一傅斯年，也从德国学成归来去了广州担任中山大学文科学长。随后，顾颉刚、杨振声、何思源、高本汉、吴梅等人加盟中山大学。中山大学呈现出的生气，已赶上身处万马齐暗局面下的北大清华了。

1926年11月，随着北伐军不断推进，吴佩孚节节败退，张作霖将主力军队调进关内，本人也来到了京城。张作霖召集张宗昌、吴俊升等召开军事政治会议，孙传芳之代表杨文恺亦参与。会议作出了如下决定：1.对南军事先征吴佩孚、孙传芳意见；2.奉军向河南出动，由韩麟春主持，直鲁军向苏皖出动，由褚玉璞主持；3.对冯玉祥军由察热军队会合晋军办理；4.北京政局暂不变动。在张作霖看来，眼前的最大敌人是"南赤"和"北赤"，"南赤"即蒋介石的北伐军，"北赤"是冯玉祥的"国民军"，而背后则是北方大国苏联。11月29日，张作霖被十五省通电推举为安国军总司令，以孙传芳、张宗昌、阎锡山为副总司令。在就职典礼上，张作霖色厉内荏地宣称："决战之期，最多一个月，最后胜利自然归我奉方……统一中国亦易如反掌也。"又说："余之起兵，非仇抗任何党派，而专为消灭过激主义；舍过激主义，皆有商量之余地。"

其实张作霖也知道，自己已无力左右形势，那种声势浩大的社会变故，就像决堤之水一样不可阻挡。

胡适也去了苏联

1926年7月17日，受段祺瑞临时执政内阁的委托，胡适离开北京途经哈尔滨，转道苏联去英国出席中英庚款委员会会议，商谈获取英国攫取的部分庚子赔款事宜。莫斯科中途逗留的三日，使得胡适有机会近距离观察这个人类新社会试验地。胡适一直想亲眼观看苏联，看看这个东方神话到底如何，也看看这种发生巨大变化的社会模式到底怎么样。

在此之前，胡适的好友、《晨报》主笔徐志摩去了苏联，不断发回有关苏联的系列报道。也许出于自由和浪漫的直觉判断，以感性著称的徐志摩竟然表现得越来越冷静理性。经初期一系列的赞颂之后，徐志摩对苏联的态度由赞美转向批判，认为俄国式革命的代价将是国家权威完全取缔个人自由。归国之后，徐志摩组织了一场“苏俄是仇是友”的大讨论，反苏派与拥苏派各组阵营，展开了笔上的攻势。包括徐志摩在内的许多自由主义人士邀请胡适参加“反赤化”的讨论，胡适迟疑了一番，没有加入。也可能他对于这事，还没有形成自己的看法。

三天的走马观花，胡适见到了表面上蒸蒸日上的新兴大国。这时候的苏联，各方面都显得朝气蓬勃，尤其是在经济方面，取得了令人瞩目的成就，与西方老牌资本主义国家即将坠入经济深渊的状况形成鲜明对比。这个新兴的社会主义国家采取了与资本主义不一样的方式，制定了一系列计划，包括国内经济上的五年计划，也包括对于国外的各种战略设想和措施，这些，给胡适留下了很深的印象。在莫斯科期间，胡适参观了革命博物馆和莫斯科中山大学，还与蔡和森等中国共产党人畅谈很久，蔡和森邀请胡适在苏联多逗留一段时间。虽然时间很短，不过胡适已足够领略那种起码在表面上呈现的自信和坚毅。莫斯科表现出与欧美不一样的气质和面貌，使得胡适很兴奋。在给北大友人张慰慈的信中，胡适写道：“他们在此做一个空前的伟大政治新试验；他们有理想，有计划，有绝对的信心，只此三项就足使我们愧死。我们这个醉生梦死的民族怎么配批评苏俄！”到英国之后，胡适写信告诉徐志摩：“志摩，只要我们肯干，什么制度都可以行。”

胡适对于苏联态度的转变在国内引起了很大反响。国内的共产党人对这位自由派知识领袖发表的言论表示了欢迎和期待。几个月后被张作霖逮捕的李大钊公开建议：“我们应该写信给适之，劝他仍旧从俄国回来，不要让他往西去打美国回来。”

李大钊说这话的时候，是在 1926 年年底，胡适已到了美国。阔别将近十年再次踏上这片土地，胡适最大的感受有两点：一是汽车工业的高速发展，二是社会和时代给美国人民带来的福祉。当时美国的汽车拥有量已经达到两千二百三十三万辆，占世界生产量的百分之八十以上。美国的所见所闻，又让胡适重新深入思考了苏联模式，胡适否定了自己原先的看法，他清楚意识到，在他所见的两种不同的“社会革命”或曰“社会实验”之间，存在着天壤之别。胡适在日记当中写道：“忍不住对自己说道：这才是真正的社会革命。社会革命的目的就是要做到向来被压迫的社会分子能站在大庭广众之中歌颂他的时代为人类有史以来最好的时代。”在《漫游的感想》中，胡适专门辟出“往西去!”一节，重点强调了自己思想的转变。他说：

> 我在莫斯科住了三天，见着一些中国共产党的朋友，他们很劝我在俄国多考察一些时。我因为要赶到英国去开会，所以不能久留。那时冯玉祥将军在莫斯科郊外避暑，我听说他很崇拜苏俄，常常绘画列宁的肖像。我对他的秘书刘伯坚诸君说：我很盼望冯先生从俄国向西去看看。即使不能看美国，至少也应该看看德国。我希望冯玉祥先生带了他的朋友往西去看看德国、美国，李大钊先生却希望我不要往西去。

不过这时候的中国大地已变得炽热无比，从北方吹来的大风，让古老的帝国变得野火遍地。这时候的南方，更像点燃的山林一样变得无法控制了。按照当时美国报纸驻中国撰稿人、后来成为美国《纽约时报》驻中国记者的美国人哈雷特·阿班的说法：“1925 年初夏，广东先已存在一种颇为特殊的情形。国民党创始人孙逸仙博士过世前，已接受中国共产党加入国民党，莫斯科也向他派出许多俄国顾问。那时期，苏联还在尝试孕育全球范围的反帝反资本主义革命，因此，在广东的俄国人聪明地抓住机会，趁着中国人对“五卅”惨案的仇恨，将它扇成熊熊烈焰。香港也受到抵制，来自各阶层的数十万中国人弃香港岛而去，贸易和航运一下子瘫痪了。货轮抵港后，无人卸货，无人装货，也无人给船加油。所有的中国人，从银行职员到家中的仆役，几乎无一例外地离弃了他们的英国雇主。香港遭受了重创，皇家殖民地政府只好从英国财政部借来数百万英镑，聊渡难关。”“在1926年上半年里，暴力是广州城的主旋律。这里的反帝、反白人特权的情绪都已达至暴力的程度，对长江流域和北方军阀的仇恨，也达至暴力的程度。广东本身的暗中权力斗争，更达到了暴力的极致。许多后来名满全球的中国人，这时都聚集在广东，为改变中国人的无知蒙昧而奋斗，也为争权夺利而相互倾轧。与此同时，他们狂热地工作，组织规模巨大的北伐军事行动，准备征服全中国。为了唤起全国大众，赢得对自己的支持，他们也进行暴力斗争，以结束西方帝国主义势力对整个中国的控制。”

哈雷特·阿班还以形象和幽默的语言描述了对当时南方领袖人物的印象，在他的眼中，“十七年前的蒋介石将军跟今天一样，瘦削结实，动作敏捷，决策果断。不过，那时的他还没有今天的威严。他现在已是功成名就，更兼重任在肩，自有一种气势与自信。而在1926年头半年在广州的那些日子里，他还不具备这些特质。事实上，刚认识他那阵，一切都还是未知数。他固然雄心盖世，但身边却对手如林，危机四伏，因而，吃不准自己的力量有多大。在1926年，按照传闻，他是发自内心地讨厌外国人的，对记者和采访活动也充满敌意。不过，他对陌生人缺乏信任，倒是容易理解的，因为他与俄国人及中共的关系正日趋紧张。两边阵营里各有小团体，冲突几乎公开化。尽管他的追随者和支持者中已产生分裂，他却敢照样发动北伐。这也充分体现了这位年轻总司令的性格。他的思路可能是，先获胜，再解决内讧。”

至于苏联派往南方的首席联络官鲍罗廷，哈雷特·阿班以美国人特有的幽默写道：“在 1926 年，他（鲍罗廷）的外表与中年时的美国参议员博拉几无二致。鲍罗廷跟博拉一样，也有个粗重的身坯，肥厚的肩膀，脑袋也跟博拉一样硕大，侧面轮廓犹如博拉再版，令人惊奇。更令人叫绝的是，他的发型也同那位爱达荷州参议员一样，既长且密，乱蓬蓬的，永远欠缺梳理。其时，鲍罗廷正负责训练和指导宣传工作人员，成就非凡。国民党军队的北伐能在 1926 年夏末顺利启动，这种莫斯科式的宣传工作功不可没。”

的确如哈雷特·阿班笔下所描述的，那一段时间的鲍罗廷如日中天，他的铁腕和强硬，以及他对中国革命的颐指气使，使得无数中国人仰其鼻息，匍匐于脚下。那一段时间，每周都有三到八艘破旧不堪的苏联货轮开入珠江，卸下步枪、大炮和弹药，供应国民党军队，双方像蜜月一样亲密无间。谁也没有想到，不久之后的上海，蒋介石发动“四一二”事变，这位粗壮的苏联人因此遭受到高层责难，被强行征调回国接受处理。鲍罗廷先是担任一家英文杂志的总编，后又被秘密杀害。

第九章

末日来临

（1927—1928）

《时代》笔下的 1927 年
上海的“征服者”
末日危机
蒋冯联手
美国开始支持蒋介石
吴佩孚入川
一个时代的消失

《时代》笔下的1927年

阴郁的1927年来到了，伴随新年来到北京的，是越来越近的北伐号角。1927年1月，《时代》发表了一篇关于中国局势的报道，开头写得很有意思：

> 上周，北京的中国人在零下十度的寒冷中瑟瑟发抖，而在南方一千英里之外的广州，另外一些中国人则享受着与迈阿密海岸一样的温暖。这两种不同的中国人，可能听不懂对方的中国话，因为他们的方言有明显差别。但是，“洋鬼子”在所有地方都教一些中国人学会了英语，特别是“民族主义(Nationalism)”这个词。

在这篇报道中，“洋鬼子”一词特地用了中国话的发音：“Yang-kueitze”，英文注释为“Foreign Devil”，即：外国魔鬼。报道重点提及两个词：“洋鬼子”和“民族主义”。在《时代》看来，以这两个词来概括1925年以来蔓延中国的革命主题颇为准确。在西方媒体眼中，还有什么事态比中国爆发的一系列排外事件更让他们关注？随着北伐战争的高歌猛进，中国各地强烈地掀起一股民族主义倾向，“中国是中国人的”响彻一个又一个城市，成了北伐军激励人心的最有效武器，各地都不同程度出现一系列针对英美等列强的示威行动。这是历史的积怨，也似乎有苏联背后挑动的因素。作为既得利益者，西方国家害怕失去一切，更担忧失控的民众会像当年的义和团一样，把愤怒火焰烧向所有居住在中国的“洋鬼子”。二十七年前的历史，对于所有西方国家来说，都是一个巨大的噩梦。

首先受到冲击的是英国。1926 年年底，广州国民政府决定迁至汉口。12 月 22 日，国民党汉口临时中央党政联席会议指出：“租界已成反革命大本营，即革命之陷阱，革命即须打破此陷阱者，此后收回租界应为革命运动之事实问题。”1927 年 1 月 3 日，汉口各界集会庆祝北伐胜利和国民政府迁都汉口。汉口军校宣传队在江汉广场演讲时，英国水兵冲出租界，用刺刀驱赶听众，刺死中国海员一人，刺伤三十余人。《时代》对此进行了报道，不过没有提到中国民众伤亡情况，却详尽地描述了汉口民众冲进英租界的场景。报道还重提了 1925 年发生的“五卅惨案”——那一年在上海，有一批同样的“暴民”因做同样的事情被射击驱散。《时代》对于汉口事件的报道是，当示威的汉口群众逼近英租界时，持枪守卫英租界的英国海军陆战队士兵接到命令：“不准向人群开枪。”暴民继续前进，大声嘘叫，扔石块。海军陆战队士兵把步枪当棍棒用。虚张声势和小打小闹延续了四个小时。曾有二十个劳工手挥棍棒，把一个英国士兵打翻在地，抢走他的枪支，用刺刀捅进他的胸膛。英方还是没有射击。此时，一支国民党军队过江赶到，士兵们开了几枪，将暴民驱散，向英方抱歉来迟了。英国公使当然不傻，很清楚这是撒谎。骚乱不过是国民党的一种警告。两天后，更多暴民冲向英租界，将栅栏推翻在地，冲进码头，高呼口号：“打倒英帝国主义！杀死英国佬！”

仍是“难以避免迟到”的国民政府外交部长陈友仁随后赶到，拜访了英国领事，表示“绝对道歉”，他说无法理解这些人为何如此失控……但又说：“当汉水泛滥洪水时，一个人要想用舢板上的木桨把水拦住，他一定是个傻瓜。”这显然是在传递具有逻辑性的暗示：只要英国海军陆战队留在船上，陈就会尽其所能劝说暴民离开英租界。

鉴于汉口英租界被收回，英国国防部宣布，到2月底，在中国的英国士兵将达到两万名。一千名全副武装的士兵从伦敦奔赴中国，四百五十名英属印度旁遮普的士兵，紧急从香港赶往上海。这一增兵行动甚至引起了北京政府的抗议。张作霖通过其子少帅张学良发表了令人隐忧的谈话，《时代》1927年2月7日转述张作霖的谈话说："英国正向中国派遣大量军队，他们像是要卡住中国的喉咙。假如外国人想捏死中国，他们很快就会发现，北方和南方将站在同一个战壕里抗击侵略者。兄弟阋于墙，外御其侮。"

随着中国形势的越来越动荡复杂，《时代》对于中国的报道越来越密集，北伐成了《时代》最为关注的事情。张作霖结盟的张宗昌、孙传芳的鲁直联军，正在与总司令蒋介石率领的北伐军交战。上海郊区的枪炮声中，春节如期而至。对于这特殊时刻的情景反差，1927年2月14日出版的《时代》这样描述：

> 上周，乒乒乓乓的枪声和鞭炮声，伴随着庆贺春节。子弹乒乒乓乓在上海城外一百五十英里的前线响着，而在城里，由苦力在满街上张挂绿纸剪成的纸龙。五百多名伤员从保卫上海城的前线被送进城里。而与此同时，上海的中国人还忙着到别人家里去还过去一年里借的债，或者在薄红纸上写上大大的"春联"。新的中国在战火中；老的中国在庆贺中。

国民革命军北伐之际，上海一直处于惴惴不安中，商会、市政当局、外国领事以及北京外国公使团，发疯似的到处游说求援，请求列强派遣更多兵力保护这座城市。在此之前，上海已经修筑了无数防御工事，如战壕、碉堡和铁丝网路障，开展了形形色色攻击国民革命运动的宣传，斥之为“受莫斯科控制和指挥”“扬子江上的赤色波浪”，这种宣传更使上海的外国人神经紧张到了极点。短短几星期内，约有四万外国士兵开到上海，包括美国陆战队和步兵、英国兵、日本兵、意大利海军陆战队，还有法国的安南雇佣兵等。

随着北伐军的北进，战局不断失利，北京政府各项政策开始收缩，变得更加严酷了。与政治同样处于悬崖之上的，还有中国的经济。虽然北京政府前半段的经济有猛烈的增长势头，但到了 1925 年后，由于欧美列强在第一次世界大战结束后经济的逐步恢复，在远东，列强们也有卷土重来的趋势，随着外国企业加大竞争力度，中国的民族资本与外国资本之间的竞争加剧，民族资本越来越有力不从心之感。中国的纺织业、制造业遭到重创，外国商品大量涌入。中国民族工业受到极大打击的同时，中国人与外国人之间的矛盾也进一步激化。

随着军阀割据和军阀混战愈演愈烈，军阀们纷纷扩军备战。全国的陆军人数，据美国学者齐锡生估计：“一九一六年，略超过五十万人；一九一八年，一百多万人；一九二四年，一百五十多万人；一九二八年，二百多万人。”军阀们的疯狂扩军，致使中央和各地财政压力倍增，钱不够用，军阀们就搜刮民脂民膏，人民的财产得不到起码的保障，以致民不聊生，社会极度不稳定。

革命与暴力的气息就像山雨欲来前的云霾积蓄着。那时的中国，有一首歌越来越多地被人传唱，“打倒列强，打倒军阀”，这朗朗上口的歌曲反映了很多中国人强烈的愿望，既然难以改变，还不如推倒重来。人们渴望一场暴风骤雨，渴望打碎一切，甚至同归于尽，然后再造一个新世界。这应该是辛亥革命后又一次全国规模的革命高潮。当社会的发展不能满足人们的愿望之时，当人们失去耐心之时，带有破坏重建意味的革命，便以一种不可左右的力量来到了。

上海的“征服者”

1927 年 3 月底，世界的目光，落在一个以战胜者的姿态进入上海的军人身上，他就是担任北伐军总司令的蒋介石。4 月 4 日，蒋介石第一次成为《时代》的封面人物，被选用的是一幅正面肖像速写。瘦削的蒋介石剃着光头，表情冷峻，目光凌厉，咄咄逼人。封面下方只有简单说明——

GENERAL CHIANG KAI-SHEK
…rose out of the Sun-set

这句话的意思是，蒋介石将军在孙陨落之后升起。Sun 既指孙中山，也一语双关意指太阳。根据后面报道的行文，这句也可译为“在日落之后升起”。关于这个封面人物的介绍，小标题只用了一个词——征服者。

与 1924 年吴佩孚成为封面人物时只有寥寥数语介绍不同，这一期《时代》用了大量篇幅讲述蒋介石的生平，从他的出生、家世，到他的经历，其中近两千字的人物速写，不再是纯粹的新闻报道，而是典型的《时代》风格文体。行文倾向性十分明显，蒋介石的故事被泼洒了浓郁的传奇色彩，其早年在上海的经历更是被栩栩如生地描述：

中国革命（1911 年）爆发时，他刚满二十三岁，奉命指挥革命党在上海的一支部队。有两年时间，他利用职务之便，沉溺饮酒、赌博、放荡。忽然间，他放弃了这些嗜好。当他的朋友们聚在一起表示反对时，他大呼道："我已抛弃这些生活，要真正为国家服务！你们说是我的朋友。朋友！呸！向天发誓，我再也不会把你们当朋友。你们不为国家服务，不为民众服务，不是我的朋友。滚出去！不要再来了！"

怀着一种虔诚的、脱胎换骨的负疚感，蒋投入到中华民国之父——伟大的孙逸仙博士领导的实际战斗之中。

接下来又讲述了一段蒋介石向孙中山请缨攻打惠州的故事：

问题在于如何攻打惠州。孙博士的将军们认为不可能。蒋介石请求面见伟大的孙博士，向他面呈自己的计划。

……

蒋指挥攻城战斗。他的一万人军队有九千一百人阵亡；但他攻下了惠州。奇怪的是他没有受伤，在此次自己的部队遇到巨大伤亡之后，他的威望反倒大增，因为他身先士卒地一起参战。

这位改过自新的罪人，现在成了一个强大的英雄。凯旋之后，他退隐到一个寺庙里沉思冥想了三个月，此事后来他反复提及。1922 年，他到了莫斯科，担任孙博士的军事联络官，当时孙已经决定为了实现以民族主义，即"中国是中国人的"，来征服中国，准备接受任何强国的援助。

《时代》对于蒋介石的描述，像古代话本小说一样，刻意渲染、夸张，并且还将不同时间发生的事情剪辑在一起——孙中山召见蒋介石是在 1922 年 6 月，当时孙中山在广州被军阀陈炯明驱赶到“永丰舰”上；蒋介石率领东征军攻打惠州是 1925 年春天，此时病入膏肓的孙中山已到北京。或许是素材来源有误，或是故意追求戏剧性效果，《时代》极尽渲染之能事。而之所以选蒋介石做封面人物，一方面是蒋介石已经成了中国最有实力的“国民党军阀”；另一方面，是西方注意到他与共产党不一致的立场，这正是西方所愿意看到的。

当年上海滩异常落魄的年轻人蒋介石，这一次的确是以“征服者”的姿态走进上海的。这时候的上海，是中国最大、最欧化的城市，也是世界最大的港口城市之一；工业高度集中，超过东亚大陆任何地区；城市人口三百万，其中外国人接近八万，来自不同国家，有着不同肤色。上海还是基督教和天主教教会的远东总部。在上海，英美等发达资本主义国家都有巨大投资，上海是美国投入海外资本最多的地区，超过除菲律宾以外的亚洲其他地区，英国的投资甚至超过美国，投资额仅次于香港。总而言之，1927 年的上海已超过渤海边的天津，成为中国当时最重要的城市。对于蒋介石进入上海的细节，《时代》也用了相当篇幅形象地描绘：

> 上周一下午，大约两点钟，一个长长的车队由南开进上海。车上坐着一百名全副武装的强悍士兵——现代型的保镖阵势。一个人穿一件完全未加装饰的外套坐在第三辆汽车上，他虽瘦长，却是果断指挥南方军队的人。他便是征服了半个中国的伟大征服者、国民党军阀蒋介石。汽车专队耀武扬威地强行进入设有路障的法租界，法国人慎重考虑蒋介石将军要继续进入公共租界的要求。一会儿，车队从法租界返回，这位征服者告诉人们是他的司机走错了路。很快，蒋介石和随从以及正规

卫队，在一座大楼前停下，挂起一面旗帜，红、白、蓝三色的国民政府旗帜随风飘扬。在红底旗帜的上方，是一片蓝色田野，田野上升起一颗白色太阳。

蒋介石是真的记不清进入上海的路，还是故意进入法租界炫耀一番，其真实原因，已无法考证。不过在“洋鬼子”眼里，蒋介石仍是一个高举民族主义大旗的军阀，与吴佩孚、张作霖无异。不过列强们似乎感觉到这个后起者身上有一些新的东西，他们有种预感，在这个人的领导下，中国的局势将发生巨大变化。

在进入上海之前的1926年年底，坐镇南昌、成为国民革命军总司令的蒋介石，已足以与武汉国民政府分庭抗礼了。由于在北伐中节节胜利，国民革命军士气高涨，队伍壮大到二十六万多人。随着形势的发展，蒋介石慢慢显示出和与苏俄度着蜜月的国民党中央的巨大分歧，这表现在很多政治的看法上，也表现在很多事务的处理上。蒋介石与国民党左派力量日益加深的矛盾和分歧，正是对中国形势忧虑重重的西方列强所乐于看到的。英美等西方列强不断试探着跟蒋介石接近，想明确其政治态度，以寻找新的代理人。蒋介石也恰到好处地表明了自己的姿态——1926年8月20日，蒋介石在长沙发表声明，声称要从军阀手中解放中国，赢得在各国中的正当的平等地位，并与所有国家友好相处；只要外国人不妨碍北伐运动和国民革命军的行动，不管他们的国籍如何，对他们的财产将给予保护。蒋总司令所表现出的态度，与国民党左派和苏俄专家的态度已明显不一致。在国民党左派看来，唯有苏联才是值得依靠的，至于其他帝国主义，属于必须打倒的范围。两天之后，长沙湘雅医学院及医院得到命令，要求派几名医生为蒋介石治伤。一位美国传教士外科医生为他拔掉一颗碰伤的牙齿，他对蒋介石表现出的对西方人的温文尔雅深有好感。湘雅医学院的教职员曾经担心医院会被没收，但蒋介石的指挥部在街对面设立了一所设备良好的军用医院，与他们合作了一段时期。蒋介石许诺他控制的部队不攻击外国人。

蒋介石表露出对于西方的亲近，以及与武汉国民党中央不一致的态度，让武汉国民政府异常不满。此后又在对待武汉联席会议的态度以及对南京事件的处理上，形成了激烈冲突，其中，对南京事件的处理，更使对抗加剧——1927 年 3 月 24 日，北伐江右军部队占领南京后，爆发了大规模针对外国人的抢劫风潮，南京城内和下关的外国领事馆、教堂、学校、商社、医院、外侨住宅均遭侵犯和洗劫，金陵大学副校长文怀恩（Dr. J. E. Williams，美国人）和震旦大学预科校长（意大利人）遇害，此外英国侨民死亡两人，日本侨民死亡一人，法国侨民死亡一人。下关英美军舰向城内开炮数十发，死伤中国官兵平民三十余人。外国人均登舰赴沪。事件发生后，身为总司令的蒋介石异常恼怒，赶到南京下令追查抢劫者责任，缴了第六军第三师的械，又处决了三四十人。随即，蒋介石到上海，声明南京事件不扩大，不以武力收回租界。蒋介石的态度，让武汉国民党中央大为光火，为了削弱蒋介石的权力，武汉国民政府将蒋介石总司令之权隶属新的军事委员会，改任蒋介石为国民革命军第一集团军总司令，冯玉祥为第二集团军总司令。蒋介石彻底地倒向西方，决定“清党”。这也是“四一二”事件必然发生的背景。自 3 月底蒋介石进入上海后，西方媒体尤其是美国媒体对蒋介石表现出极大兴趣。敏感的美国媒体最先感受到这一点，4 月 4 日的《时代》说：“日本报纸上周关于中国事件的报道，还没有对天皇衣食住行的报道多；伦敦和多伦多的英文报纸则索性全无。但美国的报纸却表现出极大的关注。”正是在这一背景下，《时代》选择蒋介石作为封面人物并浓墨重彩地进行涂抹。

这一次《时代》对于蒋介石的判断，相较它几年前对于吴佩孚的判断似乎更符合中国时局。上一次，吴佩孚登上《时代》封面才几个月就下了台，而这一次，连《时代》自己都没有想到，对于蒋介石的认识竟具如此前瞻性——在《时代》刊出有关蒋介石专题八天之后，震惊世界的“四一二”黑霾就将笼罩上海：1927年4月11日午夜至12日凌晨的上海之夜，曾经并肩作战的同志，转眼成为刀枪相见的敌人；轰轰烈烈气势恢宏的街头革命和工人起义，突然淹没在一片血泊之中。《密勒氏评论报》记者埃德加·斯诺估计，五千多名共产党员被杀。斯诺报道说，共产党领导人周恩来组织了六十万工人总罢工。罢工使上海完全瘫痪。上海警察局、兵工厂和卫戍总部，一度被五万名武装的罢工工人所占领，其中两千人还受过特别训练。在此之后，他们宣告成立“市民政府”。

“四一二”事件的发生，明显是个信号，意味着这个异军突起的中国最强者，在苏俄和英美的天平之间，坚决地将砝码押给了后者。在此之前，又有谁能料到，与武汉国民党左派和共产党存在巨大分歧的蒋介石，最终会采取这种冷酷而决断的方式来解决冲突，进而使自己向新的统治者迈出最为关键的一步。有一种看法认为，蒋在摧毁共产党纠察队的过程中，接受了一千五百万贷款，后来又接受了三千万的贷款。这些贷款来自富有欧美背景的江浙财团。不管是自愿还是被迫，上海的买办和银行家资助了蒋建立的右翼政府。他们使蒋介石有了强大的经济支撑，从而摆脱对俄国人的财政依赖。

末日危机

北伐的枪炮声越来越近了，1927 年的北京，已经进入恐怖战时状态，那些曾经不甘寂寞的职业政客们，纷纷逃出北京，没人愿意继续成为胳膊和腿上牵着很多线的木偶。前方的节节败退，使得后台的操纵者不得不走向前台。与蒋介石在上海发动针对共产党的行动同步，北方的张作霖同样以一系列极端危险的做法，表示自尊和反抗，同时也暗地里向南方的对手蒋介石、欧美和日本示好——1927 年 1 月，鉴于北伐军北上作战行动十分顺利，张作霖开始对驻东北三省的苏联机构进行骚扰，以防在东北三省发生武装起义。3 月 11 日，张作霖派人搜查了苏联在哈尔滨的商务代表处。16 日，关闭了在哈尔滨的苏联“运输”股份公司代表处。31 日，搜查了东部铁路局苏联工作人员的机构。4 月 6 日，北京军警在得到公使团的同意后，不顾外交使馆享有不可侵犯的外交豁免权的规定，强行闯入苏联大使馆及远东银行、中东铁路办公处，逮捕了共产党人李大钊等三十多人。7 日，顾维钧代表北京政府向俄方抗议收容共产党人，苏代办齐尔内赫也向顾维钧抗议侵犯使馆尊严，苏联宣称，英国为搜查苏联大使馆之主要教唆者。28 日，北京政府组成特别法庭，审判在苏联使馆逮捕之革命党人，李大钊、路友于、张伯华、萧忠鼎、邓文辉、谭祖尧、张挹兰（女）、吴平地等二十人被执行绞刑。这一事件，在国内外引起轩然大波。当时在上海滩办英文报纸的鲍威尔，晚年回忆这一幕时，这样写道：

1927年4月6日，在北京东交民巷外交使团的卫兵们的协助下，张作霖的警察们突然搜查了苏联驻华使馆……

对苏联使馆的突袭，曾搜出了大量宣传共产主义的书刊和文件，还逮捕了几十名在使馆中的俄国人和中国人。消息传出后，苏联政府立即抗议这种搜查是“空前未有的、公然践踏国际法基本原则的暴行”。张大帅对此不理不睬，相反，还将从苏联使馆搜来的文件一一影印，分送到新闻界和其他使馆，借此证明苏联人准备“赤化”中国的阴谋。公布的文件还表明，苏联使馆的官员也卷入了这一阴谋。这样一来，事情变得相当棘手，因为根据1924年的北京协定，苏联政府表示不在中国传播共产主义思想，而这些文件却表明他们违反了协定。事情的结果是苏联召回了驻华使馆的代办（首任驻华大使加拉罕已经于年前被驱逐回国），而中国方面则通过草草的军事审判，把被捕的共产党人枪毙了事。

同样是4月6日，张作霖军队在南京扣留了一艘苏联船只，逮捕三名苏联外交信使以及在武汉政府任职的苏联总顾问鲍罗廷的夫人博罗金娜，强迫博罗金娜说服鲍罗廷签订南北停战协定。

北方一片肃杀，南方一触即发——4月17日，在武汉召开的会议上，国民党中央执行委员会通过一项决议，列举了蒋介石的十二条罪行——其中包括对人民的屠杀和对党派活动的压制。蒋介石被开除出国民党并被解除所有职务。随即发布了逮捕蒋的通缉令：抓到活的赏二十五万两银子，抓到死的则为十万两。

4月18日，南京国民政府正式成立，蔡元培代表中央党部授印，胡汉民代表国民政府受印。在冗长的声明中，蒋介石重申了孙中山的三民主义，号召与共产主义彻底决裂。“如果我们允许他们那可怕的政见蔓延，”他说，“一切都将成为泡影。”这样，武汉和南京两个国民党政府都宣称其革命合法并继承了孙中山的遗志。宁汉正式分裂。

5月1日，南京决定继续北伐，蒋中正颁发战斗序列：编第十四、第一、第十七、第二十六军为第一路军，以何应钦为总指挥，肃清江北之孙传芳军；编第六、第三十七、第四十军及第一军之一部为第二路军，蒋自兼总指挥（白崇禧代理），陈调元为前敌总指挥，由南京上游渡江，任津浦路正面作战；编第七、第十、第二十七、第三十三、第四十四（叶开鑫部，时称新编第五军）及第十五军之一部（月前自鄂开芜湖者）为第三军，以李宗仁为总指挥，王天培为前敌总指挥（每路军复有若干纵队），先解合肥之围，再攻蚌埠。同一天，武汉之北伐军败奉军于河南驻马店，即分三路北攻，以靳云鹗等豫军任左翼，张发奎率第四、第十一军任右翼（贺龙师亦属此路），唐生智率第三十五、第三十六军及第八军之一部任中路。

仍是同一天，冯玉祥在西安就国民革命军第二集团军总司令职（同时仍采旧国民联军名义），所部分六路：冯兼中央军总司令出潼关沿陇海路东进，方振武、孙良诚、马鸿逵、韩复榘属之；刘镇华为东路军总司令，自豫西出动；岳维峻为南路军总司令，由雒南出动；孙连仲为右路军总司令，由龙驹寨向荆紫关南阳出动；徐永昌为左路军总司令，由陕北入山西向娘子关出动；宋哲元为北路军总司令，由宁夏出动。

6月8日，蒋介石向张作霖提出南北议和的条件：张作霖易帜，改挂国民党的旗帜，信奉三民主义，将安国军改称国民革命军。如允诺，南京国民政府即可委托张作霖为“东北国民革命军总司令”，负责维持东北治安。

张作霖不甘心屈从南方，召集孙传芳、张宗昌、吴俊升、张作相等在北京顺承王府开会，商议对策。决定仿孙中山的先例拥张作霖为海陆军大元帅，另组军政府。中华民国第三十一任内阁总理顾维钧辞职，交内务总长胡惟德代理。6月18日，张作霖在怀仁堂就任大元帅，公布军政府组织令，以潘复组军政府内阁。尽管就职时鸣放了礼炮一百零八响，场面仍然冷冷清清，除了军政府的一干人外，各国均未派公使参加，这是历届北京政府未曾遇到过的。看得出来，列强对于张作霖已明显没有兴趣，他们的注意力，已集中在新权贵蒋介石身上。20日，潘复就任北京军政府内阁总理，张作霖任命阁员：外交王荫泰、军事何丰林、内务沈瑞麟、财政阎泽溥、司法姚震、实业张景惠、农工刘尚清、教育刘哲、交通潘复兼。很明显，这是一个战时结构，自辛亥革命之后成立的中华民国，终于摒弃了表面的宪政，沦落到以武力维护独裁的危险局面。

纷乱的时局下，到处都充斥着屠杀。北方处于白色恐怖，南方也是腥风血雨。这个夏天，革命党处决湖南大儒叶德辉引发了全国性震撼。叶德辉字奂彬，号直山，系清末民初湖南乃至全国赫赫有名的大藏书家、出版家和版本目录学家，其藏书之富甲三湘，出版古籍之多雄视全国，研究版本目录功力之深也是同时代无人能及。叶德辉的死，与其说是政治原因，倒不如说是一颗旧文化的心灵，在中西碰撞、新旧斗争的时代里，所承受的撕咬和牺牲。有关革命党要杀死所有知识人的消息传到北京后，古老的京城人心惶惶，尤其是那些曾经的士大夫们，整个茫然不知所措。在他们看来，北伐军如果攻陷帝都，什么事都会发生，与其遭受痛苦和屈辱，还不如杀身成仁。武力的敌对中，最无力也最容易虐杀的，就是文人了。他们或被轻松当作祭品送上祭坛，为杀人者提升士气；或成为喧哗热闹的工具，以打发无聊时光。文人们悲壮地认为，如果结局注定如此，还不如自己结果生命，以求得最后的尊严。

蒋冯联手

卖熟玉米、茶叶蛋的小贩在站台吆喝着，冷清的候车室里，几个当地农夫带着一大堆行李在等火车。陇海线上的火车来来往往，很少有人会留意一个靠近徐州的皖北小车站——砀山，更没有人想到，影响中国走向的两个大人物会在这里秘密会面。1927 年 6 月 19 日，蒋介石乘专车从徐州东来，冯玉祥乘专车从西来，两人在这里第一次会面、握手并亲切拥抱。这一次依旧延续了谨慎多疑的风格，冯玉祥赴徐州的行动十分秘密，火车先由郑州向西开了两三站，再回头向东开。当冯玉祥的“花车”缓缓进入车站时，“一时军乐大作，欢迎人员在国民革命军蒋总司令率领下，整肃衣冠，排立在月台上”。然而出人意料的是，冯玉祥没有坐在花车上，而是从后面挂着的装运行李的“铁皮车”中下来。穿一套极粗的河南土布制的军服，腰束布带，足穿土布鞋，与蒋介石一行革履佩剑、光彩夺人形成鲜明的对照。军乐声中，两人伸出手握在一起。站在这片陌生的土地上，蒋介石没有想到的是，在离这不到二十公里的地方，有一座汉朝大墓，下面埋葬着光武帝刘秀手下一员猛将蒋横，蒋横共有九个儿子，其中九子蒋澄逃到现在的宜兴县。蒋澄就是蒋介石的先祖。如果按辈分算，蒋介石算是蒋横的第六十八世孙。

这样的地点，这样的渊源，只能算是政治大事件中一个冥冥的小偶合。后来，冯玉祥在《我的生活》中写道：“我们的车子到了砀山——距徐州还有一站，遇着蒋先生亲自乘着车子前来相迎。这是我们第一次的会晤。见其丰采及言谈态度，无不使我敬慕，大有相见恨晚之情……

五尺多高，很瘦的身材，两个眼睛凹进去，说起话来先笑，然后就是哼哼。”二十年后，冯玉祥在大洋彼岸回忆了对蒋介石的“第一印象”。

当天晚上，在花园饭店举行了欢迎宴会。蒋介石谦虚地让冯玉祥首先讲话。冯玉祥先恭维国民革命军第一集团军官兵北伐劳苦，接着说：张作霖和吴佩孚说南方的赤化头子是蒋介石，北方的赤化头子是冯玉祥，我们今天是南赤、北赤大集会。我们赤在哪里呢？我们是真真实实的赤心、赤面、赤血，保护中华民国的赤子。

蒋介石之所以急于向冯玉祥热情伸出手，是因为“四一二”上海政变后，中国的政治局势发生了重大变化，国民党分裂成武汉和南京两派，再加上占据北方的张作霖，出现了三个政权对峙的局面。这个时候，冯玉祥的西北军已在洛阳击败万福麟的奉军，与武汉北伐军会师于郑州。统辖着豫陕甘三省，虎踞中州战略要地，控制陇海、京汉铁路交叉口的国民党员冯玉祥，一下子成为蒋介石、汪精卫都极力争取的对象。为了摆脱困境，蒋介石派曾与冯玉祥交情深厚的王正廷赶到郑州，做冯玉祥工作，想跟冯玉祥联起手来。对于双方的拉拢，冯玉祥采取两面手法：派刘骥为驻武汉代表，派熊斌为驻南京代表。当宁汉两方都委任他为第二集团军总司令时，他均不就职，仍以国民军联军总司令自居。

与蒋介石徐州见面前，冯玉祥在郑州已与国民党的另一个领导人、蒋介石的敌人汪精卫见了面。美国著名女记者安娜·路易斯·斯特朗当时也在郑州。这位著名的美国女记者第一次见到冯玉祥是在1925年冬天，一个大雪纷飞的冬日，斯特朗乘坐两天两夜的火车，自北京抵达位于内蒙古沙漠中的冯玉祥的军营。她说她是慕名而来，见到的是一个表情冷漠、高大健壮的人。两年之后的1927年6月，再次来到中国的斯特朗随武汉政府代表团前往郑州，又见到了冯玉祥：

冯玉祥本人在我们到达之后才来郑州，这也许是偶然的，也许是他出于对自己应有的威望的考虑。这后一种做法外国人难以理解。这样，他在车站受到了赴会的所有显赫人物的欢迎，而他们自己则只受到冯玉祥部下的欢迎。他故作俭朴地从一节货车上下来，他的发言人告诉我，他坐货车是“因为我的士兵兄弟也坐货车”。很久以后我才听说，冯玉祥在郑州的前一站才上了那节货车，在这以前他一直坐在同一列火车的一节舒适的私人包厢里。冯玉祥的俭朴，是故作的姿态，但比单纯的姿态更具深意：这是个有用的军事策略。他在郑州执行这样一条纪律：禁止举行任何每盘菜价值一元以上的宴会。这样就防止了中国官员通常在宴会上浪费时间和钱财的现象。用俭朴的名声来节省开支总比被说成吝啬要好听些。（《千千万万中国人》，第 72 页）

6 月 10 日，郑州会议在郑州陇海铁路车站附近的陇海花园正式举行。武汉方面与会者有二十多人。会议由汪精卫主持。会议决定把豫、陕、甘三省党政军大权交给冯玉祥。冯玉祥故意把蒋介石发给他的电报拿给汪精卫看，骂蒋是“狼心狗肺”。不过冯不同意讨蒋，而是规劝武汉方面“息争”，主张宁汉联合继续北伐。

斯特朗后来写道，冯玉祥离开最后一次会议时，由他的外事代表把他对斯特朗书面问题的答复转给了她。他宣称对武汉政府和武汉的国民党中央委员会绝对忠诚，还宣布他的部队将要改组成为国民党军队的一个组成部分。斯特朗写道：“带着客客气气得来的胜利，火车向南驶去。我们这些旁观者以为联合成功了。”然而，几天之后，冯玉祥赶到了徐州，与那里的蒋介石举行了会谈。最终，他选择了与蒋介石的合作。

在徐州，蒋介石的实力，以及“雪中送炭”的姿态打动了冯玉祥的心。冯玉祥的秘书高亚兴回忆，双方会面后蒋介石“马上就拨给他几十万块钱，以济燃眉，并允以设法接济”。在此之后，南京确定每月救济冯玉祥军两百万元。

6月21日，徐州会议结束。冯玉祥乘车离开徐州，回到了河南郑州。同一天，吴稚晖代拟了一电稿，经冯玉祥再三修改后署名发出，即《劝汪谭诸氏速决大计电》。电文包括三方面内容：一是反对工农运动、阶级斗争，敦促汉方加速“分共”；二是宁汉合作；三是继续北伐。25日，冯玉祥在郑州发出《通告各部队时局近况电》，除再次重申与蒋介石合作的政治立场外，宣布反共、“清共”的方针，并电请武汉国民政府驱逐鲍罗廷顾问，迫害共产党人和进步人士。冯玉祥将自己军队中的共产党员以及他管辖地区内的地方党员共两百多人调到郑州，先请他们吃饭，然后讲话说：“你们到我这里帮了忙，你们要反蒋，我是不能干的，我要和蒋介石合作反对张作霖。在我的军队里穿二尺半的不能反蒋，你们要反蒋，愿意到哪里去就去哪里吧！”随后，冯玉祥送给刘伯坚一千元，科长以上的每人一百元，其余每人五十元，用一个闷子车皮把二百四十多人一下子拉到武胜关，让他们下车离开自己的地盘。冯玉祥以这种“杯酒释兵权”的方式在宁汉之间做了选择。

在此之后，冯玉祥分别电告南京与武汉国民党政府，要求化除意见，努力北伐，凡妨碍北伐者即反革命。冯玉祥的举动，给武汉政府以极大压力，迫使汪精卫政府迅速右转，7月15日，武汉中国国民党中央常务委员会通过取缔共产党案。第三十五军何键部在汉口进行反共示威，占据汉口汉阳各工会，并搜捕吴玉章等共产党人。

8月，按照蒋介石与冯玉祥事先约定，他们在郑州举行了第二次会谈。冯玉祥在讲述他们之间的会谈情况时，曾这样叙述——开始时，蒋介石派了马福湘将军带去一个友好的消息：“蒋愿意和你结拜为兄弟。”冯玉祥的答复是“太好了”。冯玉祥接着叙述：于是，蒋和我彼此交换了生辰八字，成了结拜兄弟，那次会上，我们相互叩头四次。蒋问我：“现在我们已经成了最好的朋友，你准备怎样开导我呢?”我告诉他：“人民是我们的主人。我们应该做他们所希望的事。”“还有别的吗，大哥?”蒋又问道。我说：“如果我们能做到刚才我说的那些，那我们就可以实施孙中山博士的三民主义了。既然你再一次问我，我就这样告诉你，我们必须毫不含糊地与我们的士兵同甘苦，共患难。他们吃什么，我们吃什么；他们穿什么，我们穿什么。如果你能做到这一点，我们的革命就会成功。”蒋回答说：“很好，我们必须这样做。”

美国开始支持蒋介石

1927 年 12 月 1 日，对蒋介石来说，是一个值得纪念的日子，这一天，他与宋美龄的婚礼在上海的大华饭店隆重举行。

《时代》报道了蒋介石与宋美龄的婚礼。宋美龄的名字第一次出现，以后她还多次成为《时代》的封面人物。《时代》的报道题为《宋氏姐妹》：两千名衣着豪华的中国人，上周在上海参加了蒋介石元帅的婚礼……

蒋介石与宋美龄的结合，不仅仅是宋美龄与“征服者”普通意义上的结合，它的意义甚至可延伸到很多方面，因为新娘是完全西方化的“现代女性”。在中国，“宋氏姐妹”是著名的政治女性：大姐是孔祥熙夫人，孔先生家传尊贵，是孔夫子直系后裔。二小姐是享誉中外的夫人，是民族主义运动“神圣”的奠基人孙逸仙的遗孀。这场婚礼传递的一个信号是，国民党的实际一号人物蒋介石正谋求与英美缓和关系，而且，这个以革命起家带有某种黑社会性质的人物，正在与中国的资产阶级谋求联合。在此之前，蒋介石给人的印象一直是国民党中的左派，以排斥西方亲近苏联而著称。美国的《芝加哥论坛报》在 1926 年 11 月 23 日的社论中就把蒋介石列为中国的激进人物之一（英文的 radicals 在当时是有特定指谓的）。《纽约时报》记者亚朋德（Hallett Abend）后来回忆说：“1926 年时的蒋介石是以从内心里讨厌所有外国人而著称的。”

《蒋介石传》作者布赖恩·克罗泽这样写道：1927 年 5 月，上海政变后不久，蒋正式向宋美龄求婚。宋家为此召开一次家庭会议。宋霭龄赞成，宋子文完全不同意。尽管宋氏姐妹独立性很强，而且追求解放，但宋美龄已明确向蒋说明，没有宋母的同意，她不会结婚，而宋母并不怎么重视这一婚事。在这次家庭会议中大家还提出了很多问题。用中国社会的标准来衡量，作为一个士兵，蒋是属于传统的低层次的人，此外他结过婚——一次，或许还有一次——除非他可证明他已离婚。随后，宋夫人又听到了一些有关蒋介石生活中的其他女人的传言。还有一点很重要，那就是蒋不是基督徒。

导致蒋介石如此坚定地求婚的原因究竟是爱情，还是政治野心呢？或许二者兼有。胡霖（《大公报》创办人之一，该报普遍被认为是 1949 年以前中国唯一独立的报纸）在一次谈话中说：“蒋的婚姻是一次精心预谋的政治行动。他希望通过成为孙中山夫人（宋庆龄）和宋子文的妹夫来赢得他们。那时，蒋也开始考虑寻求西方的支持。如果美龄成为他的妻子，他便在与西方人打交道时有了‘嘴巴和耳朵’。此外，他一直十分欣赏子文在财政方面的才干。但是，如果说蒋没有爱上美龄，那是不公平的，蒋显然把自己视为一名英雄，而在中国历史上自古以来都是英雄爱美人。出于政治的考虑，蒋可以做任何事。在当时的情形下，娶一位新妻子对蒋来说是非常合理的。”

这一场目的复杂的婚姻给蒋介石带来了很多东西。除了西方的承认，延续正统的承认，婚姻本身还为草根蒋介石收获了一个大家闺秀，因而产生足够的信心。1927 年 12 月 26 日出版的当年最后一期《时代》报道说：

> 很快，到了 1927 年年底，一批称自己是国民政府的中国人在上海通过了一项与苏联决裂的决议。他们的领袖是原北伐军总司令、打下了半个中国的蒋介石，他说：“我欲竭尽全力实现国民党地区的和平，重整国民政府，提供充分军备以与张作霖（中国北方的统治者）作战，只有将他消灭，中国才会和平。”

蒋介石的崛起，不仅是依靠军队，依靠西方的支持，还因为他通过对苏联的学习和借鉴，找到了一个凝聚人心的方式和架构，用主义和政党构建了他的忠诚体系，这一个忠诚体系使得他的力量更加强大也更加紧密，从而在众多竞争者中脱颖而出。在此之前，美国驻华全权代表马慕瑞于 1926 年 6 月派遣驻华使馆的二把手梅尔（Ferdinand Mayer）到南方考察，以掌握第一手材料，从而针对那里“惊人的事态发展”提出制定相关政策的推荐性意见。梅尔征求了美国驻广州、香港、汕头等地领事的意见，与所到之处的国民党官员进行了较广泛的接触。梅尔关于此行的报告长达六十页，最主要的建议是对南方政府采取更现实和更灵活的政策。梅尔提出一种双向新举措：美国一方面在维护条约的神圣性方面对南方采取强硬立场，但同时又取消对现存北京政府的承认以取悦南方，因为国民党方面肯定会认为这将削弱北方的力量。在阅读了这个报告后，马慕瑞敦促国务院“顺应”中国政治发展的进程，建议美国应带头与英、日一起不承认北京政府，并且表态说如果英国和日本不支持，则美国应独立地采取此项行动。这样的行为，强烈地释放出一个信号，意味着美国对于中华民国北京政府的抛弃，也意味着中国格局将发生重大改变。

与蒋介石的迅速崛起形成对比的，是北京政府的不断衰落。此时的北京政府已过渡到战时格局，军阀武力当政，舆论遭到强奸，共和议会体制不再，一切已离早期设想的共和国越来越远。对于英美来说，北京政府偏离共和宪政所做的一切已让他们由衷地反感，已失去存在的必要，变得可有可无。列强们开始将目光和注意力转换到新生代的中国枭雄蒋介石身上，试图跟这个慢慢改变着的民族主义者进行合作。至于北京政府的临时执政张作霖，他们更愿意将他看作是一个真正的军阀，一个绿林出身的将军，一个没有现代民主政治意识的传统中国人。

在这种情况下，完全可以想象张作霖的孤独和郁闷了——西方列强彻底地抛弃了他，日本人也越来越对他不满；与此同时，对张作霖异常仇恨的苏联正寻求对其进行报复。一直自诩为东北虎的张作霖此时就像一只被抛落在荒原的饿虎一样，只落得个四处觅食的局面。风雨飘摇中，觊觎他的，是不远处张着血盆大口的陷阱。

吴佩孚入川

1927 年 4 月 22 日，吴佩孚五十四岁生日。细雨霏霏中，龟缩在河南巩城的他百无聊赖地提笔写下七律一首。一以贯之表露的是颇为矫情的悲天悯人：

民国军人皆紫袍，为何不与民分劳，
玉杯饮尽千家血，红烛烧残万姓膏。
天泪落时人泪落，歌声高处哭声高。
逢人都道民生苦，苦害生灵是尔曹！

吴佩孚写这首诗的时候，正是中国的新力量蒋介石意气风发指挥军队所向披靡之时。在此之前，由于吴佩孚不同意张作霖部南下抗击北伐，双方一度闹翻。兵强马壮的张作霖强行南下，接连与吴佩孚和靳云鹗的军队发生冲突，吴佩孚面临南北军队夹击的局面。节骨眼上，曾被吴佩孚罢黜的靳云鹗又与冯玉祥合作，众叛亲离之下，吴佩孚一下子成为孤家寡人。

进入 1927 年 5 月之后，形势对于吴佩孚来说更加逼仄了，冯玉祥的国民联军已从陕西进入河南境内，张作霖的东北军也进入河南，双方即将在河南展开大战。吴佩孚仅剩下一点人马，在双方的夹击之下变得岌岌可危，只得率卫队自巩县逃到南阳躲避。6 月 4 日，国民联军方振武自襄城联合右路军孙连仲、南路军岳维峻又向南阳之吴佩孚残部发起攻击。吴佩孚部属于学忠部军心涣散，投诚奉军，情急之下，吴佩孚只得逃出南阳。无路可走的吴佩孚打电报给曾受过其重恩的四川督军杨森说："我已无路可走，不论你允许与否，我都只有入川一途了。"当年被誉为"最有希望统一中国"之一代枭雄，此刻已落到了无家可归的惨淡结局。

吴佩孚是从鄂北的小路进入四川的，途经保康、秭归、兴山等地。这是一条荒僻山路，除了土匪，人迹罕至，艰难如三国时邓艾偷渡阴平。每过一个匪寨，吴佩孚就命向导持一张大红帖子，上书“吴佩孚”三字，高举手中。在豫鄂交界之灰店铺，吴佩孚的秘书长张其锽被土匪戕害。张其锽是吴佩孚的幕僚，当年吴佩孚那些煌煌电文，有很多就出自张其锽笔下。

有一天，吴佩孚和部下走到一个叫黄柏坪的地方，地面稍为宽敞，有几户人家。一个老道观有点面粉和绿豆，听说吴大帅来了，主人做了白面饼和绿豆汤来招待吴佩孚一行。饭还没有吃完，追兵来了，跟吴的士兵交上火。有人骑着马摇着一面白旗来送劝降信。吴佩孚嚼着饼，端着绿豆汤从庙里走了出来，接过劝降信看完后面无表情。参谋长蒋雁行在一旁流着泪说：“咱们也算对得起国家了，就是到南京去，也不会有什么危险，如果这样向外冲，必有大祸。”吴佩孚听后大怒，两只黄眼睛像冒出火来一般，用力将蒋雁行推开说：“跟我走，我不知道什么是大祸！”说罢不顾一切地顺着山路向前冲，送信人如木鸡一般闪在一边。吴佩孚一口气走了一个多小时，在半山腰稍停，等后面部队到达后，又沿着山路攀缘而上，是夜宿于山上。

吴佩孚一行历经千险终于在 7 月 13 日抵达四川巴东。杨森这时已受任国民革命军第二十军军长，吴佩孚还不知道杨森已易帜。15 日，杨森携妻子暨高级将领数十人，由防次万县乘兵舰直驶巫山迎接到吴佩孚夫妇，然后乘舰溯江而上，入瞿塘峡，泊白帝城，至永安宫。

吴佩孚这次入川，艰苦万分，九死一生。受到惊吓最重的，是他的夫人张氏。张其锽之死，偷渡襄河的枪战，让张氏投襄河自尽的心都有了。张氏多次向吴佩孚表示，自己实在不愿如此担惊受怕，纵不求死，只愿削发为尼。劝告吴佩孚从此下野，不问世事，出家为僧以度晚年。泪随声下，吴佩孚为之动容。吴佩孚曾写道：“生死两难悲末路，夫妻垂老泣牛衣。”如今只有这两残句，未见全诗，大约因为词句太过悲惨，故意不留。吴佩孚还留有入蜀诗一首，可见英雄末路之哀，诗曰：

曾统貔貅百万兵，时衰蜀道苦长征；
疏狂竟误英雄业，患难偏增伉俪情。
楚帐悲歌骓不逝，巫云凄咽雁孤鸣；
匈奴未灭家何在！望断秋风白帝城。

还有《白帝城怀古》一首：

落日荒城剩野蒿，参天古木树旗旄。
君臣遇合欢鱼水，禅术分明非俊豪。
祚运只教归在汉，河山那肯署为曹。
江声不尽英雄恨，流到瞿塘浪涌高。

潦倒颠沛之际，倔强的吴佩孚仍恪守坚持，拒绝去外国租界避难。在川避难期间，日本第一遣外舰队总司令荒城二郎少将，海军驻沪特务机关长佐藤秀大佐率将佐十五六人由宜昌乘小型舰到白帝城，专诚拜访落魄的吴大帅，向吴佩孚表示慰问，表示愿供给私人借款一百万，赠步枪十万支、小炮五百门、机关枪两千挺连同弹药，由小型舰艇运来白帝城。对于伸过来的橄榄枝，一向不喜欢日本人的吴佩孚说："过去我有枪不止十万，有钱不止百万，尚且一败涂地，可见成败是不在于枪炮和金钱，我如果愿意借外债，引外援，何必待到今日。中国事应该由中国人自了。贵国贵官的盛意我是不会承受的。"

后来有人评价一代枭雄吴佩孚，说他诚实勇敢、淡漠钱财、为人宽厚，富有传统精神，尤其彰显强烈的民族主义立场和爱国主义情怀。即使危机来临时，吴佩孚宁愿到处流浪，也不会屈尊到外国租界避难。这样的赞誉，初看起来，似乎还真像那么回事。吴佩孚在当时各方势力积极寻找列强支持的情况下，相对独立独守，实属难得。这样的行为，也使他受到不少民族主义者的崇敬。当然，吴佩孚一直存在致命的弱点，那就是自负尊大思维陈旧喜作秀。殿堂之人，最忌讳的是自负，不仅会轻视对手，更容易让自己暴露在明处，招致潜在敌人的伏击。除此之外，据说贪杯也是吴佩孚的毛病之一，很多时候，一直处于酩酊游离的非理性状态，很难准确拿捏分寸，经常做一些不合实际的激越之事。以他身边人的看法，吴佩孚最大的缺点在于识人不明，过分相信那些不值得信赖的朋友，经常受骗受误导。性情之下，吴佩孚一次次令下属和追随者失望，终至众叛亲离。

虽然虎落平川，不过吴佩孚仍不忘彰显自己的意志。1927 年 8 月 31 日，在白帝城的吴佩孚仍以讨贼联军总司令名义，委杨森、刘存厚、邓锡侯、田颂尧、李其相为一二三四五路司令。不过这个时候，似乎谁也没有把吴佩孚当作对手了，这个曾经叱咤风云的重要人物，已经跌出新军阀的视线之外了。滔天巨浪之中，似乎谁也没有在意西南边隅之地发出的鼓噪，就像谁也不在意一只失群江鸥的孤鸣一样。

风水轮流转，心高气傲的吴佩孚没有想到，继自己和蒋介石之后，另一个中国军人成了《时代》的封面人物，这就是老冤家冯玉祥。在 1928 年 7 月 3 日出版的杂志上，封面选用了冯玉祥的一幅特写镜头，他显得很健壮，巨大的头颅微微仰视，帽檐正好遮盖住前额。照片下面的说明很简洁："中国的基督教战士……变乌合之众为规矩之军。"而对更多的外国人来说，更喜欢称冯玉祥为"基督将军"，就像过去谈到吴佩孚时喜欢用"儒将"的称呼一样。在美国记者的眼中，冯玉祥站起来足有六英尺高。他不是纤弱的黄种人，个头魁梧，古铜色，和蔼。他一直将《圣经》拿在手上或者放在口袋里，是一个虔诚的基督徒。《时代》还介绍，冯玉祥是一个神枪手，也是世界上最大的私人军队——十九万五千人的主人。

《时代》还写道：冯玉祥有着传奇般的经历，谈到他，人们总是会津津乐道于他皈依基督教的起因，以及他命令整个部队的士兵都念《圣经》，唱圣歌，按照牧师们的训导祈祷。在军阀混战的年代，这些做法的确引人注目，也令人好奇。《时代》说冯玉祥“1880 年出生于安徽省，家境贫穷，因黄河这条‘中国的忧患之河’年复一年发生水灾，他从小就频遭饥荒”。这一段话，有严重的失误——冯玉祥只是祖籍安徽巢县，出生地是直隶省青县；并且，安徽省也不在黄河边上。显然，写文章的美国记者，对于中国的地理方位没有做到清晰明了。

《时代》继续写道：十八岁时，冯在当时的清军中当兵，拳乱（1899—1902）之后，他很快升至军官。他患溃疡而受其折磨，两位中医告诉他是“不良生活所致”，想收他的医疗费，此事对他刺激和伤害甚大。这位年轻军官很清楚自己的品行，拒绝了中医的治疗，转而去北京教会医院求医并痊愈。为他治疗的基督教医生说的一番话，令他终生难忘：“你不必付钱。我只要你记住，是上帝爱你，派我来为你治病的。”

1913 年，冯少校由一名卫理会牧师主持洗礼，此后，他又让自己的五百名手下全部皈依基督教。1915 年，他成为少将，在四川省主持了一次祈雨仪式，背诵《圣经》中以利亚先知为加尔默罗山祈雨而做的祈祷。冯将军信奉上帝后采取的进一步行动，是在他被任命为一个省的统治者后，数年之间他满怀热情地反对鸦片、嫖娼、酗酒、吸烟。与此同时，他开始学习写作，还自己编写军歌，题为《士兵之精神》。有几个日本小偷被卫队抓住后，冯将军命令当地一名日本领事道歉，他对日本领事咆哮道：“我没见过一个好的日本人！难道你们都是坏人？日本人难道没有一点儿羞耻?”这位将军又以相当温柔亲切的感情这样写下他的敬佩:“伟大的林肯总统，解放了美国奴隶。”

应该说，《时代》对于冯玉祥的人生之路，总体上把握得还是相当准确的，冯玉祥早年投军时，是一个没有受过教育的农家子弟。光绪二十八年，袁世凯在保定创设北洋军政司，开始大规模地编练新式陆军。冯玉祥当时二十岁，是淮军的一个副教习。淮军弥漫着的颓废陈腐之气，让冯玉祥十分沮丧，因而对袁世凯准备编练的新军十分向往。该年4月，冯玉祥转投袁世凯门下，成为武卫右军第三营左队左哨六棚的一名正兵。凭借着才干、勤奋和不可遏制的进取心，这个大块头的年轻人很快脱颖而出。他接连晋升，从副目、正目、哨长一直到队官，并在所有的考试里名列第一。冯玉祥很快成了军官争抢的人才和同伴们妒忌的对象，这个大块头的士兵一度拥有一个绰号——“外国点心”，意思是十分受外国教官青睐。这个绰号是冯玉祥同僚带有羡慕嫉妒恨的正常反应。

光绪三十年，冯玉祥所在的武卫右军改编为北洋“第六镇”，归段祺瑞统制。标统陆建章看出这个年轻人的远大前程，把内侄女许配给冯玉祥，并对他着力栽培。辛亥革命爆发那一年，冯玉祥已成为北洋军的一个营长，开始招募和训练新兵创建自己的部队。冯玉祥是一个带兵的干才，他把方方面面安排得井井有条极有秩序，力求以个人的品德垂范示人。据说每招收新兵，冯玉祥都要亲自查看，只要右手食指有茧子的，他都不要——那是兵油子、混营子。他喜欢招质朴、精壮的农民以及学生。这一点，跟当年曾国藩一脉相承。新兵入伍后，冯玉祥都亲自选拔较有文化的组成模范连，加以训练。冯玉祥把军队看作大家庭，而他则是“家长”，一手以恩感人，一手以威服人。他经常跑到军营里与士兵同吃同住，与士兵促膝谈心，婚姻、家庭、兴趣、理想、学习、工作，他都关怀备至。当他已是团长时，他还能记住部中约一千四百人的姓名。

恩威并施是冯玉祥的带兵准则，这让部下们对冯玉祥心悦诚服死心塌地。曾任冯军政治部主任的简又文这样评价：“人人对于他都起了一种神秘的信仰，其人格之摄力和感力竟能达到最下层的兵士，以至全军数十万人能团结一体，群奉冯为头脑及中心。”冯玉祥对于士兵的严格以及友爱是出类拔萃的：士兵命令执行不力的，就要打军棍。打军棍往往是对自己的亲信，要求越严恩赐越多惩罚也越重。冯的军队里流传这样的说法：“打是情，骂是爱，周瑜打黄盖，一个愿打一个愿挨。”军校出身的军官就受不了这种“考验”。冯曾说：“家鸡打得团团转，野鸡一打漫天飞。”冯玉祥的部队最重视的，是对他的忠诚，那些忠诚于他的亲信步步登天，而那些陆军大学毕业的学生，冯玉祥一般很少让他们掌握兵权。

1914年，冯玉祥的部队被改编为第十六混成旅。当段祺瑞试图免去冯玉祥旅长一职时，官兵闻讯大哗，几乎酿成一场兵变。段祺瑞只得请出陆建章收拾僵局，冯玉祥重获对其部队的指挥权。也就是这一年，冯玉祥正式受洗为基督教徒，以基督教赞美诗来代替进行曲军歌，成为人们眼中的“基督将军”。后来有人评价冯玉祥此举的用意，一方面因为其本身具有基督教的清教徒精神，另一方面还因为信奉基督教会赢得西方列强的好感，以得到更多支持。由这一点，可见冯玉祥的苦心孤诣和深谋远虑。自1918年后，冯玉祥一直被视为直系成员，不过身高马大的冯玉祥与瘦小文弱的吴佩孚始终有无形的距离。相比秀才出身的吴佩孚，自小出身军旅的冯玉祥更有草根经验，对于枪杆子有着天生的亲切感和依赖感。青少年时几次改换门庭，更使得他有着伸缩自如的适应能力。后人对冯玉祥一个独特的评价就是，这个大个子军人有着非同一般的表演才能，他曾经因为部下开会迟到，就凶猛地掌掴自己耳光，名曰不好怪罪部下，只能怪罪自己管教不力。在吴佩孚五十大寿时，冯玉祥还别出心裁地送了吴佩孚一坛清水作寿礼，名曰“君子之交淡如水”。冯玉祥早期部队的“基督色彩”也更像一支部队的集体表演，是为了赢得西方势力的支持而练习的团体操。在这一点上，冯玉祥与他憎恨的吴佩孚似乎有着异曲同工之妙。只不过冯玉祥的行为看起来更像是“表演”，而吴佩孚更像是“作秀”。在传统的中国人身上，尤其是那些官僚们身上，或多或少都有着这种“唱、念、做、打”的功夫。这也许是中国戏剧文化无形的影响吧。当然，跟一般军阀最大的不同在于，冯玉祥一直是非常好学的人，对于只受过一年零三个月正规教育的半文盲男子来说，他读书之多是惊人的。美国学者薛立敦曾评价说：“他可能是比其同时代的军阀更易受西方思想影响的人。然而，教育上的缺陷让他总是落后一拍。”薛立敦还将冯玉祥的风范和拿破仑相比较，说他们都是天生的演员。“他是个天生的演说家，情绪激昂，有声有色，扣人心弦。即使是老于世故的人，听到冯的演讲，也很难不被其毫不夸张、极有说服力而又激励人心的论述所打动。”

在讲述冯玉祥众多“优点”的同时，《时代》还以“叛徒的过去”这样一个小标题，报道 1924 年冯玉祥在直奉第二次大战期间“叛变”的故事，以及不同人的种种议论：

尽管几乎所有当代中国的记者、历史记载都把冯描述为“叛徒”，但直到上周，基督元帅的朋友一直对这一说法感到气愤。传教士们有充分理由得出与记者们完全相反的结论，在这一点上，山东齐鲁大学的迈纳（Miner）小姐的说法最有代表性。她上周写道：“人们指责冯元帅‘抛弃’或‘背叛’高官、盟友等与之相关的事件，我对之却有着完全不同的看法。冯因他的‘背叛’不得人心，但与那些没有远见和勇气这样做的人相比，他并不丢脸。”如此富有逻辑和奥妙哲理的看法无人能反驳。不过《时代》写道：具有眼光背叛上司并将之打败，令其脸面尽失，这样的人不会获得普遍敬重，冯玉祥自然难逃此命。

与《时代》一样，很多报纸也有对冯玉祥的评价，有报章评价冯玉祥就像三国时的吕布，游刃于纷乱的政局之中，没有固定的朋友，也没有固定的敌人，利用各派的纷争，壮大自己为我所用。他的面相如此平凡忠厚，就像一个北方的中国农民。在暗地里，冯玉祥同样如老农——智慧，隐忍，狡诈。国民军系将领徐永昌曾批评冯玉祥历来是“论变不论常”，“显得多少有点时髦肤浅”。而冯氏的追随者们认为，冯玉祥的行为，是他思想进步的表现，“是主张正义，不得不尔；是顺应潮流，跟着时代前行”。冯玉祥常常引用陶渊明《归去来兮辞》的一句话，“觉今是而昨非”，意思是一个人要学会总结，通过静思总结过去所走过的路、做过的事，为将来的人生定立方向。冯玉祥翻云覆雨的人生道路，是找到了自己的人生归宿，还是仍在原地打着转，茫然而不知方向？

《密勒氏评论报》主编鲍威尔曾和《纽约时报》记者一起采访过冯玉祥，他讲述了这样一个颇有意思的细节：《纽约时报》的一位记者自我介绍一番后，说：“冯将军，你长得真高大！”身高六英尺、肩阔腰圆的冯玉祥答道：“是的。你要是砍下我的头，顶在你的头上，那么我俩就一样高了。”记者听了这话后，吓得几天睡不着觉。如此半真半假的玩笑，向来是冯玉祥的风格，很难说他的行为和思想是真还是假，是内心的真实反映还是因为某种功利；或者说，这仍旧是冯玉祥的“表演”。不过确切地说，这个民国初期“千面人”的行动，的确对中国的政治时局走向产生了重大影响。

一个时代的消失

1927 年 3 月 8 日，康有为七十大寿。在上海，康门弟子举行了一个盛大的祝寿活动。让康有为最感到欣慰的是，生日前溥仪特意派徐良从天津赶到上海，专门送来贺礼玉如意一柄，上有溥仪手书“岳峙渊清”四字。康有为受宠若惊，居然穿起了前清官服，以三叩六拜以谢天恩。大礼行毕，康有为又挥笔写下一份“谢恩折”，由书记用小楷誊清，印了上千份，分赠前来祝寿的贺客——这也是他一生中最后一次以帝国贤臣的名义，给“皇上”写“奏折”。

寿筵当天，亲朋好友、门人弟子齐集上海“游存庐”为康有为祝寿。康的得意门生梁启超送来寿联：

述先圣之玄意，整百家之不齐，入此岁来年七十矣。

奉觞豆于国叟，至欢忻于春酒，亲受业者盖三千焉。

全联集《史记》《汉书》及《郑康成集》中的句子而成，天然贴切，把康有为喻为孔圣人，这让以“康圣人”自居的康有为煞是喜欢。

这个时候，北伐军正浩浩荡荡进军上海，孙传芳连连败退。七十岁生日过毕，康有为想把全家转移到安全处，以躲避北伐军的锋芒。3 月 18 日，康有为搭船去了青岛。到达后，康有为住在先前买下的天游园别墅里。29 日，康有为到青岛粤菜馆英记酒楼参加同乡宴，一杯橙汁下肚后，突觉腹痛难忍，当夜上吐下泻不止。医生诊断为食物中毒。30

日，呕吐了一夜的康有为突然感觉精神矍铄，跟身边人说了很多话。晚上，康有为照例夜观天象，看了没多久，突然大呼："完了，完了！"身体一下子变得虚弱不堪，连话也说不出来。31日凌晨二时，康有为忽然对身边的人说："中国我无立锥之地了，但我是不能死在外国的。"似有交代后事之意，然后一直昏迷。凌晨五时许，康有为"七窍出血"，死在门生李微尘的怀里。一代风云人物就这样死去，就算是乱世波涛中泛起了小小的涟漪。

后来，康有为女儿康同璧认为父亲是"被人在食物中投毒而导致死亡"。康同璧的女儿罗仪凤也持同一看法，并且认定康有为是被国民党下毒害死的。不过这种说法一直没有证据。也有人认为，康有为是被日本人谋杀的，因为康有为始终不同意溥仪跟日本人走，并曾一度与溥仪一起跟日本人相对抗，导致日本人怀恨在心。

康有为去世后，门人弟子请求溥仪谥之"仁忠"，也可能溥仪一直自顾不暇，此事最终不了了之。又有人提议将康有为灵柩葬于清西陵光绪帝墓旁，让君臣相伴，同样也不了了之。十余天后，康有为的灵柩葬于青岛李村枣儿山（有人误作"象耳山"）。这是康有为生前从南方请了风水先生冒雨勘察了三天才选定的墓地。

在北京的梁启超闻知噩耗后，失声痛哭，于4月17日召集康门弟子在宣武城南畿辅先哲祠举行公祭。弟子们涕泪双流，宣读了感人肺腑的祭词。给予了康有为极高评价，称他为中国改革的伟大先驱，是较早看清中国面临历史抉择的人——或者走向现代化和进步之路，或者绝望地走向衰朽和崩溃，"后有作新中国史者，终不得不以戊戌为第一章"。梁启超的话，后来成为了现实。

康有为死去没多久，同为"帝师"的王国维也自杀而亡——1927年6月2日，端午节前一个阳光灿烂的上午，时任清华研究院教授的王国维乘坐一辆黄包车来到颐和园。进了大门后，王国维先是散了会步，然后靠在鱼藻轩边独自抽烟，吸了大半支后，他将烟头丢在地下，跳入湖中。颐和园的园丁听到几丈外一声水响，发现有人跳水后，立即跳入湖中去营救。湖水很浅，只有齐腰深，王国维是头朝下入湖中的，头部已没入淤泥。园丁将老者搬上岸后，黝黑的淤泥堵塞了王国维的口鼻，虽然前后只有两分钟时间，王国维竟已窒息而逝。也许，王国维是下决心要去死了。五十一岁的国学大师王国维就静静地躺在鱼藻轩边的泥地上，口鼻塞满淤泥，身上一片泥迹。人们在他的衣袋里发现一份简单的遗书，开头十六个字似乎说明死因：

> 五十之年，只欠一死，经此世变，义无再辱。

王国维 1877 年出生于浙江海宁，这个处于新旧交替、东西方碰撞年代里的读书人，从一开始，就像一个传统中国知识分子中的异类，他的目光不局限于华夏，而是穿越到世界文化的海洋中。王国维早年喜欢哲学、美学，继而词曲，精通英文、德文、日文等多种文字。当中国传统知识分子还没有听说过苏格拉底、柏拉图、亚里士多德等人的名字时，王国维已经对上述方家及叔本华、尼采等，有深入的研究和深刻的洞见。并且，王国维很快将东西方哲学观念融合起来，成为用西方理论对中国文化思潮进行批评的第一人。辛亥革命之后，王国维随亦师亦友的罗振玉避居日本，专治经史、古文字学、考古学，又在历代古器物、甲骨钟鼎、齐鲁封泥、汉魏碑刻、汉晋简牍、敦煌唐写经以及殷周秦汉古史的考察领域取得惊人成就。学问精进的同时，王国维的精神世界也变得虚无缥缈。在现实世界里，王国维笨拙不安，只有进入精神的世界，他才如鸟儿一样自由自在。在这个大儒的眼中，人生以及社会最根本的就是学问，至于政治，按道理是从属于学问的。从某种程度上说，王国维与这个时代的关系，不是呼吸和享受，是属于甲骨文，属于破旧的纸书飘曳的一脉灵魂。

在此之后，王国维一直跟随溥仪，作为“南书房行走”，伴逊位的弟子读古书，鉴定宫中文物。这种两耳不闻窗外事的生活很快被中止，剑拔弩张的政治像扑面而来的漩涡将他卷了进去——冯玉祥逼宫溥仪去了天津后，王国维一直在家著书度日。经胡适力劝，吴宓大拜如仪大礼的请求，又在征得逊帝的同意下，王国维举家搬入清华园，就任国学研究院教授一职，享受每月四百大洋的优渥待遇，教授经学、小学、上古史，每周三个课时，其余时间潜心于自己的研究，日子过得平静而悠长。与北京大学的辜鸿铭一样，身材瘦小的王国维一直在脑后留有那根纤细花白的发辫，这客观上是标记，主观上是习惯，没有它王国维会觉得很别扭。辫子就如同身上长的瘊子一样，已经与身心合而为一了。

清华研究院执教的两年中，王国维每年春节都要去天津觐见逊位的“皇上”。对于政坛和社会越来越复杂混乱的趋势，这个“老实得像火腿一样”的读书人变得越来越忧郁，他担心已变得残缺不全的秩序又要灭亡，动荡不安的社会当中，人的尊严会轻如鸿毛。名震遐迩的两湖大儒叶德辉、王葆心被处决的消息传来后，王国维有一种“兔死狐悲”的惶恐，他担心如果现时局势还允许他苟延残喘的话，那么，将要来临的那个世界，对自己将更不容。既然如此，唯有自我了断方能保持尊严。王国维常跟吴宓、陈寅恪等人商议应变之策，有时独自一人在静夜中忧郁地流泪。

王国维的死，让山雨欲来的京城平添了几多惶恐，也平添几多困惑——如果说王国维是以死祭奠逝去朝代的话，这样的仪式，似乎姗姗来迟；如果说王国维是以死悼念文化没落的话，这样的死，悄无声息又无确指；如果说王国维是以死抗争将要来临的世界的话，这样的死，连起码的警醒标志也没有……也许，这一切都是因为王国维死前没想太多吧，一个人，在一心向死的心境下，哪里会依恋将要离开的世界呢？也不会在意走的姿态，只是唯恐走之不迅。他的死，似乎含有某种执着、某种理性，又似乎怀有某种恐惧、某种迷茫。如果说王国维的生，是“向死而生”的话；那么，他的死，则是追寻那一抹游离的气味而去。如果不是天遂人愿，这泓浅水哪里能淹得死人呢！

王国维的死，在给中国留下一连串谜团的同时，也留下了一个不祥的预兆，很多知识界人士，在惊闻王国维忧怨地离去之后，不可避免有种“兔死狐悲”的忧伤。陈寅恪在给王国维写的碑文中，充满着悲悯和凄凉：

> 士之读书治学，盖将以脱心志于俗谛之桎梏，真理因得以发扬。思想而不自由，毋宁死耳。斯古今仁圣所同殉之精义，夫岂庸鄙之敢望。先生以一死见其独立自由之意志，非所论于一人之恩怨，一姓之兴亡。呜呼！树兹石于讲舍，系哀思而不忘。表哲人之奇节，诉真宰之茫茫。来世不可知者也。先生之著述，或有时而不彰。先生之学说，或有时而可商。惟此独立之精神，自由之思想，历千万祀，与天壤而同久，共三光而永光。

同样感到灰凉的，还有梁启超。1927年的新年刚刚到来，病中的梁启超陷入忧心凄惶的境地。对于越来越乱的棋局，明察秋毫的梁启超当然看得很清楚，对于北方军阀、国民党以及共产党，梁启超都不看好，只是不知道中国向何处去。

梁启超一贯主张“政治革命”，坚决反对和排斥“社会革命”。梁启超希望中国能够走一条“社会改良”的道路，其中关键，是一个“中等社会”的存在。在梁氏看来，一个国家的进步和强盛，靠的是富人而非贫民，在经济发展方面尤其如此。梁氏为自己的“富人”概念做了一个定义：排除了那些“剥削兼并他人之所有以为已肥，乃窖之而藏之”的剥削者之后，所余存的“中等社会”，颇类似于今天所谓的“中产阶级”。梁氏主张先在中国造就一个“中等社会”，再由这部分人去发动社会改良。以如此这般思想去理解梁启超，就不难理解梁氏为什么在目睹“中等社会”遭遇大破坏之后，对“大革命”的强烈抵制态度了。不过到了这个时候，即使是文化巨擘梁启超，也无法以自己的力量，让汹涌的社会冷静下来。他冷静而理智的言语，更像是独居偏寓的呢喃自语。大革命以山崩地裂的海啸之势，排挞向这个古老的国家袭来，惊涛拍岸山呼海啸之中，哪里有平心静气的空间和可能呢？一切都是无可奈何花落去。

王国维的死，更让梁启超“兔死狐悲”——病中的梁启超为王国维的丧事奔走，自己也在体验着死亡的气息。在给女儿的信中，梁启超说：“我一个月来旧病复发得颇厉害，约莫四十余天没有停止。原因在学校批阅成绩大劳，王静安事变又未免大受刺激。”在梁启超看来，这个国家“业障”太深，在行进过程中不可避免地过渡时间太长，混乱时间太长。晚年对佛学越来越感兴趣的梁启超将佛学词汇引用到这个时代，将这个世纪之交的时代形容为“过渡时代”；而活跃于当时政坛、文坛上的诸多人物也是“过渡人物”。这样的命名，带着三分清醒，七分无奈——其实，谁又不是过渡呢？对于社会，对于文化，对于人，都是如此。尤其是现时的中国，现时的时代，现时的人物，一切都是过渡，都是漂泊。只是需要多长时间，需要耗费多大的痛苦代价，才能摆过渡去呢？

梁启超此时所做的，是带着一种破碎的心情，全力写作《辛稼轩先生年谱》。写辛稼轩，是由于同处破碎的年代和岁月，感同身受更觉共鸣。梁启超写到辛弃疾六十一岁，是年朱熹去世，辛弃疾前往吊唁，于不胜悲痛中作文略寄哀思。梁启超在“考证”一栏中写道：“全文已佚，惟本传录存四句云：‘所不朽者，垂万世名，孰谓公死，凛凛犹生。’”

在写完最后一个“生”字后，梁启超的手变得软弱无力。此时的笔，沉如铁木，如那个时代一样，已变得无法掌握。他们都知道，一切都已远去了，虽然那并不是一个美好的时代，但那是属于他们的，而眼前的和将要来临的时代，是那样的捉摸不定，分明已不属于他们了。自己身处的，是社会和文化的渡船，环顾左右，时光苍茫，如雾霭般笼罩，如星辰般遥远，如大漠般苍凉——喧哗与骚动中，唯一真实的，只是孤星血泪。——几个月后，梁启超怀着对新时代的困惑，离开了这个世界。

王国维之死，似乎具有某种屈原的意义；而梁启超的质问，又具有司马迁般的悲苦和孤愤。那个属于他们的时代，就在这样的伤心、疑惑、长叹和落寞之中远去了；接下来面对的，是一个焕发着生机的新时代，还是过去悲苦和绝望的重现？

尾　声

时间进入 1928 年，刚过冬天，久住在北京紫禁城的人突然发现，从未有过如此多的乌鸦，仿佛全中国的乌鸦都栖落到这座空荡荡的故宫里来了。皇帝走了，大臣走了，太监也走了，填补这座古老宫殿空缺的，全都是神秘而衰老的乌鸦。它们喧哗着，骚动着，集体起飞时，仿佛乌云蔽日；三三两两时，就像青砖上落上的狗屎。这样的景象让紫禁城的遗老遗少生疑，这些乌鸦，该不是那些曾在紫禁城活过的人的鬼魂吧？乱世之中，没地方可去，就把这儿当阴曹地府了。继而感慨：这一年肯定有大事发生！——该是那个"四不像"的共和国倒台了。最终果然如此——1928 年 1 月 8 日，蒋介石就任国民革命军总司令。2 月，中国政治舞台上的三巨头蒋介石、冯玉祥、阎锡山并排坐在一起，留下了现代史上一张重要合影：三人均正襟危坐，蒋介石居中，冯玉祥在左，阎锡山在右。蒋一身戎装，笔挺而讲究，夹在冯、阎当中，这位瘦高的浙江人略显拘谨；冯玉祥身躯魁梧，衣着随意，粗布麻衣衬出满脸的憨厚与朴实；阎锡山也是一身戎装，不过看上去持重而老成。这一张照片，预示着蒋介石与冯玉祥和阎锡山携起手来，他们的敌人，轮转成盘踞北京的张作霖。

2 月 22 日，蒋介石任国民政府军事委员会主席，发布通电，申明务于最短时间内完成北伐。5月，步步进逼的国民党军队已进入山东滕县境内，张宗昌退至山东邹县。5月3日，日本军队在济南奸淫掳掠，屠杀中国军民万余人，制造了骇人听闻的“五三”惨案。9日，孙传芳从天津致电北京政府内阁总理潘复说：“南北于争，济南事变，日人侮我太甚，本人受良心之督责，不愿再事内争……兹已到津，前线军事，不能负责。”30日夜，张作霖召开军政府最高紧急会议，接纳潘复、孙传芳等人的劝告，以大元帅名义下退却令。6月1日，张作霖下令将“安国军大元帅”印旗、国务院印信及外交部重要档案全部运往奉天。2日，张作霖通电宣告退出北京，政务交国务院摄政，军务归军团长负责，以后政治问题，听从国民裁决。同日，潘复宣布辞职，院中事务交许宝蘅暂时负责。为了避免“南京事件”再次发生，各国使馆与交战双方多次交涉，参与讨论的将领们终于同意：张作霖撤离北京后，需要在北京城内留下五千军纪最严整的兵士维持秩序，直至胜利一方前来接管。各方妥协的条件还包括，蒋介石的军队不得进入北京城，京城改由山西来的阎锡山部队控制。进京的晋军都是挑选出来的，一部分是最年轻的新兵，另一部分是素质最高的。他们被特别要求不得骚扰外国人。根据协议，晋军将于指定时间从南门进入北京。北洋军则于同一时间从北门撤出。他们将获得礼遇，允许保留武器登上火车，在不受干扰的情况下离京前往关外。

6月3日凌晨一点，北京前门火车站皎洁的月光下，张作霖登上火车离开。下午四时，火车到达山海关。侍卫送上了精致的食物，这是张作霖最后的晚餐。据厨师朴丰田回忆，晚餐的菜单为：肉丝烧茄子、炖豆角、榨菜炒肉、干煎黄花鱼、菠菜烹虾段、辣子鸡丁、小白菜汤。同一天，前中华民国大总统黎元洪因为脑溢血在天津逝世。这个“辛亥革命”的符号之一，与他所经历的中华民国北京政府一道寿终正寝。像巧合，也是必然。在一阵紧一阵的北伐枪炮声中，黎元洪的遗体被安放在黑漆楠木棺材里，身着的寿衣不是传统的长袍马褂，也不是一袭中华民国元帅服，而是一身大总统礼服，胸前还佩戴金质徽章——看得出来，中华民国大总统职位，是黎元洪一生的荣耀和情结，也是他晚年的梦魇和不舍。此时，这个不舍的梦魇终于宣告结束了。

6月4日清晨，乘火车回奉天的中华民国海陆空大元帅张作霖在皇姑屯遭到炸弹袭击。一分钟之前，坐在车厢里的张作霖感到微凉。随从问："天有点冷，要不要加件衣服？"张作霖看了看表，已五点多了，便答道："算了，马上要到了！"话音未落，一声巨大的爆炸声把他们吞没。当天上午，张作霖在紧急送往大帅府后死亡，年仅五十四岁。张作霖留下的最后一句话是："我受伤太重……恐怕不行了……叫小六子快回奉天！"

中华民国北京政府最后一届总理潘复万幸逃过了劫难——潘复在北京登车后临时改变主意，车到天津，他随张作霖的首席顾问町野武马下了车。潘复并不是有先见之明，而是考虑到自己既不是东北人，也非奉系嫡系，不想在关外过寄人篱下的生活。

6月4日恰巧是张学良生日，这一年，年轻气盛的少帅正满二十七岁。在北京的张学良听到父亲死讯后，惊如晴天霹雳。冷静之后，张学良要求奉天方面秘而不发张作霖死讯，安排三、四方面军团立即从北京撤退至滦县。一直到17日，张学良才剃了个光头，身着士兵服装，化装成普通士兵挤坐在闷罐车中回到了奉天。快到皇姑屯时，张学良打开车窗，把身子探出窗外，努力辨认那地方的每一丝痕迹。到达奉天之后，张学良所做的第一件事，就是以张作霖的名义草拟了一份手令，全权委托张学良代表一切职务。张学良模仿父亲的笔迹签了名。20日，张学良宣布张作霖的死讯，发布张作霖手谕，正式就职。

半个多世纪以来，人们一直认为，张作霖的死与日本人有关，推测日本人的动机是惩罚张作霖擅自撤兵，不肯抵抗北伐军。曾任日本关东军高级参谋、作为战犯的河本大作甚至在狱中写有《我炸死了张作霖》一文。不过二十一世纪俄罗斯历史学家普罗霍罗夫在根据苏联解密历史档案资料所撰写的《张作霖元帅之死档案》一文中称，张作霖之死与日本无关，是苏军情报局所为，具体执行人为苏联间谍萨尔嫩、埃廷贡、维纳罗夫等。当然，这仍属一家之言，孰是孰非？又添一重迷雾……

6月8日，国民革命军未费一枪一炮整队进入北京，北京安然换防。13日，国民政府通知中国驻外使馆改挂青天白日新国旗。20日，直隶省改称河北省，北京改为北平。7月1日，张学良通电南京国民党政府蒋介石、冯玉祥、阎锡山、何应钦等军事巨头，宣布与南京方面停止军事行动，决不妨碍统一，并派遣官员前往北京，与蒋介石代表商谈东北易帜问题。至此，中国军阀之间相互攻击十多年的局面结束，自袁世凯起北京作为中华民国政府首都的局面也宣告结束。值得一提的是，尽管新桃旧符，这一年，在内务部领导下的北京警察仍保持着很好的专业水准，1928年的北京还被描述为“世界上治安最好的城市之一”。7月4日，蒋介石住进北京香山碧云舍。在碧云舍，蒋介石操办了由各集团军总司令、总指挥参加的祭奠中山之灵大典。蒋介石主祭，冯玉祥、阎锡山、李宗仁襄祭。孙中山的灵柩前，蒋介石与他的同僚们脱帽伫立。蒋介石还抑制不住悲伤，情不自禁地抽泣起来。在此之后，一身中山装的蒋介石，携同年轻美丽的宋美龄，在全副武装的国民军卫队的护卫下，踏着灿烂的阳光进入了紫禁城。这是蒋介石第一次来故宫，清朝早已不再，故宫杂草丛生，蒋介石一边聆听着陪同学者的讲解，一边骄傲地展示着胜利者的微笑。当天晚上，蒋介石在自己的日记中记下了白天的见闻，感叹这座豪华无双的宫殿的精巧无比，感叹宫殿在尘烟弥漫中的安谧，也感叹明清五百年历史的如烟消散。

国民党人进入古老的北京城后，很快收到美国方面的“大礼”——美国公使马慕瑞与南京财政部长宋子文签订新的关税协议，承认中国完全关税自治。其他国家也迅速效仿，给予统一的中国以优惠待遇。国民政府还与列强签订一项协议，外国政府只能向南京方面出售武器弹药，若直接向地方军阀出售武器，必须有南京的批准。各国支持中央国民政府的这一措施，使地方势力受到了严厉打击。在强大的压力下，中央政府的将军及各地的军阀都开始信奉“三民主义”，貌似成为积极的追随者。不过从实质上，这些地方军人只是听命而已，真正目的是求得南京方面放过他们，好继续控制自家的军队和地盘，征饷抽税如旧。对于只顾一己之私利的军阀们来说，效忠南京的前提，是让自以为拥有中央集权的新政府对他们听之任之，至于口头承诺和表面忠诚，不过是玩熟了的游戏而已。

尽管风云变幻，北京这个千年古城仍像埃德加·斯诺所形容的那样，像一个“老夫人”一样温良恭让。政治仍是皇城根里百姓不变的话题，在一如既往庞大、沉闷、压抑、神秘、霉腐的帝都里，人们仍安之若素地聊着政治话题，就像聊着前些天所看的一幕情景剧，或者在八大胡同偷窥看到的画面一样。人们三三两两地聚在胡同口的某一棵槐树下，有的提着鸟笼，有的肩头站着威武的鹰隼，拖着油滑的京腔，不屑或崇敬地议论多年之前，哪朝皇上娶了某个妃子的轶事；或者某个忠臣，某个奸臣的伤心与苦恼；某个太监的趣闻与奸情。在他们眼中，已经逝去的北洋政府北京政府，与过去的朝廷并没有区别，将要来临的国民革命政府，也与逝去的北洋政府没有区别。一切都只是换了个“皇帝”而已。有时候他们的议论还真算真知灼见。这个红墙黄瓦映照下的古城，就这样沉浸在一派浮华、温馨、自得外加迷迷糊糊的勃起与阳萎的大梦之中。

这一年的 7 月 3 日至 11 日，清皇陵遭到国民政府孙殿英部的洗劫。孙殿英以军事演习为名，封锁了马兰峪东陵，以火药炸开了乾隆皇帝和慈禧太后陵墓巨大而坚固的墓门，敲开棺椁。中国历史上最著名的皇帝之一，被誉为“十全老人”的乾隆，以及近代史上最有权力的女人慈禧被抛尸荒野。孙殿英亲自进墓点视宝物，装了四五十箱回到军营。此后，这批宝物中的很大一部分流散到世界各地。虽然新国民政府一再声言严厉查办，不过最后仍是不了了之。传说国民政府的重要成员蒋介石、宋子文等分别接受了孙殿英的贿赂。孙殿英在解释自己的行为时言之凿凿：“满清杀了我祖宗三代，不得不报仇革命。孙中山有同盟会、国民党，革了满清的命；冯焕章（冯玉祥）用枪杆子去逼宫，把末代皇帝溥仪及其皇族赶出了皇宫。我孙殿英枪杆子没得几条，只有革死人的命。不管他人说什么盗墓不盗墓，我对得起祖宗，对得起大汉同胞！”孙殿英是试图以革命的名义来论证自己的所作所为。在那个时代，凡事一套上“革命”二字，便变得理直气壮堂而皇之了。

同样是从这一年的夏天开始，在中国北方的大部分地区，发生了持续三年的严重灾害，以旱为主，蝗、风、雪、雹、水、疫并发，以陕西、甘肃为中心，遍及山西、绥远、河北、察哈尔、热河、河南等省，并波及鲁、苏、皖、鄂、湘、川、桂等省的一部或大部。造成逃荒人流无数，倒毙在荒原上的饿殍大约一千万。陕西原有人口一千三百万，三年大荒中，沦为饿殍、死于疫病者三百多万，流离失所者六百多万，合计占全省人口的百分之七十。后来成名的埃德加·斯诺，当时还是上海最著名的英文周刊《密勒氏评论报》的年轻记者。大灾之时，埃德加·斯诺去了中国北方，写了一篇《中国五大害》，报道称：“今年，在遥远荒漠的陕西省发生了严重的旱灾，紧接着传来了骇人听闻的大饥荒的消息。许多人活活饿死，数以千万计的人正陷于绝境，河南和甘肃的情况也相差无几，深受其害的难民估计达五千万左右，但愿世界各地的人们在听到这些灾情后，能立即进行捐助，以缓解可怕的苦难。”不久，斯诺再次前往张家口、内蒙古等饥荒地区，继续向西方读者报道受灾难民的真实情况，又写下《拯救二十五万生灵》等长篇通讯，记述了许多令人心悸的场面。斯诺愤懑地发现，尽管灾害严重，美国给蒋介石源源不断的援助却没有用来救灾，反而用于大力扩充军备。连年的战乱给中国带来了深重灾难。

在饥饿和灾难中，1928 年 12 月 29 日，张学良将军向全世界通电，毅然宣布“遵守三民主义，服从国民政府”，在东北将原北京政府的红黄蓝白黑五色旗改为南京国民政府的青天白日旗，宣布拥护国民政府的政治行动，这就是震惊中外的“东北易帜”。30 日，南京国民政府任命张学良为东北边防军司令长官，奉军编入国民革命军序列，改称东北边防军。1929 年 3 月 1 日，奉天省改称辽宁省，省会改称沈阳市。

到了这个时候，红黄蓝白黑的五色旗终于倒下，取而代之的，是青天白日旗飘扬于中国各地。当年，大元帅黄兴倡导使用铁血十八星旗为中华民国国旗，国民党代理总裁宋教仁倡导使用五色旗为中华民国国旗，孙中山则坚持用青天白日旗为中华民国国旗。辛亥革命时，孙中山不在国内，各省代表在讨论后决定使用五色旗为中华民国标志。1911 年 12 月 25 日，孙中山归国抵达上海，街头巷尾的欢迎人群举着的都是五色旗。随后，北迁的临时参议院议定以五色旗为国旗，袁世凯大总统制令颁行全国。此后的孙中山仍旧对成为国旗的五色旗咬牙切齿，曾经在很多场合下进行抨击：民国成立以来长在四分五裂之中全因为这面“四分五裂之官僚旗”，“此民国之不幸皆由不吉之五色旗有以致之也。

夫满清之黄龙帝旗我已不用，而乃反用其武员之五色旗，此无怪清帝之专制可以推覆，而满清武人之难以灭绝也。天意乎？人事乎？”现在，长眠于地下的孙中山终于可以颔首微笑了。

同样随着五色旗倒下的，还有一批人，和一个时代——章太炎自号“中华民国遗民”，在他看来，自五色旗倒下的那一天起，中华民国精神已不再。很快，章太炎被国民政府单独列名通辑。

民国北京政府就这样消逝在风雨晦暝之中，像一艘大船，终于在飘摇的海上沉没。回望那依稀露出的桅杆，很多人不仅仅感受到苍凉和无助。曾任美国驻中国大使的美国人芮恩施，在观察到中国历年经受的痛苦和迷茫之后，依旧对于中国的民治和代议政府抱有信心，他在《使华手记》里写道：“倘使中国现在在信心上感到失望，那么，它在精神发展和政治发展上的这种幻灭的后果将是灾难性的，而我们在太平洋彼岸将看不到一个和平的工业化的并同情我们理想的国家，面对的却是一个受着残酷控制的实利主义的庞大军事组织。”“中国有着可供民主种子生长的肥沃土地，但是五千年所形成的文明不是一下子就能摧毁的。中国毕竟是一个古老的君主国家，而共和政体却是相当突然地加到它身上去的。所以它现在仍然处于调整的时期。”芮恩施并不赞同中国人不能实行民主，他说：“有许多人公然而说中国不能适于民治，他们的意思就以为中国的人民如此的软弱而无知识，必定要时时有独裁的势力，能发号令使人动作而不需要给理由，在后面鞭策他们向前。这个见解，与我完全不同。我承认中国所遇到的很多困难，领土很宽广，各省的语言、风俗和经济的利益很复杂。政治统一的感情，不甚发达。国家和公共的行动，以前总不曾对于人民表现他们最好的和最高的利益……不过我觉得无论是谁，如果真能知道中国一般的和共同生活的，没有不感想到唯一适于中国的正当制度，就是民治和代议政府。”后来的哥伦比亚大学教授N.佩弗则评价说："1911年在中国建立起美国共和政体的仿制品，真是荒唐可笑……那一种共和政体是一个大失败，因为它在中国的历史、传统、政治经历、制度、天性、信仰观念或习惯中是毫无根据的。它是外国的、空洞的，是附加在中国之上的。它随着时间的推移很快就被除去。它不代表政治思想，只是政治思想的一幅漫画，一幅粗糙的、幼稚的小学生漫画……这种共和政体悲惨地结束了，即悲惨地失败了。然而，失败的并不是共和政体……而是一代人。"后来的《剑桥中华民国史》则评价说，北京军阀政治斗争的可悲记载表明：1928年以前立宪政府的失败，不应理解为有效政体的衰落，而应理解为没有能力建立这样的政府。段祺瑞、吴佩孚及其他具有全国性资格的领袖，有时在全国大部分地区建立有实力的军事控制。但这种成就只能在军事上，从来没有随军事以俱来，并与之相结合而建立有效的政治制度，从而规范出真正有权力的文官政府；也没有作出认真的努力，去动员有社会影响的人士来加强政府机制。士兵是军阀唯一的选民。当国家的官员只能靠军队来维持权力时，这种权力就可能被另一个更强大的军队所废除。军阀的弱点不在于其谋求权力，而在于其把权力构成的眼界看得太狭窄，不能扩大到非军事方面。这样的评价，不仅仅适用于昙花一现的北京政府，同时也适用于以后的政权。

清亡，共和，北洋，革命，国民政府……这样的变化，看起来轰轰烈烈，其实，仍是静悄悄的。政权的变化，并没有给人民带来什么实质性东西，相反，还意味着某些方面的倒退。对于这个历史古国来说，革命如此猛烈，也如此频繁，它就如暴风雨一样，让人目不暇接。1911年辛亥革命推翻清廷建立共和，只是革命的开始，是它迈开现代化步伐的起步；不久，革命再次爆发，革命的对象，又变成了当年革命的那些人。不过平心静气地想，革命仍是古老帝国无可奈何的选择，是古老帝国走向新生不得不进行的选择。

相比于北京政府一开始的热闹争斗，蒋介石的国民党的上台更像是一场造神运动，他们的宣传口号、标语旗帜铺天盖地，不过具体内容都空洞无所，所谓的军政、训政、宪政三阶段，既没有路线图，也没有时间表，更像是政治的口号和幌子。1928 年 10 月，蒋介石召开国民党中央常务会议，宣布“军政时期”结束，“训政时期”开始。

当青天白日旗高高飘扬于中国北方的时候，那些曾经声名显赫的人物大多隐逸于条约口岸的外国租界里，过着一种悠悠哉哉的生活：溥仪和他的一帮遗老遗少安逸地住在天津日租界的一座豪宅里；前总统徐世昌也住在天津的英租界里，做着训诂的功课，闲时莳花种草；曹锟偏好独居，讨了一房小妾，闲时喝喝酒；至于段祺瑞，他的部属描述道：“段祺瑞执政时比较穷——事实上，没有自己的房子，是住在当年一位忠实部属提供的一所住宅里，花时间去研究佛经，有时也喜欢轻松地打打麻将……当被问及中国国内纷争的原因时，段氏总是给予佛经上的解释，说中国正被派到地球上的恶魔的古怪行为折磨，动乱将继续下去，直到魔鬼被赶尽杀绝。”心高气傲的段祺瑞一直感叹时也运也命也，此辈人生，段祺瑞悟出人生最大的道理就是，靠人力无法扭转乾坤。历史的进程就像是时间的买卖，既然欠下的是历史的债务，那就得用现实去慢慢偿还。靠一代人还不了，就得靠无数人的生命和时间去慢慢偿还。

一切难遂人愿。从此这片古老土地上发生的一切，不管是痛苦、悲伤还是歧路，都是中国人的宿命，也是历史的选择。

附　录

本书主要人物简介

（人名按音序排列）

¤ 曹汝霖（1877—1966），字润田，上海人。清末民初高级官员，新交通系首领。1904 年法科进士，曾留学日本。1913 年起任外交次长、交通总长兼外交总长、交通银行总经理、财政总长等。

¤ 陈锦涛（1870—1939），字润生，广东南海人。进士。1912 年起在南北政府中数次担任财政总长。

¤ 陈炯明（1878—1933），字竞存，广东海丰人。1917 年护法战争中任援闽粤军总司令。1920 年赶走桂系军阀，任广东省长。1921 年任广东军政府陆军部长兼内务部长。1922 年发动兵变，公开背叛孙中山。后兵败退出广州。

¤ 丁世峄（1878—1931），字佛言，山东黄县（今龙口）人。1913 年任进步党党务部长，不久与张耀曾等另组民宪党。1916 年任总统府秘书长，被皖系称为黎元洪手下的“四凶”之一。

¤ 段祺瑞（1865—1936），原名启瑞，字芝泉，晚号正道老人。民国时期政治家，“北洋三杰”之一。皖系军阀首领。他帮助袁世凯练北洋军，而后以此纵横政坛十五载，一手主导了袁世凯死后北洋政府的内政外交。曾挫败张勋复辟上台，又为直系击败而下野。此后又借助与张作霖、孙中山的三角同盟短暂复出。一生清正耿介，颇具人格魅力。他还是中国现代化军队的第一任陆军总长和炮兵司令。担任过中国第一所现代化军事学校——保定军校的总办。

¤ 段芝贵（1869—1925），字香岩，安徽合肥人。天津北洋武备学堂毕业。1895年入新建陆军。曾任湖北都督、奉天将军、陆军总长等。1917年讨伐张勋复辟任讨逆军东路司令。1920年直皖战争任皖系定国军西路司令。

¤ 范源濂（1876—1927），字静生，湖南湘阴人。1912年至1924年四任教育总长。

¤ 冯国璋（1859—1919），字华甫，河北河间县西诗经村人。毕业于北洋武备学堂，曾任北洋步兵学堂总办兼督练营务处总办。辛亥革命时率领北洋军进攻武昌。后出任江苏都督，坐镇东南。袁世凯称帝后曾任命他为参谋总长，后来又让他代替段祺瑞兼理征滇总司令。袁世凯死后，国会补选冯为副总统，在南京办公。黎元洪辞职，冯国璋进京任代理总统。

¤ 傅良佐（1873—1924），字清节，祖籍江西。曾赴日本留学，毕业回国后在北洋军供职。1916年6月，段祺瑞任国务总理兼陆军总长时，傅被段提升为陆军部次长，与徐树铮、靳云鹏、曾毓俊成为段的“四大天王”。1917年7月，段祺瑞第二次任国务总理，傅良佐被授予“冠威将军”，晋陆军上将军衔。1919年被任命为湖南督军。1920年直皖战争爆发，傅逃出湖南，靳云鹏将傅拘押。释放后从此深居京津家中。1924年在天津病故。

¤ 傅增湘（1872—1950），字沅叔，四川江安人。1898年进士。

1917年任教育总长。著有《双鉴楼藏书记》《清代典试考略》等。

¤ 高凌霨（1868—1939），字泽畬，天津人。光绪甲午（1894）中举，民国初年任民政司长。是直系军阀曹锟的同乡和嫡系。曹锟当选大总统后，一度以内务总长兼代国务总理摄行大总统职。七七事变后，出任伪天津市长、伪河北省长等职。

¤ 龚心湛（1871—1943），字仙舟，合肥人。1919年任财政总长、代理国务总理。1924年任执政府内务总长，后改任交通总长。

¤ 顾维钧（1888—1985），字少川，江苏省嘉定县（今上海市嘉定区）人。1912年任袁世凯总统英文秘书，后任中华民国北洋政府国务总理，国民政府驻法、英大使，联合国首席代表、驻美大使，海牙国际法院副院长；被誉为"民国第一外交家"；1985年病逝于美国纽约。

¤ 郭松龄（1882—1925），字茂宸，辽宁沈阳人。1918年起任张作霖卫队旅参谋长、奉军第八混成旅旅长、东北陆军整理处代参谋长等。1925年起兵反张，任东北国民军总司令，失败被杀。

¤ 胡汉民（1879—1936），字展堂，广东番禺人。同盟会、中华革命党骨干。1912年任南京临时政府总统府秘书长、广东都督。1917年任广东护法军政府交通部长。1924年孙中山北上后，代理大元帅兼广东省长。

¤ 黄　郛（1880—1936），字膺白，号照南，浙江绍兴人。辛亥革命后任南京临时政府第二十三师师长、江苏都督府参谋长等。1922年任北洋政府外交总长、教育总长。1924年冯玉祥北京政变后，任临时国务总理并摄行大总统。

¤ 靳云鹗（1881—1935），字荐卿，山东济宁人。靳云鹏弟。保定陆军速成学堂毕业。1919年起任第八混成旅旅长、第十四师师长、十四省讨贼联军副总司令、河南省长等。

¤ 靳云鹏（1877—1951），字翼青，山东济宁人。皖系“四大金刚”之一。1895年入新建陆军。辛亥革命时任段祺瑞第二军参赞官。1912年起任陆军第五师师长、山东都督、参战督办处参谋处长、陆军总长、国务总理等。

¤ 李景林（1885—1933），字芳辰，河北枣强人。1922年起任奉军暂编第一师师长、直隶军务督办、直鲁联军副总司令等。

¤ 梁士诒（1869—1933），字翼夫，号燕孙，汉族，广东三水人。光绪进士，授翰林院编修。曾任袁世凯总统府秘书长、交通银行总理、财政部次长、北洋政府国务总理等职务。

¤ 林长民（1876—1925），福建闽县人。1902年赴日本留学，入早稻田大学学习、研究政治经济。1912年任南京临时参议院秘书长，参与草拟《中华民国临时约法》。1913年被推为众议院议员，4月任秘书长。5月参与将共和党与民主党、统一党合并为进步党，任政治部部长，拥戴袁世凯为正式大总统。1917年7月出任段祺瑞内阁司法总长。1923年任北京政府宪法起草委员会委员。1925年11月奉军郭松龄在直隶滦州（今河北滦县）倒戈，林长民时任郭松龄幕僚，11月24日反奉时兵败身亡。

¤ 龙济光（1876—1925），字子诚，云南蒙自人。1913年起任广东都督、两广矿务督办、两广巡阅使等。皖系在南方的骨干之一。

¤ 卢永祥（1867—1933），字子嘉，山东济宁人。1895年入新建陆军。1912年起任陆军第二十师师长、第十师师长、淞沪护军使、浙江督军等。皖系在南方的中坚人物。

¤ 陆建章（1879—1918），字朗斋，安徽蒙城人。天津北洋武备学堂毕业。1895年入新建陆军。1912年起任北京军政执法处长、陆军第七师师长、陕西都督等。1918 年被徐树铮诱杀于天津。

¤ 陆荣廷（1859—1928），广西武鸣县人，青年时代当过土匪，中法战争时期，率众投奔唐景嵩景字军，后任统带。宣统三年（1911）六月，陆荣廷接任广西提督。1911 年辛亥革命后为广西都督。1916 年 3 月支持蔡锷、梁启超的护国运动，反对袁世凯称帝。1917 年成为两广巡阅使，控制两广。护法运动时，孙文于广州成立军政府，陆荣廷与唐继尧并列元帅，孙文为大元帅。1920 年，第一次粤桂战争爆发，粤军陈炯明、许崇智从陆荣廷手中夺回广东。1921 年第二次粤桂战争陆再次被孙文、陈炯明击败后逃往越南。

¤ 陆徵祥（1871—1949），字子欣，上海人，原籍江苏太仓。毕业于广方言馆和同文馆，随清朝驻俄、德、奥、荷四国钦差大臣许景澄在驻俄使馆任翻译，此后一直在外交界服务，成为中国第一代职业外交家。一战结束后，曾代表中华民国率中国代表团赴巴黎参加和会。晚年隐居于比利时圣安德诺修道院。二战结束后，为嘉奖他虔诚的宗教信仰和不畏纳粹强权的精神，罗马教皇亲自任命他为圣安德诺修道院名誉院长。1949 年 1 月 15 日病逝，享年七十八岁，葬于圣安德诺修道院。著有《回忆与思考》《人道主义的会和》。

¤ 陆宗舆（1876—1941），字润生，浙江海宁盐官人。新交通系骨干。1913 年至 1916 年担任驻日公使。五四运动中，他与曹汝霖、章宗祥一起被称为“卖国贼”。后寓居天津日租界经商。1925 年一度出任临时参政院参政。1940 年被汪兆铭国民政府聘为行政院顾问。

¤ 鹿钟麟（1883—1966），字瑞伯，河北保定人。1924 年 10 月随冯玉祥发动北京政变，担任京畿警卫总司令、国民军第一军第一师师长等职，奉命驱逐溥仪出宫。1926年9月就任国民联军总参谋长。北伐战争中先后任国民革命军第二集团军第九方面军总指挥兼第十八军军长。蒋冯大战期间回冯部，任二、三、四方面军前敌总指挥，兵败后居天津。抗战胜利后任华北宣抚使。中华人民共和国成立后曾任国防委员会委员。

¤ 罗文干（1888—1941），字钧任，广东番禺人。1904年赴英国留学，获牛津大学法律硕士学位。1909年归国，任广东审判厅厅长。1913年辞职北上，任北京政府总检察厅检察长。1921年10月，任中国出席华盛顿会议代表团顾问；12月任司法部次长。1922年9月任盐务署署长兼币制局总裁，同月任王宠惠内阁财政部总长；11月因对奥地利借款受贿案被扣押。1924年春，无罪获释，在北京执业律师；同年11月，任俄国退还庚子赔款委员会中国委员。1927年1月，任顾维钧内阁司法部总长。

¤ 莫荣新（1853—1930），广西浔州府人。十八岁投效军旅，清光绪十年，参加中法战争，因功升为哨官（连长），驻守龙州。1917年在陆荣廷的提拔下，升任广东督军。1918年8月，广东军政府改组后，兼任陆军部部长。1920年10月，粤桂战争中，被陈炯明粤军驱走，蛰居上海，化名高崇民。1922年2月被北京政府授为腾威将军。1928年秋，在李宗仁和白崇禧保护下离开上海回桂平。1930年3月30日在桂平病逝。

¤ 倪嗣冲（1868—1924），字丹忱，安徽省阜阳县人。皖系干将之一，1895年入新建陆军。曾任黑龙江布政使、河南布政使、安徽督军、长江巡阅使等。

¤ 潘　复（1883—1936），字馨航，山东济宁人。1919年起任财政次长、代理财政总长、财政总长、国务总理等。

◎ 齐燮元（1885—1946），字抚万，河北宁河（今属天津）人。1916年起任陆军第六师师长、江宁镇守使、江苏督军、苏皖赣巡阅使、十四省讨贼联军副总司令等。1937年7月抗日战争全面爆发后，在北平投靠日本，沦为汉奸。1946年在南京被处决。

◎ 钱能训（1869—1924），浙江嘉善人。二十九岁中清末戊戌科进士。辛亥革命后，钱能训任北洋政府内务次长。翌年徐世昌应袁世凯之邀出任国务卿，钱任政事堂右丞。1917年12月任内务总长，两月后国务总理王士珍病辞，钱兼代一个月零三天。1918年10月徐世昌任北洋政府总统，段祺瑞辞总理职后，钱能训任国务总理。巴黎和会上中国外交失败，引发五四运动后，钱于6月12日免去交通总长曹汝霖、驻日公使章宗祥、币制局总裁陆宗舆三人职务后，辞国务总理职。1924年6月5日病逝于北京。

◎ 施肇基（1877—1958），字植之，浙江余杭人。留美博士。1912年起任外交总长兼署财政总长、巴黎和会中国代表、华盛顿会议中国代表团代表等。

◎ 孙宝琦（1867—1931），字慕韩，浙江钱塘人。1913年起任外交总长、财政总长、代理国务总理、国务总理等。

◎ 孙传芳（1885—1935），字馨远，山东历城（今属济南）人。1920年起任长江上游警备总司令、第二师师长、闽粤边防督办、浙江督军、五省联军总司令等。

◎ 孙　岳（1878—1928），字禹行，河北高阳人。保定陆军速成学堂及陆军大学毕业。1924年任京畿卫戍司令，参加冯玉祥北京政变，任国民军副总司令兼第三军军长。后任河南省长、陕西督办、直隶督办等。

¤ 谭延闿（1880—1930），字祖安、祖庵，号无畏、切斋，湖南茶陵人。曾任两广督军，三次出任湖南督军兼省长兼湘军总司令，授上将军衔，陆军大元帅。

¤ 汤尔和（1878—1940），原名鼐，字调鼎、尔和，浙江杭州人。1911年辛亥革命时，任各省都督代表联合会议议长。1922年任教育总长。

¤ 汤化龙（1874—1918），字济武，湖北蕲水（今浠水）县人。1904年进士。进步党领袖。1912年任南京临时政府陆军部秘书长、临时参议院副议长。后任北洋政府众议院议长、教育总长、内务总长等。

¤ 汤芗铭（1885—1975），字铸新，湖北省蕲水（今浠水）县人。汤化龙胞弟。中华民国成立后，任海军部次长，又任湖南督军。1916年3月袁世凯取消帝制，汤芗铭于同年5月29日发表湖南独立宣言，同年7月，支持谭延闿的部队将汤芗铭驱逐出湖南。抗日战争爆发后，一度加入汪精卫方面的华北政务委员会，后来赴重庆，支持蒋介石。第二次国共内战后，留在中国大陆。晚年从事佛学研究。

¤ 唐绍仪（1862—1938），字少川，广东珠海唐家镇人。1874年官派留学美国哥伦比亚大学，1881年归国，曾任驻朝鲜汉城领事、驻朝鲜总领事、清末南北议和北方代表、民国第一任内阁总理等。上海沦陷后，与各方暧昧不明，引起多方揣测，置自身于险境。盛传日敌拟利用唐绍仪等组织华中伪政府，蒋介石下令戴笠派特务赵理君于1938年9月30日将其杀害于家中。

¤ 田中玉（1870—1935），字蕴山，河北临榆（今秦皇岛）人。

1895 年入新建陆军。1915 年起任陆军次长、察哈尔都统、山东督军兼省长等。

◎ 王承斌（1873—1936），字孝伯，辽宁兴城人。保定陆军速成学堂毕业。1920 年起任陆军第二十三师师长、直隶督军、直鲁豫巡阅副使等。

◎ 王宠惠（1881—1958），字亮畴，广东东莞人。民国时期著名法学家、政治家、外交家。作为法学家，著有《宪法评议》《宪法危言》《比较宪法》等。他是第一个将《德国民法典》翻译成英文的人，其译本一直到二十世纪七十年代都被公认为最好的英译本，在很多美国大学被当作教科书。作为政治家，在 1949 年之前在中国政坛上，无论谁主政，他一直官居高位，是国民政府学者型官僚的代表。精通日语、德语、英语，曾任国民政府外交部长、代总理、国务总理等职。

◎ 王国维（1877—1927），字伯隅、静安，号观堂、永观，浙江海宁盐官镇人。清末秀才。我国近现代在文学、美学、史学、哲学、古文字、考古学等各方面成就卓著的学术巨子，国学大师。

◎ 王怀庆（1866—1953），字懋轩，河北宁晋人。天津北洋武备学堂毕业。后入袁世凯北洋常备军。1919 年起任步军统领、陆军第十三师师长、热河都统、北京卫戍司令等。

◎ 王克敏（1879—1945），字叔鲁，浙江杭州人。1917 年出任中国银行总裁、财政部长等多项要职。并且三度出任财政部长。1919 年任上海南北和会北方代表。北伐成功后逃往大连。1937 年抗日战争爆发后，出任日军扶植的傀儡政权“中华民国临时政府（北京）”行政委员长一职；1940 年 3 月中华民国临时政府（北京）与中华民国维新政府并入汪精卫的南京国民政府之后，王克敏改出任华北政务委员会委员长。二战结束之后，王克敏被重庆的国民政府以汉奸罪名逮捕，1945年12月26日于北平第一监狱自杀身亡。

- 王士珍（1861—1930），字聘卿，号冠儒，北洋三杰之首，他凭借过人的才智和卓越的政绩，得到以袁世凯为代表的统治阶层的青睐，先后担任军政要职，直至陆军部长、总参谋长和北洋总理，但由于他和清王朝的关系很深，在张勋复辟以后就退出政坛，故给人以神龙见首不见尾的感觉。
- 王揖唐（1878—1948），名赓、志洋，字什公、一堂、逸堂、慎吾，安徽合肥人。袁世凯秘书，洪宪男爵，北洋上将，安福系主将。曾在日本留学，抗战时叛国投敌。1948年以汉奸罪被枪决。
- 王正廷（1882—1961），字儒堂，浙江奉化人。1912年起任工商次长并代理总长、参议院副议长、广东非常国会副议长，巴黎和会中国代表团代表、外交总长、代国务总理等。
- 吴炳湘（1874—1930），字镜谭，安徽合肥人。1913年至1920年任京师警察总监。1925年任安徽省长。
- 吴光新（1881—1939），字自堂，江苏宿迁人。段祺瑞妻弟。辛亥革命时任段祺瑞第二军参议官。1914年起任第二十师师长、长江上游警备总司令、奉军第六军副军长等。1925年任执政府陆军总长、训练总监。
- 吴景濂（1873—1944），字莲伯，辽宁宁远（今兴城）人。1912年任临时参议院议长。1917年8月，吴景濂南下，就任非常国会众议院议长，组织选举孙中山为大元帅。1922年，吴景濂回北京出任众议院议长。

¤ 吴新田（1884—?），字芭荪，安徽合肥人。1918年起任湘军暂编第二师师长、陆军第七师师长、陕南镇守使、陕西军务督办等。

¤ 熊希龄（1870—1937），字秉三，湖南凤凰人。少年时就初露锋芒，被誉为湖南“神童”。1894年进士。1912年起任财政总长、热河都统、国务总理等。著有《双清集》等。

¤ 徐　谦（1871—1940），字季龙，安徽歙县人。1904年进士。1912年中华民国成立后任内阁司法部次长。1917年任孙中山广州军政府秘书长、司法总长。1919年，以观察员资格参加巴黎和会，回国后，被聘为天津《益世报》主编。1922年，任北京政府王宠惠“好人内阁”司法总长。1923年，应冯玉祥之聘进京，任中俄庚款委员会主席，同李大钊成为战友。1926年“三一八”事件后遭段祺瑞执政府通缉。1927年3月国民党召开二届三中全会，徐谦当选为中央常委和军事委员会主席团成员。“武汉政变”发生后，徐谦受到汪蒋两派的排挤，辞去一切职务，寓居香港，重开律师生涯。

¤ 徐世昌（1855—1939），号菊人，河南卫辉人。早年与袁世凯相识，结为兄弟。1905年曾任军机大臣。1907年东北改设行省，徐被任命为东三省总督，曾多所举措，冀能巩固清政府在东北地区的统治。1916年3月袁被迫取消帝制，恢复民国年号，起用徐为国务卿。1918年10月徐世昌经皖系操纵的安福国会选举为总统。标榜偃武修文，下令对南方停战，次年2月召开南北议和会议，但无结果。徐世昌国学功底深厚，不但著书立言，而且研习书法，工于山水松竹，被称为“文治总统”。

¤ 徐树铮（1880—1925），字又铮，号铁珊，自号则林，江苏省萧县（今安徽省萧县）醴泉村人。北洋军阀皖系将领，陆军上将、远威将军，曾任国务院秘书长。因1919年派兵收复外蒙古而声名远扬。著有《建国铨真》《视昔轩文稿》《兜香阁诗集》《碧梦庵词》等。

¤ 许世英（1873—1964），字俊人，安徽至德县人。1913年起任奉天民政长、福建巡按使、内务总长、交通总长、安徽省长等。1924年任善后会议筹备处长及秘书长。1925年任执政府国务总理兼财政总长。

¤ 阎相文（1875—1921），字焕章，山东济宁人。1895年入新建陆军。1917年起任直隶陆军第二混成旅旅长、陆军第二十师师长、陕西督军等。

¤ 颜惠庆（1877—1950），字骏人，上海人。早年毕业于上海同文馆，后去美国弗吉尼亚大学留学。回国后曾任圣约翰大学英文教授，商务印书馆编辑，清朝驻美使馆参赞。1912年4月被黎元洪委任为北洋政府外交次长。1913年1月出任驻德国公使，后调任丹麦、瑞典等国公使。1919年任中国出席巴黎和会代表团顾问。1920年8月，任北京政府外交总长、内务总长等职。1926年春，曾任国务总理并摄行总统职务。

¤ 杨　森（1884—1977），字子惠，四川广安人。1922年起任川军第二军军长、陆军第十六师师长、督理四川军务、十四省讨贼联军川军第一路总司令等。

¤ 叶恭绰（1881—1968），字玉虎，号遐庵，广东番禺（今属广州）人。交通系骨干。1912年起任交通部办事专员、交通部路政司长兼铁路总局局长、交通次长、交通总长、交通银行总经理及董事长等。著有《遐庵汇稿》《遐庵谈艺录》等。

¤ 于右任（1879—1964），原名伯循，陕西泾阳人。1912 年任南京临时政府交通总长。1918 年任陕西靖国军司令。

¤ 张国淦（1876—1959），字乾若、仲若，湖北蒲沂（今赤壁）人。1912 年起任国务院秘书长、总统府秘书长、教育长、农商总长、司法总长等。著有《历代石经考》《中国方志考》等。

¤ 张　继（1882—1947），字溥泉，河北沧县（今属沧州）人。同盟会、国民党右派骨干。1913 年任参议院议长。后参加孙中山领导的二次革命和护法运动。

¤ 张敬尧（1880—1933），字勋臣，安徽霍邱人。1897 年入新建陆军。1914 年起任第七师师长、苏皖豫鲁剿匪司令、湖南督军兼省长、直鲁联军第十二军军长等职。

¤ 张绍曾（1880—1933），字敬舆，河北大城县人。早年留学日本，回国后任北洋督练公所教练处总办及新军第二十镇统制。武昌起义后，与吴禄贞等举兵反清，先后任绥远将军、陆军训练总监、陆军总长、国务总理等。

¤ 张　勋（1854—1923），原名张和，字少轩、绍轩，号松寿老人，谥号忠武，江西省奉新县人。北洋军阀，中国近代军事家。清末任云南、甘肃、江南提督；辛亥革命以后曾任江苏督军、长江巡阅使。1917 年发动政变，企图恢复帝制，失败后蛰居津门。因所部定武军均留发辫，人称“辫帅”。

¤ 张耀曾（1884—1938），云南大理人。政学系骨干。1916 年任段祺瑞内阁司法总长。著有《考察司法记》《大理张氏诗文存遗》等。

¤ 张之江（1882—1966），字紫珉，河盐山人。1924 年起任第五师师长、察哈尔都统、西北边防督办、代西北军总司令等。

¤ 张宗昌（1881—1932），字效坤，山东掖县（今莱州）人。1923 年起任奉天陆军第六混成旅旅长、山东军务督办、直鲁联军总司令、安国军副总司令等。

¤ 章士钊（1882—1973），字行严，号孤桐，湖南善化（今长沙）人。1913 年起任讨袁军秘书长、肇庆军务院秘书长、北京大学教授兼图书馆馆长、广东军政府秘书长、执政府司法总长兼教育总长等。

¤ 章宗祥（1879—1962），字仲和，浙江吴兴（今属湖州）人。新交通系骨干。1914 年起任司法总长、农商总长、驻日公使等。1928 年后长期居住青岛，1942 年 3 月始，再次充任日伪汉奸角色。

¤ 赵恒惕（1880—1971），字夷午，湖南衡山人。1916 年起任湘军第一师师长、湘军总司令、湖南督军等。

¤ 周自齐（1871—1923），山东单县人，交通系骨干。1913 年任交通部总长、陆军部总长、财政部总长；1916 年任税务处督办兼中国银行总裁。因支持袁世凯称帝，1916 年 6 月列为帝制祸首之一，逃亡日本。1918 年特赦后，任财政总长，币制局督办、总裁。1922 年任国务院总理兼教育总长。

¤ 朱启钤（1871—1962），字桂莘，祖籍贵州开州（今开阳）人。交通系骨干。1912 年 7 月起，连任陆徵祥、赵秉钧内阁交通部总长，1913 年 8 月代理国务总理，稍后任熊希龄内阁内务部总长。1916 年袁世凯死后，以帝制祸首之一遭通缉。1918 年获赦免，8 月当选为安福国会参议院副议长。1919 年任南北议和北方总代表。和谈破裂后退出政界，任《四库全书》印刷督理。中华人民共和国成立后，曾任政协全国委员会委员、中央文史馆馆员。

中华民国北京政府历任国家元首名录

姓名	字号	（生卒年）	籍贯（省县）	任职日期	职衔
孙　文	逸仙、中山	（1866—1925）	广东香山	1911.12.29—1912.4.1	临时大总统
袁世凯	慰亭、容庵	（1859—1916）	河南项城	1912.3.10—1916.6.6	总统
黎元洪	宋卿	（1864—1928）	湖北黄陂	1916.6.7—1917.7.1	总统
冯国璋	华甫	（1859—1919）	河北河间	1917.7.6—1918.10.10	代总统
徐世昌	菊人、涛斋	（1855—1939）	直隶天津	1918.10.10—1922.6.2	总统
黎元洪	宋卿	（1864—1928）	湖北黄陂	1922.6.11—1923.6.3	总统
曹　锟	仲珊	（1862—1938）	直隶天津	1923.10.10—1924.11.2	总统
段祺瑞	芝泉、正道	（1865—1936）	安徽合肥	1924.11.24—1926.4.20	临时执政
张作霖	雨亭	（1875—1928）	奉天海城	1927.6.18—1928.6.3	大元帅

北京政府历任国家首脑（国务院总理）名录

（1912.3.29—1928.6.3）

姓名	字	（生卒年）	籍贯（省县）	任职日期	职衔	简注
唐绍仪	少川	（1860—1938）	广东香山	1912.3.13—1912.6.27	国务总理	
陆徵祥	子欣	（1871—1949）	江苏上海	1912.6.29—1912.9.22	国务总理	
赵秉钧	智庵	（1859—1914）	河南汝州	1912.8.20—1912.9.24	代理国务总理	
赵秉钧	智庵	（1859—1914）	河南汝州	1912.9.25—1913.7.16	国务总理	
段祺瑞	芝泉	（1865—1936）	安徽合肥	1913.5.1—1913.7.16	代理国务总理	以陆军总长代理
朱启钤		（1872—1964）	贵州开阳	1913.7.19—1913.7.31	代理国务总理	以交通总长代理
段祺瑞	芝泉	（1865—1936）	安徽合肥	1913.7.19—1913.7.31	代理国务总理	以陆军总长代理

续表

姓名	字	（生卒年）	籍贯（省县）	任职日期	职衔	简注
熊希龄	秉三	（1870—1937）	湖南凤凰	1913.7.31—1914.2.12	国务总理	
孙宝琦	慕韩	（1867—1931）	浙江杭州	1913.7.19—1913.7.31	代理国务总理	以外交总长代理
徐世昌	菊人	（1855—1939）	直隶天津	1914.5.1—1915.10.26	国务卿	
陆徵祥	子欣	（1871—1949）	江苏上海	1914.10.26—1915.12.21	代理国务卿	以外交总长代理
陆徵祥	子欣	（1871—1949）	江苏上海	1915.12.21—1916.3.22	国务卿	
徐世昌	菊人	（1855—1939）	直隶天津	1916.3.22—1916.4.22	国务卿	辞职
段祺瑞	芝泉	（1865—1936）	安徽合肥	1916.4.22—1916.6.29	国务卿	袁世凯改政事堂为国务院
段祺瑞	芝泉	（1865—1936）	安徽合肥	1916.6.29—1917.5.22	国务总理	
伍廷芳	秩庸	（1842—1922）	广东新会	1917.5.22—1917.6.12	代理国务总理	以外交总长代理
江朝宗	宇澄	（1861—1943）	安徽旌德	1917.6.12—1917.6.24	代理国务总理	以步兵统领代理
李经羲	仲轩	（1859—1925）	安徽肥东	1917.6.24—1917.7.1	国务总理	未上任

续表

姓名	字	（生卒年）	籍贯（省县）	任职日期	职衔	简注
段祺瑞	芝泉	（1865—1936）	安徽合肥	1916.7.14—1917.11.22	国务总理	
汪大燮	伯唐	（1860—1929）	浙江钱塘	1917.11.22—1917.11.30	代理国务总理	以外交总长代理
王士珍	聘卿	（1861—1930）	河北正定	1917.11.30—1918.2.20	国务总理	因病请辞
钱能训	干丞	（1870—1924）	浙江嘉善	1918.2.20—1918.3.23	代理国务总理	以内务总长代理
段祺瑞	芝泉	（1865—1936）	安徽合肥	1918.3.23—1918.10.10	国务总理	
钱能训	干丞	（1870—1924）	浙江嘉善	1918.10.10—1918.12.20	代理国务总理	
钱能训	干丞	（1870—1924）	浙江嘉善	1918.12.20—1919.6.13	国务总理	
龚心湛	仙舟	（1871—1943）	安徽合肥	1919.6.13—1919.9.24	代理国务总理	以财政总长代理
靳云鹏	翼青	（1877—1951）	山东济宁	1919.9.24—1919.11.5	代理国务总理	
靳云鹏	翼青	（1877—1951）	山东济宁	1919.11.5—1920.7.2	国务总理	
萨镇冰	鼎铭	（1859—1952）	福建侯官	1920.5.14—1920.8.9	代理国务总理	以海军总长代理

续表

姓名	字	（生卒年）	籍贯（省县）	任职日期	职衔	简注
靳云鹏	翼青	（1877—1951）	山东济宁	1920.8.9—1921.5.10	国务总理	
靳云鹏	翼青	（1877—1951）	山东济宁	1921.5.10—1921.12.18	国务总理	
颜惠庆	骏人	（1877—1950）	江苏上海	1921.12.18—1921.12.24	代理国务总理	以外交总长代理
梁士诒	翼夫	（1869—1933）	广东三水	1921.12.24—1922.5.5	国务总理	
颜惠庆	骏人	（1877—1950）	江苏上海	1922.1.25—1922.4.8	代理国务总理	以外交部长代理
周自齐	子廙	（1871—1923）	山东单县	1922.4.8—1922.6.12	代理国务总理	以教育总长代理
颜惠庆	骏人	（1877—1950）	江苏上海	1922.6.12—1922.8.5	国务总理	
王宠惠	亮畴	（1881—1958）	广东东莞	1922.7.31—1922.8.5	代理国务总理	以司法总长代理
唐绍仪	少川	（1860—1938）	广东香山	1922.8.5—1922.9.19	国务总理	未到任，由王宠惠兼代
王宠惠	亮畴	（1881—1958）	广东东莞	1922.9.19—1922.11.29	国务总理	
汪大燮	伯唐	（1860—1929）	浙江钱塘	1922.11.29—1922.12.11	国务总理	

续表

姓名	字	（生卒年）	籍贯（省县）	任职日期	职衔	简注
王正廷	儒堂	（1882—1961）	浙江奉化	1922.12.11—1923.1.4	代理国务总理	以外交总长代理
张绍曾	敬舆	（1879—1928）	河北大城	1923.1.4—1923.6.6	国务总理	
高凌蔚	泽畬	（1870—1939）	直隶天津	1923.6.14—1923.10.10	摄政内阁总理	内阁摄政大总统职务
高凌蔚	泽畬	（1870—1939）	直隶天津	1923.10.12—1924.1.10	代理国务总理	新阁正式成立而去职
孙宝琦	慕韩	（1867—1931）	浙江杭州	1924.1.10—1924.7.2	国务总理	
顾维钧	少川	（1888—1985）	上海嘉定	1924.7.2—1924.9.14	代理国务总理	以外交总长代理
颜惠庆	骏人	（1877—1950）	江苏上海	1924.9.14—1924.10.30	国务总理	
黄　郛	膺白	（1880—1936）	浙江嘉兴	1924.10.30—1924.11.24	摄政内阁总理	内阁摄行总统职务
段祺瑞	芝泉	（1865—1936）	安徽合肥	1924.11.24—1925.12.31	临时执政	临时总揽军、民两大政权
许世英	静仁	（1873—1964）	安徽东至	1925.12.26—1926.3.4	国务总理	
贾德耀	崑亭	（1880—1940）	浙江瑞安	1925.2.15—1926.3.4	代理国务总理	以陆军总长代理

续表

姓名	字	（生卒年）	籍贯（省县）	任职日期	职衔	简注
贾德耀	崑亭	（1880—1940）	浙江瑞安	1926.3.4—1926.4.20	国务总理	随段祺瑞下野而辞职
胡惟德	馨吾	（1863—1933）	浙江吴兴	1926.4.20—1926.5.13	代理国务总理	内阁摄行临时执政权
颜惠庆	骏人	（1877—1950）	江苏上海	1926.5.13—1926.6.22	国务总理	内阁会议后即行辞职
杜锡珪	慎丞	（1874—1933）	福建闽侯	1926.6.23—1926.10.5	代理国务总理	以海军部长代理
顾维钧	少川	（1888—1985）	上海嘉定	1926.10.5—1927.1.11	代理国务总理	以财政总长代理
顾维钧	少川	（1888—1985）	上海嘉定	1926.1.11—1927.6.16	国务总理	
胡惟德	馨吾	（1863—1933）	浙江吴兴	1927.6.16—1927.6.19	代理国务总理	以内务总长代理
潘　复	馨航	（1883—1936）	山东济宁	1927.6.20—1928.6.3	国务总理	国务院解散，随张作霖出关

注：1. 北洋政府政权管理形式颇多，在短短的十七年统治中，中央行政制度大体可分为五种类型：总统制、责任内阁制、君主立宪制、地方自治制、执政制和大元帅制形式，国务院是最高行政机构。政权执政形式更迭之多，堪称叹为观止。

2. 北洋政府第一届国会采用两院制，设参议院和众议院。参议员代表地区，大部分由各省议会在省议员中选举产生。众议员代表人口，每八十万人口中选举一名众议员。参议员任期六年，每两年改选三分之一。众议员任期三年，到期全部改选。

3.1916 年举行第一次文官高等考试，1917 年进行第一次文官普通考试。文官考试分文官高等考试和文官普通考试两种。高等考试参加者的条件为年满二十五岁的中国男子；普通考试者的参加条件为年满二十岁的中国男子。文官共分为特任、简任、荐任、委任等四级。简任、荐任、委任官分为九等。

1916—1928 年中华民国大事记①

1916 年（丙辰龙年，民国五年，洪宪元年）

1 月 1 日，云南护国军政府成立。唐继尧任都督，并组成护国军总司令部，蔡锷、李烈钧分别任第一、第二军总司令，唐继尧兼第三军总司令。

1 月 16 日，蔡锷率护国军出击四川。

1 月 27 日，贵州都督刘显世宣布独立。

2 月 18 日，中华革命党于湖北起义失败。

2 月 23 日，为缓和国内日益强烈的反袁情绪，袁世凯声言暂缓登基。

3 月 15 日，广西将军陆荣廷宣告独立，并通电加入反袁行列。

3 月 21 日，冯国璋等五将军联合密电袁世凯，迫其退位，取消帝制。

3 月 22 日，袁世凯被迫撤销帝制，仍称大总统。

3 月 23 日，袁世凯下令取消洪宪年号。

3 月 30 日，袁世凯以政事堂、统率办事处名义致电请蔡锷等人，要求“罢兵”停战，商议善后办法。

---

① 1916 年即民国五年，袁世凯病故，黎元洪继任中华民国大总统，开启了纷乱的民国北京政府时代，至 1928 年“东北易帜”，民国北京政府退出历史舞台，此为本书叙述之断限。

4 月 22 日，袁世凯任命段祺瑞为国务卿，由段组织新内阁。

5 月 9 日，孙中山发表第二次讨袁宣言，主张尊重约法，一致讨袁。

5 月 22 日，陈宧宣布四川独立。

5 月 29 日，汤芗铭宣布湖南独立，成为脱离袁世凯的第八个省。

6 月 6 日，袁世凯在忧惧中病故。

6 月 7 日，黎元洪继任大总统。

6 月 9 日，孙中山发表恢复《中华民国临时约法》宣言，并致电黎元洪，要求“规复约法”“尊重国会”。

6 月 29 日，北京政府国务院恢复《中华民国临时约法》。

7 月 3 日，第四次日俄密约，将日俄势力范围从中国东北和内、外蒙古扩大到整个中国，并准备相互以武力支持来保卫其侵华权益，日俄从而正式结为军事同盟。

7 月 6 日，北京政府重新任命了全国各省军政长官。

7 月 14 日，北京政府着手惩办帝制策划操办者。

7 月 25 日，护国运动结束后，中华革命党宣告停止一切党务。

8 月 1 日，参众两院议员在北京举行国会，段祺瑞出任总理。

8 月 31 日，蔡锷东渡日本养病。

9 月 1 日，由陈独秀主办的《青年杂志》改名为《新青年》。

9 月 13 日，宪法研究会在北京成立。

9 月，总统府与有实力的国务院矛盾开始明朗化。总统黎元洪对督军团干预政府事务深感忧虑。

10 月 31 日，黄兴因操劳过度，旧病复发，溘然长逝。

11 月 1 日，陈独秀在《新青年》上发表文章，抨击尊孔运动。

11 月 8 日，蔡锷病逝于日本福冈大学医院。

11 月，黎元洪与段祺瑞因为就中国是否向德国宣战，发生“府院之争”。徐世昌由黎元洪所请入京调停“府院之争”。

12 月 18 日，国会内部研究系与商榷系在国会投票时，大打出手。

12 月 26 日，黎元洪任命蔡元培为北京大学校长。

12 月 28 日，日本西原亀三贷款给段祺瑞政府 500 万日元。

1917 年（丁巳蛇年，民国六年）

1 月 1 日，胡适在《新青年》发表《文学改良刍议》，主张破除旧的文学规范，创造一种全新的文学面貌。

1 月 4 日，蔡元培任北京大学校长，实行大学改革。

1 月 30 日，《甲寅》日报发表李大钊的《也子与宪法》，反对将尊孔写入宪法。

2 月 1 日，陈独秀在《新青年》发表《文学革命论》，挥起文学革命大旗声援胡适，开始新文化运动。

2 月 16 日，段祺瑞力主加入协约国，黎元洪表示反对，因对德宣战问题府院发生激烈冲突，段祺瑞操纵督军团胁迫反参战势力。

3 月 4 日，段祺瑞及全体国务员在总统府会议对德问题，即请总统黎元洪令驻协约国公使，向驻在国政府磋商与德国绝交条件，黎元洪主绝交案应先俟国会同意，段祺瑞负气辞职去天津。

3 月 14 日，北京政府宣告：对德断绝外交关系，收回天津、汉口德租界，停付赔款与欠款。

4 月 15 日，黄兴国葬于岳麓山。

4 月 17 日，列宁结束长期在国外的流亡生活回到俄国，在布尔什维克的会议上做了《论无产阶级在这次革命中的任务》的报告，这就是著名的《四月提纲》，明确提出“全部政权归苏维埃”的口号。

5 月 23 日，黎元洪免段祺瑞国务总理之职，以伍廷芳为代理总理，通电各地，遭到众督军的反对。

5 月 27 日，黎元洪任命李经羲为国务总理，随后，安徽、河南、浙江、山西、山东、陕西、福建、奉天、直隶和黑龙江等省纷纷宣布独立。

5 月 29 日，云南、贵州、广东、广西、浙江、四川、湖南、江西八省宣告与政府脱离关系。

6 月 7 日，应黎元洪之请，张勋率辫子军自徐州北上进京。

6 月 12 日，黎元洪被迫解散参众两院，并通电全国承认违法，宣布解散之苦衷，要求各省长官“勿生异议”。

6 月 14 日，张勋以调解黎段府院冲突为名带兵进京。

7 月 1 日，张勋拥清废帝溥仪复辟。

7 月 2 日，黎元洪避居日本使馆。下令免去李经羲的总理职务，重新任命段祺瑞为总理，并令段以总司令名义兴师讨逆，段祺瑞立即到天津马厂准备讨逆。

7 月 3 日，冯国璋在南京通电代理总统，致电各省，要求各省讨逆。

同日，段祺瑞以讨逆军总司令名义发出讨伐张勋的通电，4 日在马厂誓师，并与冯国璋联电数张勋八罪，5 日发表讨伐张勋檄文。

同日，孙中山在上海召集在沪陆海军及国民党要人讨论拥护共和、出师讨逆大计。决定在南方另行召集国会，组织临时政府，维护《中华民国临时约法》，开始护法运动。

7 月 4 日，孙中山致电参众两院议员，号召议员南下护法。当时控制广东的两广巡阅使陆荣廷为首的桂系军阀为借助护法声浪，确保两广地盘，反对段祺瑞的武力统一政策并向湖南扩张势力，表示欢迎孙中山来粤护法。

7 月 5 日，段祺瑞回到天津，宣布正式就任国务院总理之职，6 日讨逆军开始进攻，12 日即攻入北京，张勋狼狈逃避，复辟乱平，黎元洪被迫引咎去职。14日段祺瑞进京视事，15日兼陆军总长，17日正式任国务总理兼陆军总长。

7月6日，孙中山偕章太炎、朱执信、廖仲恺、陈炯明等率海琛、应瑞舰离沪南下，17日到达虎门，19日到达广州。

7月12日，讨逆军进入北京，张勋逃入驻京荷兰公使馆。爱新觉罗·溥仪在全国的声讨声中再次写下了退位诏书。

7月14日，号称远东第一俱乐部的上海“大世界”娱乐中心正式开业。

7月21日，海军总司令程璧光等在上海发表护法宣言。

8月1日，原副总统冯国璋到北京代理总统，段祺瑞掌握实权，拒绝恢复《临时约法》和国会，采纳梁启超建议，准备另行召集“临时参议院”，重新制定国会组织法和选举法，选举新国会，以达到他取消国民党议员占优势的旧国会和废除临时约法的目的，从而引起旧国会议员的不满，他们响应孙中山择地另开国会的号召，纷纷南下赴粤。

8月14日，北京段祺瑞政府正式向德意志帝国和奥匈帝国宣战，废除中德、中奥条约。

8月18日，孙中山在广州黄埔公园宴请南下国会议员，商讨召开国会问题。考虑到来粤议员不足法定人数，决定效法法国大革命前夕第三等级代表举行国民议会的先例，召开“国会非常会议”（简称“非常国会”）。

8月25日，非常国会开幕。

9月1日，国会非常会议选举孙中山为中华民国军政府海陆军大元帅，唐继尧、陆廷荣当选元帅。

9月10日，孙中山宣誓就职，在广州成立护法军政府，标志着南北对峙局面的形成。

9月15日，尽管受到冯国璋为首领的直系的阻挠，段祺瑞仍命令部队南下作战。

10月3日，孙中山正式下令讨伐段祺瑞等民国叛逆。湘省护法军组成以程潜为首的湘南总司令部，粤、桂、湘三省护法军的总目标是会攻长沙。

10月6日，护法战争正式爆发。

10月20日，国内第一家自建百货大楼先施公司在上海正式开张。

11月7日（俄历10月25日），俄国十月革命爆发。

11月15日，段祺瑞愤而向代总统冯国璋提出辞职。

11月19日，冯国璋准段祺瑞辞陆军总长职务，22日准辞国务总理。

11月25日，冯国璋颁布南北停战令，宣告正式停战。

12月2日，直系的主和政策引起皖系与北洋主战派的强烈不满。在段祺瑞及其心腹徐树铮的策动下，吉、黑、奉、直、鲁、晋、陕、豫、甘、新、皖、浙、闽13省督军代表召开天津会议，强烈要求冯国璋明令讨伐西南。

12月6日，曹锟、张怀宣、张作霖等10人联名电请北京政府颁发明令，讨伐西南。

12月15日，冯国璋被迫让步，任命直隶督军曹锟、山东督军张怀芝分别为第一、第二路军总司令南下伐湘；18日任命段祺瑞为参战督办，皖系干将段芝贵为陆军总长，让皖系重掌中央军事指挥大权。

1918年（戊午马年，民国七年）

2月17日，冯国璋以代理大总统名义公布《修正中华民国国会组织法》和《修正参众两院议员选举法》。

3月8日，段祺瑞指使其亲信徐树铮、王揖唐、曾毓隽等在北京的安福胡同组织成立安福俱乐部。

3月12日，皖系引奉军入关，劫走大批直系军火，张作霖自任总司令。

3月18日，北洋军“后起之秀”、署理第三师师长吴佩孚率部攻占岳阳。随即吴佩孚占领长沙、衡阳等湖南大部分地区。

3月23日，因奉军入关，对直系构成极大的威胁，冯国璋被迫重任段祺瑞为国务总理，段立即组织北洋军大举南攻，护法军在湖南战场接连失利。

5月4日，在政学系及益友社操纵下，不顾孙中山和中华革命党议员的坚决反对，非常国会竟强行通过了《修正军政府组织法》。当日孙中山即向非常国会提出辞呈，并发表大元帅辞职通电。

5月15日，鲁迅在《新青年》杂志上发表《狂人日记》，是国内首次发表白话小说。

5月20日，非常国会选举唐绍仪、唐继尧、孙中山、伍廷芳、林葆怿、陆荣廷、岑春煊七人为政务总裁，以岑春煊为主席总裁。同日，孙中山乘船离开广州赴上海，护法运动宣告失败。

7月，孙中山致电列宁和苏维埃政府，并愿中苏两党团结共同斗争。

8月12日，也是第一届国会期满之时，临时参议院解散，新国会在众议院成立，新国会自命为第二届国会，安福系人物竟占到90%以上的席位。故此届国会被人们称为“安福国会”。同日，冯国璋、段祺瑞通电辞职。

9月4日，安福国会正式选举徐世昌为中华民国总统，接替了代总统冯国璋。

10月13日，吴佩孚致电徐世昌总统，请速发停战令。24日徐世昌申令尊重和平。

11 月 11 日，德国投降。第一次世界大战至此结束。

11 月 15 日，李大钊在《新青年》杂志上发表《庶民的胜利》《布尔什维主义的胜利》两篇著名论文，热烈欢呼俄国社会主义革命的胜利，预言社会主义旗帜一定会插遍全球。

11 月 16 日，徐世昌向北方前线军队发表停战令。

11 月 23 日，广州军政府发布停战令。南北双方停战。

11 月 28 日，大总统徐世昌在"庆祝第一次世界大战胜利"大会上致词，宣称"公理战胜强权"。

12 月 1 日，陆徵祥准备赴法出席巴黎和会，讨论第一次世界大战之战后问题。

12 月 2 日，英、美、法、日、意五国驻华公使向北京政府提出正式文件，"劝告"徐世昌，希望中国息战，和平统一。同日，五国驻广州领事亦向广州军政府提出同样"劝告"。

1919 年（己未羊年，民国八年）

1 月 15 日，陈独秀在《新青年》杂志上首次提出"德先生和赛先生"（即"民主和科学"）这一口号。

1 月 18 日，英、法、美、意、日等 27 个协约战胜国（苏俄未参加）在巴黎举行"巴黎和会"，至 6 月 28 日会议结束。

1 月 21 日，中国派陆徵祥、顾维钧、王正廷、施肇基、魏宸组 5 人代表中国参加巴黎和会。

2 月 20 日，南、北议和代表在上海举行"和平会议"。北京政府派朱启钤为总代表；广东政府以唐绍仪为总代表。

3 月 2 日，莫斯科召开了国际共产主义代表会议，有来自 21 个国家的 35 个政党和团体的 52 名代表参加。大会通过了《告国际无产阶级宣言》《共产国际行动纲领》《关于资产阶级民主和无产阶级专政的提纲》等文件，宣告共产国际成立。

4月7日，南北代表开始新的谈判。

4月12日，巴黎和会讨论山东问题，日本坚持继承德国在山东的权利，并以退出和会为要挟。

4月24日，梁启超致电北京政府总统外交委员会委员长汪大燮、事务长林长民，报告他从和会上获知的段祺瑞与日本借款和山东问题。

同日，詹天佑因劳瘁成疾，逝世于汉口，享年五十九岁。

4月26日，中国实业银行开业，总行设在天津。

4月29日，巴黎和会召开英美法三国会议（日本代表应邀出席），议定《巴黎和约》关于中国山东问题之条款（第156、157、158条）。30日在中国代表缺席的情况下，和会议决德国在山东之权益概让日本，且明确规定于对德和约中。

4月30日，美国实验主义哲学家约翰·杜威抵达上海。

5月1日，英国代表将巴黎和会关于山东问题的决议通知中国代表。中国代表抗议巴黎会议割山东权利给日本。中国谈判代表、外交总长陆徵祥将此事电告北京政府，并称如不签约，则对撤废领事裁判权、取消庚子赔款、关税自主及赔偿损失等有所不利。

5月2日，北京政府密电中国代表可以签约。外交委员会事务长、国民外交协会理事林长民在《晨报》《国民公报》上发表《外交警报敬告国人》撰文："山东亡矣，国将不国矣，愿合四万万众誓死图之。"

5月4日，震惊中外的五四运动爆发。北京13所学校的学生3000余人到天安门前集会，游行示威，主张拒绝在巴黎和约上签字，要求惩办北洋军阀政府的亲日派官僚曹汝霖、章宗祥、陆宗舆。并火烧赵家楼，痛打章宗祥，随后，军警给予镇压，并逮捕了学生代表32人。

5 月 5 日，北京中等以上学校实行总罢课。

5 月 6 日，北京学生联合会成立。

5 月 7 日，五四爱国运动迅速向各地扩展。北京政府释放全部被捕学生。同日，上海举行国民大会；天津、济南、太原、长沙、吉林、南京、广州、武汉、南昌等城市群众也先后集会声援北京爱国学生。

5 月 8 日，北京政府再次颁布严禁抗议公告，大总统徐世昌下令镇压学生运动。

5 月 9 日，北大校长蔡元培离职出京。

5 月 11 日，上海学生联合会成立。

5 月 13 日，南北议和再次破裂，南北双方议和代表均提出辞职。

5 月 14 日，天津学生联合会成立。广州、南京、杭州、武汉、济南的学生和工人也给予支持。

5 月 19 日，北京各校学生同时宣告罢课，并向各省的省议会、教育会、工会、商会、农会、学校、报馆发出罢课宣言。天津、上海、南京、杭州、重庆、南昌、武汉、长沙、厦门、济南、开封、太原等地学生，在北京各校学生罢课以后，先后宣告罢课，支持北京学生的斗争。

5 月 19 日，在巴黎的中国代表决定不承认和约。

6 月 3 日，因政府为曹汝霖、章宗祥、陆宗舆辩护，北京数以千计的学生涌向街道，开展大规模的宣传活动，学生抗议不断遭到镇压，被军警逮捕 170 多人，称为“六三”事件。

6 月 5 日，上海工人开始大规模罢工，以响应学生。

6 月 6 日，上海各界联合会成立，反对开课、开市，并且联合其他地区，告知上海罢工主张：声援五四爱国学生运动，抗议“六三”事件，全国 22 个省 150 多个城市都有不同程度的反映。

6 月 9 日，各地大肆镇压学生之际，吴佩孚抗议政府逮捕学生。

6月10日，天津工人酝酿大罢工。徐世昌被迫下令准曹汝霖、章宗祥、陆宗舆3人辞职。

6月11日，陈独秀等人到北京前门外闹市区散发《北京市民宣言》被捕。

同日，面对强大社会舆论压力，徐世昌向国会参、众两院提出辞职，未被接受。

6月16日，全国学生联合会于上海成立。

6月28日，协约国与德国在法国凡尔赛宫签署和平条约《凡尔赛和约》，该条约于1920年1月10日生效。其中有出卖中国利益条款。中国代表拒绝在《凡尔赛和约》上签字。

7月20日，胡适在《每周评论》发表《多谈些问题，少谈些主义!》一文。

7月25日，《苏俄第一次对华宣言》宣布：废除帝俄与中国、日本、协约国签订的一切秘密条约，帝俄政府在中国东北以及别处，用侵略手段取得的土地，一律放弃，废除帝俄在中国的领事裁判权和租界，放弃庚子赔款的俄国部分，放弃帝俄在中东铁路方面的一切特权。但继续支持外蒙古独立，发表声明，称外蒙古是一个独立的国家，要求与之建立外交关系。

8月11日，魏玛宪法生效，宣布德国为共和国。

9月1日，美国共产党成立，创始人为社会党左翼领袖鲁登堡。

9月，本月出版的《新青年》6卷5号，即“马克思研究号”，刊载李大钊的《我的马克思主义观》。

10月1日，上海、天津、山东、河南等七省、市代表到新华门总统府举行第二次请愿，当晚全部代表被捕。

11月5日，靳云鹏出任总理，徐世昌仍为总统。

11 月 7 日，北京政府决定出兵外蒙古，派西北筹边使兼西北边防军总司令徐树铮上将（远威将军）率兵进入外蒙古库伦，挟持“内阁理”巴德玛·多尔济，软禁哲布尊丹巴活佛，并召陈毅回京，否定《中俄声明》，用铁腕政策迫使外蒙古放弃自治。

11 月 17 日，外蒙古正式上书中华民国大总统徐世昌，呈请废除俄蒙一切条约。

11 月 22 日，北京政府以《中国大总统公告》下令取消外蒙古自治，恢复旧制。同时取消《中俄声明文件》和《恰克图协定》，北京政府在库伦设立“中华民国西北筹边使公署”。

12 月 2 日，湖南学生发起驱逐督军张敬尧的“驱张运动”。

12 月 28 日，冯国璋因肺病死于北京帽儿胡同寓所，享年 60 岁。

1920 年（庚申猴年，民国九年）

1 月 10 日，《凡尔赛和约》正式生效的这一天，在美国总统威尔逊主持下国际联盟宣告正式成立。

1 月 17 日，吴佩孚通电请求从湘南撤防。

1 月 19 日，美国参议院拒绝批准《凡尔赛条约》及《国际联盟盟约》，并否决加入国联。

2 月，女子第一次正式进入北京大学读书。

3 月 13 日，中东铁路工人全线大罢工。

3 月 31 日，由李大钊组织发起的北京大学“马克思学说研究会”正式成立。

4 月，俄共远东局派维经斯基来华，先后在北京、上海会见李大钊、陈独秀等，介绍苏俄和俄共情况，共同商谈讨论了建党问题，促进了中国共产党的创立。

5 月 14 日，国务总理靳云鹏辞职。

5 月，陈独秀发起成立上海马克思主义研究会。

6 月 15 日，吴佩孚到保定，同江苏、奉天等省代表一起，参加了曹锟召集的秘密军事会议。

6 月 22 日，吴佩孚要求解散安福系。

6 月 28 日，原靳云鹏内阁解散。

6 月，奉系张作霖由东北赴京作直、皖矛盾冲突的调解人，实则助直反皖。

7 月 1 日，北京政府停付俄国庚子赔款。

7 月 8 日，皖系段祺瑞在团河成立“定国军”总司令部，自任总司令，以徐树铮为参谋长，决定举兵“讨伐”曹、吴。

7 月 9 日，曹锟在天津组织“讨逆军”，以吴佩孚为前敌总司令。

7 月 14 日，直皖战争正式爆发。

7 月 17 日，奉系张作霖亦投入支援直军。

7 月 18 日，皖军大败。

7 月 24 日，徐世昌任王怀庆为京畿卫戍总司令以代弃职逃走的段芝贵。直、奉两系军阀控制了北京政权。

8 月 9 日，张作霖力荐，徐世昌再任靳云鹏为国务总理兼陆军总长重组内阁。

8 月 11 日，孙中山指示驻闽粤军回师广东，驱逐了旧桂系军阀，陆荣廷以护法军政府名义出动部队进攻潮汕效忠孙中山的粤军，第一次粤桂战争爆发。又称两广战争。

8 月 14 日，曹锟、张作霖由津入京。

8 月，在共产国际代表帮助下，陈独秀、李汉俊、李达、陈望道、俞秀松等在上海法租界渔阳里 2 号陈独秀家中发起成立上海共产党早期组织“上海共产主义小组”，陈独秀为负责人。

同月，陈望道翻译的《共产党宣言》由上海社会主义研究社首次出版发行。

9 月 27 日，苏俄政府发表《苏俄第二次对华宣言》宣布：“放弃侵占所得之中国领土及中国境内之俄国租界，并将俄皇政府及俄国资产阶级掠自中国者，皆无报酬地永久归还中国，凡从前与日本、中国及协约国所订的密约，一律取消。”

10 月，李大钊、张申府、张国焘发起成立北京共产党早期组织“北京共产主义小组”，为建党准备，李大钊为负责人，成员大多为北京大学“马克思学说研究会”的骨干。

同月，毛泽东、何叔衡等在长沙，以新民学会骨干为核心秘密组建共产党早期组织“长沙共产主义小组”。

11 月，周恩来、邓小平、蔡和森、赵世炎等人赴法国勤工俭学。

同月，陈独秀主持起草《中国共产党宣言》。

同月，苏俄第三次声明：废除帝俄时代对华的一切不平等条约和治外法权。

1921 年（辛酉鸡年，民国十年）

3 月 13 日，外蒙古宣布脱离中国，成立蒙古地方临时国民政府。

3 月 14 日，北京大学等 8 校教职员为抗议当局积欠经费，举行罢工。

3 月 18 日，蒙古人民党军队在苏俄红军的支持下攻占买卖城，击败了当地守军。由于中国国内处于第一次直奉战争前夕，只得坐视外蒙古地区的军事冲突。苏俄红军于 5 月 25 日派兵侵入蒙古。

4 月 6 日，陈嘉庚创办厦门大学。

4 月 7 日，在广州的国会非常会议参众两院联合举行会议，孙中山以 218 票当选非常大总统。南北两个政府的局面形成。

4 月 8 日，北京 8 所高校教职员全体辞职。30 日北京政府被迫接受 8 校教职员要求。5 月 16 日因北京政府开空头支票,8 校教职员再次辞职。

5 月 5 日，孙中山在广州任中华民国非常大总统，并函徐世昌请其自动下野。

5 月 14 日，北京政府内阁改组，靳云鹏复任国务总理。

5 月 20 日，中国北京政府和德国政府在北京签订《中德协约》。德国声明放弃其在山东的各项权利。因战争而中断四年的中德关系得以恢复。

6 月 3 日，共产国际派马林和赤色职工国际代表尼克尔斯基到上海。建议召开党的全国代表大会，正式成立中国共产党。

6 月 13 日，桂军沈鸿英部出兵攻入广东。孙中山以陈炯明为粤军总司令，迎战桂军。第二次粤桂战争爆发。

7 月 11 日，外蒙古宣布独立，成立亲苏君主立宪政府。北京徐世昌政府下令张作霖收复外蒙古。张未出兵至蒙。

7 月 12 日，教育部通令各地速设女子中学或于相当学校附设女子中学部。

7 月 23 日，中国共产党成立。中国共产党第一次全国代表大会（中共一大）在上海法租界望志路 106 号（今兴业路 76 号）召开。

11 月 12 日，由美国总统哈定倡议，华盛顿会议举行。会议至 1922 年 2 月 6 日结束。

11 月 25 日，外蒙古建立“人民革命政权”，并与苏俄在 1922 年订立了《苏蒙修好条约》。北京政府发布了一份声明，谴责外蒙古企图分裂中华民国的行径，不承认外蒙古的独立。

12 月 18 日，靳云鹏内阁倒台。内阁总理由颜惠庆代理。

12 月 24 日，徐世昌任命梁士诒为内阁总理。

12 月，共产国际代表马林在广西桂林会见孙中山，向孙中山提出“创办军官学校，建立革命军”的建议。

1922 年（壬戌狗年，民国十一年）

1 月 1 日，湖南湘军总司令赵恒惕正式公布“湖南省宪法”，成为中国第一部正式通过全省公民直接投票公决的省宪。

1 月 12 日，香港举行了海员大罢工。

1 月，吴佩孚联合六省军阀，通电攻击梁士诒内阁媚日卖国，迫梁离职，直、奉矛盾日趋激化。

2 月 4 日，在美英斡旋下，中日两国在会外签订了《中日解决山东悬案条约》及其附约。山东问题得到一定程度的解决，但日本在山东仍继续保持相当大的势力。

2 月 6 日，美、英、法、意、日、荷、比、葡、中 9 国在华盛顿会议上签订《九国公约》。

2 月 28 日，中国政府收回中东铁路。

3 月 29 日，奉系张作霖自任总司令，率 12 万名奉军官兵分东、西两路沿津浦、京汉铁路向直军发起总攻击，第一次直奉战争爆发。

5 月 10 日，徐世昌总统下令免除张作霖东三省巡阅使等职。6 月 17 日在英国干预下，直奉两系停战议和，签订和约。双方自 19 日始将军队撤退，终结第一次直奉战争。直系军阀控制了北京政权。

4 月 9 日，孙中山让廖仲恺转告陈炯明：一、陈炯明参加北伐，二、筹措 500 万元的军费。陈炯明无法接受孙的条件，遂被罢黜。

5 月 4 日，孙中山再次下令挥师北伐，任命李烈钧和许崇智分别为北伐军总司令和总指挥。

6 月 2 日，直系军阀曹锟、吴佩孚指皖系徐世昌的总统为非法，徐世昌在巨大的压力之下通电辞职。“法统重光”，黎元洪重任总统，召集旧国会。

6 月 3 日，蔡元培、胡适、高一涵等两百多位各界名流，联名致电孙中山和广州非常国会，呼吁孙中山实践与徐世昌同时下野的宣言。

6 月 8 日，东三省议会联合推举张作霖为东三省保安总司令。

6 月 15 日，中共发表《第一次对时局的宣言》。明确指出：中国的各政党，只有国民党是革命的民主派，并提出共产党同国民党共同建立民主主义的联合战线的主张。

同日深夜，粤军高级将领在郑仙祠召开紧急会议，决定发动军事政变，驱逐孙中山下台。

6月16日凌晨，孙中山乘“永丰舰”（1925年4月16日改称“中山舰”）逃离广州，于 8 月 14 日安抵上海。

7 月 2 日，孙中山在永丰舰上照常行使总统职权，同时密令各路北伐军回师返粤讨伐陈炯明。北伐军回师入粤，由许崇智、李福林、朱培德、黄大伟组成三路军讨伐陈炯明，准备攻打韶关。

7 月 16 日，中国共产党第二次全国代表大会（中共二大），在上海英租界南成都路辅德里 625 号（现成都北路 7 弄 30 号）举行。

7 月 22 日，张作霖成立东三省陆军整理处，同时与孙中山、段祺瑞及卢永祥结成同盟。

8 月 25 日，共产国际代表马林作为苏俄使者与孙中山商议合作问题。

8 月 28 日，根据马林的提议，中国共产党第二届中央执行委员会在杭州西湖召开特别会议（即“西湖会议”），马林在会上传达了共产国际的指示，再次提议中共党员加入国民党组织。

9 月 4 日，孙中山在上海召集各省在沪的胡汉民、汪精卫、廖仲恺、张继、于右任、程潜、陈独秀等 53 人，商讨国民党改组事宜，与会者表示赞同孙中山改组国民党的主张。

9 月 19 日，黎元洪以王宠惠为内阁总理，正式组阁。

12 月 16 日，孙中山再次召集会议，审查中国国民党改进案宣言。最后经孙中山审定，于 1923 年元旦公开发表了《中国国民党宣言》。

1923 年（癸亥猪年，民国十二年）

1 月 1 日，孙中山发表《中国国民党宣言》。孙中山改组的国民党已进入一个新阶段。

1 月 2 日，中国国民党公布了《中国国民党党纲》。

1 月 4 日，张绍曾内阁成立。此次内阁是黎元洪复职后的第一次正式组阁，也是自 1917 年国会解散以来众、参两院通过的唯一符合法理的内阁。张绍曾因而踌躇满志，主张迎孙中山入京协商南北统一。希望在他任期内实现全国统一，从而青史留名。

1 月 8 日，张绍曾致电西南各省，主张"对内先谋事实上之协商，对外完成法律上之统一"，建议召集各省实力派、政党领袖、在野名流在北京举行"国事协商会"，协商和平统一问题。

1 月 12 日，共产国际执行委员会通过《关于中国共产党与国民党的关系问题的决议》，对实行党内合作的形式进一步做了肯定，促进了第一次国共合作。

1 月 13 日，孙中山写信给内阁总理兼陆军总长张绍曾，表示愿意赞助和平统一，并派徐绍祯居中联络，商议和平统一方法。

1 月 16 日，孙中山领导的讨贼军在广东取得胜利，先后收复梧州、广州等地，陈炯明部或溃退、或倒戈，陈炯明被迫退守惠州。

1 月 17 日，蔡元培因教育总长非法逮捕北大教师，愤而辞去北大校长职务。

同日，苏联特使越飞从北京南下来沪，在香山路中山寓所内与孙中山会晤，商讨改组国民党、建立革命军以及共产国际援助中国革命问题。

1月26日，孙中山与苏俄代表越飞发表《孙文越飞宣言》。在宣言里，苏联承认“马列主义不适合中国”，换取孙中山对中东路问题的承诺和允许苏联红军不必立时由外蒙古撤退。

2月4日，京汉铁路工人举行震惊中外的大罢工。

2月7日，京汉铁路工人罢工运动遭到中国直系军阀吴佩孚武力镇压，也称为“二七惨案”。

3月1日，孙中山在广州重新组成大元帅府，并被推举为海陆军大元帅。这是孙中山第三次在广州建立政权。

3月4日，胡适在《读书杂志》发表文章《一个最低限度的国学书目》，大力提倡研究国学。

4月26日，黎元洪已快满任期，曹锟欲尽早坐上总统的位子，上演了“倒阁、驱黎”的闹剧，指使冯玉祥等率军官数十人率兵包围国务院，向张绍曾内阁索饷，张内阁无奈于6月6日宣布总辞职。

5月1日，苏联同意向孙中山提供200万金卢布援助，用于统一中国、争取民族独立活动。

5月6日，临城发生惊动中外的火车大劫案。

6月7日，曹锟又唆使北京驻军第九、第十一、第十三师和步军统领、毅军、警察厅等单位代表五百余人前往总统府要求总统发放欠饷，并进一步让冯玉祥等北京驻军军官总辞。

6月8日，冯玉祥部张之江率军官数十人佩刀闯入新华门，围住居仁堂，向大总统索要欠饷。

6月12日，中国共产党第三次全国代表大会（中共三大）在广州东山恤孤院召开。

6 月 13 日，黎元洪因不堪北京军警压迫而避往天津，其专车在天津站被王承斌扣留，强行索要总统印信。

7 月 2 日，曹锟放出风声，表示愿与孙中山和谈，孙中山拒绝。

7 月 16 日，溥仪下一道“将宫内太监全部裁撤，立即出宫”的谕旨，命绍英、耆令调集全部护军，把太监强送出宫。太妃们要求留下若干名太监，以供驱使。最后决定除 3 位太妃、溥仪、淑妃这 5 个宫各留 20 名太监外，其余全部裁撤。

8 月 1 日，陈光甫的上海商业储蓄银行设立“旅行部”，是“中国旅行社”的前身。

8 月 16 日，蒋介石为团长的“孙逸仙博士代表团”赴苏联，考察苏联政治、军事和党务。代表团由沈玄庐、王登云、张太雷组成。

10 月 5 日，曹锟以平均每张选票 5000 元的价格，收买了 480 名参会议员，贿选为大总统。上海、浙江、安徽、广州等省市各界团体旋即通电全国，一致声讨曹锟。

10 月 7 日，中国国民党发表宣言，声讨曹锟。

10 月 9 日，孙中山在广州大本营主持会议，讨论讨曹事宜，并致电各国外交团，请否认曹锟为总统，以大元帅名义下令讨伐曹锟，通缉贿选议员，并电段祺瑞、张作霖、卢永祥一致行动。

10 月 10 日，《中华民国宪法》颁布，后人称之为“曹氏宪法”。

10 月 24 日，张作霖命奉天省长兼财政厅长王永江筹办的东北大学正式开学。

11 月 12 日，国民党发表《中国国民党改组宣言》。

11 月 20 日，国民党发表《中国国民党党纲草案》。

11 月 24 日，北京新闻记者成立公会。

12 月 3 日，孙中山以强硬的态度，收回广东海关关税主权。

12 月 25 日，陈独秀与秘书罗章龙共同签发了《中共中央通告第十三号》，要求各地指定参加国民党全国代表大会的代表。

1924 年（甲子鼠年，民国十三年）

1 月 20 日，中国国民党第一次全国代表大会在广州召开。

1 月 21 日，列宁逝世。

4 月 12 日，孙中山手书《国民政府建国大纲》，简称为《建国大纲》。建国大纲将建设国家的程序分为三个阶段：军政时期（1917.9—1928.8）、训政时期（1928.8—1948.5）、宪政时期（1948.5—　）。

5 月 3 日，孙中山任命蒋介石为国民党陆军军官学校（即黄埔军校）校长，廖仲恺为国民党党代表。戴季陶（后为周恩来）、周恩来为政治部正、副主任，何应钦为总教官。

5 月 31 日，中国北京政府外交部长顾维均与苏联外长加拉罕于北京签订了《中俄解决悬案大纲协定》及声明书。主要内容：1. 废除中俄间一切不平等条约；2. 苏联放弃帝俄在中国的一切租界、租地；3. 苏联放弃庚子赔款的俄国部分；4. 苏联取消帝俄在中国的治外法权和领事裁判权；5. 中东铁路同意由中国赎回。6. 承认外蒙古是中国领土，中国在外蒙古有完全的永久的主权。

6 月 16 日，黄埔军校在广州市长洲岛举行开学典礼。

7 月 3 日，国共合作举办的农民运动讲习所在广州正式开学。

9 月 3 日，直系江苏军阀齐燮元与皖系浙江军阀卢永祥爆发了江浙战争。

9 月 4 日，孙中山在广州大元帅府召开会议，决定誓师北伐，组建北伐军，联合皖系卢永祥、奉系张作霖“共抗直系”。

同日，张作霖以“同盟”为理由，响应浙卢反直，向直系宣战。

9 月 9 日，段祺瑞亦发表“讨曹通电”。

9 月 15 日，张作霖发表致曹锟电，形似最后通牒，同时组织镇威军，自任总司令，统辖 17 万军队南下，第二次直奉战争爆发。

9 月 18 日，中国国民党发表《北伐宣言》。宣言申明：北伐的目的，不仅在于消灭曹（锟）、吴（佩孚），而且更在于推翻军阀赖以生存的帝国主义。

同日，吴佩孚宣布自任总司令，总兵力近 20 万人，依托长城组织防御，并对各军的作战任务做了具体区分。

10 月 22 日，冯玉祥密谋倒戈，冯玉祥率部返回北京，包围了总统府，监禁北京政府总统曹锟，发动了“北京政变”。

10 月 23 日，冯玉祥、胡景翼、孙岳等人，联名发出了呼吁和平的漾电。

10 月 25 日，冯玉祥等人在北京北苑举行会议，组织中华民国国民军，成立以黄郛为首的摄政内阁，总统和总理的职权，由黄郛一人兼任。冯玉祥等通电中国，并公布《建国大纲》，电邀孙中山北上共商国是。

11 月 3 日，吴佩孚见大势已去，率残部 2000 余人由塘沽登舰南逃，经上海转武汉，后又回到河南重整旗鼓。第二次直奉战争以直系战败结束。

11 月 4 日，张作霖、冯玉祥等在天津曹家花园召开会议，决议成立中华民国执政府与善后会议以取代国会，并推段祺瑞为“中华民国临时执政”，统总统与总理之职。从此直系军阀基本退出中国历史舞台，北洋政府开始了张作霖时代。

11 月 5 日，摄政内阁修正优待清室条件，永远废除皇帝专号，将故宫一律开放，备充国立图书馆、博物馆之用。冯玉祥当天就令北京警备总司令鹿钟麟和警察总监张璧执行，将宫内太监470余人、宫女百余人分别给资遣散，又用汽车5辆，送溥仪及清室“后妃”迁出紫禁城，移居什刹海“醇王府”。民国后存在了13年的小朝廷，宣告结束。

11月6日，冯玉祥电请段祺瑞出山。

11月10日，孙中山发表《时局宣言》（即《北上宣言》）。

11月13日，孙中山偕宋庆龄等乘永丰舰离广东北上。途经中国香港、上海、日本长崎、神户、中国天津，并沿路发表对时局主张。

11月24日，段祺瑞入京就任中华民国临时执政。黄郛的摄政内阁遂告结束。

11月26日，在苏联第三国际支持与行动下，蒙古人民革命党宣布外蒙古独立，废除君主立宪制，成立蒙古人民共和国，定都库伦，改城名为乌兰巴托，允许苏联驻军。中国及英、美等当时主要国家政府皆未承认，北洋政府发表严厉声明，拒绝承认外蒙古独立。

12月31日，孙中山抱病抵北京。

1925年（乙丑牛年，民国十四年）

1月7日，陈炯明趁孙中山离广州北上的机会，自称“救粤军总司令”，向其所部下达进攻广州的作战命令。

1月13日，迫于奉、皖两系军阀的压力，冯玉祥赴察哈尔张家口（今属河北）就任西北边防督办，所部改称西北边防军(简称“西北军”)。

1月15日，为统一广东，顺利北伐，广州革命政府大本营决定东征，发布《东征宣言》，组成东征联军，分三路向陈炯明部发起进攻。

2月1日，广州革命政府大本营发出总动员令，讨伐陈炯明的第一次东征爆发。至3月20日，第一次东征作战结束。广东全境统一于广东革命政府管辖之下。

同日，段祺瑞在北京召开善后会议，与孙中山倡导的国民会议相对抗。

3 月 12 日，孙中山因患肝癌在北京逝世。逝世前预立了三份遗嘱《国事遗嘱》《家事遗嘱》和《致苏俄遗书》。

4 月 12 日，段祺瑞政府与法国签订协议，以金法郎计算，偿还《辛丑条约》赔款。

4 月 24 日，孙中山主义研究会宣布成立(后改名为孙文主义学会)。

4 月底，青岛发生了 1.8 万纱厂工人参加的大罢工。

5 月 15 日，上海工人顾正红被日本大班（厂长）打手开枪射杀，成为“五卅”运动的直接导火线。

5 月 16 日，中共中央发出第三十二号通告，紧急要求各地党组织号召工会等社会团体一致援助上海工人的罢工斗争。

5 月 30 日上午，上海工人、学生 2000 多人举行游行，租界当局大肆拘捕爱国学生。

6 月 1 日，上海总工会成立，李立三任委员长。上海全市开始了声势浩大的反对帝国主义的总罢工、总罢课、总罢市。

6 月 11 日，汉口参加游行示威的群众行至公共租界时，英国水兵向人群开枪射击，打死数十人，重伤 30 余人。制造了“汉口惨案”。

6 月 19 日，为了支援上海人民“五卅”反帝爱国运动，广州和香港爆发了规模宏大的省港大罢工，历时 1 年零 4 个月，是世界工运史上时间最长的一次大罢工。

7 月 1 日，中华民国国民政府在广州成立，采用委员制，汪精卫任广州国民政府主席兼军事委员会主席，汪精卫、蒋介石、谭延闿为军事委员会常委。

7 月 6 日，广州成立省港罢工委员会，封锁香港。

7 月，桂系三雄李宗仁、白崇禧、黄绍竑击败旧桂系军阀陆荣廷、沈鸿英，成为新桂系军阀首脑。

8 月 18 日，中国国民党效仿当时苏共（布尔什维克）“以党建校，以校领军”的模式，并参考苏联军事制度后，国民政府军事委员会将辖下各地方军队的名目取消，统一改称国民革命军，简称“国军”。

8 月 20 日，中国国民党中央执行委员、国民政府委员、军事委员会委员、黄埔军校党代表廖仲恺，被刺杀于国民党中央党部门外。

8 月 22 日，因江苏省教育会要禁止模特写生，刘海粟给江苏省教育会写了公开信，为裸体模特申辩，上海舆论界纷纷扬扬，群起而攻。

9 月 1 日，在审理廖案过程中，胡汉民被认为嫌疑最大，被迫离开权力中心往苏联考察。

10 月 1 日，广州国民政府开始第二次东征，讨伐陈炯明残部。

10 月 8 日，直系军阀浙江军务督办孙传芳在杭州召集浙、闽、苏、皖、赣五省代表举行秘密会议，结成五省联盟，准备发动讨奉战争。

10 月 10 日，故宫博物院在北京紫禁城成立，并向社会开放。

10 月 15 日，孙传芳自称为浙闽皖赣苏五省联军总司令，分五路出兵进攻上海，奉浙战争爆发。

10 月 24 日，郭松龄应张作霖的电召回到奉天，随后被派到天津去部署进攻冯玉祥的国民军。郭到天津后，代表张学良组织第三方面军司令部，他紧紧抓住这一时机，安置亲信，与冯玉祥频繁联系，为武装反奉做准备。

10 月 26 日，在当时的段祺瑞执政府的提议与主持下，中国与英、美、法、日等 13 国的代表共同在北京召开关税特别会议。段政府意图通过这次会议，收回中国的关税自主权，提高税率。但在列强的阻挠、破坏、国内各种因素的牵制下，关税特别会议并未达到预期的效果，成为一次完全失败的会议。

11 月 11 日，张宗昌在同孙传芳的“浙奉战争”中大败而归。

11 月 13 日，张学良在天津召集郭松龄、李景林等将领开会，传达向国民军进攻的密令。郭在会上公然抗命，痛切陈述不可再战。

11 月 22 日，郭松龄在滦州起兵反奉。

同日，孙传芳由徐州凯旋南京。25 日召开五省联军大会，宣布成立浙、闽、苏、皖、赣五省联军。从此，孙传芳统辖富庶的东南五省，成为吴佩孚以外另树一帜的直系巨头。

11 月 23 日，郭松龄将所部整编为 5 个军，亲任总司令。七万大军浩浩荡荡向奉天进发。12 月 6 日占领锦州。奉军全部退却到辽河东岸据守。12 月 15 日郭军在攻打新民县巨流河时，遭到日本关东军袭击。巨流河一战，郭军不敌，一败涂地。郭松龄与夫人韩淑秀被枪决。

12 月 1 日，毛泽东发表《中国社会各阶级的分析》一文。

12 月 10 日，张宗昌正式布告就任山东保安总司令，实行“鲁省自治”，欲脱离北洋政府。

12 月 30 日，徐树铮离开北京南下，途经京津间廊坊车站，被冯玉祥部劫杀。

12 月底，张作霖与吴佩孚达成了共同反冯的协议。

1926 年（丙寅虎年，民国十五年）

1月 1 日，中国国民党第二次全国代表大会在广州召开，通过决议：继续执行孙中山遗嘱和联俄、联共、扶助农工三大政策。将反对国共合作的西山会议派主要成员谢持、邹鲁、居正、覃振等人开除党籍，给予张继、林森、戴季陶等警告处分。

同日，张、李两部合组成直鲁联军，张宗昌任总司令，李景林任前敌总司令。

同日，冯玉祥为缓和局势，减少树敌，通电下野，将全权交给张之江，准备赴俄游历。

1月11日，张作霖宣布东三省独立。

1月20日，吴佩孚发出讨冯玉祥通电，决定以三路出兵河南。

1月22日，奉系代表及张宗昌、吴佩孚代表靳云鹗与李景林在泰安举行会议，三人结为同盟，并订立合作和约。

2月15日，一份图文并茂的大型综合性画报《良友》于上海创刊。

2月23日，国共两党发动民众讨伐吴佩孚。

3月8日，驻守天津大沽口的国民军正在对奉系军阀作战，发现奉系的军舰在大沽炮台附近活动，立即开炮将其击退，并于9日在大沽口设置水雷及封锁港口，以阻止奉舰侵犯。10日英、法、日、美、意等国驻华使馆开会，指责国民军封锁大沽口违反《辛丑条约》，要求撤除一切入京障碍。

3月16日，日本联合美、英等8个《辛丑条约》签字国的公使，发出最后通牒，提出拆除大沽口国防工事，限北京段祺瑞政府在48小时以内答复。17日八国军舰云集大沽口，对中国进行威胁。

3月18日，北京群众10余万人在共产党和国民党左派的领导下举行游行示威，反对帝国主义的侵略和段祺瑞执政府的卖国罪行。在执政府门前，卫队开枪镇压，造成“三一八”惨案。

3月20日，蒋介石借“中山舰”调动事件，逮捕共产党员舰长李之龙，包围苏联顾问和共产党机关，扣留了第一军和黄埔军校中周恩来等中共党员，严密监视邓演达。史称“中山舰事件”。

3月27日，国民政府因“三一八”惨案通电讨段祺瑞，上海及各地市民均开会追悼被害者。

3月，广州国民政府改编广西军队为国民革命军第七军，军长李宗仁。

4 月 1 日，蒋介石与谭延闿、朱培德、宋子文等提出“整军肃党、准期北伐”的建议。

4 月 15 日，国民军退出北京，张作霖、吴佩孚的奉直联军从天津进入北京。

4 月 20 日，段祺瑞通电下野，退居天津日本租界当寓公，自号“正道居士”。

4 月 26 日，《京报》社长邵飘萍在北京天桥被奉系军阀张作霖政府以“宣传赤化”的罪名杀害。

5 月 3 日，第六届农民运动讲习所开学，9 月 11 日结业。这届农讲所由毛泽东任所长，招收来自全国 20 个省区的 300 余名学员。

5 月 7 日，冯玉祥取道外蒙古库伦，到达莫斯科。

5 月 15 日，国民党二届二中全会在广州召开，蒋介石提出所谓《整理党务决议案》，限制中共在该党的活动。

6 月 2 日，唐生智宣布就任国民革命军第八军军长兼北伐军前敌总指挥，辖四个师加入北伐军行列。

6 月 27 日，黄埔同学会在广州正式成立。蒋中正任会长。

6 月 28 日，张作霖、吴佩孚在北京会晤，联合起来组建北京政府。

7 月 4 日，国民党中央在广州召开临时全体会议，通过《国民革命军北伐宣言》，陈述了进行北伐推翻北洋政府的理由。北伐战争开始。

7 月 9 日，蒋中正就职国民革命军总司令并誓师北伐。苏联派驻广东国民政府军事总顾问加伦将军随军出征。

8 月 7 日，冯玉祥偕同苏联顾问乌斯马诺夫和中共党员刘伯坚等，从苏联到达内蒙古五原县。

8 月 24 日，中国近代实业家张謇去世。

8月26日，国民革命军6个团对湖北汀泗桥发起猛烈攻击，吴佩孚亲临督战，汀泗桥几度易手，27日张发奎亲督三十五团和叶挺独立团占领汀泗桥。8月31日，北伐大军集结武昌城下。9月初国民革命军向武汉三镇发动攻势，9月6日、7日分别占领汉阳、汉口。9月10日国民革命军占领武昌，吴佩孚率残部逃往河南信阳。至此，吴佩孚部队基本被消灭。

9月17日，冯玉祥在绥远五原举行誓师大会，宣布将国民军改为国民革命军，全体将士集体加入国民党。

9月19日，国民革命军接着从两湖地区挥师东进江西，追击孙传芳，第6军第19师乘虚攻占南昌城。

10月24日，上海工人举行第一次武装起义。

11月8日，国民党中央政治会议作出原则决定，把中央党部和国民政府迁往武汉。

11月9日，北京政府教育部公布《国音罗马字拼音法式》。

11月15日，张作霖在天津蔡园他的住所召开了军事会议，集合奉军、直鲁联军将领，并邀请吴佩孚、孙传芳和阎锡山的代表，讨论了如何联合起来抵抗北伐军和冯玉祥军进攻的问题。

12月1日，张作霖在天津蔡园就任安国军总司令，确立了他北洋军阀盟主的地位。

12月13日，国民党的党政联席会议开始在武汉办公。

1927年（丁卯兔年，民国十六年）

1月3日，武汉人民为国民政府北迁和北伐胜利举行庆祝大会，与英军水兵发生冲突，爆发“一·三”事件。

1月5日，武汉举行30万人参加的反英示威大会。

2 月 19 日，英国与武汉国民政府签署协定，将在汉口的租界交还中国，20 日又将九江的租界交还中国。

2 月 22 日，罗亦农、赵世炎领导上海工人第二次武装起义失败。

3 月 5 日，毛泽东发表《湖南农民运动考察报告》。

3 月 10 日，中国国民党二届三中全会免去蒋介石的中国国民党中央常务委员会主席和军人部长职务，仍由他担任国民革命军总司令。

3 月 21 日，上海工人发动第三次武装起义。

3 月 24 日晨 7 时，北伐军在南京与停泊在长江上的英国和美国军舰发生冲突，史称“南京事件”又称“宁案”。

3 月 31 日，康有为在青岛逝世。

4 月 1 日，汪精卫从国外回到上海，蒋介石派他的私人代表吴稚晖前往码头迎接。

4 月 2 日，蒋介石邀集国民党中央监察委员李济深、古应芬、黄绍竑、吴稚晖、李石曾、陈果夫等在上海开全体紧急会议，要求对共产党做“非常紧急处置”。

4 月 3 日，蒋介石发表支持汪复职的通电，并与汪秘密会谈，主张立刻用暴力手段“清党”。

4 月 6 日，奉系军阀张作霖派兵搜查苏联大使馆，逮捕藏身其中的李大钊等数十名国共两党人士，并获取大量苏联计划颠覆中国政府的资料。

4 月 8 日，蒋介石指使吴稚晖、白崇禧、陈果夫等组织上海临时政治委员会，以取代上海工人第三次武装起义后成立的上海特别市临时政府。

4 月 10 日，蒋介石发布《戒严施行条例》，禁集会、罢工、游行。

4 月 12 日，蒋介石发动“四一二”政变。

4 月 18 日，蒋介石在南京成立了国民政府，推选胡汉民为政府主席，蒋介石为国民革命军总司令，与保持国共合作的武汉汪精卫政府对立，是为“宁汉分裂”。由于在北京尚有张作霖控制的军阀政府存在，中国一时形成三个政权对峙的局面。

4月19日，武汉国民政府下令免去蒋介石总司令职务，开除蒋介石的党籍并予以通缉。同时举行第二次北伐誓师典礼，任命唐生智为国民革命军北伐军总指挥。

4月26日，武汉国民政府任命冯玉祥为国民革命军第二集团军总司令。

4月27日，中国共产党第五次全国代表大会（中共五大）在武汉召开。大会虽然召开在革命的危急关头，却没有承担起挽救革命的任务。

4月28日，奉系军阀张作霖下令，将李大钊等20位革命者绞杀在西交民巷京师看守所内。

5月24日，日本内阁决定以保护日侨的名义出兵山东。

5月，“四一二”政变后，中共中央被迫从上海迁往武汉。

6月1日，武汉国民政府的北伐军与冯玉祥所部在郑州会师。第二次北伐结束。

6月2日，一代治学巨匠王国维在颐和园中的昆明湖鱼藻轩投湖自沉。

6月6日，汪精卫解除苏联驻国民政府全权代表鲍罗廷的最高顾问职务并下令通缉。国民党驱逐苏联顾问并终止联俄联共政策。

6月19日，冯玉祥又和蒋介石在徐州会谈，达成反共、反苏、宁汉合作等协议。

6月20日，北京《顺天时报》举办“首届京剧旦角最佳演员”活动中，梅兰芳、程砚秋、尚小云、荀慧生当选，被誉为京剧“四大名旦”。

6 月 22 日，冯玉祥开始清除西北军内部的共产党员。

7 月 12 日，中共中央改组，由张国焘、周恩来、李维汉、李立三、张太雷组成中央政治局临时常务委员会，陈独秀离开中央领导岗位。

7 月 13 日，中共中央发表《对政局宣言》，谴责武汉国民党中央和国民政府的反动罪行，宣布撤回参加武汉国民政府的中国共产党员。

7 月 14 日，宋庆龄发表脱离武汉国民政府的声明。

8 月 1 日，八一南昌起义爆发，标志着中国共产党独立地创造革命军队和领导革命战争的开始。

8 月 7 日，中共中央在汉口召开紧急会议（即“八七”会议）。

8 月 13 日，蒋介石发表下野宣言，宣布辞去国民革命军总司令职务，回浙江奉化，不久，东渡日本。蒋介石的下野，加快了宁、汉合作的步伐。

8 月 27 日，第八届远东运动会在上海中华运动场(亦称中华棒球场)举行。

9 月 9 日，湘赣边界秋收起义按预定计划爆发。

9 月 11 日，宁、汉、沪 3 方代表在上海举行谈话会，至 13 日结束。

9 月 13 日，武汉国民政府停止办公，汪精卫通电下野。

9 月 15 日，在南京召开国民党中央执行委员、中央监察委员临时联席会议，决定成立国民党中央特别委员会，推定汪精卫、蒋介石、胡汉民等 32 人为中央特别委员会委员，并决定劝蒋、汪、胡迅速来南京就职。

9 月 16 日，国民党中央特别委员会在南京正式成立，并举行第一次会议。

9 月 20 日，新产生的国民政府委员和军事委员会委员在南京举行就职典礼。

9月27日，国民革命军北方军总司令阎锡山向奉军发起进攻。

12月1日，蒋中正与宋美龄在上海举行婚礼。

12月11日，张太雷等人领导的广州武装起义爆发。

12月14日，南京国民政府发布对苏联断绝邦交令，声称“本月11日广东事变，究其原因，皆由共党籍苏俄领事馆及其国营商业机关为操纵指示之地”。

12月15日，外交部长伍朝枢赴苏驻沪总领事馆，面递断绝国交通牒，限苏领事一周内出境。

12月16日，汪精卫发表了引退政界的声明，和陈璧君一起前往法国。

1928年（戊辰龙年，民国十七年）

1月9日，蒋介石正式复职，继续履行军事委员会主席兼国民革命军总司令权力。

2月1日，中国国民党机关报《中央日报》创刊于上海，一年后迁至于南京。

2月2日，国民党二届四中全会在南京召开，全面背叛孙中山的三大政策，进一步镇压共产党人。会后，由蒋介石、冯玉祥、阎锡山、李宗仁四派联合北伐奉系军阀张作霖。因这次战争是1926年北伐的继续，故有“二次北伐”之称。

2月11日，国民政府令军事委员会“限期完成北伐”。之后，蒋介石以“北伐”之名，对军队进行了重新改编。蒋介石把北伐各军编为四个集团军，自兼第一集团军总司令，以冯玉祥、阎锡山、李宗仁分任第二、第三、第四集团军总司令。全军总司令蒋介石，参谋总长何应钦。全军共40多个军，约70余万人。

4 月 7 日，蒋介石下达第二次北伐总攻击令，第一、第二、第三集团军，分别沿津浦、京汉、正太铁路向奉军发起进攻。

4 月 28 日，朱德、陈毅率领南昌起义残部和湘南起义农军到达井冈山，与毛泽东秋收起义部队会师。

5 月 1 日，北伐军第一集团军占领济南。

5 月 3 日，驻济南日军侵入中国政府所设的山东交涉署，将交涉署职员全部杀害肆意焚掠，并屠杀附近的北伐军，制造了骇人听闻的“济南惨案”。

5 月 4 日，国民政府对日采取妥协的方针，命令北伐部队撤出济南，绕道北进。

5 月 11 日，日军入驻济南城，济南死伤军民 1.1 万有余。

5 月 28 日，北伐军各集团军开始全线进攻，直逼北京、天津地区。

5 月 30 日，张作霖见大势已去，命令部队撤离京津地区，向滦河方向退却。

6 月 2 日，张作霖发表出关通电。次日凌晨，张作霖乘专列离北京返奉天（沈阳）。

6 月 4 日，“皇姑屯事件”爆发，张作霖在皇姑屯车站被炸死。

6 月 15 日，南京国民政府发表《统一宣言》。

6 月 27 日，张学良返回奉天。

7 月 1 日，张学良通电停止战争，并开始与南京国民政府代表商洽合作事宜。

7 月 5 日，国军第十二军军长孙殿英大肆洗劫乾隆皇帝的裕陵和慈禧太后的定东陵。

8 月 8 日，国民党二届五中全会召开，至 15 日结束。全会推举蒋介石为国民政府主席，宣告“军政时期”结束，全国进入“训政时期”，由国民政府执行训政职责。

10 月 13 日，安阳殷墟正式开始考古发掘。

12 月 29 日，奉系军阀张学良将军当天向全世界通电，宣布遵守三民主义，服从国民政府，将原北京政府的红黄蓝白黑五色旗改为南京国民政府的青天白日旗。这就是震惊中外的“东北易帜”。中国再次建立了全国统一的法统政府。

再版后记

东方出版社历经数载，将这本《晚清之后是民国》重出修订，嘱我再写后记。我应允了，回头翻看此书，不由想起当初写作的艰难——如果中国是瓷器，那么，晚清之后的民国，就是瓷器重重摔在地上，成了一地鸡毛。面对碎散一地的瓷片，我的任务就是将之一一拾掇起来，拭去尘土，修补粘贴。其中的费心和焦灼，可想而知。那几年，我的业余时间几乎都用在这一项事情上，现在回想起来，仍然心有余悸。

可是这一项工作，毕竟是有意义的——那一尊古旧瓷瓶，总算基本复原，可见轮廓原貌。我从时空中抢回了这一段事实，其中意义，如同电影《尤里希斯的凝视》——那一个人终于找回了那盘旧年代的电影纪实胶片，让那一段远去的历史不再渺茫。

真正的好东西，不仅有文字的意义，还有历史、时间以及光影的意义。

是为后记。

赵焰

2018 年 12 月 18 日

图书在版编目（CIP）数据

1916—1928 年的中国 / 赵焰 著 . —北京：东方出版社，2019.3
ISBN 978-7-5207-0651-3

I. ① 1… II. ①赵… III. ①中国历史 – 史料 –1916—1928 IV. ① K258.06

中国版本图书馆 CIP 数据核字（2018）第 260371 号

1916—1928 年的中国
（1916-1928NIAN DE ZHONGGUO）

作　　者：赵　焰
策划编辑：林　敏
责任编辑：刘　畅
装帧设计：石笑梦
出　　版：东方出版社
发　　行：人民东方出版传媒有限公司
地　　址：北京市东城区朝阳门内大街 166 号
邮政编码：100706
印　　刷：北京汇林印务有限公司
版　　次：2019 年 3 月第 1 版
印　　次：2019 年 3 月北京第 1 次印刷
开　　本：710 毫米 ×1000 毫米 1/16
印　　张：31.5
字　　数：390 千字
书　　号：ISBN 978-7-5207-0651-3
定　　价：96.00 元
发行电话：（010）64258117 64258115 64258112